U0154063

國史館現藏重要檔案文物史料概述

國史館 編著

 國史館 Academia Historica 政大出版社 Chengchi University Press

國家圖書館出版品預行編目(CIP)資料

國史館現藏重要檔案文物史料概述 / 國史館編著. --臺
北市：政大出版社, 國史館, 2017.06
　　面；　公分
ISBN　978-986-6475-98-6（平裝）

1.中華民國史　2.國家檔案　3.史料

655.6　　　　　　　　　　　　　　　　106009725

國史館現藏重要檔案文物史料概述

編　　著　國史館

發 行 人　吳密察、周行一
出 版 者　國史館、政人出版社
執行編輯　陳曼華、林淑禎
地　　址　11605臺北市文山區指南路二段64號
電　　話　886-2-29393091#80625
傳　　真　886-2-29387546
網　　址　http://nccupress.nccu.edu.tw

經　　銷　元照出版公司
地　　址　10047臺北市中正區館前路18號5樓
網　　址　http://www.angle.com.tw
電　　話　886-2-23756688
傳　　真　886-2-23318496
郵撥帳號　19246890
戶　　名　元照出版有限公司

法律顧問　黃旭田律師
電　　話　886-2-23913808

排　　版　弘道實業有限公司
印　　製　祥新印刷股份有限公司
初版一刷　2017年6月
定　　價　500元
I S B N　9789866475986
G P N　1010600829

展售處
• 國史館：臺北市10048長沙街一段2號
　電話：886-2-23161071
• 國家書店松江門市：臺北市10485松江路209號1樓
　電話：886-2-25180207
• 五南文化廣場臺中總店：臺中市40042中山路6號
　電話：886-4-22260330

尊重著作權‧請合法使用
本書如有破損、缺頁或倒裝，請寄回更換

目　次

總統副總統檔案、文物

個人、團體史料

序

　　國史館於 1957 年在臺復館後，隨即向各政府機關徵集檔案。1961 年至 1971 年間，先後由各機關移來國民政府、賠償委員會、資源委員會等機關檔案。1973 年，又經行政院致函各部會處局署將大陸運臺舊檔案及已失時效之案卷與文牘移送國史館，因此國民大會、行政院、司法院、考試院、司法行政部、內政部、外交部、交通部、財政部、教育部、考選部、銓敘部、糧食部、行政院經濟建設委員會、行政院國家科學委員會、行政院大陸工作委員會、行政院農業委員會、行政院國軍退除役官兵輔導委員會、行政院原子能委員會、行政院研究發展考核委員會、行政院文化建設委員會、行政院勞工委員會、行政院主計處、行政院新聞局、行政院人事行政局、行政院衛生署、行政院海岸巡防署、光復大陸設計委員會、僑務委員會、公務人員保障暨培訓委員會、國家通訊傳播委員會、國防部軍事情報局、中央銀行等機關均有檔案移轉本館。

　　政府機關檔案之外，本館亦取得歷任總統及副總統移轉之檔案文物。1993 年，前總統嚴家淦去世，其家屬於隔年移轉存放於官邸之經濟部及行政院時期舊檔文件至本館；1995 年，總統府亦將前總統蔣中正之檔案（即「大溪檔案」）移交本館典藏管理；2003 年底，前副總統陳誠之家屬就其史料檔案「石叟叢書」及相關文物移轉本館達成共識，翌年陸續進館。2004 年 1 月「總統副總統文物管理條例」公布，明定本館為主管機關，依法移轉總統副總統接受各界捐贈之器物類文物，行憲後歷任總統副總統如蔣經國、李登輝、陳水扁、馬英九、蔡英文、謝東閔、李元簇、連戰、呂秀蓮、蕭萬長、吳敦義、陳建仁之文物均陸續

移交本館。此外，本館亦典藏有人物及社會團體史料，如張繼、閻錫山、汪兆銘、戴笠、胡宗南、許常惠、臺北市茶商業同業公會等。

2016 年 5 月，本人接篆館務，本於「回歸法制，充分開放」原則，準據「檔案法」、「政府資訊公開法」、「國家機密保護法」、「個人資料保護法」等檔案管理相關法令，一方面將機密檔案提報原機關審酌辦理解降密作業，一方面檢視檔案中的個人資料做開放前應有之處置。2017 年 1 月，「國史館檔案史料文物查詢系統」全新改版上線，目前館藏《國民政府檔案》、《蔣中正總統文物》中未涉及個人隱私部分，以及《陳水扁總統文物》、《汪兆銘史料》之公務類照片等，已開放數位檔案提供使用，海內外讀者均可透過網際網路做無國界的閱覽。這是數十年來國內典藏之政府檔案大舉公開的壯舉，日後亦將持續增加線上公開之檔案數量，不斷改善服務品質。

本館曾於 2003 年出版《國史館現藏史料概述》，介紹館藏之部分檔案史料，頗獲好評。近幾年來，本館持續擴充檔案文物典藏，感於前書內容多有增訂之必要，因之此次揀擇本館較重要的 56 個館藏全宗檔案，精要介紹各全宗之成立沿革、移轉過程及其內容。本書由本館修纂同仁共同執筆，全書近 30 萬字，期望能夠因此提供有用之資訊、線索，讓各界對本館所藏檔案史料及文物有所了解，促進知識共享，達到開放政府、服務全民的目標。

國史館館長 吳密察 謹識

2017 年 6 月

政府機關檔案

國民政府檔案

壹、沿革

　　清朝末年革命運動蓬勃發展，革命組織為了整合運動勢力，於1905（清光緒31）年在日本東京合組成立中國同盟會，推舉孫文為總理。次年同盟會發展軍政府宣言，倡言「驅除韃虜，恢復中華，建立民國，平均地權」，並說明「建立民國」意指未來的政府是：「今者由平民革命，以建國民政府，凡為國民皆平等以有參政權。」此為「國民政府」一詞見諸文獻之始。中華民國建立之後，成立臨時政府，並制定「臨時約法」，為民國政制依據，實行共和政治。然而民國的初基卻因北洋軍閥的爭權而遭到破壞，形成民國以降紛亂經年的局面。1917（民國6）年，孫文等革命黨人在廣州建立南方革命政府，重張國民革命運動旗幟，但在粵滇桂等地方勢力環峙之下，革命運動成效不彰。1924年1月20日，孫文決定改組中國國民黨與改造國家，召開中國國民黨第一次全國代表大會，並提交「組織國民政府之必要案」，獲大會決議通過。

　　中國國民黨依據孫文之構想，於1925年7月1日在廣州正式成立國民政府，掌理全國之政務，並依公布之「國民政府組織法」，採行委員制，通告指定16人為委員，並由委員互推汪兆銘為首任主席。行政部門先設軍事、外交、財政三部。次年，增設軍需部與交通部。司法行政事務則於1926年1月設有司法行政委員會掌理，至是年11月10日成立司法部，裁撤委員會。軍事方面，1925年7月組織軍事委員會，

次年 2 月設立國民革命軍總監，6 月設國民革命軍總司令，並於 7 月展開北伐。

隨著國民革命軍北伐戰爭的順利，1927 年 4 月 18 日，國民政府遷至南京。次年，北伐結束，同年 10 月 8 日，國民政府公布修正後的組織法，規範國民政府總攬中華民國之治權，統率陸海空軍，設有主席委員 1 人，委員 12 至 16 人，由主席代表國民政府，兼陸海空軍總司令。國民政府以國務會議處理國務，1931 年修正後改名為國民政府委員會，以委員組織之，行使宣戰、媾和、締約、大赦、特赦、減刑、公布法律命令之權，同時採行五院制，設有行政院、立法院、司法院、考試院、監察院，正副院長均由委員任之。國民政府內部行政機構設有文官處、參軍處，1931 年 4 月增設主計處。直屬機關有軍事委員會、參謀本部、軍事參議院、訓練總監部等軍事機關，以及外交委員會、預算委員會、中央研究院、中央銀行、全國經濟委員會、國史館籌備委員會（至 1947 年 1 月 1 日正式設館）等。

此後「國民政府組織法」歷經多次修正，主要為「因人修法」而變動國民政府主席與行政院長的職權，其他基本上仍維持委員制的政治體制與五院制的政治架構。直至 1948 年 5 月 20 日，開始實行憲政，國民政府改組為總統府，國民政府正式結

國民政府大門照片

束。其間歷經北伐戰役、寧漢分裂、中原大戰、五次剿共和西安事變等內憂，以及與蘇聯的中東路事件，與日本的濟南慘案、九一八事變、一二八事變、長城戰役、華北自治問題與八年全面抗戰等外患。在此內憂外患交逼情勢下，國民政府仍努力促進中國現代化，推動多項國家建

設，包括實行訓政、關稅自主、幣制改革、充實國防、鋪設鐵公路、發展航空、推廣教育等政策。國史館現藏《國民政府檔案》，內容涵蓋上開國民政府經歷的內憂、外患及國家重大建設的珍貴史料。

貳、移轉及整理

國史館典藏之《國民政府檔案》，係總統府於 1961 年 8 月、1964 年 6 月與 7 月、1966 年 1 月以及 1996 年 9 月分 5 批次移轉的大陸運臺舊檔案。前 4 批移轉之檔案中有關抗戰勝利以後的檔案，因當時內外情勢，被視為事涉敏感或以時代距離太近為由，而在數次移轉過程中被抽存，保留在府內，其後因總統府組織法修訂，加上時空環境的改變，總統府重新審視這批檔案，認為純屬歷史檔案，理應開放提供學者使用研究，而於 1996 年 9 月將最後一批檔案移轉到館典藏。

總統府移轉此全宗檔案原分為 21 大類，國史館依「國家檔案分類表」將本批檔案重新歸併整理分類，共計分為總類、主計、人事、行政、內政、外交、國防、財政、教育、司法、經濟、交通、衛生、新聞、其他等共計 15 大類，原整編為 7,086 卷，後將〈臺灣省二二八緝私事件〉與〈二二八事變〉2 卷移交檔案管理局，現為 7,084 卷，並建置案卷目錄資料及掃描 1 百萬餘頁影像圖檔。往昔讀者僅能由檔案檢索系統查尋各卷目錄大致內容，目前國史館正依各卷文件內容進行分件編目與審訂工作，預估全部將超過 10 萬件以上，提供社會大眾按件索驥，方便運用。此全宗檔案內容涵蓋期間自 1925 年 7 月至 1949 年 6 月，包括有關國家重大決策之制定與各項指令之頒布，皆有詳實紀錄，屬決策型的檔案，極具學術研究參考價值。

參、內容

《國民政府檔案》涵蓋範圍甚廣，主要內容包含：

一、總類

　　凡有關國家典章、首長言行、憲政、法令、政策制度、國是會議、慶賀、黨務活動等類檔案均歸總類。檔案時間自 1927 年至 1948 年，含國徽國旗國歌國花案、國是意見、訓政時期約法、憲法草案與憲政發展、民意代表的選舉、國民會議與國難會議、國民參政會與國民大會、主席與各級首長訓講詞、蔣中正當選總統慶賀電文、蔣中正手令批示與談話行誼、各式法規法令與條例、中國國民黨黨務活動與黨政關係、中國共產黨的活動與處置、清史稿書籍接收與史料徵修保存、國史館沿革史等各類檔案。

二、主計

　　指政府各機關歲計、會計與統計。檔案時間自 1925 年至 1948 年，含主計事務、國家總預算與各機關預算、歲出入概算決算、中央機關與各省市地方經費、軍餉申發與辦公費支給、會計與統計報告、審計部的審計報告書、公營機構經費以及國民政府人員經費案等各類檔案。

三、人事

　　指各機關人員的考銓、任免、考核考績、獎懲、褒卹與人事資料等。檔案時間自 1925 年至 1948 年，含中央地方各行政機關、軍事機關、使領與大專院校等單位人員的動態、考銓、任免與資料，以及北伐、抗逆、討匪、抗日、勘亂有功人員褒卹、革命先烈先進褒卹撫卹、外國顧問與考核優良人員的勳獎，還有每年節慶的受勳與友邦政府贈勳等各類檔案。

四、行政

　　指政府的施政計畫、組織職掌、事務管理與會議會報等。檔案時間

自 1925 年至 1948 年，含行政法規、行政計畫與施政方針、復員計畫、中央機關的設置調整與改組、吏治的澄清與貪污的懲治、檔案文卷的管理與移交以及行政院政務報告、各機關的會議會報與各地工作視察報告等各類檔案。

五、內政

指國內的政治事務。檔案時間自 1925 年至 1948 年，含內政事務的措施與建議、國內政情、戶政地政警政與邊政、災害救濟、捐款救國、禁煙禁毒、地方自治法規與實施、各省（市）的政務概況、地方行政區域的調整、圖書與著作權的審查、各種紀念節日案、宗教祠廟的管理、新生活運動與國民精神總動員、民眾陳情案、紀念節日案、土地政策與土地開發、都市計畫以及二二八事變等各類檔案。

六、外交

指國家與國家之間交涉和交際的事務行為。檔案時間自 1925 年至 1949 年，含中外關係、外交報告、外交禮儀、中外糾紛交涉、中外建交與絕交、駐外使館的設置與升格、外國使領呈遞國書、駐外與駐華使領人事案、出國考察與外人來華訪問、國際會議與宣言、中外協定與條約、各國的軍事外交情報以及僑務等各類檔案。

七、國防

指國家對外的防禦力量，狹義的國防，專指軍事方面的設施；廣義的國防，則包括政治、經濟、教育、文化各方面的設施在內，國民政府檔案的分類以廣義為主。檔案時間自 1925 年至 1949 年，含軍事建制、軍事法規、軍事整理、軍事建議與會議、軍隊訓練與調防、兵工生產、軍械購買、軍費撥發、軍事教育與演習、勞軍與軍紀的處理、徵兵制與

戒嚴的實施、各地軍情、國防建設與計畫、國防最高委員會事務概況、對德義日宣戰案、各國侵華案件、抗戰勝利的受降與接收、粵桂閩等政變情報、北伐討逆剿匪以及西安事變等各類檔案。

八、財政

財政指國家關於錢財方面的事務，包含稅務、關稅、公庫、金融、外匯、公債等事務。檔案時間自 1925 年至 1948 年，含財政建制與報告、財經措施、金融政策與整理、各省財政概況與田賦、糧政與軍糧徵購、中央與地方稅、關稅稅則、稅務檢討與法規、進出口管理、幣制改革、國庫收支月報、各銀行的設立撤消與銀行法規、國家行局貸款、外匯管理、公債發行、中美棉麥借款、庚款用途、聯合國平衡基金會設立等各類檔案。

九、教育

教育指教化養育，收錄的檔案也包括文化與藝術。檔案時間自 1926 年至 1948 年，含教育法規、留學辦法、教育經費、注音符號與簡體字的推行、戰後教育計畫、教育會議與改革、學術著作的審查、小學設置與大專院校改組、學術文教機構的設置、童子軍活動與社會教育實施、教職員生補助與學生救濟、學潮的處置、全國與省（市）運動會、外僑教育、國際文教會議與文化交流以及文獻蒐集與整理等各類檔案。

十、司法

指民事、刑事與行政訴訟及調查、審判與懲戒等。檔案時間自 1925 年至 1948 年，含司法機關的設置、審級制度、減刑與赦免、涉外法權與民刑事件引渡、各省民眾民事刑事陳述、教育財經產業等各案件行政訴訟、違法與附逆人員通緝案、漢奸的通緝與審理、汪兆銘叛國

案、殷汝耕通緝案、新聞從業人員通緝案、政府官員貪瀆案等各類檔案。

十一、經濟

指有關農林漁畜牧工礦商業及投資業務與國際貿易等。檔案時間自1927年至1948年，含經濟決議案、經濟措施、物資物價管制、農林漁畜牧事業的保護發展與改革、西北開發與移民計畫、工業與國防建設、工業專利保護、礦業的開發與管理、臺灣糖業、度量衡的劃一、水利建設、河川整治、敵偽資產接收與處理、中外貿易、國際經濟合作及美援的運用等各類檔案。

十二、交通

指往來與運輸，同時亦為鐵路、郵政、電信、航空等公用工具的總稱。檔案時間自1928年至1948年，含交通措施與法規、鐵公路的修築、首都道路系統圖、鐵路國有與債務整理、公路行政的規畫、航空線與港口碼頭的開闢、招商局的整理、中外電信與航空合同、郵政營運與組織、郵電檢查與管制、中央廣播電臺購置器材合同、氣象局的籌設等各類檔案。

十三、衛生

指有關醫藥政、保健防疫與環境保護等。檔案時間自1929年至1948年，含衛生醫事法規、中央製藥廠與國醫館的籌設、中藥研究、西醫用華文開方、牛痘疫苗預防接種、衛生行政會議、公共衛生的整頓、國民保健運動、疫苗的接種與鼠疫的防治等各類檔案。

十四、新聞

指宣傳、出版、電影電視廣播、編譯及新聞資料等。檔案時間自1935年至1948年，含國務會議新聞稿、省市新聞處的增設、官員談話的管制、盟邦記者來華禁令取消、剿共總動員宣傳辦法、對美宣傳、日報與通訊處的申請登記、出版品審查與影片查禁、報章選要、中國廣播公司合約案等各類檔案。

十五、其他

僅有雜卷一卷。檔案時間自1928年至1946年，含臺灣光復致敬團晉謁蔣中正主席之代表略歷表、戰時中央及各省文職人員特別辦公費支給數額表、國民政府審計院黨義研究班規則、公有建築限制暫行辦法、敵偽中小學教職員反正暫行辦法、法制委員會報告審查壯丁隊壯丁結夥逃亡可否依軍法審判案意見、國民革命軍審判條例草案、防止水陸空私運特種物品進出口辦法以及國民革命軍誓師十週年紀念補敘紀勛章人員姓名表等各類檔案。

行政院檔案

壹、沿革

1928 年底國民政府北伐底定，全國一統。10 月 8 日公布「國民政府組織法」，確立五院制度，以行政院為最高行政機關。同年 10 月 20 日，制定「行政院組織法」。25 日，行政院成立。

行政院下設各部，分掌行政之職權，關於特定行政事宜，得設委員會掌理之。各部會因時宜增設裁併，初設內政、外交、軍政、財政、農礦、工商、教育、交通、鐵道、衛生等 10 部，建設、蒙藏、僑務、禁煙等委員會。其後組織屢有變更，政府遷臺後，1952 年 11 月 20 日的改組，有 8 部、2 會、1 處、1 局，即內政部、外交部、國防部、財政部、教育部、司法行政部、經濟部、交通部、蒙藏委員會、僑務委員會、主計處、新聞局。此一組織架構，維持較久，並因實際政務需要，陸續增設 20 餘個部會機關。2010 年行政院組織法修正，自 2012 年起，逐步改組為 14 部、8 會、3 獨立機關、1 行、1 院、2 總處，即內政部、外交部、國防部、財政部、教育部、法務部、經濟及能源部、交通及建設部、勞動部、農業部、衛生福利部、環境資源部、文化部、科技部、國家發展委員會、大陸委員會、金融監督管理委員會、海洋委員會、僑務委員會、國軍退除役官兵輔導委員會、原住民族委員會、客家委員會、中央選舉委員會、公平交易委員會、國家通訊傳播委員會、中央銀行、國立故宮博物院、行政院主計總處、行政院人事行政總處。

院本部初設秘書、政務兩處，置秘書長、政務處長各 1 人，前者掌

文書、印信、會計、庶務等事項，後者掌會議及撰擬命令等事項。1940年依會計、人事條例，增設會計處與人事室。1947年裁政務處，由秘書長負責一切事務，院下設秘書、會計兩處及統計、人事兩室，掌理會議紀錄、文書處理、典守印信及會計、統計、人事等事項。現今院本部組織較大，除院長、副院長各1人，有政務委員7至9人，秘書長1人，副秘書長2人，發言人1人。業務單位有11處、2室、1會，輔助單位6處，常設性任務編組6個。

行政院的首長是行政院院長。首任院長為譚延闓，其後蔣中正、孫科、汪兆銘、孔祥熙、宋子文、張羣等先後擔任院長。1947年12月25日正式實施憲政，依憲法規定，行政院仍為最高行政機關，院長由總統提名，經立法院同意任命。行憲後首任院長為翁文灝，當時國家金融崩潰，國軍戰局大壞，翁自1948年5月20日上臺，僅任職半年，之後孫科、何應欽、閻錫山曾短暫組閣。政府遷臺之後，行政院長有陳誠、俞鴻鈞、嚴家淦、蔣經國、孫運璿、俞國華等。解嚴前的院長，任期較長，如陳誠兩度出任院長，任期加總近10年；嚴家淦單一任期，亦近9年之久。解嚴後的行政院長，有李煥、郝柏村、連戰、蕭萬長。2000年國家首次政黨輪替，民主進步黨執政，行政院長有唐飛、張俊雄、游錫堃、謝長廷、蘇貞昌、張俊雄。2008年中國國民黨執政，院長有劉兆玄、吳敦義、陳冲、江宜樺、毛治國、張善政。現今民主進步黨執政，院長為林全。

行政院決策場域，係行政院會議，該會議又稱行政院院會，由行政院院長、副院長、各部會首長及政務委員組織之，以院長為主席，過半數之出席為法定人數，議案以出席人過半數之同意議決之。議決事項，主要為依法須提出行政院會議議決事項、依法須提出立法院之事項、涉及各部會共同關係之事項或其他重要事項。

貳、移轉及整理

國史館典藏之《行政院檔案》，係行政院秘書處於 1972 至 1993 年分批移轉的大陸運臺及在臺已失時效案卷，初步整理計 15,914 卷，檔案時間自 1929 年 2 月至 1974 年 6 月。國內典藏行政院檔案者，除行政院本部，尚有國家發展委員會檔案管理局，他們與國史館所藏行政院檔案可為互補。

參、內容

《行政院檔案》涵蓋時間、範圍廣泛，所收檔案大部分時間集中於 1937-1948、1991-1992 年，其次為 1949-1971 年。可區分為總類、內政、外交僑務、國防軍事、財政、教育文化、法務、經濟、交通、人事等 10 類，茲概述如次：

一、總類

總類所收檔案為各類中最豐富者，包括總綱、行政院事務、中央民意代表、黨務、主計、公共事務、檔案文書、參考資料及建議。

總綱收入諸多法律規章，如公務員懲戒委員會組織法案（1938 年）、司法行政部各種組織規程及編纂辦法計畫大綱（1948 年）、軍政部組織法（1937-1939 年）、黨政各機關設計考核委員會組織通則（1943-1946 年）等。另有一些蔣中正的手諭或訓示。

行政院事務收入院轄各部會行處計畫及報告、管制考核文件、院長公開訓示、院方答覆立法院的資料，以及行政院議事錄。其中，議事錄所收時間為 1932-1933 年、1946-1997 年，政府遷臺時期所收特別完整，可藉以了解大政規劃討論過程，甚具重要性。

中央民意代表收入國民參政會相關檔案，如國民參政會組織法令案

（1938-1947 年）、國民參政會駐會委員會案（1938-1947 年）、國民參政會歷屆歷次大會案等。並收入國民大會人事、待遇、選舉、議案等相關檔案。

黨務部分收入較雜，如三青團各級團部紀念五四運動辦法大綱（1939 年）、中國國民黨五屆五至十二中全會會議案（1938-1945年）、中國國民黨六屆二至三中全會會議案（1946-1947 年）、中國國民黨第六次全國代表大會會議案（1945 年）、西康黨政聯席會議案（1941-1947 年）等。

主計部分收入中央各機關暨所屬機關統計單位組織規程案（1937-1944）、中央各機關暨所屬機關會計單位組織規程案（1939-1944）、省市統計單位組織規程案（1937-1947）、戰時國家總預算編審辦法（1942-1944）等。

公共事務含政府公報、請願、一般訴願、外商訴願。政府公報所收不多，訴願檔案則數量龐大，主要集中在 1991-1993 年，如大同股份有限公司因商標撤銷再訴願案（1992-1993 年）、可口企業股份有限公司因商標註冊再訴願案（1992年）、義美食品股份有限公司因進口貨物稅則號別再訴願案（1992-1993年）、日商三麗鷗股份有限公司因商標註冊再訴願案（1992-1993 年）。

行政院議事錄

檔案文書收入行政院對公文傳遞或格式的指示，如各師團管區對地方各級行政機關行文程序（1946-1947 年）、省政府對綏靖公署行文程式（1946 年）、鄉鎮與保行文程序（1941 年）、釋示省府對各級民意機關行文程式（1946 年）。另有移交清冊、行政院對檔案管理的指示，這

部分如內政部移交清冊（連震東交徐慶鐘，1966年）、行政院院長何應欽移交（1949年）、奉准移送國史館大陸遷臺檔案（1960-1961年）、軍政部長移交案（1945年）。

參考資料及建議收入各類報告及建議書，如丘念台呈「治臺大計管見」（1946年）、改造會對施政改進意見（1951年）、閻錫山對時局意見書（1947年）、嚴家淦對現行人事制度意見（1959年）等。

行政院議事錄

二、內政

內政為行政院檔案數量較多者，主要為內政部所轄事務相關檔案，以及各省的檔案，可區分為總綱、計畫及報告、經費預算、民政、戶政、禮制民俗宗教、警政、社會、地政、勞工、醫藥衛生、煙毒防治、邊防及蒙藏。

總綱所收較雜，檔案內容從中央到地方都有，如人民請願辦法（1947年）、山東省各項單行章則（1940年）、內政法規（1942-1947年）、東北問題及其建議案（1941-1948）、軍統局對新疆現狀之分析及治新方策（1946年）、修正臺灣省山地九族中文名稱（1954年）、湘省政概況（1946年）等。

計畫及報告收入內政部或中央與各省有關之計畫與報告，如上海市政府工作計畫案（1946-1947年）、內政部工作計畫案（1944-1948

年)、各省新縣制實施報告案(1941-1947年)、省市政府復員工作計畫案(1945-1947年)、臺灣省保安司令部工作報告案(1951-1958年)、總統交下「裁員減政意見報告」等案(1958-1961年)。

經費預算含各省市及內政部的經費案或預算案,如三十五年度各省市預算(1946年)、山西省三十五年度經費(1946年)、中央民意代表選舉經費案(1947-1948年)、內政部三十三至三十七年度經費案(1944-1948年)、省市參議會經費案(1943-1949年)。

民政內容較多,包括行政組織、行政區域調整、吏治、地方自治。行政組織如上海市政府組織規程(1945-1948年)、甘肅省政府合署辦公施行細則(1938-1948年)、浙江奉化縣更名中正縣(1941-1946年)、設立臺灣問題諮詢委員會(1947年)、臺北市改制為院轄市案(1951-1967年)、縣各級組織綱要實施計畫案(1940-1947年)。行政區域調整如內政部令各省迅將屬縣人口面積之眾寡大小過於懸殊者酌予劃分或歸併案(1940年)、臺北市各區里區域劃分及編組辦法(1969年)、臺灣省各縣市行政區域調整案經過概述(1950年)。吏治如行政院所屬機關年度政績比較表案(1942-1948)、省政年度政績比較表案(1945-1948年)。地方自治如山東省參議會案(1938-1947年)、各省參議員簡歷冊(1946-1948年)、重慶市選舉參議員名單(1946年)、解釋省縣市參議員選舉疑義(1942-1948年)、臺灣省參議會(1948年)、釋示縣臨參會組織規程疑義(1943-1944年)。

戶政如戶口調查實施辦法案(1939-1948年)、保甲連坐辦法案(1938-1945年)、國民身份證製發案(1946-1948年)、臺閩地區人口統計案(1968-1971年)、臺閩地區戶口普查實施方案(1956年)。

禮制民俗宗教包括社會習俗、宗教祠廟管理、殯葬管理、紀念節日。社會習俗如人民團體禮儀須知草案(1943年)、加強查禁社會群眾神權迷信辦法(1939年)、廣西省集團結婚補充辦法等十三種法規(1944年)。宗教祠廟管理如于斌等呈請關於宗教事業三項意見(1946-1947年)、大成至聖先師南宗奉祀官府三十七年度經費(1948

年）、孔族承襲南宗奉祀官權糾紛案（1945-1948年）。殯葬管理如保護墳墓案（1943-1944年）、總理陵園管委會經費（1937-1948年）。紀念節日如「七七」紀念日名稱一律稱為抗戰「X」週年紀念（1944年）、五一勞動節休假一日（1941年）、規定九月三日為勝利紀念日（1945-1948年）。

警政含中央到地方的警察機關、學校經費或相關法規，如中央警官學校三十六年度經費案（1947-1948年）、內政部補助警察機關經費案（1945-1948年）、河北省警察機關經費案（1946-1947年）、院轄市警察機關組織職掌案（1945-1948年）、戴笠在湘成立中央警校特種警察訓練班（附畢業學員資料，1938-1945年）。

社會包括政策制度、社團組織、社會福利、社會救濟、社會合作、捐募儲蓄。政策制度如八七水災重建工作實施綱領（1959年）、各省市推行布鞋勞軍運動實施辦法（1948年）、整頓全國性各人民團體辦法（1952年）。社團組織如加強農會基層組織辦法草案（1944年）、社會部組織法案（1940-1943年）。社會福利如安徽省育嬰所組織規程（1947-1948年）、非常時期保險業管理辦法（1942-1944年）、戰區內遷婦女輔導院組織大綱（1942-1943年）。社會救濟如各地難民組訓委員會組織通則（1941年）、美國組織戰事難民處（1944年）、黃河故道居民遷移救濟辦法（1946-1947年）。社會合作如中國工業合作協會組織章程（1940-1945年）、貴州省各機關員工消費合作社組織辦法（1943年）、縣各級合作社組織大綱（1940-1941年）。捐募儲蓄如上海市新聞紙雜誌及書籍用紙節約辦法等（1947-1948年）、全國節約建國儲蓄運動委員會組織章程（1939-1942）。

地政包括法令規章、區域劃界、地籍整理、地權、土地改革、都市計畫、房屋租賃。法令規章如上海等四省市土地測量隊組織規程（1948年）、川康黔地籍圖軍用圖測量計畫（1939年）、全國土地行政報告（1938-1939年）、戰時土地政策綱領草案（1941年）。區域劃界如中英滇緬界務（1941-1943年）、蘇滬劃界案（1945-1948年）。地籍整理

如中國農民銀行土地金融處試辦地籍整理放款規則（1943-1948 年）、收復地區土地權利清理辦法（1946 年）、福建各縣土地陳報後改訂科則情形（1941 年）。地權如中央大學九華山地基價讓中央研究院（1948 年）、江西贛縣美國天主堂購買土地（1948 年）。土地改革如二五減租案（1945-1948 年）、辦理臺灣省實施耕者有其田工作總檢討案（1964 年）。都市計畫如「實施都市平均地權的檢討和改進」專報（1963 年）、陽明山都市計畫（1955-1958 年）。房屋租賃如中央信託局高雄新興區房屋改撥美軍顧問團使用（1951 年）、戰時房屋租賃條例（1943 年）。

　　勞工含相關法規、報告、計畫、會議，如女子義務勞動條例（1945-1947 年）、平定工資實施辦法等（1942 年）、國民義務勞動服務法（1942-1948 年）、綏靖區徵僱民伕辦法（1947-1948 年）、釋示事業機關可否適用職工福利金條例（1944 年）。

　　醫藥衛生包括法令規章、醫療機構經費、醫療機構組織規程、醫政及藥政、防疫、國際衛生。法令規章如中醫名稱確定為「中醫師」（1942 年）、軍委會戰時衛生業務聯席會報規則（1944 年）、衛生人員動員實施辦法（1943-1949 年）。醫療機構經費如中央衛生實驗院經費案（1944-1948 年）、南京中央醫院經費（1946-1948 年）、藥品供應處經費案（1946-1948 年）。醫療機構組織規程如上海監獄醫院組織規程（1947 年）、花柳病防治所組織通則（1942 年）、瀋陽市衛生試驗所組織規程（1948 年）。醫政及藥政如美國製藥廠在華設立分廠（1947 年）、衛生署供應中央各機關醫療藥品辦法（1943-1944 年）。防疫如中央防疫實驗處組織條例及分處組織規程（1946-1947 年）、國聯協助中國防疫費（1937 年）。國際衛生如出席國際紅十字會議（1945-1948 年）、與世界衛生組織簽訂防癆計畫（1955 年）。

　　煙毒防治主要是政府在大陸禁絕鴉片煙的相關法規、報告、計畫、經費，如上海禁煙案（附查緝毒品給獎標準，1946-1947 年）、中央組織部抄送奸偽種煙情報（1942 年）、雲南省肅清煙毒計畫（1947 年）、

禁煙委員會經費（1943-1948 年）、臺灣省焚燬煙毒報告（1946-1948 年）。

邊防及蒙藏係邊界及蒙古、西藏的相關檔案，如中央改造會函送匪黨對少數民族之各種措施請擬切實計畫於反攻後實施案（1951-1952 年）、守護成吉思汗靈櫬經費及致祭經過（1940-1948 年）、第九世班禪圓寂案（1937-1939 年）、班禪行轅與甘孜駐軍衝突及班禪轉世等案（1939-1947 年）、達賴轉世案（1938-1939 年）。

三、外交僑務

外交僑務主要為外交檔案，以及僑民相關檔案，另有日本戰犯相關檔案。可概略區分為總綱、中外關係、國際關係及國際會議、參訪考察、僑務、戰犯處理。

總綱主要是外交部的計畫或法規，如外交官銜名錄（1938-1945 年）、外交部呈報行政計畫案（1939-1947 年）、管理法國僑民辦法（1943 年）。中外關係主要是涉外案件，如不平等條約廢除後因應措施案（1943-1945 年）、中美中英簽訂平等新約案（1941-1943 年）、駐外使領館設立案（1939-1948 年）、簽訂中美英蘇四強宣言（1943 年）、簽訂中蘇友好同盟條約案（1945-1948 年）。國際關係及國際會議收入參與國際會議之檔案，如中日貿易經濟會議（1967-1971 年）、出席聯大特別會議（1948 年）、參加國際商會（1939-1945 年）、舊金山安全會議及聯合國大會（1944-1947 年）。參訪考察為外人來華訪察檔案，如大韓民國訪問團訪華（1962 年）、美副總統華萊士來華案（1944 年）。僑務有僑民法規、計畫、收容、遣送，如日韓德僑給養財產處理及遣送案（1941-1947 年）、敵國人民收容所案（1942-1946 年）。戰犯處理有日本戰犯名單案（1945-1946 年）、日本戰犯調查處理案（1943-1948 年）等。

四、國防軍事

國防軍事包括法令規章、計畫及報告、建議事項、軍事組織、教育與訓練、作戰、後勤補給、兵役及動員、軍法。

法令規章如四十七年軍勤演習計畫大綱（1958 年）、軍事徵用法暨施行細則案（1937-1938 年）、歷次陣亡殘廢受傷革命軍人特別優卹辦法案（1936-1940 年）。計畫及報告如中央各機關治安考察團及考察報告（1948 年）、國防部總政治部工作報告案（1954-1956、1958-1965年）。建議事項如平津代表許惠東等建議改進華北剿匪總部職權意見三項（1948 年）。軍事組織如軍事委員會組織大綱及軍訓部軍令部組織法（1935-1940 年）、軍委會委員長各行營（轅）組織大綱及組織系統編制表暨各員任免（1937-1946 年）、戰區黨政軍聯繫辦法原則及中央黨政軍聯席會報秘書處組織規程暨編制表（1944-1946 年）。教育與訓練如軍官教育制度草案（1947-1948 年）。作戰如行政院綏靖區政委會經費預算（1946-1947 年）、臺灣警備總司令部軍事接收總報告案（1946年）。後勤補給如後方勤務部水路軍運指揮部組織規程（1945-1946年）、軍政部軍需物資供應小組會議組織辦法（1943 年）。兵役及動員如各機關團體申請緩役緩召案及疑釋（1942-1947 年）、國民兵役施行規則暨國民兵役名簿規則（1936-1940 年）、復員軍官佐轉業分發安置（1946-1948 年）、優待出征抗敵軍人家屬辦法（1937-1948 年）。軍法如國防部設置軍法執行部實施辦法暨組織規程編制表（1947-1948年）、國家總動員會議軍法執行監部組織規程（1943 年）。

五、財政

財政主要為財政法規及各省財政相關檔案，可分法令規章、稅捐稽徵機關組織規程、賦稅法規、捐稅減免及稅制改良、臺灣地區田賦地稅減免、各稅、菸酒專賣、金融、糧政、公庫、關務、鹽務。

法令規章如修訂財政收支系統法原則（1946-1947 年）、戰時三

年建設計畫大綱（1941 年）。稅捐稽徵機關組織規程如財政部各省市直接稅局組織條例（1941 年）、四川省各縣稅捐稽徵處組織規程（1940-1944 年）。賦稅法規如整頓稅收實施辦法（1947 年）、四川省三十三年度田賦預行借徵辦法及各縣數額表（1944-1947 年）、重慶市徵收筵席捐捐率及改訂起徵標準（1941-1942 年）。捐稅減免及稅制改良如河北省各地請減免捐稅及改良稅制（1946-1947 年）、廣東省黨營事業免稅辦法（1943 年）。臺灣地區田賦地稅減免如桃園縣田賦地稅減免案（1951-1958 年）、陽明山管理局田賦地稅減免案（1952-1957 年）。各稅所含較廣，包括特別稅及附加稅、所得稅、印花稅、財產稅、鹽稅、貨物稅、土地稅、房屋稅、營業稅、牌照稅、自衛捐、屠宰稅，如所得稅法（1943-1947 年）、修正各級土地行政與土地稅收工作聯繫辦法（1943-1947 年）、自衛特捐籌集辦法（1948 年）。菸酒專賣如戰時菸類專賣暫行條例戰時火柴專賣暫行條例特許火柴專賣公司章程（1941-1945 年）。金融如非常時期銀樓業管理規則（1944-1945 年）、長沙市火災救濟小本借貸綱要（1938-1941 年）、中加借款合約（1946-1948 年）。糧政部分的檔案較多，可再區分為計畫報告及建議事項、經費、糧政單位組織規程、糧食管理及供應分配、糧荒救濟及糧食節約，如糧政機構工作報告案（1942-1948 年）、軍糧經費（1945-1948 年）、省屬糧政單位組織規程（1937-1948 年）、糧食流通管制辦法（1940-1948 年）、軍糧配撥（1945-1948 年）、糧食節約消費辦法（1938-1948 年）。公庫如財政部委託中央銀行代理國庫契約（1939-1941 年）、改進國庫款項支撥辦法（1943-1944 年）。關務如取締走私辦法（1947 年）。鹽務如湘、粵、贛、桂、浙、閩六省鹽糧會議案（1940-1941 年）、鹽政總局請設立鹽業公司案（1946 年）。

六、教育文化

教育文化類數量不多，所收內容紛雜。如中英庚款董事會經費案

（1938-1945 年）、古物遷運保存案（1937-1942 年）、圖書雜誌審查管
理法規案（1942-1948 年）、學潮處理案（1946-1948 年）等。

七、法務

　　法務可區分為法令規章、司法、調查。以法令規章所收檔案較
多，如大佃權併入典權認為典權登記疑義（1941-1942 年）、司法行政
部整理法規彙報（1943-1944 年）、危害國民緊急治罪法（1938 年）、
各省新舊監所寄押軍事犯口糧支給辦法（1942-1949 年）、釋示淪陷區
內人民以偽幣訂立契約應如何清償案（1946 年）。司法如公設辯護人
條例案（1939-1946 年）、僑民不動產典當回贖案（1944-1947 年）。
調查如山東曹縣城東南二百餘村民眾於午元舉義殺匪案（1947 年）、
各地呈報共黨動態案（1941-1948 年）、保密局呈報破獲共黨組織辦理
情形（1953-1954 年）、違法人員通緝（1939-1948 年）、檢審漢奸案
（1938-1948 年）。

八、經濟

　　經濟類數量不少，可區分為總綱、農林漁牧業、商業、工業、礦
業、水利、戰爭損失調查與賠償、處理敵偽產業、參考資料。
　　總綱如「戰後五年國防及經濟建設計畫農林部分初步方案」（1942
年）、全國生產會議決議案（1939-1944 年）、設置國家專賣事業設計委
員會（1941-1942 年）、資委會所屬各分業管理總機構所需總管理費用
攤支辦法（1947 年）。農林漁牧業如全國各墾區墾民編入保甲辦法草案
（1944-1945 年）、東北蟲災案（1948 年）、強制造林辦法（1942-1943
年）、農貸方針（1943-1946 年）。商業如上海市商業登記暫行辦法及補
救辦法（1938-1944 年）、臺灣省商人對日貿易辦法（1949-1950 年）、
籌備一九三九年紐約世界博覽會參展案（1938-1940 年）。工業如工業
標準委員會各種工業物品標準暨檢查規範（1945-1948 年）、獎勵各種

工業案（1942-1946年）。礦業如四川地質調查所組織規程（1944-1945年）、劃定江西省境內鎢礦區為國營案（1938年）、擴充甘肅油礦二年計畫案（1940-1942年）。水利如于右任提議十年萬井計畫（1942-1947年）、修築天祐垸案（1937-1948年）、黃河堵口復堤工程案（1945-1947年）。戰爭損失調查與賠償如成立賠償委員會及商討向敵人索取賠償具體辦法（1945-1946年）。處理敵偽產業如人民對敵偽機構欠款償還辦法（1948年）、中研院接管各地自然科學研究所（1945-1948年）、沒收袁世凱田產案（1946-1947年）、資委會接管滿洲石油聯合會資產案（1948年）。參考資料如四十三年經濟部所轄事業財務概況（1955年）、外貿會呈送主要物價及金融變動情形（1955-1956、1959-1960年）、臺灣生產統計月報（1958年）。

九、交通

交通可分為法令規章、郵政、電信廣播、鐵路、公路、航運、水運、港務、氣象。

法令規章如交通事業一般復員計畫（1945年）。郵政如各機關參加郵電檢查工作辦法（1942年）。電信廣播如中美無線電通話合同（1947年）、江蘇省無線電總臺組織規則（1947年）、電信法草案（1944-1947年）。鐵路如各鐵路撥用比庚款停付利息案（1944-1945年）、滇緬鐵路金公債條例（1940-1943年）。公路如交通部公路總局組織法（1943-1946年）、戰時汽車駕駛人及技工受雇解雇暫行辦法（1940-1941年）。航運如中蘇通航（1939年）、聯總及陳納德飛運救濟物資暨救總署與陳納德空運大隊合約案（1946年）。水運如中印友好通商航海條約（1947年）、開發中南美洲航務案（1948年）。港務如臺灣省港口船舶管理辦法（1949年）。氣象如中央氣象局戰後建設氣象事業五年計畫（1944年）。

十、人事

　　人事類檔案係行政院檔案次多者，可概分為法令規章、人事任免、考核考績、福利待遇、勳獎撫卹。

　　法令規章主要是關於人事的法令釋示和組織規程，如國防部頒發印信規則（1946-1947 年）、公務員登記規則（1943-1946 年）、中央及地方機關設置薦任科員原則（1943-1948 年）、僑務委員會人事室組織規程（1943 年）、山西省政府人事室組織規程（1944-1946 年）。人事任免有中央機關人事任免、地方機關人員任免、教育機關人員任免、司法機關人員任免。考核考績如人事管理人員成績考核實施辦法（1946 年）、整飭官吏紀綱案（1937 年）。福利待遇如公務員公役遭受空襲損害暫行救濟辦法（1939-1944 年）、非常時期改善公務員生活辦法及施行細則（1941-1944 年）。勳獎撫卹可分為勳獎褒揚、撫卹和追贈追晉。勳獎撫卹即授予獎章、褒狀或記功嘉獎、褒揚；撫卹為抗戰、國共內戰或因公殉難、殉職等人員之褒揚撫卹；追贈、追晉為將士去世後追加的榮譽。

內政部檔案

壹、沿革

　　內政部之官制可追溯至 1905（光緒 31）年，清廷設立巡警部，其下設 5 司 16 科。1906（光緒 32）年，清廷改巡警部為民政部，更改官制，設 2 廳 5 司，2 廳為承政廳和參議廳，分掌文卷和謀議之事；5 司為民治司、警政司、疆理司、營繕司、衛生司。1912 年中華民國南京臨時政府成立，設內務部，職司內務行政，在原有清廷民政部建制，加以修改，設民治司、職方司、警政司、土木司、禮教司、衛生司等，六司的職務與清之民政部五司雷同，僅增加禮教司，掌理祀典制度、祠寺管理、節義褒揚及古物保護等事項。1928 年 4 月國民政府成立內政部，依組織法，設秘書處、民政司、土地司、警政司、衛生司等。同年 12 月修訂內政部組織法，分設總務、統計、民政、土地、警政、禮俗等六司；原有之衛生司裁撤，另設衛生部。1938 年 2 月禁煙委員會改隸內政部，主管全國禁煙及國際禁煙合作事宜。1940 年 11 月行政院設立社會部，將內政部民政司管轄的社會福利業務劃歸社會部社會福利司，而原隸屬於經濟部的全國合作事業管理局同時改隸社會部。1942 年 5 月地政司擴編為地政署，改隸於行政院，設總務、地籍、地價、地權等四處。1942 年 7 月增設戶政司，掌理全國人口及戶籍行政；同時成立營建司，專司全國建築行政。抗戰勝利後，國民政府於 1946 年 8 月將警政司擴充改組為警察總署，同年 10 月增設方域司，掌理全國邊疆之測量勘查、界案糾紛之處理、各省行政區域之劃分、水陸地圖之審

查編印等事項。1947 年 5 月原屬內政部之衛生署、地政署擴編為衛生
部、地政部，直屬於行政院。另內政部之戶政司，擴編為人口局，以加
強推行各省市地方之戶政業務。

　　1949 年因戡亂戰事的影響，5 月將社會部、地政部、衛生部縮編改
制，併入內政部，社會部改設社會司、勞工司、合作司掌理相關業務；
地政部、衛生部縮編改組為地政署、衛生署；方域司、營建司併入地政
署；警察總署改組為警政司，裁撤禁煙委員會，業務併入警政司；人口
局改組為戶政司；禮俗司併入民政司。1949 年 9 月地政署、衛生署再
縮編為地政司、衛生司。同年 12 月中央政府遷臺，1950 年 2 月合作司
併入社會司，戶政司併入民政司；1954 年 3 月恢復設立戶政司；1955
年 9 月增設役政司，以加強兵役行政之推動。1971 年 3 月衛生司擴大
改制為衛生署，直隸於行政院。1972 年 7 月警政司擴編為警政署；
1973 年 1 月恢復設立營建司；1981 年 3 月營建司擴編為營建署。1987
年 8 月勞工司擴編為勞工委員會，直屬行政院。歷經多次組織改制，現
行內政部之組織架構為民政司、戶政司、社會司、地政司、總務司、秘
書室等，直屬機構有警政署、消防署、營建署、役政署、建築研究所、
中央警察大學、兒童局、空中勤務總隊、入出國及移民署、國土測繪中
心等單位。

貳、移轉及整理

　　國史館為加強檔案徵集，於 1973 年函請行政院協助，將各機關大
陸運臺舊檔案及在臺已失時效的案卷、文牘，移送國史館典藏。所以，
內政部除留下仍須做為行政參考的檔案外，自 1973 年、1976 年分批由
內政部移轉國史館典藏，史料時間起自 1911（宣統 3）年至 1975 年，
共計 15,573 卷，目前已完成入藏登錄作業。

參、內容

　　內政部的組織及編制雖歷經多次更迭，業務分合，或增設，或縮編，但職掌大體不變，以下依總務、民政、禮俗、戶政、地政、警察、社會、營建等類別介紹。

一、總務類

　　此類為總務司承辦的案卷，總務司掌理關於文件之收發、分配、繕校及保管，部令之發布，典守印信，編印公報及發行，保管公產及公物，款項之出納，事務管理等事項。此類檔案的卷宗有：歷任部次長交接清冊；國民政府頒發印信條例案；各年度國庫收支結束辦法；全國行政會議案；部令發各機關任用其他機關現職人員限制辦法；部令呈報所在機關及所屬機關現有員額；部抄發公營事業機關人事管理機構設置規則草案；本部令派各省市警察局訓練所教務主任一案（附教育長、隊長）；內政部六十四年重要措施案等。

二、民政類

　　此類檔案為民政司承辦的各項業務之卷宗。主要案卷有：全國代表大會議案；西安市政府組織規程案；四川省轄市政府組織規程案；臺灣省轄市臺北等市政府組織規程案；廣東省、安徽省、河北省、河南省、江蘇省、浙江省的各級行政機關印信案；中訓團新疆分團任免甄審案；民意機關設置案——抗戰期中之民意機構；江蘇省參議員選舉、任職、會期、銓敘；臺灣行政長官公署各項法規案；福建省訓團教育長移交案；重慶市商店、住戶懸掛國旗暫行辦法案；私立中學校產免賦疑義等。

三、禮俗類

　　1912 年 8 月內務部設禮俗司，掌理禮制、祀典、宗教、褒揚及民俗事項，翌年禮俗司併入民治司，1914 年，復設典禮司；國民政府定都南京後，改內務部為內政部，禮俗業務又為民治司所掌理。禮俗司與民治司雖常有分合，但案卷之封面，仍可分辨出禮俗類，自成一系，故與民治司的檔案分開介紹，其有關的案卷有：四川省政府咨據第十六區行政督察專員公署呈以茂縣縣城武廟舊址建築省立茂縣簡易師範學校；禮俗行政改進之意見與辦法（附禮俗、民政、警政三司處理褒揚、褒卹、獎勵、撫卹等類案件辦法）；禮俗類調查統計項目；籌設國葬墓園經費；江西省各縣市忠烈祠實況調查表；甘肅省各縣市忠烈祠實況調查表；湖南桂陽縣執委會提議恢復關岳祀典；烈士事蹟表暨清冊格式；四川昭化縣鄧長清等呈請追卹其先人鄧守楨等；廣西容縣李黃氏褒揚；四川省孔廟實況調查表；各省市抗敵傷亡人民調查；褒揚李效之、江明斯、陳顯興一案；浙江省陳麟書等籌設錢湖公墓案；戡亂期間剿匪得力官員暨協剿出力人民及殉職官員殉難人民調查表；褒獎余陳氏、孫思德、李婁慈周等。

四、戶政類

　　此類檔案係戶政司及人口局處理各項業務之案卷。戶政司掌理關於人口政策及章則擬訂，人口查記機構設置及人口查記人員訓練，戶口普查，僑民調查，人口統計資料之整理、分析，戶籍登記，國籍行政，國民身分證及姓名使用等各項事務。主要的檔案案卷有：戶籍法施行細則；暫居戶口登記暫行辦法；本籍及寄籍人口遷徙登記辦法案；陝西省戶籍疑義案；解釋人民轉籍與兵役關係案；內政部三十四年度戶政實施方案；全政會提議修改戶口法規等。

　　其中屬於 1947 年至 1949 年之人口局卷宗有：戶籍法修正草案；各省市疏散戶籍薄冊案；各省市各類戶籍法令解釋；甘肅省請解釋辦理

遺產稅之處死亡人口調查表如何填造案；河南省府電送現行戶籍法規彙編請備查案；河南省府囑核釋馬立志、曹家瑞二人國籍疑義一案；江蘇省府囑核辦朱秀珍應否喪失中國國籍案；陝西省三十七年度戶政工作計畫；穆蘭儀、白瑪麗等外籍人士取得國籍案；德籍猶太人醫學博士宏博濟聲請歸化案；蘇我民入籍案等。

五、地政類

　　地政類，是指由土地司、地政署、地政部等單位、機關產生的檔案類別。此類檔案有本全宗保存年代最早的一分文件，是清代民政部經界科的檔案，於 1911（宣統 3）年關於議覆科布多大臣奏阿爾泰原勘建治地方未盡妥協案。以下依各時期地政類單位的檔案，分類敘述：

民國元年內務部卷宗

　　（一）內政部土地司的案卷有：上海市徵收土地暫行規則草案；湖北城市區土地登記施行細則；江蘇省各縣辦理土地移轉登記與徵收契稅辦法；山西土地村公有辦法大綱；各省市府土地測量應依各省市地政施行程序大綱辦理等。

　　（二）地政署成立於 1942 年至 1947 年，這部門的檔案，依其業務職掌，可再細分為，1、地用類：掌理土地調查、土地使用統制、土地重劃等業務，此類檔案有：湖南省政府電詢承墾證書格式；內政部擬修正都市計畫法及擬定都市分區使用等規則函請開示意見案；湖南省各縣市城鎮營建辦理土地收用與整理辦法；都市土地收用條例草案（附都市公有土地徵收地租辦法草案）等。2、地價類：掌理地價申報、土地改良物

估價、地價等則標準、地價冊之編製等事項，此類檔案有：安徽省查估收復區地價；臺灣省地政局請示最近三年平均地價與現實地價相差過遠案；西康省府咨詢土地稅收入應撥給地方成數若干案；院交核交通部呈送粵漢鐵路白揚支線購地價格表案；院交議復戰時徵收土地稅條例與房屋租賃條例間之矛盾未能解決案等。3、地籍類：掌理土地測量、土地登記、土地圖冊保管、土地調查、公有土地清理等業務，此類案卷有：天津市地籍測量實施辦法；南京市下關土地重劃計畫書等。4、地權類：掌理地權調整規劃、地權訴願、土地徵收、土地金融督導等事項，此類檔案有：院交核巴縣文峯鄉鄉民戴崇光呈報海廣公路徵用民田未給地價案；福建霞浦縣簡易師範學校徵收土地案等。

（三）地政部存在於 1947 年至 1949 年，這機關的檔案，依其業務職掌，可再細分為，1、地用類：上海中國石油公司請租中山公園門前公地建築加油站；北平市、廣州市、西安市、浙江省、江西省土地分配及利用情形查報表等。2、地價類：廣州市重估中心區地價；湖南省三十六年度減賦方案及減免稅率；提高土地稅滯納罰鍰案經立法院決議緩予修改土地法重加考慮；雲南省政府轉詢昆明縣之東波等四鄉鎮及宜良等二十八城鎮地整業已完成建築改良物估價是否補辦案等。3、地籍類：遼寧營口廢縣設市案；廣西省政府請解釋土地登記疑義案；遼寧省三十六年度各縣市土地登記開辦日期；綏遠省開辦土地登記地區接受登記聲請期限表；安徽省三十七年度地籍整理業務計畫預算；擇地試行經緯網測量；熱河省地政局請示關於土地權利書狀費可否折算東北流通券徵收案；臺灣省地政局擬訂延不換領書狀加徵罰鍰辦法案等。4、地權類：江西第一監獄籌建新監徵收土地；國防部江寧要塞司令部徵收本京挹江門內四望山敵偽所徵民地；上海市參議會電請解釋設置公園徵收私人土地是否適用土地法一〇八條九款疑義案；湖南新化縣農業推廣徵收該縣城廂土地闢作農林場；長沙市政府修築沿江大道及營建東郊新市區徵收土地；憲兵司令部徵收南京大全福巷十九號毗連基地案等。

六、警政類

　　警政類的檔案，包含警政司及警察總署的檔案。警政司的案卷有：戰區警務人員擅離職守即以敵前逃亡論罪歸法院審判；重慶市重新劃分警管區域；非常時期雜誌、通訊、報社登記、管制暫行辦法廢止；地方警察、鐵路警察服務遵守規則；各省市警察教育機關代訓特種警察辦法、駐衛警察派遣辦法；指紋調查委員會；修正警察制服條例；司法警察各有關法規；司法人犯移解辦法；警察機關工作競賽通則；內政部警察總隊三十四年度工作計畫等。

　　屬於1946年至1948年之內政部警察總署之案卷有：警總署署長、副署長任免；警務處改制案；警總署會計室；統計室職員任免；警總署人事室職員任免；警一、三分校合併案；湖南湘潭楊家橋礦警隊成立案；重慶市歌樂山警局醫官違法案；各省市刑警組織編制調查表；全國汽車管理綱要實施辦法；天津市水陸交通管理條例；河南省縣兩級警察局權責劃分暨聯繫；解釋涉及自衛槍枝管理條例事項案；前警政司檔案交接案等。

七、社會類

　　社會司掌理社會行政之機關，初為民治司，執掌賑卹、救濟、育嬰、及慈善等事項。1928年4月國民政府成立內政部，下分四司，民政司主辦社會救濟事務。1940年11月國民政府成立社會部，管理全國社會行政事務，設總務司、組織訓練司、社會福利司、合作事業管理局，1942年3月國民政府公布國家總動員法，社會部增設勞動局，以配合全國人力的動員。1949年1月社會部擴編改組，調整為人民團體司、工人司、婦女兒童司、社會服務司、勞動局、合作事業管理局、社會保險局、工礦檢查處。1949年5月社會部裁併於內政部，原業務在內政部設社會司、勞工司、合作司。1950年2月，將合作司併入社會司。所以此類檔案是指由社會司與社會部所產生的案卷，以依業務性

質，可再細分為：

（一）組織訓練類：組織訓練司掌理人民團體之組織訓練及相互關係之調整聯繫、勞資爭議、社會運動及人民團體目的事業外一般活動之指導監督事項。這部門的檔案案卷有：工業會法；新聞記者、會計師、律師、技師公會組織通則（附技師及輪機員組織須知廢止）；中華民國營造業、工業公會聯合會；國際勞工組織等。

（二）社會福利類：社會福利司掌理社會保險之指導實施、勞動者生活之改良、社會服務事業之倡導與管理、生活費用指數之調查統計、職業介紹之倡辦、耆苦老弱殘廢等之收容教養及其他社會福利事項。此部門的案卷有：貧苦抗屬遺族資助辦法；工人福利事業輔委會規則；流亡失學失業青年等輔導救濟辦法；職業介紹職業分類案；公私立職業介紹機購調查表；英國駐東南亞專員邀我國派遣觀察團參加社會福利會議案；長沙難民疏導站；國際兒童緊急救濟協定等。

（三）合作事業管理類：合作事業管理局可追溯至 1935 年 11 月實業部設合作司，掌理關於合作社之監督與合作事業之計畫與促進、指導及視察、合作資金之調節、合作人才之訓練、合作事業之調查統計等事項；1935 年 6 月，全國經濟委員會所屬之合作事業委員會裁併於實業部合作司。1938 年 1 月實業部改組為經濟部，合作司裁撤。1939 年 5 月設合作事業管理局。1940 年 11 月社會部成立，經濟部合作事業管理局改隸社會部。1949 年 4 月社會部裁併於內政部，合作事業管理局改設合作司。這部門的案卷有：農貸辦法及方針；貴州第四行政督察區合作巡迴工作隊簡章；甘肅合作社考核案；甘肅省成績特優之合作社；山東省籌設省分庫；四川省縣金庫會計規程及月報表；四川省五年計畫第一年度推行成績；雲南省合作人員任免案；臺灣省合作貸款；黨員團員參加合作事業促進合作運動辦法；全國各項工作競賽給獎案；各省市合作工作人員數統計簡表等。

（四）勞動類：社會部勞動局於 1942 年成立，主要工作之業務為清查人力、推行義務勞動、勞力保護徵調等事項，這部門的案卷有：勞

工施政計畫及方針；管制技術員工案；全國技術員工管制條例；救濟失業工人情形與辦法；四川省推行義務勞動法；調查失業等。

八、營建類

內政部有關於公共工程及官署之修繕，在民國北京政府時期是內務部土木司所管理，到了國民政府時期則有內政部土地司，管理土木及營建管理事項。1942 年於內政部增設營建司，掌理都市計畫、建築管理、平民住宅、公共工程等營建事項。1949 年營建司縮編，業務由地政司掌理。1973 年 11 月營建司恢復建制，設四科，分別掌理都市計畫、建築管理、公共工程、國民住宅等業務，1981 年 3 月營建司改制為營建署，除原有業務外，並增加國家公園及區域計畫等業務。此類檔案為營建署處理相關業務所產生之案卷，本全宗此類檔案約 150 卷，相關案卷有：營建規則；建築師登記；督促各省成立技師公會案；新疆省建築管理規則；騰衝為勝利紀念城案；公共工程委員會組織規程；首都政治區計畫；漢口市計畫；公有建築審查；徐州自來水案；太湖建設意見書；全國營造業公會案等。

九、其他機構卷宗

（一）禁煙委員會

禁煙委員會成立於 1928 年 8 月，直屬於國民政府，同年 10 月改隸行政院，1935 年改隸軍事委員會，1938 年改隸屬於內政部，該會於1949 年 12 月裁撤。本全宗屬於是禁煙委員會卷宗者，約 70 卷，相關內容有：外國製販毒品案；禁煙督導人員工作討論會；印行禁煙掛圖；主席部長、主委禁煙文告；請各省市惠示今後禁政改進意見卷；禁煙單行法規；西康、四川禁煙機構計畫；臺灣肅清煙毒計畫等。

（二）國民大會代表立法院立法委員選舉總事務所

　　1947 年 1 月中華民國憲法公布，為選舉第一屆國民大會代表及立法委員，成立選舉總事務所，其職掌為關於辦理選舉之指導、監督、釋明法規及相關章則之撰擬等事項。本全宗約有 800 卷係屬選舉總事務所的案卷，相關內容有：不能舉辦選務之各省未收復區；票匭辦法；國代選舉程序；廣西省選舉訴訟；廣西省選舉結果；南京市政黨提名；興安省選民調查；察哈爾省國大重選案等。

外交部檔案

壹、沿革

　　1861 年清季設置「總理各國事務衙門」，是政府正式設立外交機關之始，1901 年改稱「外務部」，民國建立後，將「外務部」改為「外交部」。1928 年國民政府實施五院制，外交部改隸行政院，其主要職掌為辦理外交及有關涉外事務，對於各地方最高級行政長官執行有關外交部主管之事務有指示、監督之責。

　　自中央政府遷臺後，外交部基於施政需要，並因應我國外交處境之變化，內部組織迭有變更。外交部在大陸時期共設有亞東、亞西、歐洲、美洲、條約、情報、禮賓、總務等 8 司。1963 年，「外交部組織法」作政府遷臺後的首次修訂，隨後又有幾次組織調整。從現藏檔案隸屬的司處別與目前組織相較，除秘書、人事、主（會）計處、亞東關係協會和北美事務協調委員會外，以地域區分的組織保留亞東太平洋司、歐洲司、北美司，但亞西司與非洲司合併為亞西及非洲司，中南美司改為拉丁美洲及加勒比海司。此外，非屬地域的專業組織維持條約法律司、國際組織司，但國際合作及經濟事務司、國際傳播司取代了經貿事務司和新聞文化司，禮賓司改為禮賓處，電務處和檔案資訊處簡併為資訊及電務處等，並新設數個事務單位和辦事處等。

　　在外交部駐外機構方面，政府遷臺及 1971 年退出聯合國，係我國外交上的重大挫折，引發了一波斷交潮，我國的外交處境雖日益艱難，但逆勢中的務實外交方針，也為我國外交打開了一頁新局。截至 2017

年止，我國共有 21 個邦交國，而在與我斷交的國家中，仍以經濟文化辦事處等各種不同名義的代表處，與當地政府維持良好經貿文化交流關係，並保護僑社、僑胞權益。我國更積極參與區域性的各種組織，以拓展國際活動空間。

外交部檔案涵蓋範圍廣泛，除外交事務和使館人員的報告外，其內容涉及政治、財經、軍事、交通、文教、僑務等相關事務，種類繁多內容豐富，而且檔案保存狀況也相當完善，是外交部及其所屬單位長期以來的施政紀錄，也是學界研究政府對外關係和參與國際社會的重要依據。

貳、移轉及整理

外交部檔案除留存部內以外，分別典藏於本館、中央研究院近代史研究所檔案館和行政院國家發展委員會檔案管理局。本館所典藏的外交部檔案是該部自 1975 年至 2004 年間分批移轉大陸運臺舊檔、及在臺已失時效之擬銷毀檔案。這些檔案含括時間為 1893 至 1998 年，目前全數為 39,734 卷。

由於外交部移轉案卷數量龐大，本館未能及時在國家型數位典藏科技計畫期間全數完成整編及數位掃描。在計畫結束後，本館評估此一全宗的數位化進度，和顧及檔案集中的使用效率和方便性，乃與中央研究院近代史研究所合作掃瞄後續檔案。合作的成果分別在兩個機關提供調閱，目前本館所典藏的《外交部檔案》業已超過半數完成數位化。

2016 年起本館應檔案管理局的要求，移轉有關海外臺僑的國籍問題和遣送回籍、留用日人、接收日本剩餘軍艦船隻、澀谷事件、二戰時期殉難臺胞調查，以及報導臺獨、黨外人士、臺灣同鄉會活動和美麗島事件等相關專題之案卷。這些案卷經行政院國家發展委員會檔案管理局民國 106 年 1 月 5 日檔徵字第 1050006611 號函、民國 106 年 2 月 21 日檔徵字第 1060000842 號函通知完成移轉。按規定檔案一旦移轉檔案管

理局，本館即不能再提供閱覽服務，故系統上刪除這些案卷，未來如有類似情形，該全宗典藏總量將處於變動狀態。

參、內容

《外交部檔案》除各司、處的工作計畫、業務報告與日誌外，各有重要議題，以下依全宗的層級介紹內容：

一、亞東太平洋司

包含西藏、蒙古與中華民國政府的互動及其與外國關係，香港與澳門的時事與政治活動，中華民國政府與東亞、環太平洋國家如印度、尼泊爾、斯里蘭卡、巴基斯坦、紐西蘭、澳大利亞、菲律賓、印尼、馬來西亞、新加坡、緬甸、寮國、柬埔寨、越南、泰國、韓國、日本等國的政治與經貿關係、技術合作、人員參訪與留學、交通運輸、僑民與遣僑、國籍問題、難民救濟、糾紛訴訟、走私、界務、罪犯引渡，以及各國的政情、動態和時事摘要等。關於日本案卷數量最多，主題有日本九一八侵華事件、華北問題、國際聯盟調查東三省事變、盧溝橋事變、敵偽政情、中日戰爭的損害調查和戰爭賠償、日軍戰罪調查、駐日代表團報告和劫物索還，以及觀察日本政情、國會選舉與對外關係等報告。

二、亞西司

包含新疆政情、蘇新關係、東北接收和東北設備損害調查、中蘇政經關係、東正教教產、蘇聯國際關係與各國情報、蘇聯與國際共黨活動及其與中共動態、蘇聯訓練共軍及日韓俘自述書、中東石油問題、敘利亞政變、伊拉克僑務與華工糾紛、以阿糾紛與中東問題專題報告、中華民國政府與近東各國的政經關係和僑民與國籍問題、駐外使館的報告，以及觀察土耳其、以色列、沙烏地阿拉伯、黎巴嫩、賽普勒斯、約旦、

葉門等國政情。

三、非洲司

　　有關駐象牙海岸、賴比瑞亞和駐史瓦濟蘭等國的農耕隊業務報告、中非農技合作、先鋒案、對非宣傳、中國回教協會事務、世亞盟與非洲國家的聯繫。因海峽兩岸對峙，其檔案除了中華民國政府與南非、賴索托、史瓦濟蘭等國家的僑務與使館問題、商務糾紛，以及駐非人員觀察當地的政情和對外關係報告外，也有共產國家對非洲的援助、中共與非洲國家的合作發展與建交，以及分析各國承認中共的方式等。

四、歐洲司

　　有關中華民國與英、荷、比、義的庚款處理、中英與中法商約、英法德等國在華財產與教會問題、二戰期間德政府召回德籍在華顧問、對德義日宣戰後之局勢演變、波蘇關係及波蘭政治問題、巴黎和會、對義和約、法義戰犯問題、處理敵僑敵產、國際難民組織遠東局函告華僑遣返、戰後國際金融問題、海員與僑民問題、捷克軍火廠貨款、多邊核子武力計畫、西歐對國際事件之反應、歐洲政情與經貿資料，以及自由歐洲電台研究等。

五、北美司

　　有關美國政府組織、國會和總統選舉，美國對外政策如對遠東、近東、中東與滿洲問題，美國人在華問題如美商行和美艦在華行動、1940年代駐華美軍肇事等。關於二次大戰的損失和戰後復原則有二戰時期美僑和外僑的戰爭損失報告、盟僑申請追查前在日本占領期間被掠財產、歐洲復興計畫、聯合國救濟總署和行政院善後救濟總署資料、美日關係、戰後國際政策研究、國際貨幣會議等。有關中華民國與美國互動，

包含商務、交通、漁業、國共談判、駐美各使館報告、向美訂購物資、各機關派員赴美考察、美援、行政院處理美國救濟物資委員會會議、美軍事代表團、中華海員與移民及華僑問題、美國在臺協會等。關於中華民國與加拿大互動，有兩邊人員互訪、觀察加拿大政情和對外關係等。另有駐澳美軍募華工和美組織外籍志願兵團。

六、中南美司

有關中華民國與墨西哥的僑務、商務和農技合作，與秘魯、尼加拉瓜的農經合作與文化交流、與厄瓜多、千里達、巴拉圭和巴拿馬等國的農經合作、與古巴僑務和中巴交涉等。對當地報導則有中南美洲政情資料，關於智利、烏拉圭、圭亞那、厄瓜多、玻利維亞、哥倫比亞、哥斯大黎加、瓜地馬拉、墨西哥、古巴、尼加拉瓜、多明尼加、宏都拉斯、海地、薩爾瓦多、巴西、巴拉圭、阿根廷、委內瑞拉等國的政經概況與僑民問題等。另有中共在中南美洲活動及其與中南美洲國家關係。

七、條約法律司

包含領域、財經、商約、交通、軍事與文教、司法與法權、訴訟文書、房地產、僑務、國籍與親屬、禁煙毒和管制藥品等主題。重要案卷有上海、天津、漢口、威海衛等各地租界問題和收回租界、劃定猶太人寄居區域、中華民國與各國庚款的處理、駐外使領館呈報駐在國商約資料、中外財經法規與商務資料、外人在華問題、條約司與各單位的參辦案件、商標法及專利法、各國著作權法、船舶國籍案件及有關法令、法規整理原則及報告、華僑選舉、僑務和救濟僑民、移民交涉、外國教會財產被占用問題、敵僑敵產處理條例、禁煙與禁毒與麻醉品管制，以及各國法律、規章等參考資料。

八、國際組織司

　　包含聯合國、區域性國際組織、政府及非政府間國際組織、國際會議、國際關係與各國政情、國際共黨活動與中共動態、展覽會、競賽活動等主題。內容有聯合國大會及相關會議、聯合國的理事會與專門機構之事務、聯合國處理終止對德戰爭狀態案及清理德國外債、北大西洋公約組織、東南亞公約組織、歐洲復興會議、西歐五國聯盟到太平洋區域安全組織的設置、韓國問題、越南問題、古巴控美國侵略、中華民國參與國際會議原則及會議活動概況、中共外交活動與國際共黨資料，以及各類運動競賽和文化活動等。

九、新聞文化司

　　包含言行、宣傳、新聞輿論與情報、影視及廣播、展覽會、外交機構、訪聘、國際關係、社團及紀念節日、書刊、外國情報資料、國際共黨活動與中共動態等主題。內容有友邦向總統致敬或弔唁總統逝世、國內政要和友邦政要言行、中華民國對外工作會報、各地宣傳和情報蒐集工作的經費報銷、電傳國內要聞資料、國內外重要新聞剪報、中央通訊社電稿彙存、摘呈黨外雜誌、臺獨活動相關報導、寄送外館宣傳資料運用、糾正中外報刊登載不當言論、對各地區的政情剪報、博覽會和工商展覽，以及各國共產黨的概況及活動等。

十、禮賓司

　　包含外交禮儀、出國訪問、各洲人士和外賓訪華、交際應酬、國內外慶弔事、勳獎、社團及節日活動、出入國境及過境、軍事演習及安全措施、僑務及涉外事件等主題。內容有唁慰各國政要、駐外使領呈遞國書和交際、協助駐華使館、頒贈友邦人士勳章及互贈勳章、外國贈勳國人、美軍在華機構附屬單位優遇、美軍俱樂部、各國政要來訪、國軍各

種演習、僑生回國軍中服務、世亞盟活動，以及承認各國新政府和外國承認中共方式等。

十一、總務司

包含文書、房地產及安全防護、移交、特派員署處、駐外使領館及駐外機構、物品採購、僑務等主題。內容有外交郵件事務及寄遞辦法、駐外各使領館財產和房地產、特派員公署房舍財產、部長和次長宴客、從政黨員函件和外僑事務等。

十二、經貿事務司

此系列案卷極少，僅第一和第三次中美洲投資訪問團、第一次加勒比海投資訪問團和興亞工業投資考察團等案。

十三、秘書處

有關總統府、行政院及行政院會議、國民大會及立法院、監察院及考試院等各機關的施政報告或相關資料、外交部歷年重要工作檢討報告、外交部呈部長電報彙存、國軍戰力報告暨研辦情形及改進成效，以及從政黨員小組紀錄、中央宣傳指導小組會議紀錄、反共抗俄總動員會報、中國國民黨黨部建議案等黨政關係文書。

十四、檔案資訊處

此系列案卷除外交部護照作業和部內公文資料外，主要為剪報類，包含亞太、亞西、非洲、歐洲、北美、中南美等地區的政情剪報，中共政情及其對外關係剪報、中華民國對外關係和國際關係剪報、國際組織、國際會議、國際局勢與財經能源問題和本國事務剪報，以及美國與中共關係及臺灣關係法等。

十五、電務處

有關通訊設施主題，內容有上海電台營運概況、接收日本電台、外交部設專用無線電臺和架設經過、日方破譯我國密碼、駐華使館請設電台等。

十六、人事處

有關人事的獎懲、調遷、差勤及派遣、外館事務、會議、函電、各機關團體、控案、考選、訓練、求職、福利、調查事項、資料登記、證件及證明書，以及職員錄及值日官記事簿等業務。重要案卷如中華民國外交機關歷任首長銜名年表、駐外各大、公使館歷任館長銜名年表、駐外武官、駐外人員手冊、特種人員任用、外交部長及次長函件、通緝漢奸、中國國民黨中央宣傳部設置新聞處、研究戰後對於外國人之具體管理方案，以及監察院糾正胡適大使演說等。

十七、會計處

有關本部及駐外機構經費、員工薪津補助和福利、外館行政規費和各項費用，以及國際事務活動費等主題。另有外交部人員調整待遇、中國大陸災胞救濟總會撥款救助僑胞、僑胞捐款救濟臺灣震災、中華民國捐助友邦賑災等案。

十八、研究設計委員會

有關施政計畫與報告、檢討與考成、重要方案、外交部從政黨員、會議資料和國外經濟文化事務委員會等主題。另有外交部從政黨員、國民大會憲政研討委員會結論及辦理情形、國際技術合作工作概況、推動技術輸出方案要點等案。

十九、亞東關係協會

　　此系列案卷以剪報為主，包含日本政情和社會剪報、日本對外關係如與美、蘇、韓、東南亞、中東、美洲、歐洲和中共關係剪報，中華民國對美關係、與日本的工商考察、經貿互動和技術合作，以及對中共的政情和各國與中共互動剪報等。

二十、北美事務協調委員會

　　此系列案卷不多，主要為協辦美國在臺協會華籍職員出入境、各機關派員赴美研習、美方洽索我國書刊及統計資料、輸美紡織品配額及出口證核發數量和設限訪織品出口等。

二十一、領事事務局

　　有關簽發國人護照及外人簽證作業、國人的兵役和應聘國外之護照問題、旅居港澳國人護照申請緩議、中外文件證明及驗證事宜、外籍勞工及仲介機構申辦文件驗證、列管人員申辦文件驗證、外交部建議入境列管名冊，以及各地區的僑情與僑務、漁務和船員案件等。

二十二、駐外使領館

　　此系列案卷不多，雖包含六個國家和港澳地區，但主要集中於韓國和東加。內容有中華民國與南韓政經關係、駐韓大使館函電及其報告、反共義士投奔自由、駐東加王國農技團業務、駐東加王國大使函電、駐菲律賓納卯領館的文件與公物，以及中華民國推動參與世界衛生組織等。

二十三、國家檔案分類表法

　　此系列不是外交部的內部組織，而是本館在2002年參與數位典藏計畫之前，對外交部檔案的編立案卷方式。意即本館在此之前對移轉案卷的分類，不是以檔案產生機關的司處別設計檔案層級，而是根據「國家檔案分類表」所列的各類專題設計層級，再由館員就案卷名稱或所屬特性判斷，予以分門歸類。因此這5,000多卷業已編目在案，不再歸回原司處別，故以「國家檔案分類表法」做為系列之命名。

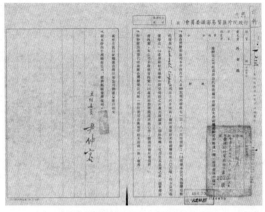

行政院外匯貿易審議委員會函外交部准臺灣糖業公司之代理商向南斯拉夫洽銷酵母粉

　　雖然此系列類目有總類、主計、人事、行政（秘書與總務）、內政、外交、國防（軍事）、財政、教育（文化）、司

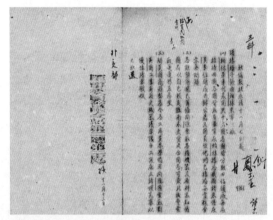

軍事委員會軍令部抄桂永清電轉外交部有關十六國在柏林分駐四區我國團員將在美軍占領區內辦公等

法、經濟、交通、衛生（醫藥）、新聞，但案卷仍是由前述二十餘個司處所產生，故多與先前所列內容重複。僅介紹較為特殊主題如中日馬關條約日記、中英南京事件、查詢德人雇用案、整理海河委員會、關稅問題、德義外僑間諜嫌疑、中央機構還都南京辦法、戰時存越物資損失、

外國公務人員及其他人員淪陷期間權益調查、偽滿洲國、駐偽政權外交人員處理、僑胞行蹤、禁煙問題、山地管理法規、外人招募華工、英國遠東情報局徵募廣播員、外人在華攝影管制、遠東委員會英文資料、日本盟軍總部動態剪報資料、外僑遣返、外交部情報司編印調查報告、各國排華運動、國外債務處理、中華民國與美斷交等。

財政部檔案

壹、沿革

　　1925年廣州國民政府成立，下設有財政部管理革命政府財務行政，置秘書處和國庫主任。1927年國民政府定都南京，為整頓財政統一權責，新成立之財政部組織，計分總務、參事兩處，賦稅、公債、錢幣、國庫、會計5司，關務、鹽務、禁菸、土地4處。10月，財政部改組下轄4個處，改設為秘書、菸酒稅、印花稅、捲菸統稅、煤油特稅、禁菸6處；關稅、鹽務兩署；賦稅、公債、國庫、會計4司；並改錢幣司為金融監理局、土地處併入賦稅司。

　　1928年10月，實施五院制，財政部改隸屬於行政院。12月，財政部改組為1廳（參事）、2署（關務、鹽務）、3處（菸酒稅、印花稅、捲菸煤油稅）、6司（總務、賦稅、公債、錢幣、會計、國庫）。1929年2月，實行海關新稅制，煤油採取特別稅率，改歸海關徵收，原捲菸煤油稅處，改為捲菸統稅處；同時設立鹽務稽核總所，以圖整理鹽政。1930年復將印花稅、菸酒稅兩處合併為印花菸酒稅處。1931年、改捲菸統稅處為統稅署，專管捲菸、麥粉、棉紗、火柴、水泥5種統稅。1932年印花菸酒稅處併入統稅署，改稱為稅務署，同時將賦稅司所管之礦稅，劃歸稅務署管理。

　　1936年修正財政部組織法，再度調整組織，鹽務署改為鹽政司，會計司改為會計處，形成1廳、2署、3司、2處之組織結構。1940年因應戰時財政需求，財政部再易組織將國庫司改為國庫署，另增設直接

稅處，統轄所得、利得、遺產、印花四稅開徵業務。1941 年增設統計處，1942 年復增設緝私署。1944 年修改組織法，再增設專賣事業司，並將直接稅處改為直接稅署，賦稅司改為地方財政司、並設人事處。1945 年裁撤緝私署、擴大專賣事業局為管理局旋即裁撤，將鹽政司和鹽務總局合併為鹽政局，至此形成 1 局、1 廳、4 處、4 署、4 司之組織。1948 年又將直接稅署和稅務署合併為國稅署。1949 年增設田糧署以接管同時裁撤之糧食部業務。1949 年撤退以前，財政部除直屬機構外，歷年來先後設有田賦管理委員會、貿易委員會、貨運管理司、金融研究委員會、鹽務總局、外匯管理委員會、財政部研究委員會、花紗布管制局、貨運局、公債籌募委員會、核銷債務司、發行準備委員會、整理公債委員會等附屬機構，但時有增減。

1981 年財政部設關政、金融、總務 3 司，人事、會計、統計 3 處、國庫、賦稅 2 署、秘書室，以及法規委員會、國有財產局、各地區國稅局、各地區支付處、財稅資料處理及考核中心、關稅總局、財稅人員訓練所、證券管理委員會等單位。

貳、移轉及整理

1973 年行政院函示各機關將大陸運臺舊檔案及在臺已失時效之案卷文牘，移送國史館典藏後，財政部即著手分次進行檔案移轉。1975 年財政部首先移轉鹽務總局檔案，陸續移轉運臺舊檔與已失時效檔案；2006 年以降財政部印刷廠、財政部賦稅署、財政部財稅資料中心陸續移轉檔案，總計 37,991 卷。而下轄機構臺灣銀行自 1979 年起陸續移轉其檔案 1,089 卷；2001 年起財政部國有財產局移轉其檔案 17,697 卷；國有財產局移轉國庫署其檔案 1,522 卷，中國輸出入銀行移轉其檔案 718 卷；2008、2010 年關稅總局移轉其檔案 265 卷。

參、內容

國史館典藏《財政部檔案》，以其所屬單位來劃分類別、計分為國稅、國庫、錢幣、鹽務、地方財政、財政研究、參事、秘書、統計、人事、總務、財政部印刷廠、財政部賦稅署、財政部財稅資料中心等 14類。

一・國稅

國稅署之前身為直接稅處（署）。因應對日作戰需要，稅務改革儼然成為國家重要施政方針，推進並擴充直接稅以充實國稅之主要體系，直接稅處署扮演關鍵的角色，其檔案也是財政部檔案大宗。

（一）直接稅處（署）

1. 直接稅通訊：江蘇區、浙江區、安徽區、江西區直接稅局及各分局直接稅通訊等案。

2. 災禍損失及救濟：安徽區直接稅局阜陽分局、湖北區直接稅、湖北區直接稅局宜昌分局、江陵分局、湖化分局、川康區直接稅局雅安分局、河南區直接稅局鄭縣分局、豫魯區直接稅局各項災禍損失；川康區直接稅局成都分局、內江分局、合川分局、涪陵分局、南充分局、綿陽分局、吉北區損失救濟等案。

3. 工作計畫、工作報告：浙江、安徽、江西、湖南、湖北、川康、山東、河南、陝西晉綏區直接稅局及各分局工作計劃；廣東區直接稅局海口分局、高要分局、廣西區直接稅局、桂林分局、柳州分局、雲南區、貴州區工作報告案等案。

4. 會計報告及決算總卷：江蘇區、浙江區、湖南區、晉綏區、遼安區直接稅局及所屬各分局其他臨時費會計報告及決算總卷；江蘇區、浙江區、安徽區、江西、甘青寧新區直接稅局及所屬各分局書單印製費會計報告及決算總卷；江蘇區、浙江區、安徽區、江西區直接稅局及所

屬各分局復員經費會計報告及決算總卷;粵贛區、廣西區、黔貴湘區、湖北區重慶直接稅局及所屬各分局應變費及搬遷費會計報告及決算總卷等案。

5. 業務交接案:江蘇區無錫分局、江西區南昌、黎川、贛縣、龍南分局交接、貴谿分局、樟樹分局、宜春分局、信豐分局、湖南區、湖北區直接稅局、山東區濟南分局、濰縣分局、河南區、河南區沈邱分局交接、陝西區寶雞分局、晉綏區大同分局、臨汾分局交接等案。

6. 經補費預算總卷:上海、青島、重慶、廣西區、雲南區、貴州區、福建區直接稅局及所屬各分局經補費預算總卷等案。

7. 會議紀錄:直接稅署署務會議紀錄、重慶直接稅局局務會議及紀錄、江蘇區、浙江區、安徽區、湖南區、湖北區、川康區、陝西區、雲南區等直接稅局業務檢討會議及紀錄等案。

8. 國庫及稅款總卷:江蘇區直接稅局及所屬各分局國庫及稅款總卷、浙江區直接稅局及所屬各分局國庫及稅款總卷、安徽區直接稅局、天津直接稅局國庫及稅款總卷、重慶直接稅局國庫及稅款總卷等案。

9. 追加預算案:上海、天津、青島直接稅局追加預算等案。

10. 總務總卷:本署總務總卷、江西區直接稅局總務總卷、湖南區直接稅局總務總卷、湖北區直接稅局總務總卷等案。

11. 被控案件:本署控案調查總卷、本署督察劉文階被控、本署督察左連仲控案等案。

(二)徵收直接稅

1. 印花稅:稅花稅原為財政部直接稅處(署)管轄業務,館藏檔案為印花稅票總卷、浙印花稅總卷、江區、安徽區、湖南區、湖北區、川康區、山東區局及各分局印花稅總卷,浙江區、冀察熱區、廣東區、廣西區、福建區、上海、臺灣區印花倉庫總卷、雲南局印花稅工作計劃;印花督檢抽查工作考核:江蘇區局、浙江區局、江西區局及各分局印花

督檢抽查工作考核、湖南區局及各分局印花督檢抽查工作考核等案。

　　2. 遺產稅：遺產稅為財政部直接稅處署管轄業務，遺產稅審查委員總卷、湖南區、湖北區、廣東區、福建區直接稅局及各分局遺產稅稅收競賽案；湖北區局、川康區局、河南區、陝西區、晉綏區局及各分局遺產稅月報、江蘇區局及各分局遺產稅評價委員；浙江區、安徽區、湖南區川康區、廣東區局各局遺產稅審查委員；湖北區、江西區、陝西區直接稅局推行遺產稅意見等案。

　　3. 礦稅：礦產稅條例建釋案、礦稅收入報表、資委會特種礦產計稅表、通令規定礦產稅起徵、單位通令解除銅等十八種礦品出口管制、外銷礦品驗憑資委所發出口許可證徵稅、管理鎢銻運售辦法、鈾釷礦產管理辦法等案。

　　4. 組織法令：修正本部組織法草案、華北地區稽征處組織法令、東北地區稽征處組織法令－附察哈爾省、青海省、院轄市稽征處組織法令、食糖專賣局組織法令、湖北區直接稅局督導法規、川康區直接稅局督察法規、冀察熱區直接稅局督察法規總卷、吉北區直接稅局督察法規總卷等案。

（三）民眾訴願

　　重慶李開榮為菸訴願、惠陽泰興祥公司葉仁雄訴願、南平歐少甫為釀酒訴願、曲江商民李子椿運菸訴願、泰和恒豐菸號康坦化訴願、連江酒商陳祥梓訴願、休寧舒克昌號釀酒訴願、福建南平王盛聰為釀酒訴願、浙江臨海李克慎為存酒訴願、獨山謝煥林為運酒訴願、興寧曾繁榮存菸訴願、西川岳維藩運酒訴願等案。

二、國庫

　　主要檔案內容為各法規、國庫收支、歲出歲入預算編製與執行等案。

（一）各省法規：雲南省法規、西康法規、四川法規、福建省法規等案。

（二）國庫收支：二十八年十月至十二月～三十一年收支國庫現金收支盈虧表及累計表、三十三～三十五年度國庫收支盈虧、歷年國庫收支數目表、歷年中全會及國民參政大會國庫收支報告、各機關罰鍰、本部罰款及賠償收入、規費收入、公有營業盈餘、各種違章罰鍰解庫、劃撥軍費、東南稅收劃撥軍費等案。

（三）歲出歲入預算編製與執行：中華民國三十四年度國家總預算資料、歲入預算、歲入預算法案、各部會暨所屬機關預算各項經費、各省高法院、經濟部經臨費結餘解庫、歲入經臨費結餘、國府委員會暨文官處等單位經常預算及追加預算、行政院核轉交通部及所屬機構分配預算通知書等案。

（四）購料文件：美貨付款清單、美購物料船運文件、英購物料船運文件等案。

（五）公庫制度：公庫制度、有關國庫法規、本署公庫法卷等案。

三、金融

金融政策為整個政策重要的組成部分，欲使財政政策發揮效能，有賴於金融政策有效運用。此類檔案時間起自 1925 年至 1983 年，包括外匯、貨幣、銀行等案。

（一）外匯：外匯雜卷（緬甸統制外匯僑匯、香港、海峽殖民地、馬來亞、坎拿大）、外匯雜卷（戰後比國財政概況）、外匯雜卷（各國貨幣制度調查表）等案。

（二）貨幣：四川省雜色銀幣收換法幣、江蘇省滬市米業公會擬定取締同業私屯及販賣銀幣辦法、西藏班禪大師回藏准帶現銀、河北省取締偽冀東銀行發紙幣及硬輔幣、河北省省銀行鈔票停止使用、四川省中中農三行庫存運渝並溶成銀塊、取締銅元及劣角私運進口、福建省各處

私發紙幣、規定上海通用銀兩折合銀幣換算率等案。

（三）銀行：中央銀行及各分行文件、中央銀行重慶分行檢查報告、中央銀行成都分行檢查各銀行報告書、廣州金融管理局文件、漢口金融管理局文件、中國銀行總管理處文件、各錢莊銀行報告、四川商業銀行報告、臺灣銀行公文、各銀行營業報告表、各銀行錢莊檢查報告、檢查報告及調整資本、清理費用資料（中國銀行）、上海正金銀行、臺灣省合作金庫等案。

（四）發行準備管理委員會：發行準備管理委員會之設立、發行準備委員會派員接收發行及各項規定之辦法、發行準備委員會派員接收發行及各項規定之辦法、發行準備管理委員會浙省請設分會等案。

四・鹽務

為原鹽務總局檔案，起迄時間為 1915 年至 1968 年。其主要內容大致可分為：產銷、財務、總務、會計、人事等案。

（一）產銷：各運商鹽運、永業鹽號鹽運、大業鹽號鹽運、大成鹽號鹽運、大昌裕鹽號鹽運、大陳鹽運、食鹽輸出日、韓、琉球、香港、馬來西亞、鹽政、鹽務總局金門工作報告、鹽務改革方案、鹽務施政方針與業務、兩廣、福建、兩浙、淮南、山東、長蘆、兩湖、河南、江西、安徽、陝西、山西、川康、雲南、西北與臺灣等省區鹽政工作等案。

（二）財務：各區電陳鹽價案、鹽稅制度與稅率、稅率表、統計圖、各區電陳鹽債彙編、各區場價月報表、各區鹽價細目表、各區各銷地鹽勘現行稅率表、鹽業貸款、兩淮地區鹽業貸款、兩浙地區鹽業貸款、川康地區鹽業貸款、川北地區鹽業貸款、中國鹽業公司鹽業貸款、長蘆地區鹽業貸款等案。

（三）總務：臺灣鹽務管理局會議、鹽務總局局務會議紀錄、鹽務總局臨時會議紀錄、鹽業檢討會議紀錄、山西局南路分局修建堰閘案、

私鹽緝獲、滇區元永場利元硐新窩道工程、鹽場繪圖、鹽倉整建等案。

（四）會計：歲出歲入分配預算、營業概算、營業決算、管理費歲出概算（臺灣）等案。

（五）人事：鹽務機構留用日本籍職員、鹽務機構外籍人員任免、鹽務總局暨所屬各區丁等以上人員動態表、鹽務機構推行勞工教育、鹽務人員訓練班等案。

五、地方財政

財政部除掌理中央政府公共財政外，也負責監理地方財政。此類檔案為地方財政司檔案，起迄時間範圍為 1930 年至 1948 年，均為全國各省市財政稅務方面之檔案，包括總類、稅政業務、地方自治財政計劃等。

（一）總類：地方財政司職掌案（附財政部收支系統改制土地稅契稅劃歸地方財政司）、各省財政廳職權調正辦法草案、地方財政司公務員平時考核紀錄表、地方財政司雜案等案。

（二）稅政業務

1. 營業稅：一般行業、紡織廠、行商業、省市、糧食業、魚商業、油糖業、木材業、菸酒業、書報印刷業營業稅、票照、營業稅交接、營業稅法令解釋、營業稅退稅及違章征收、榮軍經營商業免徵營業稅等案。

2. 土地稅：土地稅、華北地區土地稅、華中地區土地稅、塞北地區土地稅、廣東省土地稅、福建省土地稅、湖北省土地稅、安徽省土地稅、貴州省土地稅、四川省土地稅、院轄市土地稅、土地稅報表、廣東省土地稅報表、土地稅減免、廣西省、天津市、上海市、江西省土地稅減免、浙江省土地稅減免、湖南省土地稅減免、省市土地稅交接、營業稅退稅及違章征收等案。

（三）地方自治財政計劃：山西省三十六年度地方自治財政計劃，

上海市、南京市、青海省、綏遠省整理自治財政等案。

六、財政研究

此類檔案起自 1929 年至 1948 年，主要內容為敵偽財政經濟發展與其動態與戰時戰後財政經濟建設研究。

（一）敵偽財政經濟發展與其動態：包括敵偽財政經濟研究、研究敵偽經濟政策資料（稅務之部、直稅之部、財政之部、稅務部分）、研究敵偽財經資料（總類、緝私部份、直稅之部、鹽務之部、財廳之部）、敵偽經濟參考資料、蒐集敵偽財政動態資料等案。

（二）戰時戰後財政經濟建設研究：戰時經濟政策、戰時經濟持久政策具體實施辦法、經濟參考資料、財政金融稅制與法規案、抗戰損失調查表格、總動員計劃工作、抗戰建國綱領財政部分實施方案、財政研究委員會會議紀錄、財政經濟研究委員會建議案、研究稅制卷、研究金融卷等案。

七、參事

為原參事廳之檔案，參事類多為跨財政部所屬各單位有關法令規章、組織行政之研究，計有貨物稅、直接稅、稅務、地稅、關稅、專賣、錢幣、國庫、軍政、緝私、經濟、公債、鹽政、貿易、人事、會計、總務、所利得稅法規等之法規辦法研究等案。

八、秘書

為原秘書處檔案，時間起迄為 1912 年至 1948 年，其中以 1937 年至 1945 年間最多。秘書處典藏卷牘，計有財政部施政計畫、部務會議議事日程紀錄、財政部業務檢討會及會議紀錄、財政部對歷屆中國國民黨重要會議報告、財政部工作報告、財政部各年度政績比較表、抗戰建

國綱領財政部分實施方案、質詢答覆、決議處理情形、國民參政會各項決議、國民大會之報告與會議決議之處理案、工作競賽會議、歷屆全國財政會議、經濟會議資料、調整各戰區經濟委員會工作案、稅收損失估計、接收財政年鑑編纂處、戰時經濟持久政策具體實施、政治會議和行政會議、第二屆全國財政會議決議等案。

九、統計

　　為原統計處檔案，時間起迄為 1928 年至 1948 年，計有各年度中央政府總預算、國庫收支統計、財政部各單位年度統計、戰時財政金融統計、統計年報、國稅專賣利益收入統計表、各類會計報表、登記表、法規、事務、會計和各種財務統計表、登記冊、統計資料，東川、河南、甘青、湖北、雲南、陝晉稅收旬報，江蘇區、浙江區、安徽區、江西區、湖南區、湖北區直接稅局及各分局印花稅票記帳及編製表報等案。

十、人事

　　為財政部人事處典藏之檔案，時間起自 1940 年至 1949 年，包括財政部所屬各機關人事法規、辦法，如人事管理、員額動態、職員考績、人事調遷、職員名冊等相關檔案。
　　（一）人事管理：福建區直接稅局及分局人事管理補充辦法、雲貴區直接稅局人事管理規則、加強管理關務及進出口貿易業務人員、福建田賦糧食管理處人事管理規程、聘派人員管理條例、人事管理辦法要點聘派人員登記辦法等案。
　　（二）員額動態：江蘇區直接稅局員額編制、湖北區直接稅局員額編制、川康區直接稅局員額編制、員額調查、三十五年度預算員額清單及員額分配調查表、主計處修正本部各屬機構會計室員額編制等案。
　　（三）職員考績：湖南區、湖北區、河南區、廣西區直接稅局及各分局職員考績等案。

（四）人事調遷：上海、廣州、冀察熱區、山東區、河南區、陝西區直接稅局及各分局人事調遷等案。

（五）人員薪津：調整部屬財務機關人員待遇、中央機關委託國家行局代發職員薪津辦法、暫行文官官等官俸表、國大代表之現任公教人員支薪及其代理人支薪規定、改善縣市行政人員待遇、技術人員津貼加給辦法、國營事業機關人員待遇辦法及籌議各省銀行人員待遇統一辦法等案。

（六）人事任用審查、甄審：財政部人事任用審查、稅捐稽征處處長任用審查、財政部人事甄審會議紀錄等案。

（七）職員名冊：廣東區直接稅局人事概況月報表及職員名冊，廣東區貨物稅局瓊山分局、曲江分局、汕頭分局、清遠分局暨所屬辦公處人事概況月報表及職員名冊等案。

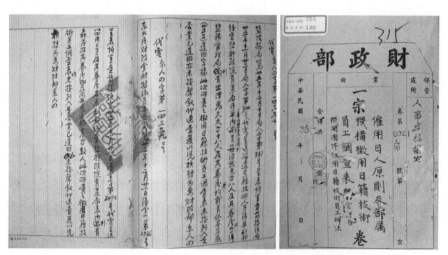

僱用日人原則及部屬機構徵用日籍員工調查表

十一、總務

為原總務司之檔案，起自 1941 年至 1949 年，包含行政庶務、如採購器材、日用品、財產增減表、建築修繕、請領配置、註銷、福利和

合作社、還都復員、出納之收入、支出經費、補助費、旅費、工程費、捐款、保險費、租賃費、購置費、設備費、罰款及招標、文牘、電信之電報、電話和電臺、總務司之人事檔、如任免、員額、考試、調昇、勛獎、撫恤、考核、敘薪、稅務機關印信、關防等，其他如電臺、農本局、物資局、花紗布管理局等裁撤結束後之檔案，及接收敵偽財產清冊等均歸總務類。

十二、財政部印刷廠

　　勞工安全委員會會議記錄、各種會議記錄及通知、一般材料採購、紙張採購、印刷工會往來公文、勞工安全衛生改善案等案。

十三、財政部賦稅署

　　中國國際商業銀行國外部開辦限額支票存款業務、紡織品配額轉讓漏稅問題之研究、企劃與稽核－資訊稽核業務－財政部所屬機關及稽徵機關資訊作業績效之評核、稅務座談會等案。

十四、財政部財稅資料中心

　　綜合所得稅繳稅取款委託書及直撥退稅轉帳媒體作業、財政部管理資訊作業系統使用效益檢討報告、稅捐稽徵機關清理欠稅作業要點修正、全國財產總歸戶資料庫相關案、賦稅署及統計處稅收快報作業系統作業檢討會等案。

教育部檔案

壹、沿革

鴉片戰爭失敗後，中國迭遭列強的侵略與壓迫，無論政治、經濟、社會各方面均發生了急劇的變化。近代中國的新式教育即在西力的衝擊下產生。1862（同治元）年設同文館，是近代新教育的濫觴；1905（光緒31）年諭令停廢科舉，象徵傳統舊教育在形式上的終止。同年11月，清廷成立「學部」，新教育始有較完整的學制系統和統轄全國教育行政的機關。

民國肇建，中華民國臨時政府在南京成立，改學部為教育部，置教育總長1人，以蔡元培為首任教育總長，承大總統之命，管理本部事務，監督所屬職員及所轄各官署。教育部並公布「普通教育暫行辦法」，將原有學堂改稱學校，廢止讀經。1914年7月，大總統令修正公布「教育部官制」，教育部直轄於大總統，管理教育、學藝、曆象事務。總長隨國務總理同進退，下設次長1人，為事務官。至1926年3月，國民政府於廣州成立後，再由教育行政委員會接管相關任務。

1927年，國民政府奠都南京，仿行法國大學院區制，中央教育部改為大學院，由蔡元培擔任大學院院長。1928年10月，國民政府令改大學院為教育部，特任蔣夢麟為部長，專責教育行政事務，其職掌為主管全國學術、文化與教育行政，且對地方行政首長之教育事務，有指揮、監督之權。

1949年，教育部隨中央政府各部門機構遷往臺灣。2013年1月，

配合中央政府組織改造，除將部內各司處進行調整外，另納編原行政院
體育委員會為體育署、原青年輔導委員會為青年發展署；又為因應十二
年國教實施，教育部中部辦公室整併國民教育司、中等教育司等相關單
位，改制為教育部國民及學前教育署。教育部的附屬機構也同步進行組
織調整。

　　目前教育部設部長 1 人，政務次長 2 人，常務次長 1 人，下轄 3
署：體育署、國民及學前教育署（含高中及高職教育組、國中小及學
前教育組、原住民族及少數族群及特殊教育組、學生事務及校園安全
組）、青年發展署；部內單位有 8 司（綜合規劃司、高等教育司、技術
及職業教育司、終身教育司、國際及兩岸教育司、師資培育及藝術教
育司、資訊及科技教育司、學生事務及特殊教育司）、6 處（秘書處、
人事處、政風處、會計處、統計處、法制處），以及私校退撫儲金監理
會、中小學師資課程教學與評量協作中心等任務編組單位。此外，教育
部直轄單位有國立各級學校、國立社教機關、私立大專院校，以及駐外
機構等。

貳、移轉及整理

　　《教育部檔案》包括前清學部和民國教育部所留下的檔案文件，
目前除尚由教育部保存案卷外，已移轉國史館的檔案，係教育部於
1976-1991 年分 6 批陸續移轉者；檔案內容涵蓋時間自 1904（光緒
30）年至 1971 年，全部完成初步整理，共計 2,637 卷。

參、內容

一、前清部分

　　國史館典藏前清學部檔案卷數不多，約有下列 7 項：

（一）高等學堂：包括山西、山東、河南、江南、浙江、四川等高
　　　等學堂和京師大學堂的畢業生名冊等案。

（二）實業學堂：包括浙江、甘肅、吉林等各省實業學堂一覽表，
　　　以及上海高等實業學堂、江西高等實業學堂、江南高等實業
　　　學堂、山西高等農林學堂、直隸高等農業學堂、兩廣高等工
　　　業學堂、直隸高等工業學堂和江南高等商業學堂等畢業生名
　　　冊等案。

（三）法政學堂：包括直隸、安徽、奉天、北洋、江蘇、浙江、廣
　　　東、福建和京師等法政學堂畢業生名冊等案。

（四）師範學堂：包括廣西、河南、浙江等省優級師範學堂立案及
　　　畢業生名冊。和直隸、河間、順德、正定、宣化等地初級師
　　　範學堂學生履歷表和畢業生名冊，以及天河、東路廳、兩路
　　　廳和北洋等地師範學堂畢業生名冊及部分分數表等案。

（五）存古學堂：包括江蘇、湖北、安徽、陝西、甘肅、四川、山
　　　東、湖南、廣東等省存古學堂章程、立案、停辦及畢業生名
　　　冊等案。

（六）留學教育：包括考試游學畢業生、出洋游歷游學各項簡章、
　　　管理歐州游學監督處章程、選派學生赴國外游學、自費游學
　　　生以習農工醫等科准給官費規定、游學學費數目、游學生禁
　　　與外國婦女結婚、東西洋留學生名冊、各省自費留日學生名
　　　冊等案，和江蘇、浙江、安徽等省留日存根，其中部分省份
　　　尚有官費生調查表。此外，尚有留英、留美、留德、留法、
　　　留俄、留比等畢、肄業學生名冊，以及向英國、比利時兩國
　　　銀行借款支付留學生學費案等案。

（七）其他：除上述各項外，還有湖北方言學堂、京師譯學館、協
　　　和醫學堂、黑龍江高等巡警學堂、河南高等巡警學堂、北洋
　　　高等巡警學堂、直隸高等巡警學堂、安徽高等巡警學堂和廣
　　　東高等巡警學堂等畢業生名冊等案。

二、民國部分

國史館庋藏《教育部檔案》，大多屬於民國部分，其中有一些是政府撤退來臺後的文件，涵蓋的範圍非常廣，茲分下列 10 項予以說明：

（一）總類：以人事、經費為主，亦有部分法規、會計和計畫報告等。

1. 人事部分：

（1）人事總卷：包括任用宣誓、甄別考試、人事會議、人事訓練、考績考成、登記、調查、官等官俸、節儲捐獻、保障、進修考察、職員從軍、戰時服務、戰時救濟、撫卹、考成、獎金獎章勛章、實習訓練進修考察、考試人員、招考職員、直屬機關學校人事機構、服務證明等案。

（2）參加事項：包括總理紀念、本黨紀念、國際慶弔、慶弔慰勞致敬、歡送歡迎、就職典禮、各項運動、宣傳，以及特種紀念節等案。

（3）請求事項：包括荐用及介紹工作、協助接洽、惠寄著作、題字徵文、車舟減價、免費運送、徵用榮譽軍人和教育學術人才調查登記等案。

（4）各省市教育廳局人事狀況：包括任命廳局長、教育廳局長到任卸交、教育廳局長辭職、教育廳局長履歷及審查和縣市教育科（局）局長之任用等案。

（5）各委員會案卷：包括音樂教育、史地教育、電化教育、僑民教育、戰時教育問題、國術教育編審、農業教育、工業教育、統一招生、教科用書編輯、員生補助費管理、國際文化資料供應、特種教育、留學生考選、補習教育推行、出版物管理、教育委員會、補助費管理、法律、浙江文瀾閣庫存保、航業教育等委員

會諸案。

（6）教育人員養老、撫卹金：包括大學教職員、學院教職
員、中學教職員、專校教職員，以及校長、機關團體
和各省市教育人員的養老金、撫卹金等案。

2. 經費部分：包括上海商學院計算決算、安徽省各縣市教
育經費、鄉村建設學院請領公費及膳費、福建音專公費貸
金、山東省立醫專請領食米及膳費、員工食米貸金、公務
員戰時生活補助辦法、全國復員事項和處理敵偽財產等
案。

（二）高等教育：含各公私立大學、學院和專科學校立案、畢業生
名冊，和部分校長、教職員資格審查，及課程設備等，時限
以民國 17 年以前為主，亦有部分為國民政府時期。

1. 學校立案：

（1）大學：包括河南中州大學、江蘇法政大學、金陵大
學、武昌中華大學、漢口明德大學、北京孔教大學、
協和醫科大學、交通大學、平民大學、華北大學、吳
淞中國公學、復旦大學、南通農科大學、東吳大學、
上海法政大學、廈門大學、大夏大學等校。

（2）法專：包括浙江私立法專、神州法政專校、江蘇法
專、直隸法專、龍山法專、達村法專、豫章法專、廣
東法專、福建法專和貴州南明法專等法政專科學校。

（3）農工商專：包括直隸農專、山西農專、山東農專、江
西工專、湖南工專、蘇州工專、山東商專、新華商
專、通才商專、南通紡織專校和河海工程專校等校。

（4）醫專和其他：包括江蘇醫專、山東醫專、廣東醫專、
同德醫專、南通醫專、廣濟醫專、奉天醫專、江西醫
專和上海美術專校、福建外語專校和湖北外語專校等
校。

2. 畢業生名冊：

（1）大學：包括中俄大學、西北大學、朝陽大學、協和醫
科大學、北京師範大學、唐山大學、山東大學、南洋
大學、河北大學、燕京大學、華北大學、吳淞中國公
學、金陵大學、武昌中華大學、漢口明德大學、武昌
中山大學、武昌商科大學、武昌師範大學、湖北省立
文科、法科大學東南大學等校畢業生名冊。

（2）師範學校：包括直隸高師、奉天兩級高師、湖南高
師、福建高師、廣東高師、北京高師、北京女高師、
南京高師、兩湖優級師範等校畢業生名冊。

（3）法專：包括直隸法專、江蘇法專、黑龍江法專、廣東
法專、廣西法專、江西法專、四川法專、四川志城法
專、浙江法專、安徽法專、吉林法專、湖北法專、雲
南法專、北京法專、俄文法專、貴州南明法專、湖南
群志法專、湖南達材法專和浙江省地方自治專校等校
畢業生名冊。

（4）農工商專：包括直隸農專、江西農專、四川農專、察
哈爾農專、湖南工專、浙江工專、蘇州工專、山東商
專、直隸商專、山西商專和南通紡織專校等校畢業生
名冊。

（5）醫專及其他：包括北京醫專、浙江醫專、江蘇醫專、
四川外國語校、奉天外語專校、湖北外語專校、福建
外語專校、江蘇水產學校、藝術專校、上海美術專校
和武昌美專等校畢業生名冊。

3. 校產、課程設備及其他：包括課程設備、校舍校產、校長
教職員資格審查、頒發大專學校科目表、各大學請購圖書
儀器、專上學校教職員生名冊送中央訓練、部聘教授分發
各院校任教等案。

（三）留學教育：主要為部頒留學法規，各省市考選留學生，各機
　　　關學校考選留學生和留學生事務等。

　　1. 考選留學生：

　　　（1）省市考選：包括江蘇、浙江、安徽、江西、福建、廣
　　　　　　東、廣西、湖南、湖北、四川、西康、貴州、雲南、
　　　　　　河北、河南、山東、山西、陝西、寧夏、綏遠、察哈
　　　　　　爾、青海、新疆等省，以及上海和天津等市考選留學
　　　　　　生等案。

　　　（2）學校機關考選：包教育部、中英庚款董事會、全國經
　　　　　　濟委員會、東北青年教育救濟處、國立北洋工學院、
　　　　　　清華大學、中山大學、中法教育基金委員會、中央研
　　　　　　究院、中華教育基金委員會、中法大學、同濟大學和
　　　　　　中華農學會等學校機關考選留學生等案。

　　2. 半官方補助留學：包括江蘇、安徽、江西、廣西、湖南、
　　　湖北、四川、貴州、雲南、河南、山東、陝西和甘肅等省
　　　補助留學案。

　　3. 留學事務：包括留學英國、美國、德國、法國、日本、蘇
　　　俄、比利時、義大利、奧地利、瑞士、加拿大、其他各國
　　　留學事務，以及歐戰中留學生之處置、革命功勛子女留學
　　　等案。

　　4. 發給留學證書：在公費部分，包含英國、美國、德國、法
　　　國、奧地利等國；在自費部分，包括英國、美國、德國、
　　　法國、日本、比利時、意大利、奧地利、瑞士和加拿大等
　　　國。

　　5. 回國登記及留學資格證明：包括留學英國、美國、德國、
　　　法國、日本、蘇俄、比利時、意大利等國之回國登記與留
　　　學資格證明等卷。

　　6. 其他：包括回國留學生救濟、回國留學生分發借讀、留學

生協助國際宣傳、救濟回國留學生介紹服務，以及自費留學考試等案。

（四）社會教育：以中央及各省市圖書館、博物館，和古物古蹟為主。

　　1. 圖書及圖書館：包括國外贈送圖書、保存圖書、徵集圖書、北平圖書館、國際圖書館、西北圖書館、蘭州圖書館、西安圖書館、羅斯福總統圖書館，以及各省市圖書館等案。

　　2. 博物館：包括中央博物院、中央博物圖書院館聯合管理處、瀋陽博物院，以及遼寧、河北、河南、上海市、天津市、瀋陽市等各省市博物館等案。

　　3. 科學館：包括甘肅、福建、廣東、廣西、四川、西康、遼寧、察哈爾、新疆、臺灣、上海、青島等省市科學館等案。

　　4. 古物古蹟及其他：包括古物古蹟及文獻條例、中國戰區美術及古蹟、南京古物保存所、古物古蹟之保存、出土古物之採掘、戰時文物損失調查、散佚文物收集、中央古物保管委員會、接收敵偽文物統一分配、清理封存文物委員會、西北科學考察團、無主文物分配委員會和各省市文物整理委員會等案。

（五）學術文化團體：以全國及各省市學術文化機關團體和社團為主。除學術研究機構設立辦法、文化團體組織通則草案、學術文化機關團體總卷、各省市學術團體請備、各學術文化機關團體會社登記及請領補助案等卷外，分為以下 9 類說明：

　　1. 天文自然科學類：包括中國日食觀測委員會、中國天文學會、中國度量衡學會、中國化學會、靜生生物調查所、中國地質學會、中國物理學會、中國自然科學社、中國科學社、中國地理研究所和中國自然科學促進會等案。

2. 農林業類：包括中華農學會、中華林學會、中國農業建設協進會、中華稻作學會、中國蠶絲研究所等案。

3. 工業工程類：包括黃海化學工業研究社、南華學院染化研究會、中國鐵路協會、中國礦冶工程學會、中國紡織學會、中國工程師學會、中國營造學社、中國水利工程學會、中國機械工程學會、中國化學工程學會、中國染化工程學會、中國土木工程學會、中國造船工程學會、中國航業學會、中國運輸學會和中國青年航空協會等案。

4. 醫藥衛生類：包括中華民國藥學總會、中華醫學會、熱帶病研究所、福州中醫學社、中國醫藥教育社、中國護士學會、中國國醫醫學會、中華衛生建設協會、中西醫藥研究學社、中國預防醫學研究所、中國藥物自給研究會、中國藥學會、中國公共衛生學社、全國醫師公會聯合會、臺省牙科醫學醫術大會、中華民國中醫藥學會和中國心理衛生協會等案。

5. 藝文美術類：包括戲劇界抗敵協會、中國美術會、中華全國美術會、中國國學研究會、中國藝術史學會、中華全國文藝界抗敵協會、中華電影界抗敵協會、中華國學社、大同樂會、中華音樂教育社、中國音樂學會、中國文藝協會等案。

6. 社會科學類：包括中國統計學社、中國合作社、中國政治學會、中國計政學會、中央政治經濟學會、中國地政學會、中國社會學社、中國民族學會、中國地方自治學會、中國會計學社、中國考政學會、中國勞動協會、中國政治建設學會、中國教育行政學會、中國農民經濟研究會、外交問題研究會、中國經濟建設協會、中國社會改進研究會、戰時社會問題研究社、中國政治研究會、太平洋問題研究會、中國比較法學社、中華科學協進會、中國史

學會、中國財政學會、中國勞工問題研究會、中國會計學
社、中國哲學會等案。

7. 教育文化類：包括中國教育學術團體聯合辦事處、中華兒
童教育社、中國測驗學會、中國教育學會、中華職業教育
社、中華平民教育促進會、中國社會教育社、中國衛生教
育社、中國民生教育學會、四川平民教育促進會、生活教
育社、今日教育研究會、中國童子軍教育學會、中華音樂
教育社、華北文化教育協會、中華基督教教育協會、上海
教育社團概況等案。

8. 全國主要學術機構：西康農林植物研究所、兩廣地質調查
所、中央研究院、復性書院、中央藥物研究所、民族文
化書院、中國心理生理研究所、中山文化教育館、北平研
究所、世界佛學苑巴利文學院、靜生生物調查所、中國民
生建設實驗院、敦煌藝術研究所、南洋研究所、福建研究
院、中國西部科學院、中國經濟研究所、國防科學技術策
進會、中央氣象局條例經費及接收各氣象機關、中國地理
研究所等案。

9. 其他：包括中國國術比賽大會、中國國術體育研究會、中
華體育協會、中華全國體育協進會、中華勞動學社、中國
學術研究會、西北建設協會、中國科學化運動協會、中華
學藝社、西北問題研究會、中國博物館協會、中國青年勵
志會、通俗讀物編刊社、中德文化協會、中印學會、中國
大眾文化社、中山學社、戰時徵集圖書委員會、中法比瑞
文化協會、中國行政問題研究會、中國行政學會、中國國
民外交協會、中緬文化協會、中華學術協進社、東北青年
學會、中國邊疆問題研究會、中國航業學會、西北建設促
進會、中國文化協進會、東方文化協會、戰時勞工協進
社、中國運輸學會、中國邊疆學會、中國英語學會、中國

心理建設學會、中國發明協會、經世學會、中美文化協會、中緬文化協會、中國青年勵志協會、中國國民外交協會、中馬問題研究會、華僑生產建設協會、中捷文化協會、中國建設學會、國防科學研究社、中國鄉村文化協會、新亞細亞學會、中國力行學會、中國青年寫作協會、審計學會、中國憲法學會、中國青年航空協會、中國民族學會、中日文化經濟協會、世界佛學苑巴利文學院、中國民生建設實驗院、戰時社會事業人才調劑協會、國際反侵略大會中國分會、戰時社會事業人才調劑協會、聯合國中國同志會、長老會、少年團、婦女會、說文社、中國書法研究會等案。

（六）國際文化交流：以國際派遣留學生和參加國外各項展覽為主。

1. 國際派遣留學生：包括印度、美國、法國、日本、奧地利、瑞典和韓國等國家派遣留學生來華等案。

2. 參加國外各項展覽：包括至泰國、巴西、韓國、菲律賓、越南、高棉、印度、伊朗、黎巴嫩、土耳其、日本、德國、荷蘭、盧森堡、英國、法國、摩洛哥、西班牙、葡萄牙、義大利、瑞士、澳大利亞、紐西蘭、利比亞、南非聯邦、美國華府博物館、美國紐約博覽會和到美國展覽故宮古物等案。

（七）獎助學金：以各省市捐資興學和各項獎助學金為主。

1. 興學獎狀：包括江蘇、浙江、安徽、江西、福建、廣東、廣西、湖南、湖北、四川等省市和直轄中小學校捐資興學獎狀以及外國頒給獎狀勛章、褒獎勛章匾額等。

2. 各類獎助學金：包括華僑捐資興學僑生獎助金、林森主席獎學金、學生從軍獎勵、清寒優秀學生獎學金、各省市戰時公教子女就學、國外捐助獎助金和江蘇、浙江、福建、

臺灣四省清寒優秀師範生獎學金等案。

（八）庚款問題：包括全國教聯會庚款事宜委員會簡章、外交部抄
　　　送各國退還庚款、各國教育會對庚款意見、交涉英國退還庚
　　　款及各處意見、中法庚款
　　　籌辦巴黎大學中國學院、
　　　中法教育基金委員會會議
　　　紀錄、中華教育文化基金
　　　董事會章程、美退回庚款
　　　補助各醫大、交涉中比庚
　　　款用途、交涉中日庚款撥
　　　還、日本庚款用于中日文
　　　化事業、中日文化事業委
　　　員會、東方文化事業委員
　　　會、各地教育會反對中日
　　　文化協定、中俄協定、俄
　　　國庚子賠款委員會委員、
　　　各公私學校請分配俄庚
　　　款、會議紀錄、撥充京師
　　　八校經費等案。

直轄學校教員各項獎勵——
中等學校獎助金、各省市清寒優秀
師範生獎學金（臺灣）

（九）軍訓教育：以軍事訓練為主，包括直轄中等學校軍訓、軍訓
　　　教官、軍事教育實施方案、課程教材器材設備和福建、四川
　　　兩省軍訓等案。

（十）其他：包括戰時教育問題、國民教育輔導、華僑教育（救濟
　　　華僑學生）、各省市美術藝術（貴州、北平市）、專科以上學
　　　校校曆、國立中等學校校曆、直轄中小學校曆、各省市小學
　　　校曆、各省市幹部訓練、各省市公民訓練、家庭教育、香港
　　　大學畢業生視同留學生、國際教育會議、浙江、安徽、江西
　　　等省市中等學校呈報和實施補習法，以及軍隊黨務工作人員
　　　訓練班畢業生等案。

司法行政部檔案

壹、沿革

　　1925 年 7 月國民政府在廣州成立，於 1926 年 1 月成立司法行政委員會，採委員制，執行全國司法行政職務。是年國民政府遷至武漢，始設司法部。依國民政府司法部組織法於部長之下設秘書處及第一、二、三處分掌部務。1927 年國民政府奠都南京，增設次長 1 人，其下分置總務、民事、刑事、監獄四司，各設司長 1 人，參事、秘書各 2 至 4 人。1928 年 11 月國民政府五院成立，改司法部為司法行政部，隸屬於司法院，增設常任次長 1 人。1931 年 12 月中央政治改革，司法行政部改隸行政院，至 1934 年 10 月復改隸司法院。1936 年 11 月修正司法行政部組織法，增設主計室及統計室，1942 年 7 月增設人事司。1943 年 1 月隨國民政府組織法修訂，司法行政部再次改隸行政院。行憲後司法行政部仍隸屬行政院，至 1980 年 7 月 1 日，由於實施審檢分隸，改制為法務部，同時原隸屬於司法行政部之高等以下各級法院則改隸於司法院。

貳、移轉及整理

　　國史館典藏的《司法行政部檔案》，為 1921 年至 1949 年的大陸運臺檔案，於 1990 年 5 月 30 日由法務部移轉至國史館，共分為秘書室、民事司、刑事司、監獄司、總務、主計、人事、參事等部分，全宗號為

022，經初步整編後共計 10,279 卷。

參、內容

　　根據檔案來源原則，依案卷產生之原始處室組織區分，司法行政部
之大陸時期運臺檔案，可就各案卷之承辦單位，分類整理介紹如下：

一、秘書室

　　時間自 1939 年至 1948 年，內容要項包括：闡述總動員意義通令，
關於知識青年從軍各項法規及通令，簡化公文程式舉例及表格式樣通
令，政府官員接見文武外賓辦法，經濟改革方案實施辦法，新年及春節
實施節約辦法，行政院次長會議紀錄，各地司法機構組長會議紀錄，國
民參政會建議，有關各機關人民團體建議，中央設計局組織大綱，黨政
工作考核委員會組織大綱，行政院徵集日軍暴行證據資料，轉令蒐集抗
戰有關史料，非常時期人民團體組織綱領，陝西省非常時期應變辦法，
剿匪總動員計畫綱要，國民精神總動員會議事務歸併國家動員會議接
辦，國府施政方針，各省高院檢施政方案及工作計畫，參政會第四屆第
一次大會對於司法行政報告之決議，九中全會及國民參政會司法院工作
報告，修正國防最高委員會秘書廳組織規程，新疆監察使署組織條例，
各機關啟用印鈐，總統副總統就職典禮啟用印信事項，各區處理敵偽產
業檢討會議，行政院敵偽產業處理委員會各省臨時會議報告，承認義大
利新政府，荷蘭大使館請將中文譯名「和蘭」改為「荷蘭」，定 3 月 12
日為植樹節通令，規定各種紀念節日，暑期各機關辦公時間通令，各省
33、34、35、36、37 年度工作計畫、工作報告、政績比較表，全國各
省司法機關行政檢討會議紀錄、工作檢討報告，兩廣、河南、浙江省司
法人員為其直係尊親屬請頒題詞等案。

二、民事司

時間自 1933 年至 1948 年，內容要項包括：民事事項通令，非訟事項通令，民事法令適用疑義解釋，各省各法院受理民刑事涉外案情形，各省各法院辦理法人登記情形，各省各法院巡迴公證計畫、宣傳，各省各法院提存所之成立、人事、印信啟用及提存事件季報表，各省各法院公證處之成立、人事、印模、公證事件季報表，各省各法院不動產、法人登記處之成立、人事、印信啟用，各省各法院當事人旅途期間表，各省各法院民事陳訴案卷，各省各法院民事什案等案。

三、刑事司

時間自 1934 年至 1948 年，內容要項包括：各項刑事通令，刑事法令適用疑義解釋，各省刑事陳訴、各項刑事什案，各省辦理大赦減刑報告表，各省瀆職案件、非常上訴、無期徒刑、執行死刑等專報，各省處理釋放政治犯情形，各省各法院通緝案、查封漢奸財產、涉外刑事案件及引渡事項，各省院檢辦理漢奸、盜匪、煙毒、敵偽毒化罪，各省各檢察處起訴及不起訴處分書，各省各檢察官自動檢舉月報表、考核表，非常時期清剿區臨時處置辦法，各省處理反間人員等案。

四、監獄司

時間自 1938 年至 1948 年，內容要項包括：監所各項通令、辦法，修正各項獄政法規，囚糧事項，戒護事件，各監所各項經費、修建工程、設備，各監所工作計畫、工作進度檢討報告、整頓報告表、工作競賽成績，各監所人犯控訴，監所人犯作業、感化教育，各方改進獄政建議等案。

五、總務部分

　　時間自 1932 年至 1949 年，內容要項包括：對台灣朝鮮公私產業處理決議通令，中央黨政機關還都辦法，社會救濟辦法，非常時期戰地公務員任用條例，印信修正條例，最高法院設置分庭條例，公役管理規則及服務規則，公路兩旁建築物取締規則，司法行政部內之各項規則，台灣接收案，接收偽司法行政部事項，接收光復區物資要點，收復區敵偽產業處理辦法，敵偽產業接收及處理通令，處理敵偽產業，各省司法機關復員事項，呈報陷匪損失物品，撤退案及收復情形，各省司法機關之籌設、改組、人事、增減員額、前後任院長首席之交接、印信啟用，各省司法機關之經費、修建工程、設備、宿舍分配、基地、官產調查表、俸薪節餘核計表，各省各法院各項補助（包括員工醫補費、殮葬費、生活補助費等），各省法院處理沒收物清冊、民刑狀紙、民刑狀紙聯單、總務什案，司法行政部各單位通令（包括秘書、參事、人事、會計、統計室、總務、民事、刑事、監獄司等單位），公務人員戰時法規、各項補助、解釋疑義，特定重慶為陪都，軍需計畫大綱（供求）等案。

六、主計部分

　　時間自 1937 年至 1949 年，內容要項包括：財務及會計各項通令、法令，有關統計及審計各項通令、法令，司法行政部各年度俸薪清算表，預算編送及核定事項，經臨費入出決算，歲出經常費分配預算，各省高院所屬修建預算、設備預算，各省各院、所、處抗戰損失調查表，各級法院交接，各監所已決未決人犯調查簡報，各司法機關統計室移交清冊、統計人員之交接、俸薪、旅費事項，請受勝利勳章，各省司法統計工作計畫、工作報告、檢討進度報告表，各省司法統計人事、統計什卷，公庫法案，各類公債條例，各地國庫動態情形等案。

七、人事部分

　　時間自 1921 年至 1948 年，內容要項包括：各司法機關人員之證件、證書，各司法機關人員之資格審查、成績審查、分發、送審、任免、薪俸、獎懲、訓練、考核、撫卹，有關考試、人事之各項條例、辦法，人事法規疑義解釋，各省補助俸，各省控訴卷，各省推檢請派、司法官到職、調派工作請求，各省高院、檢工作報告，各法院年終會議及事務分配表，各省接收司法卷，律師之管理、檢覈資格、證書、登錄、公會、懲戒，司法建議案卷等案。

八、參事部分

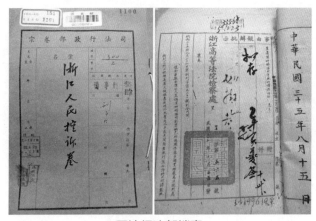

司法行政部檔案

　　時間自 1928 年至 1948 年，內容要項包括：解釋妨害自由適用法律疑義，解釋省單行法規疑義，解釋危害民國緊急治罪法適用之各種法規、條例、辦法等疑義，廢止改善地方金融機關辦法綱要，廢止禁查食鹽私通出境處罰辦法，通令變通刑事條件管轄規定，四川省自貢市府組織規程，青海省西寧市籌備處組織規程，非常時期監所羈押軍事人犯處理辦法，審查非常時期公務員考績暫行條例，非常時期維持治安緊急辦法等相關辦法、規章，租界及使館界官有財產與義務債務清理委會組織規程，內政部組織涉外法令研究會，中法兩國國際相互擔保，中英、中美條約，中英、中美新約，英美廢除在華領事裁判權，

接收租界及北平使領館界辦法，律師法及律師服務細則，律師檢覈辦法，律師登錄章程及律師公會相關事項、法規，各級法院民刑訴訟程序詢問處辦事細則，各級法院錄事服務規則，雲南各級法院管收所規則，司法行政部對提存法草案意見，交通部咨述修訂特區法院協定意見，修正覆判暫行條例草案，縣司法處辦理訴訟補充條例草案意見，商訂收回上海租界，解釋威海衛專約等案。

交通部檔案

壹、沿革

　　交通部主管全國交通行政及交通事業，其官制可追溯至 1906（光緒 32）年設立的郵傳部。不過，在此之前，交通業務分屬不同機構，職權分散，例如早在 1874（同治 13）年設有輪船招商局，屬於北洋大臣所管轄；1885（光緒 11）年設海軍衙門，負籌辦海防與修建鐵路之責；而郵政業務於 1899（光緒 25）年成立郵政總局，由總稅務司管理；1902（光緒 28）年設電政大臣，專司電政業務。直至郵傳部成立後，全國交通業務才有統一專責的構構。郵傳部起初規劃設 1 廳 4 司，分別為承政廳、路政司、郵電司、航業司、都水司，不過相關職權劃分不清，於 1907（光緒 33）年，重新訂頒官制，設 2 廳 5 司，分別為承政廳掌機要、典守部庫、籌核經費等事；參議廳負責考訂章程、檢查事例等事務；船政司掌全國船政，凡外海內港各江航業所有測量沙線、推廣港埠、檢查燈塔浮標等有關船政事宜；路政司掌全國路政，凡規劃路線、軌制、籌還籌路借款、工程購料、運輸行車等各項路政業務；電政司掌全國電政，凡海線陸線之規章、官辦商辦之則例、電政聯盟之協定盟約、電話、電燈等相關電政之事務；郵政司掌全國郵政，凡一切郵遞方式、包裹寄送、匯兌、郵票樣式、郵盟條約等各項郵政事務。

　　1912 年中華民國成立，南京臨時政府設交通部，同年 3 月，南北統一，中央政府北遷，交通部接管郵傳部事務。北京政府時期的交通部官制，設總務廳、路政司、郵政司、電政司、航政司等，仍維持清代郵

傳部既有的路、航、郵、電四政。

　　1928 年國民政府完成北伐，為專管鐵路建設事業，成立鐵道部，將原有交通部路政司有關鐵路的業務劃給鐵道部，直至 1938 年 1 月因應抗戰體制，鐵道部才歸併交通部。因此，國民政府的交通部業務，雖有機關獨立而出，最後仍歸併於交通部，所以，其組織大致上仍維持路政、航政、郵政、電政 4 司、總務、秘書 2 廳的規模。大體而言，這些單位歷經多年的發展，業務不斷地擴大，也益愈具體，依該部現行組織法，設有路政司、郵電司、航政司、總務司、秘書室等，直屬機關有鐵路總局、公路總局、民用航空局、中央氣象局、觀光局、航政局、運輸研究所及基隆、臺中、高雄、花蓮等 4 所港務局。

貳、移轉及整理

　　國史館為加強檔案徵集，在 1973 年函請行政院協助，將各機關大陸運臺舊檔案及在臺已失時效的案卷、文牘，移送國史館。所以，交通部除留下仍須做為行政參考的檔案外，於 1973 年、1983 年分批由交通部移轉國史館典藏，史料時間起自 1896（光緒 22）年至 1996 年，跨度長達百年，共計 24,334 卷，目前已完成入藏登錄作業。

參、內容

　　以下依交通部主要業務職掌，作檔案內容的分類介紹。

一、總務類

　　此類檔案是指由總務廳（司、處）在處理業務產生之文件，總務廳掌理關於文件之收發、分配、繕校及保管，部令之發布，典守印信，公產公物之保管處理，出納，出版物之印行及事務之管理等事項。相關

案卷有：呈報民國五年份路政電政郵政收支總數案、呈請部長核示有關經費籌措等案；本部公布各種章程、國府公布各法令、最近中央重要文告、民國三十五、三十六年總務雜卷、交通部銀行往來及更換印鑑案、湘桂鐵路衡桂工程處機務課電務股印刷品、保存品、藍圖底稿、員司名冊、卷宗移交清冊、西北公路運輸管理局移交清冊；公路總局移交清冊；各單位移交接管案卷、交通部本部印刷總卷、日本賠償物資機具清冊、償還國庫債券案、各路卷宗帳冊遷地保管卷、交通部各項股票總卷、購用地畝清冊、征用、法規——印花稅法卷、交通部辦理印花稅卷；另外，也保管大量合同文件例如：1896 年東省鐵路（中東鐵路）章程、1919 年四洮鐵路借款合同、1929 年之輪船註冊給照章程、關內外路局訂立建修租售房地合同、廣州至重慶鐵路借款合同等。

二、秘書類

此類檔案是由交通部之秘書室或秘書廳所產生的文書案卷。秘書廳掌理機要公文、密電之處理、保管，文稿之撰擬、覆核、彙報，部務會報之議事，年度施政方針、施政計畫、工作報告之彙編，公報編輯，施政之研究、發展及管制考核等事項。相關案卷有：俞飛鵬部長移交案、部長往來文電、秘書廳經辦人事案、主任秘書移存案、秘書廳經辦各項文件案、交通公報、郵傳部交通統計表、交通建設五年計劃、交通部工作報告、歷年交通建設計劃、建都南京十週年交通事業特刊文稿、編撰民國二十五年來之中國交通、編撰三十三年來中國交通上之變遷、俞飛鵬部長處理有關人事案、交通部人事法令彙編、交通部職員錄案、山西、陝西監察使建議改革隴海積弊卷、監察院監察委員葉元龍等建議改記隴海鐵路意見、戰後利用外資舉辦交通建設事業方案提要、抗戰時期交通部組織系統變遷表、三十六年度國民政府年鑑交通部資料等。

三、路政類

　　此類檔案是指路政司及鐵道部所產生的檔案文書；由於鐵道部於 1928-1938 年曾獨立成部，檔案自成體系，但仍屬路政類之一環，在此一併介紹。

（一）路政司檔案

　　路政司掌理關於鐵路、公路建設籌劃與監督，鐵路、公路業務及其附屬事業管理，審議鐵路、公路車輛製造、進口規格，監督公有、民營及專用鐵路、公路，監督公路監理業務，鐵路、公路行車安全之策劃與監督等事項。依其業務職掌可再細分為：

　　1、工務類：包含鐵公路工程之設計、建築、保養、修繕及器材支等事項，這類案卷有：路政司考工科編輯的 1925 年鐵路路線提要、路政司工務科繪製之中華民國鐵路全圖、機械築路充實計劃——公路、中印公路勘測籌築、1939-1941 年公路工程研究刊物、湘黔路改移長衡公路縱橫斷面圖、全國公路全圖、國道路線網全圖，單一省份的公路路線圖有，貴州省、廣西省、湖北省、湖南省、浙江省、福建省、河北省、河南省公路藍圖；省際之間的公路圖有，甘省及至青寧新陝川各線公路平面圖、川陝甘公路交通詳圖、西安至重慶公路計畫圖等。

　　2、監理類：包含牌照、駕照、運輸安全及運輸機構之監督等事項，這類案卷有：路政司監理科工作日記（1941-1944 年）、鐵路車輛暨建築標準圖研究、山西全省路政計劃書、蘇皖豫陝川滇黔湘贛九省公路查勘報告等。

　　3、運務類：包含車輛調度、維修、考核、訓練、通訊設備等事項，這類案卷有：公路統計年報、戰後鐵路機車車輛製造計劃、交通部公路會議、交通部公路總局三十六年工作檢討計劃、公路視察報告、公路總局養路檢討會、交通部公路總局平津區汽車修配總廠廠務概述及三輪汽車製造經過報告生產計劃書等。

4、材料類：包含運輸工具材料之配製、存儲，這類案卷有：美貸款油料及汽車材料案、交通部公路總局汽車修配廠天津至配廠直間接材料明細表；英貸款鐵路材料等。

5、財務類：包含經費之支配、款項收支、財產契據的保管等事項，這類案卷有：路政司綜核科收款通知書（1922-1924 年）、滬寧鐵路借款利息及困難情形、津浦鐵路借款利息、呼海鐵路借款案、汴洛鐵路總局地基地契案、福建省募集公路公債、公路會計制度草案、公路會計會議資料、交通部公路總局廣州區辦事處接收敵偽材料收發清冊、交通部公路總局工程合同、公路總局建築房屋工程案卷等。

（二）鐵道部檔案

依鐵道部 4 司（總務、業務、財務、工務）2 廳（秘書與參事二廳）及地方鐵路局的業務職掌作檔案內容分類之介紹。

1、總務類：此類檔案是由總務司產生的檔案文書，屬於人事方面的有民國二十五年版鐵道部人事法令彙編、正太鐵路李克成等九名鐵路技術員體格檢驗表及銓敘資位案、湘桂任免總卷；屬於統計方面的有中華國有鐵路會計統計總報告，中國國家鐵路統計資料（英文版，1932、1933 年）；屬於衛生及育才方面的有各路局組織衛生隊及訓練案，各路局組織看護訓練班；與經費出納相關者有京贛路、京滬路、津浦路專款調查室經費，京滬路專款留局備用款。另外尚有鐵道部所屬機構改組案及鐵道部各路設立審計辦事處案等。

2、秘書與參事類：此類檔案是指由秘書與參事 2 廳所產生的文書案卷，例如各路局造林經費，也有一些秘書廳的印刷品，例如《中華民國鐵路統計規則》、《鐵道部考察日本機廠團報告》；但主要保存最多的是秘書廳機要室保存了大量的各式合同契約，也就是鐵道部與各廠商簽訂的購料契約或施工合同，數量有百餘份之多。

3、顧問類：係指在鐵道部全宗內，保存的鐵道部外籍顧問的聘書

及這些鐵道部聘請的顧問所完成的考察報告,前者如聘任德國鐵路總公司技正馮洛侯為顧問,聘任那文為法律顧問等人的聘書合約。至於考察報告較重要者有鐵道部顧問漢猛德(F. D. Hammond)的《漢猛德將軍視察中國國有鐵路報告》一書,這是 1935 年英國鐵路專家漢猛德將軍來華考察鐵路之報告,同年冬季,交通部長張嘉璈讀其報告,對其建議,有感而發,完成《漢猛將軍中國鐵路報告之研究》一書,對中國鐵道之工務、運輸、機廠、營業及人事等各方面,指出改善之方向。另外一位著名的鐵道顧問是瑞典地理學家斯文‧赫定(Sven Hedin)。1933年 6 月斯文‧赫定的西北考察團結束古物考察工作,斯文赫定向時任外交部次長劉崇傑建議,為解決內地與新疆之間的交通,首先要開闢公路,次為建築鐵路。這個建議經劉崇傑向外交部及行政院表達修路之可行性,獲得高層重視,於是由鐵道部聘斯文‧赫定為顧問,於 1933 年8 月組成「綏新公路察勘隊」,經由考察路線,先完成公路,再建鐵路的目標。因此,在相關鐵道部檔案內才會有「公路」的案卷,算是相當特殊的案卷。而本館典藏的檔案中,雖無綏新公路察戡隊的文書案卷,卻保存路線圖 9 卷及原版照片 140 張,是相當珍貴的史料。

4、業務類:此類檔案是指業務司產生之各式檔案文書,主要的案卷有鐵路車輛調配;各鐵路管理局路政,鐵道部所屬機構改組案。不過業務司的檔案中,以運輸科存留的軍隊輸運案卷最多,高達 37 卷,包含:武昌行營鐵道軍運、砲兵旅團鐵道軍運、航空委員會鐵道軍運,參謀本部鐵道軍運、特務團鐵道軍運、各要塞司令部鐵道軍運、各師鐵道軍運、各軍鐵道軍運、各路局鐵道軍運、各兵工廠鐵道軍運、資源委員會鐵道軍運、軍醫署鐵道軍運、海軍部鐵道軍運等案軍事運輸案等。

5、財務類:此類檔案是指由財務司產生的各式檔案文卷,有關債務方面的有津浦、同成、平漢、廣九、南潯、隴海鐵路債務案,京滬滬杭甬鐵路管理局外債案,鐵道部發行各種公債收支狀況案,第一、二、三期鐵路建設公債等案卷;關於撥款與籌款方面的有浙贛鐵路玉萍段籌款建築案,粵漢路南段撥解請撥整理公費案,請協款興築隴海路鄭州以

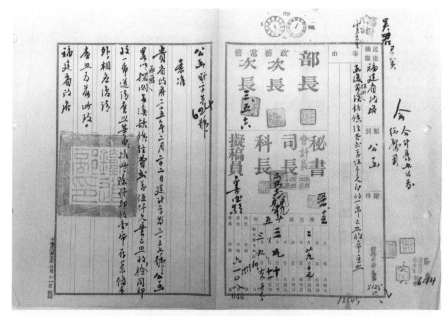

福建省請墊借經費開礦築路案

西沿線碉堡，隴海路潼西段工款，京滬路撥解堯化門至紅花地中央聯絡線經費；其他理財方面的案卷有川湘路、廣梅路借款，向浙江興業銀行、上海銀行借款案，平漢路、津浦路、粵漢路等各路局存款案，各路特種經費防空經費，鐵路各地機廠經費案等。

　　6、工務類：此類檔案是由工務司產生的各式公文卷宗，例如：粵漢浙贛路修建部分路段工程、宜陽煤礦公司請築洛宜支線案、督促浙贛路南萍段工程及擬請飭改善各情形。此類的公文擬稿較少，但是卻有相當具有參考價值的中華民國國有鐵路工程狀況表、鐵道部工務司設計科製中華民國鐵路全圖、劉建熙工程師撰寫的「視察湘鄂路橋梁報告書」等。

　　7、聯運類：是指由鐵路聯運事務處產生的檔案文書，主要有國有鐵路聯運車輛檢修及修理規則，中華民國鐵路國內聯運規章，中華民國鐵路貨物聯運運價表彙編，中華民國國有鐵路國內聯運會議紀錄（第14至17次），中華民國鐵路國內聯運第會計會議紀錄（第16至19

次）等。

　　8、鐵道部案卷中數量最多的，係屬地方各路局的檔案，以下舉其各鐵路局的主要資料介紹。

　　（1）北寧鐵路：北寧鐵路沿線經濟調查報告及北寧線及聯絡線全圖等。

　　（2）平綏鐵路：平綏鐵路工務第八段、第九段、第十段之工程圖等。

　　（3）平漢鐵路：平漢鐵路會計統計年報、平漢鐵路的平面圖、橋樑圖及縱斷面圖等。

　　（4）正太鐵路：民國二十二年會計統計年報、正太鐵路管理局局務會議規則、正太鐵路管理局編審概算委員會辦事細則、正太鐵路規章編審委員會辦事細則、鐵道部特派正太鐵路駐路總稽核室辦事細則、鐵道部特派正太鐵路駐路總稽核職掌規程、正太鐵路路線及建築物調查表、各段坡度表、材料儲存分配調查表、路線平面圖等。

　　（5）同蒲鐵路：同蒲鐵路太原大同間段站級別地點簡明表、同蒲路太原站與正太路兵工廠岔道改接軌道縱斷面圖與草圖、正太同蒲兩路榆次接軌路線圖、正太同蒲聯運太谷接軌縱剖面圖等。

　　（6）京滬滬杭甬鐵路：京滬鐵路會計統計年報、滬杭甬鐵路工程進展圖、工程進行圖及京滬滬杭甬鐵路呈報各項表件等。

　　（7）京贛鐵路：京贛鐵路工程預算書、京贛鐵路贛境第一、二、三總段工程承攬書、平面設計圖、橋樑、混凝土水管及水管安設標準圖、材料表等文件及圖表等。

　　（8）津浦鐵路：津浦鐵路會計統計年報、津浦鐵路貨車詳表、津浦鐵路車站公共建築物及空地調查表、津浦鐵路車房概況表及設備表、津浦鐵路全綫橋樑所在地公里及載重率表、津浦鐵路浦信段工務第二段定測剖面圖等。

　　（9）浙贛鐵路：中日浙贛鐵路協議備忘錄、浙贛理事會電文、浙贛鐵路玉南段第一至第四總段橋樑涵洞表、踏勘浙贛鐵路玉南段路線略

圖、玉南段工程處組織圖、浙贛鐵路局玉南段各分段起迄里程表、車站等級及設備規定表、土石方工程各包商承包單價比較表、路基土石方數量及價額表、浙贛鐵路萍株段路線略圖等。

（10）粵漢鐵路：粵漢鐵路工程每旬工作填報圖，粵漢鐵路會計統計年報，粵漢鐵路管理局暫行編制專章，粵漢鐵路管理局組織系統及首鄰姓名一覽表，粵漢鐵路管理局廠務處暫行組織及辦事細則，粵漢鐵路車房設備表，粵漢鐵路湖南境株潊段橋樑表涵洞表共三張、粵漢鐵路管理局工務第四總段廚房及廁所工程設計圖等相關公文卷宗及工程路線圖表等。

（11）膠濟鐵路：膠濟鐵路各車站平面圖，膠濟鐵路路線圖、全線材料倉庫及醫院等概況表、工棚管理路線區域一覽表、各段列車速度表、沿線慢行牌分布表等。

（12）湘黔鐵路：湘黔鐵路工程局發包工程承攬案，湘黔鐵路工程合同，湘黔鐵路株玉段各項工程進行月報表，湘黔鐵路山塘驛、大魚塘比較綫踏勘報告，湘黔鐵路株洲湘鄉段初測報告，以及湘黔鐵路工程局標準圖：石工路基斷面圖、土工路基斷面圖、曲線路基加寬圖等案件及圖表等。

（13）隴海鐵路：隴海鐵路管理局組織系統及首領姓名一覽表、隴海鐵路汴洛線二十三年會計統計年報、隴海鐵路隴海線二十三年會計統計年報、隴海鐵路車站公共建築物及空地調查表、隴海鐵路各段坡度表、隴海鐵路特種車輛調查表、隴海鐵路西段修正寶雞車站平面圖、隴海線鐵路魚鱗圖、隴海鐵路白馬寺車站圖、站長及副站長住宅圖等相關文件及工程圖表等。

四、航政類

此類檔案是指航政司處理業務所產生的檔案文書，其職掌航運、民營航空、港務、氣象、運輸航線及費率之核議，監督公有及民營航業、

民用航空、港務、船舶購建、檢查、丈量登記、證書核發、氣象，船員、引水人之儲訓，航規劃業經營及聯營，海難救護及海事案件之審議等事項。

（一）企劃類

包括計畫之擬訂與管制、國際民航組織之合作與聯繫、國際法制規章之處理、航政法規之審查發布與彙編，這類案卷有：航業公會章程、河內航行章程、巴龍斯會議之各項公約、國際管理海口協約、遣送海員回國等 8 種公約、船舶起卸工人保護公約、航商團體組織補充辦法、船舶法、招商局分支局組織規程、招商局船舶打撈處組織規程、招商局業務會報、航政司經辦有關復員各案、交通部航政會議提案彙編、國民政府整理招商局暫行條例、浙江省現行航政章則彙編、航空法規、飛行法規、民航局各項法規、中美合作發展民航事業、中英合作發展民航事業、一九四三年航空業、技術設計會組織規程等。

（二）運輸業務類

係指航政路線之審議、給照，客貨運輸費率之審核，這類案卷有：抗戰以來之全國航政概況、中國歐亞中央航空公司大事記、中蘇航空公司章程、航空事業整頓改革、臨時國際公民航空組織案、臨時國際民航一九四五至一九四七年各月份報告書、中蘇航空公司經營情況、一九四八年加拿大航空發展展翅邀翔案等。

（三）航政標準類

係指航政人員之考試、檢定、給證，運輸器材之標準，製造廠、維修廠之檢定給證等事項，這類案卷有：船舶檢查丈量規程、船員檢定章程、海船容量、外國船舶移轉本國國籍案、船員和引水人考試條例、

國營招商局船舶內容表、交通航海人才培育訓練、福建民用航空學校籌組、交通航空人才培育訓練等。

（四）航線管制類

　　包含航線指南、無線電頻率之申請、通訊裝備需求計畫等事項，這類檔案有：航政旗幟、航空技術指南等。

（五）場站類

　　係指港埠機楊之興建、修繕、土地、消防設施等審查及督導事項，這類檔案有：北方大港徵收土地案、東方大港徵收土地案、沿海各港建築——湛江、廣州、黃浦、廈門、福州等港南京下關碼頭、南京港潯浦工作概況、吳淞江碼頭、張華濱港、青島港、塘沽、大清河等港。

（六）財務類

　　包含財務採購、材料之補給與支配等事項，這類檔案有：日本歸還及賠償我國船舶、航空業務移管及經費運用、中國航空公司香港站帳簿案、民航事業作業基金案卷（1993-1996 年）等。

五、郵政類

　　此類檔案是指郵政司所產生的檔案文書，依業務可再分為下列幾項。

（一）企劃類

　　包含計畫之擬訂與管制、國際郵政組織之合作與聯繫、國際法制規章之處理、郵政法規之審查發布與彙編，這類檔案有：一九〇九年中日

南滿郵遞合同、世界郵政聯盟倫敦會議案、世界郵政聯盟匯務規定案、
世界郵政聯盟郵件規定案、世界郵政聯盟掛號郵件規定案、美國郵政法
規、郵政儲金匯業局法規彙編、《今日郵政》、《郵政儲匯》、一九四三年
九月各國郵電指南、改善郵匯局組織及業務、第一期郵政五年建設計劃
草案、郵界籲請取消中美航空郵務合同、歐亞郵運路線溝通、郵政總局
訓令（1942-1947 年）、各區郵務視察報告案（1947-1948 年）、郵政總
局五十二年郵政工作計劃總表等三種契表、郵政電信組織公法人化可行
性研究會議紀錄等。

（二）業務類

　　係指郵政儲匯業務之規劃，這類檔案有：中華民國八年郵政儲金事
務總論、郵政事務總論第一卷、一九二〇年六月郵政儲金監理會第一次
常會速紀錄、郵政儲金監理會第八次常會議事錄、交通部郵政儲金監理
會常會議事錄（1921-1926 年）、中華民國十五年郵政儲金事務年報、
中華民國郵政輿圖、各省郵區圖、郵政儲金匯業局業務案等。

（三）財務類

　　係指預算、決算及財務案件，這類檔案有：一九三一年本部及郵政
總局為新屋裝置電話電鐘與西門子電機廠訂立裝購合同、德發債票抵押
借款郵運費償付本息、交通部郵政總局向英商德納羅印鈔公司訂立承印
郵票合同、郵匯局墊款補救電政公債、公有房地產管理──建築郵政總
局案、交通部郵政總局向英商德納羅印鈔公司訂立承印郵票合同、收復
區郵政接收、交通部郵政部分接收敵偽物品、中華民國六十六年度郵政
成本計算圖表、郵政總局六十八年度第二、三季外匯收入統計表、交通
部所屬國營事業郵政總局等七十一年度營業預算書暨審核意見書等。

（四）人事類

　　包含人事管理及異動案件，這類檔案有：郵政人事管理規則、調查郵匯局舞弊真象等。

六、電政類

　　此類檔案是指電政司所產生的檔案文書，依業務可再分為下列幾項。

（一）企劃類

　　包含計畫之擬訂與管制、國際電信組織之合作與聯繫、國際法制規章之處理、電信法規之審查發布與彙編，這類檔案有：一九一三年中日電氣通信協定、一九一四年英丹水線兩公司要求互換文據、一九一四年中日丹水線合同、電信條例、國際電信局章程、國內書信電報暫行辦法、國際電報收報人付費辦法、國際電臺組織章程、戰時監理電信機關條例、一九三〇年國際無線電法規會議、公用電話通則、各區電政管理局組織通則、戰時管理電話辦法、電信配合盟軍反攻計劃、廣播電臺組織通則、交通部電政法令彙刊（1933-1941 年）、處理無法投遞電報辦法、全國廣播電臺播送節目辦法、國際電話營業通則、電信總局組織條例等。

（二）業務類

　　係指電信業務之規劃和推展，這類檔案有：青島至佐世保水線交涉案、新式快拍電報案、旅行電報案、上海無線電新聞公司各項事務總卷等。

（三）審議類

包含資費之審核、器材之標準、技術人員之證照，這類檔案有：交通部電政機關監理章程、電信機械製造廠章程、話務員章程、電務技術員章程、報務員章程、九省長途電話工程處規章、全國電信局等級表、電信總局「電話電報資費固定附加費」改列營業收入乙案等。

（四）財務類

係指採購、預算、決算及財務案件，這類檔案有：一九一二年大東北公司正副水線借款及預付報費借款、英庚款購料——電訊、京滬擴建長途電話借款、電報電話事業擴充借款、津濟青修建長途電話借款、代第六區電信局請領或價購柴油發電機卷、聯總電信器材、向英訂購電訊器材載波機案、英貸電信器材、美購曬圖紙電報紙條、英購電話器材、英購電纜案、美購電信器材、美購電話材料、聯總電信材料訂單等。

（五）人事類

包含人事管理及異動案件，這類檔案有：交通部所轄電政各機關主管人員交代施行細則、交通部派往蒙旗新疆各地電臺服務員工待遇辦法、電政同人公益會組織等。

行政院勞工委員會檔案

壹、沿革

　　行政院勞工委員會之組織源於 1947 年《中華民國憲法》行憲前，國民政府曾計畫在行政院成立「勞動部」。但 1948 年 5 月，行政院成立「社會部」後，原欲設立之勞動部降編為社會部下的勞工部門。1949 年 3 月，裁撤社會部，勞工部門納入內政部的「勞工司」。

　　1987 年 8 月，內政部勞工司改制升格為「行政院勞工委員會」。此後的組織調整過程中，1999 年 7 月臺灣省政府虛級化後，承接臺灣省政府勞工處業務，勞工處改組為行政院勞工委員會中部辦公室（2014 年再改組為勞動力發展署技能檢定中心）。2013 年 1 月，承接原行政院青年輔導委員會有關青年就業業務，原青輔會的青年職業訓練中心改隸並更名為「行政院勞工委員會職業訓練局青年職業訓練中心」。

　　行政院勞工委員會期間，政府參考世界各國將勞工和就業事項大多設立「部」為中央主管機關的情形，

勞動力發展類之輔導中高齡就業案檔案

1990 年李登輝政府提出的《行政院組織法修正草案》版本擬成立勞動部。但勞動部的相關名稱、業務與功能,歷經多次討論,從 2004 年 6 月陳水扁政府的行政院組織改造版本擬成立「勞動及人力資源部」,到 2009 年 2 月馬英九政府的版本終於確定成立勞動部,並送立法院審查。2014 年 1 月,公布《勞動部組織法》及相關法令。2 月,改制升格為「勞動部」。

　　該部是中華民國有關勞工、人力資源等勞動事務的最高主管機關,並負責辦理社會保險類的勞工保險與國民年金保險。目前勞動部組織方面,設有綜合規劃司、勞動關係司、勞動條件及就業平等司、勞動福祉退休司、勞動保險司、勞動法務司、輔助單位的秘書處、人事處、政風處、會計處、資訊處、統計處,所屬一級附屬機關則有勞工保險局、勞動力發展署、職業安全衛生署、勞動基金運用局、勞動及職業安全衛生研究所等。

貳、移轉及整理

　　國史館典藏的《行政院勞工委員會檔案》,為該單位於 2001 年至 2003 年間移轉包括其前身的內政部勞工司檔案,檔案期間自 1960 年至 2003 年,已全部完成初步整理,計 1,691 卷。

　　此外,內政部檔案仍保留一些 1959 年之前的相關業務檔案,檔案內容列入「勞工類」。

參、內容

　　行政院勞工委員會涵蓋範圍主要內容包括:

一、勞動關係類

勞動關係類之勞資爭議檔案

含瑩鑫鐵工廠柯榮慶勞保資格爭議事件訴訟案、勞資關係處綜合、勞資關係處法規、勞資關係處勞工團體登記暫輔監督、勞資關係處勞工團體戰地勞工、勞資關係處勞資關係推行、勞資關係處適用範圍、勞資關係處勞資爭議—爭議案件、勞資關係處人員訓練、勞資關係處國際勞工聯繫組織、勞資爭議案件、關廠歇業、勞資關係推行、勞資關係合作、有關台南企業公司在薩爾瓦多投資之成衣廠閉廠勞資爭議案等案。

二、勞動條件及就業平等類

含勞動條件處綜合、勞動條件處法規、勞動條件處一般權益、勞動條件處調查處理、勞動條件處工資工時—工資保護、勞動條件處工時制度、勞動條件處特別保護—退休制度、勞動條件處童女工保護、勞動條件處職業災害、一般權益調查處理、工資保護、工時制度、童女工保護等案。

三、勞動福祉退休類

含臺灣省工廠工人退休規則及臺灣省礦工退休規則、勞保局指派曾榮盛為職業疾病處理小組成員、全面推動能力本位訓練實施計劃、勞工福利處住宅政策、勞工福利處諮詢服務、勞工福利處綜合、勞工福利處法規、勞工福利處職工福利、勞工福利處勞工鹽礦工福利、勞工福利處

青少年、女性勞工福利、勞工福利處福利設施、勞工福利處勞工教育規劃、勞工福利處教育團體、勞工福利處電視勞工教育節目、勞工福利處育樂活動、勞工福利處勞工福利、勞工福利處勞工輔導員制度、勞工福利處勞工教育—教材與刊物、福利設施、青少年女性勞工福利、育樂活動、勞工鹽礦工福利、退休制度等案。

四、勞動與勞工保險類

含勞工保險基金準備金運用、勞工保險基金準備金運用辦法、勞工保險處綜合、勞工保險條例、職業工會加保問題、勞保局財務收支處理程序、臺灣省勞工保險局門診中心設置通則草案、勞保局對基督教門諾會醫院及聯合貨櫃公司等事業單位勞保投保薪資之調整處理案、保險費率結構案、建議舉辦勞工失業保險、建議增設勞工失業保險給付、失業保險、建議修正「勞工保險因執行職務而致傷害審查準則」、殘廢給付、勞工保險因執行聯務而致傷害審查準則、傷害給付、公司行號員工參加保險（條例第八條第五款）、建議修改勞保條例（五十五案）將結核病精神病列入給付範圍、聯業工人投保問題審查小組、有關以宗教寺廟教堂投保辦理加保、一般規章勞工保險計算災害費率準則、勞保局事業計畫草案、台閩地區勞工保險局財務收支處理程序、勞保局財務處理、台閩地區勞工保險業務總檢查要點、建議建立勞工保險醫院案、司機工會辦理勞工保險、職業工人參加保險、鹽工參加保險、繼續參加勞工保險要點及保險給付辦法、興建勞保大廈、一般規章勞工保險計算災害費率準則、加強勞保指定醫療院所管理實施計劃及經費概算、籌建勞工保險大廈、金門縣欠繳保費及滯納金、死亡給付、勞保局康總經理被控案、煤礦積欠勞保費及滯納金償還辦法及協調會議紀錄、處理欠費案件、結欠保費催繳、釋示勞動保險法與勞保條例區別、煤礦災變給付、改進勞保業務專案小組、省議會提案中醫傷骨科擔任勞保特約醫院、勞保診療費用支付標準、不給付醫療費用分期攤還措施、特約醫療

院所巡迴訪查輔導小組設置要點、勞保特約醫療院所診療費用審查辦法、勞工保險醫療給付審議小組設置要點、中醫傷科擔任勞保特約醫院案（改進問題會議紀錄）、改進中醫制度、勞保特約醫療院所合約書修正案、勞保醫療轉診作業實施要點、勞工保險業務督導小組、建議勞保局組成職業病審查委員會案、修訂勞工保險職業病種類表、建議修正勞保條例案、研商失業保險辦法、投保與退保、勞保局應收積欠保險費及滯納金擬列呆帳分析表、訴追欠費債權憑證及欠費金額些微或訟案無法送達單位清單、催繳保費、「勞工保險門診掛號費收費標準」草案、強化勞工保險財務之研究、舉行勞保業務檢查研討會工作計劃、勞工保險因執行職務而致傷害審查準則草案、台閩地區勞工保險業務研討會、改進勞保業務專案小組、勞保局中程計劃草案、國防工廠技術勞工參加勞工保險、投保單位積欠保險費送法院（訴追而無財產可供執行案）、蔗農保險問題、勞工保險門診掛號費標準、「台閩地區勞保指定門診醫療院所」及「指定就診醫院辦法」修正草案名稱及條文對照表、診療費用審查委員會藥事小組會議紀錄、勞工保險處綜合、勞工保險處法規研商失業保險辦法、勞工保險處保險規劃、勞工保險處承保及現金給付—承保、勞工保險處保險醫療—醫療法令、勞工保險處保險規劃—計劃研考、勞工保險處保險規劃—保險財務、勞工保險處承保及現金給付—承保、勞工保險處保險醫療—醫療法令、勞工保險處保險醫療—醫療費用、勞工保險處保險醫療—中醫、勞工保險處全民健保、勞工保險處保險規劃—宣導訓練、勞工保險處承保及現金給付、修正未按月交勞工退休準備金、勞保綜合、勞保承保、各職業工會承保、保險醫療法令、保險醫療審議小組、保險醫療特約管理、保險醫療費用、保險醫療中醫、保險醫療部分負擔、特案老年給付、老年年金制老年給付改採年金制之保險費精算、農保爭議審議案件與改進農保法制相關問題研究、農民健保險監理委員會檢送農民健康保險爭議審議委員會第五十七次會議紀錄農民保險、老年給付、漁民保險承保、漁民投保工資、金馬地區專業漁撈勞動者保險費備付金扣收比率、專業漁撈勞動者保險費備付金收支對

照表、漁市場及漁會積欠漁保備付金及滯納金、解決漁民勞保備付金、請改善漁民保險給付暨保費收繳方式、漁市場及漁會續欠漁保備付金及滯納金、漁民投保資格及保險費負擔案、專業漁撈勞動者參加保險等案。

五、勞動力發展類

含職業訓練獎勵要點（含教學媒體製作及專題研究獎勵要點）、殘障者醫務再設計及工作場所環境之改善案、退役軍人就輔、跨世紀人力發展計畫重要措施、研訂與修訂職訓教材、第二專長職訓計劃及研究、配合勞工保險失業給付開辦之相關業務、國中生職前訓練計劃、技術人力培訓計劃、職業訓練師資進修、有關各職訓機關歲出概算編列、短期專精技能訓練、行政院專案小組對有關機構推行訓練業務考核、各公共職訓機構機具設備審查、中華民國職業訓練研究發展中心董事、本局北區職訓中心訓練業務、臺北市職訓中心訓練業務、青輔會委訓計劃、本局南區職訓中心訓練業務、本局臺南區職訓中心訓練業務、省監獄受刑人訓練計劃、中華文化社福基金會職訓中心訓練業務、泰山職訓中心技工訓練業務、在職技工夜間進修訓練協調、財團法人東區職訓中心訓練業務、職訓局南區職訓中心經費、職訓教師在職訓練、職訓生之陳情、職業訓練有關資調查職訓、職訓機構辦理隨到隨訓、職訓機構行政研討會、詢問職訓有關問題、青輔會青年職訓中心訓練業務、檢陳各職訓中心八十七年度專業輔導、職訓生活津貼補助、建教合作工廠技能訓練輔導事宜、職訓機構設立及管理辦法、服務業訓練及製衣工會訓練、第二專長訓練計劃、生產自動化技術進修訓練、民營機構申請補辦訓練、職訓機構設立管理、企業人力資源楷模表揚、研商八十八年度工業人才培訓計畫案、財團法人聯合資訊職訓中心業務輔導、企業訓練諮議小組、企訓輔導團案、就業服務顧問小組會議、勞工創業貸款會議、加強山胞就業輔導措施及報告、加強殘障就業服務、就業安定方案、就業服務義

工制度、加強就業服務方案、資遣員工就業輔導、就業機會提供、輔導中高齡就業案、獎勵全國績優輔導工作人員實施要點、高級職業學校輔導工作訪視輔導、職業介紹課各項雜卷、就業輔導之研究、殘障者就業、中高齡者就業服務、志工就業服務、國中畢業生就業輔導、專技人力、失業輔助、勞力供需及問題研究、輔導人力資源開發利用計畫內辦理山胞進修補習教育案、輔導大專畢青年從事地方建設短期工作簡介、「辦理滯留大陸臺籍前國軍人員眷屬就業輔導實施計畫」、滯留大陸臺籍前國軍人員及眷屬返臺定居接待服務及安置作業要點、研商就業服務與職業訓練相互支援、因應當前人力不足加強辦理婦女就業服務實施計畫草案、研商繼續編製企業簡介就業資訊有關事宜會議紀錄、為提升求才求職之媒合率各項因應措施、增進國民就業輔導機構高層次就業機會措施、加強就業服務機構與職業訓練機構相互配合實施要點、研商加強辦理婦女就業服務實施計畫會議紀錄、研商十四項重要建設工程人力需求因應措施方案部分措施執行會議紀錄、修正「輔導煤礦礦工轉業及補助礦工資遣實施要點」、「加強辦理山胞就業輔導措施」成果統計表暨執行情形、臺北區職業學校學生就業輔導工作業務聯繫會報暨年度工作檢討會會議紀錄、臺灣省臺北區國民就業輔導中心召開國民就業輔導策進委員會會議紀錄、行政院勞工委員會職業訓練局「推展技能檢定及建立職業證照制度獎勵要點」、研商七十九年度就業市場特報訪問行業選定會議紀錄、其他（培訓音樂才藝競賽）等案。

六、外勞類

　　含外勞管理、一般外勞、外勞生活週轉金、外勞逾期健診、外勞比例偏高查察案、處理外勞原機遣返作業原則、引進外勞案件、補助僱用外籍勞工動態資訊業務管理、外勞業務僱用臨時員招募許可、訊碟科技等九家公司請本局核配外勞招募許可、申請協助引進外勞案、核准分批移轉外勞、建議改善引進外勞案、行蹤不名外勞墊付收容費用案、受理

外勞簽證申請、外勞業務、研商如何瞭解外籍人士在我國非法工作人數會議紀錄、綜合規劃處勞動人力—政策外勞等案。

七、職業安全衛生類

　　含外勞安全衛生管理、勞工安衛處綜合、勞工安全衛生處法規、勞工安全衛生處教育訓練、勞工安全衛生處訓練作業、勞工安衛處健康檢查及管理、勞工安衛處安全衛生活動宣導、勞工安全衛生處安全衛生災害預防、勞工安全衛生處諮詢、勞工安全衛生處作業環境、勞工安全衛生處安全衛生設施、勞工安全衛生處安全標準、勞工安全衛生處研究報告、勞工檢查處計劃、勞工檢查處檢查機構及人員—檢查機構督導考察、勞工檢查處檢查機構及人員—檢查員進用發證、勞工檢查處檢查機構及人員—檢查員訓練、勞工檢查處勞工監督檢查—勞動條件檢查、勞工檢查處勞工監督檢查——般安全衛生檢查、勞工檢查處勞工監督檢查—危險機械檢查、勞工檢查處勞工監督檢查—職業衛生檢查、勞工檢查處勞工監督檢查—職業災害檢查、勞工檢查處勞工監督檢查—申訴案檢查、勞工檢查處勞工監督檢查—專案檢查、勞工檢查處自動檢查—督導自動檢查、勞工檢查處自動檢查—優良單位人員選拔、勞工檢查處服務及代檢機構—服務機構人員、勞工檢查處綜合（罰鍰）、勞工檢查處綜合、檢查報告、安衛會議紀錄、勞工檢查違規改善事項、勞工安全衛生法規、職業災害預防、安全衛生教育訓練、安全衛生諮詢、勞工作業環境安全設施、安全標準、健康檢查與管理、安全衛生活動宣導、安全衛生研究報告、勞動檢查綜合、危險機械檢查、職業災害檢查、職業災害等案。

八、訴願類

（一）綜合規劃處勞工法制訴願案件處理：
　　含葉祺松、天聲鋼鐵、達民鐵工廠、立國營造工程、蕭達棟、富

民運輸股份有限公司、莊氏金屬鋁廠股份有限公司、台華船務代理有限公司、大同股份有限公司、屏東縣汽車駕駛員職業工會、東方礦業、達民鐵工廠股份有限公司、上綺企業股份有限公司、迅實企業有限公司、信大水泥股份有限公司楊塘海、陳妙光、羅揚企業有限公司、王黃美、臺灣省政府交通處鐵路管理局（張壽岑）、中華民國儲蓄互助協會、冠華電機股份有限公司、如龍汽車、志聯冷凍食品有限公司、尚志貨櫃股份有限公司、森田塑膠廠、許來福、童宗祥、苗栗縣營造業職業工會、西笛企業股份有限公司、大同股份有限公司、臺北大同股份有限公司產業工會、福華電子工業股份有限公司林挺生、林挺生、大同股份有限公司林蔚山、雲林縣糕餅糖果業職業工會、源恆工業股份有限公司、永華機械工業股份有限公司、瑞泰纖維股份有限公司、基隆市汽車駕駛員職業工會、泛亞礦業公司、宏勤實業有限公司黃必大、富本營造公司、莊氏金屬鋁廠有限公司、瑩鑫鐵工廠有限公司、復忠土木包工業、桃園縣銀樓業工會、胡燮和（富台工程公司）、大誼工業有限公司、譚張佑妹（譚木榮）、張有福、南元紡織公司、長明企業社、富而樂運動器材公司、賴豪春、瑞新製衣股份有限公司、郭守正、秦福延、陳耀逐、國聯矽業化學股份有限公司、彰化汽車客運股份有限公司、呂玉章、金印電子股份有限公司、介明塑膠股份有限公司、嘉新航業股份有限公司、永翔木業股份有限公司王姜雪、元富鋁業股份有限公司、嘉義製材廠、奇青營造工程股份有限公司、甘百世食品工業股份有限公司、寶島遊艇股份有限公司、徐明富、南興分裝場劉錦道、臺灣省政府交通處公路局第三工程處、欣和汽車客運股份有限公司、臺中汽車客運股份有限公司、中壢汽車客運股份有限公司、台西汽車客運股份有限公司、臺灣日富電子股份有限公司、照家企業股份有限公司、阮春城、方順意、大臺北瓦斯股份有限公司、福楷實業股份有限公司、蕭慕何、湧力實業股份有限公司、石樺企業股份有限公司、長庚紀念醫院、楊張彩雲、德隆纖維工業股份有限公司、晨寧實業有限公司、翁秀雄、傅金和（林培基）、曾鐵虹、吉雅服裝有限公司、鋁琳企業股份有限公司、友聯車材製造股份

有限公司、泰山印花股份有限公司、行政院國軍退除役官兵輔導會桃園工廠、日祥機械工業股份有限公司、騰昌企業股份有限公司、有利鞋業股份有限公司、瑞軒五金有限公司、合利纖維工業股份有限公司、兩興企業管理顧問有限公司、財團法人臺北縣永和市基督教中興錫安堂、興松有限公司、鴻宇企業股份有限公司、興穗製衣股份有限公司、立富木器股份有限公司、歐蒂龍實業股份有限公司、黃恩妹、協進橡膠工業股份有限公司、新美光塑膠油墨股份有限公司、享德金屬工業股份有限公司、周永富、榮電實業有限公司、雲林縣糕餅糖果業職業工會、建峰工程有限公司、臺北縣視聽服務業職業工會、香港信英塑膠股份有限公司、金陵鞋業股份有限公司、譚俊民、鴻海精密工業股份有限公司、育豐工業股份有限公司、李永恒、潘柱、宇泰纖維工業股份有限公司、豐吉合板股份有限公司、太空企業有限公司、大豐音響社、加高電子股份有限公司、國勝工業有限公司、厚生玻璃工業股份有限公司、喬佑木業股份有限公司、世村機油行、震昌工程股份有限公司、江素英、龍達興業股份有限公司、頡達精密工業有限公司、南美印刷廠股份有限公司、統洋建設股份有限公司、信東化學工業股份有限公司、譚慕璞、葉美智、睦昌機械有限公司、何熙等案。

（二）訴願審議委員會：

　　含盧牡丹、林芳穗、劉自然、武漢江、花寶珠、榮葦機械廠股份有限公司、杉興木業股份有限公司、董順治、張興科、國勝工業有限公司、臺灣航勤股份有限公司、陳俊忠、鍾振秀、如豐漁業有限公司、蔡藤、徐寶貴、鍾國光、葉楓、柏錩企業股份有限公司、正綸企業有限公司、鎰大金屬工業股份有限公司、南投酒廠產業工會、謝吉雄、豐吉合板股份有限公司、祥康製衣股份有限公司、宋英明、臺北市汽車駕駛員職業工會、黃延慶、臺北縣機踏車服務業職業工會、吳金祥、楊超、杜蒼輝、蔡榮村、張綉卿、呂連哖、臺灣電力股份有限公司、高雄縣各業工人聯合會、恆臺機械工程有限公司、崑弘鋼鐵有限公司、屏東縣各業

工人聯合會、胡慶輝、大同股份有限公司、欣欣通運股份有限公司、慈陽金屬工業股份有限公司、海山煤礦股份有限公司、許江陽、南元紡織股份有限公司、永誌汽車電機企業有限公司、基隆市汽車駕駛員職業工會、唐興讓、訴願審議委員會—于少崗、王宗瑜、葉周梅、王淑美、潘林瓊燕、台汽客運股份有限公司、臺灣汽車客運股份有限公司、信肯工業股份有限公司、胡慶輝、圓凱工業股份有限公司、同致電子股份有限公司、宇泰纖維股份有限公司、達貳琪木業有限公司、謝邱美玉、元富鋁業股份有限公司、臺中縣政府、陳黃幼仔、賴俊明、廖光輝、何經倫、陸友纖維工業股份有限公司、玖熠企業股份有限公司、葉影歐、仁人鋁業有限公司、鳳冠電機股份有限公司、任見幹、鄭潔金、張趙月、

進興鑄造廠股份有限公司、張許襪、正和製藥股份有限公司、吳恩齊、陳許秀玉、呂陳素貞、蕭錦霞、興記實業股份有限公司、林口車業有限公司、福發鋼鋁工程有限公司、展源企業有限公司、黃木生、敬得工業股份有限公司、百馬窯業股份有限公司、大鋒塑膠股份有限公司、林國華、帝億鞋業股份有限公司、震文實業有限公司、盧啟明、于文第、臺東縣家事服務業職業工會、溫金財、新光人壽保險股份有限公司、王年射、臺灣彌榮工業股份有限公司、台信工業股份有限公司等案。

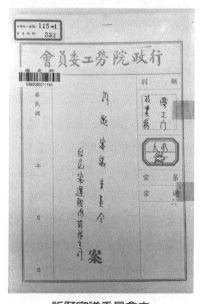

訴願審議委員會之
台汽客運公司檔案

九、國際合作類

含外賓訪問、國外考察訪問接待聯繫、國際間進修機會提供、中日

經濟貿易會議、參加國際會議、亞太經濟合作會議、我國海外職業訓練技術合作計劃之執行、協辦海外青年技術訓練、中日技術合作計劃職業訓練研修、事業機構代訓外國人案件、國際勞工聯繫組織、外交部函請各機關將對外簽訂尚未移送之條約協定正本及磁片送部彙辦乙案等案。

十、其他類

　　含勞動基準法、可能提起訴願案件、其他法制業務、法規委員會法規制度、就服法訴願案、勞工法制、勞資法規、人民陳情有關公司因應 SARS 影響營運減少強制員工休無薪假是否違法乙案、勞工住宅案、七十五年度業務檢查、調整非計劃資本支出預算案、研究發展案、一般規章礦場救護隊搶救災變獎勵辦法、主管人員座談會（行政院會議）、經營績效考核基準表、省議會考察案、監察委員巡察地方機關案、主席巡視案、監察委員巡察地方機關案、立法院內政考察團、滯納金及罰鍰、確已停業或倒閉單位請准列報呆帳案、處理欠費案件、本會業務監督季報表、國際協會借用房屋、檢舉違規案件給與獎金要點、行政院青年輔導委員會輔導青年醫事人員創業計劃、行政院勞工委員會委員會議、行政院院會院長等人員提示案、籌設勞工銀行、綜合性中長程計畫、加強推行臺灣地區家庭計畫、臺灣地區綜合發展計劃、主管會談、行政院施政報告、行政院院會指示、立法院及監察院兩院之意見、立法委員質詢及請託案件、勞委會研商會議及決議案、勞委會工作簡報主委指示、勞工委員會議、勞工行政會議、全國人力動員準備方案及人力動員管制與機構準備計劃、戡亂時期國家安全會議、行政院研考會列管案件、其他部會列管案件、應辦理積極之工作項目、國家建設計畫及人力發展計劃、新聞聯繫與業務宣導、全面防竊盜與暴力犯罪方案、航太工業發展方案、民間參與公共建設、人民團體請求經費補助、橡膠工業研究試驗中心、公會團體聯繫資料、低收入戶生活輔導要點、加強殘障者就業服務實施要點、加強老人殘障福利案、營造業案、家庭幫傭案、家

庭類案、製造業案、綜合規劃處本會政策有關業務、綜合規劃處本會管考業務、綜合規劃處勞工政策諮詢、綜合規劃處計劃管考—年度施政計劃、綜合規劃處計劃管考—中長程施政計劃、綜合規劃處長中短程計劃管考、綜合規劃處計劃管考—工作報告研擬、綜合規劃處計劃管考—綜合性方案研擬、綜合規劃處計劃管考—行政效率評估、綜合規劃處勞工法制—其他法制業務、綜合規劃處勞工法制—有關法制之規劃協調、綜合規劃處勞工行政—勞工行政組織、綜合規劃處勞工行政—勞工問題專案研究、綜合規劃處勞工行政—業務宣傳質詢、綜合規劃處勞工行政—勞工政策諮詢、綜合規劃處勞工政策諮詢、綜合規劃處其他政策有關業務、綜合規劃處綜合、綜合規劃處委員會議、綜合規劃處主管會議、綜合規劃處早餐會報、綜合規劃處大陸勞工事務、綜合規劃處其他勞動人力業務、綜合規劃處勞動人力—專案研究、綜合規劃處勞動人力—工資、綜合規劃處勞動人力—大陸法令、綜合規劃處綜合設計、綜合規劃處計劃管考—其他管考業務、行政院勞工委員會勞工處來函、中央、勞工處交辦案件、為民服務工作報告、勞工政策諮詢、貢寮漁會弊嫌案等案。

行政院農業委員會檔案
（原名：中國農村復興聯合委員會檔案）

壹、沿革

　　1948 年 10 月美國政府根據國會通過的「援華法案」，與中華民國政府在南京成立「中國農村復興聯合委員會」（Joint Commission on Rural Reconstruction，JCRR，簡稱「農復會」），由兩國總統特任 5 位委員組成，其中中方委員 3 名，美方委員 2 名。創立時的 5 名委員分別是蔣夢麟、晏陽初、沈宗瀚、穆懿爾（Raymond Tyson Moyer）及貝克（John Earl Baker）。美援經費比例逐漸減少之後，委員人數由 5 人減至 3 人，美籍委員亦減為 1 人，先後有威爾遜（Clifford H. Wilson）、葛威廉（William J. Green）、郝夫曼（Gerald H. Huffman）、畢林斯（Bruce H. Billings）、柯雷克（Chester W. Clark），以及美國駐華大使館經濟參事蓋哲甫（Joseph B. Kyle）、賴偉恩（Melvin H. Levine）等人。

　　該會於 1949 年 8 月隨政府撤退來臺，主任委員仍由委員相互推舉的蔣夢麟擔任。1964 年蔣夢麟病逝，由沈宗瀚接任；1973 年再李崇道接任主委。直到 1979 年改組前，均屬與美方聯合機構的性質。

　　1978 年 9 月 15 日，美方照會我方終止雙方合作並停派美籍委員，6 個月後中美經合協定依約自動失效，農復會乃於 1979 年 3 月 15 日結束；政府為繼續積極推展農業發展工作，次日，隨即正式改組為「行政院農業發展委員會」（簡稱「農發會」），成為政府最高農業主管部門，正式納入中華民國政府體系之中。1984 年 9 月 20 日，為配合國家經濟建設，集中中央農政事權，農發會又與經濟部農業局合併，成立「行政

院農業委員會」（簡稱「農委會」），為政府農業行政最高主管機關，持續至今。

貳、移轉及整理

　　國史館典藏之農復會檔案，係行政院農委會於 1989 年 9 月全數移轉至本館，於 1990 年完成點交；其後，農委會兩度移轉所屬檔案：2007 年移轉該會水產試驗所 1986 年至 1990 年檔案 51 卷，2013 年移轉該會苗栗區農業改良場 1950 年至 2006 年檔案 2 卷，故本全宗檔案以移轉單位重新命名，稱為《行政院農業委員會檔案》。檔案年代集中於 1948 年至 1979 年的農復會時期，1979 年以後的農發會與農委會時期檔案數量不多，全部檔案業已完成初步整理，共計 20,422 卷。

參、內容

　　約可分為：委員檔、各部門檔、計畫檔、專檔、其他雜卷等 5 部分，茲略述如次：

一、委員檔

　　農復會的組織屬於委員會制度，「聯合委員會」（簡稱委員會）為該會最高的決策部門，委員會的職權為決定政策及工作方針、與政府及其他機關團體合作推行農村建設方案、建議中美兩國政府運用援華法案第四○七款規定經費之方式、及撥給推行農業方案所需之款項。該會的政策、計畫、組織、人事與經費，皆由委員們共同決定及負責。

　　國史館所藏農復會的委員檔，並不同於一般傳包檔案形式，多只是相關於該委員的往來公文而已，多數委員檔並未交代各委員的學經歷資料。以檔案件數言，屬沈宗瀚的個人專檔為最多，可供研究沈宗瀚個

人事蹟行誼的參考。其他尚有蔣夢麟、蔣彥士、李崇道、錢天鶴、穆懿爾、貝克等委員的個人專檔，可供參考。

二、各部門檔

農復會成立之初，在委員會下設農業增產組、綜合組（或稱鄉區建設組）、地方自發組、社會教育組等 4 組及工作站。1949 年 6 月以後，工作方針改為注重較大規模農業增產之工作，組織隨之改變，在委員會下增設秘書處，並區分為行政部門（稱「處」）、技術部門（稱「組」）及工作站 3 個單位。同年 8 月，農復會自廣州遷至臺北寶慶路一號辦公。11 月，農復會結束其在大陸的最後一個工作站。

政府遷臺後，因縮小各部會的組織，農林部改為經濟部之農林司，人員亦減少；另一方面美方安全分署內未設農業處，大使館沒有農業專家，因此遷臺初期有關農業問題都由農復會負責。農復會為因應遷臺後工作性質的轉變，於 1950 年 2 月再行改組，縮減為農業改進組、土地組、畜牧組、肥料分配組、農民組織組、水利組與鄉村衛生組等 7 個組。1951 年 9 月以後，農復會的組織屢有調整，經歷了若干次改組。至 1978 年為止，該會共有 4 處 9 組，分為秘書處、總務處、會計處、企劃處、以及植物生產組、水利工程組、鄉村衛生組、畜牧生產組、農業資源及森林組、農業經濟組、農業信用組、漁業組及農民輔導組。

此部分檔案以農復會各部門的業務往來文件為主，可提供關於農復會各部門的組織沿革及工作規劃方面的研究參考，各部門檔計分為 18 個單元。

（一）行政業務（executive affairs）、秘書處檔：包括人事規程與政策，第四至二十一期工作報告，執行小組的會議紀錄，1971 年的農業政策會議紀錄，經濟發展計畫、加速農村建設計畫、農復會的組織及出版品的管理等。

（二）財務檔（finance affairs）：包括財務規程，中美經濟社會發

展基金，預算、借款、審計報告書等。

（三）人事業務檔（administrative affairs）：包括人事任用及薪俸，甄選與申請書，任滿與升遷業務，美國委員人事資料等。

（四）企劃處檔（program and budget office）：包括計畫與預算，農業生產討論會，資訊規劃，食品肥料科技中心的設立，農牧產品會議，臺灣農業市場座談會，生產統計，工作報告等項目。

（五）新聞處檔（office of information & education）：包括新聞發布辦法，公共新聞處，活動報告、圖書館、視聽教育檔以及豐年雜誌（Harvest）等。

（六）與農復會相關的各機關檔：包括與政府各部門，美國大使館，中央黨部，國家科學發展委員會，中央標準局，各大學、學院及協會，美國之聲，美國經濟合作總署（ECA），亞洲發展銀行，經濟安定委員會（ESB），美援會（CUSA），聯合國糧農組織（FAO）等往來文件資料。

（七）畜牧生產組檔：包括家畜生產與進口之管理法規，肉牛的生產與進口，養豬農漁牧科學經營，家禽疾病診斷中心、家畜疫病控制，中澳聯合家畜農場計畫，家畜保險基金，東南亞畜牧資源會議等。

（八）第三組、農業改良組、植物生產組檔：包括農業機械化，亞洲蔬菜發展中心（AVRDC），各類農作物的生產與改良，病蟲害防治，肥料與土壤，鄉村衛生組，土地組，聯合國糧農組織育種科技會議等項目。

（九）第四組、水利組：包括水資源保護局，農機研究中心，水資源發展與研究，曾文水庫、石門水庫、大甲水庫等計畫，地下水的開發，防洪計畫等。

（十）肥料及食品組檔案：包括亞洲農業信託訓練中心，農貸計畫局，各地工作站，食品加工與生產，肥料小組會議、小組工作週報等項。

（十一）單元計畫審核處（project review office）：包括設備及物

資，離島、金門、馬祖、大陳島、澎湖，緊急物資，大陸難民的安置等項。

（十二）農民組織組、農民輔導組檔案：包括農民、農村之輔導，土地改革，開發中國家土地改革國際研討會，農村研究報告，農會，漁會，水利會，農村青年培訓計畫，農業推廣，社區發展，消費合作社，產銷研究等。

（十三）鄉村衛生組檔案：包括自來水工程與計畫，人口計畫會議，公共衛生，家庭計畫，家計人員國際訓練計畫，東亞人口計畫會議，防疫，醫療補給品，衛生所與鄉鎮環境衛生等項。

（十四）土地組檔案：包括農村土地經濟組，農村經濟，耕者有其田，農產品產銷，農家收入，人力資源分配計畫，農產品的價格管制及供需，臺灣農業發展座談會等。

（十五）漁業組檔案：包括漁業政策與法規，農地改建漁塭計畫，養殖漁業，沿海漁業，遠洋漁業，南極漁業資源探險隊，洛克菲勒基金會（Rockefeller Foundation）對漁業研究的補助，漁港建設、建造漁船及設備貸款、漁業發展，國際漁業研究及農業問題研討會等。

（十六）森林組檔案：包括森林政策及法規，木材行銷，產業道路，中美森林生態學座談會，水土保持，國家公園，地熱資源，木材的利用及紙業原料，森林的土地利用、航測調查與技術等。

（十七）農業推廣組檔案：包括山地資源之開發，山坡地的開發，國際農村青年交換計畫，農村青年創業、訓練與輔導工作，農村家庭的改良，東臺灣的開發，山地牧場，農業推廣管制中心等。

（十八）國際技術合作檔案：包括遠東開發中國家人員之培訓，日本對臺提供經濟技術協助，中日經濟事務會議，與各國的經濟技術合作，聯合國食品科學研發中心，我國對非洲、菲律賓、亞洲其他國家的技術協助，國家發展座談會，國際技術合作委員會等。

三、計畫檔

農復會秉持著計畫機構的工作原則，不斷透過單位計畫（project）的方式，以技術與經費支援推動各項農業建設，其工作重點有 10 項：土地改革、水利工程、肥料、農民組織（農會、漁會）、農貸、動植物病蟲害防治、良種繁殖、家畜飼養、鄉村衛生（如鄉鎮衛生所的設立、家庭計畫的推行）、社會教育（如四健會）等。另一方面，農復會自 1953 年起，參與政府的四年經濟計畫中農業部門的設計與推行，1961 年起，該會的工作目標已與第三期經建計畫中政府的農業計畫相近似。

本項計畫檔係指農復會所推行各項計畫的檔案言，占全部檔案數的二分之一強，是農復會檔案最主要的部分，原移轉檔案的分類是依年繫事，起於 1948 年，止於 1979 年，且各有其特殊代碼，約可歸納為 12 項說明之。

（一）農作物的生產與改良檔（TW-A）：戰後臺灣農業生產的發展歷程約可分為生產復興期、新興作物發展期及生產現代化期三階段。戰後初期農業生產量低，當時復興農村工作以增產及充裕糧食供應為先。1952 年，臺灣農業生產即恢復至戰前最高水準。接著開創作物經營及農產外銷的新局面，經科技研究改良，引進許多新作物栽培成功。1960 年代末期，工商業快速發展，農村勞力日漸缺乏，除繼續前兩項工作外，特別以發展省工集約栽培技術為主要工作目標，並以加速耕作機械化、設立農業生產專業區，及推行綜合栽培技術為工作的重點項目。

本項檔案的第一期單元計畫中，較重要的有農復會臺灣工作站監督肥料分配計畫、臺糖公司新蔗種推廣計畫、各種作物增產計畫、農業教育及研究機構計畫、稻種增產計畫，蔬菜分級包裝實驗室之設立等。第二期單元計畫，如花生、高粱、大豆、玉米、大麥等作物改良計畫，引進外國新品種作物農具機械化的採購計畫，病蟲害防治計畫等。第三期之單元計畫，如棉花播種密度及播種時期試驗計畫，促進農業經營現代化實驗區，臺灣水田航測調查，蔬菜無土栽培研究、立體栽培可行性之

研究等。

（二）水資源開發檔（TW-E）：戰後初期農復會曾協助政府修復灌溉設施，1950 年起，又先後資助 802 個水資源開發計畫，其中屬於灌溉及土地墾殖者 285 件，屬於排水者 19 件，屬於防洪工程者 43 件，其餘屬於調查、規劃及試驗研究計畫者 455 件。此外，也曾輔導水利會逐次合併改組，以強化水利會的財務結構及灌溉管理工作。本部分檔案較重要者，如各縣市灌溉計畫、各年度的河防基金計畫、雲林縣海埔地開發計畫及排水計畫、圳渠輪灌改良計畫、海岸季風飛沙調查研究計畫、水庫的興建及規劃等案。

（三）鄉村衛生檔（TW-F）：關於農村衛生方面，農復會補助多項計畫，主要是改善農村衛生及生活、環境污染防治、鄉鎮衛生所的普設、家庭計畫的推行、急性傳染病的控制、食品衛生的加強管理等方面。其中較重要的檔案，如鄉鎮地區自來水設施之修復案、衛生所的建築設備之標準化、傳染病防治計畫、家庭計畫的贊助、農村食品加工計畫、1977 年度臺灣人口家戶結構及生產力選樣調查分析計畫等。

（四）畜牧生產檔（TW-J）：臺灣的畜牧事業，以豬及雞的飼養為主，而經由農復會補助的畜牧事業，包括有豬隻、牛類、家禽等。在豬隻的飼養方面，臺灣主要的養豬地區遍及中南部，1950 年代初期，農復會曾全力協助防治豬疾病及引進新豬種。1960 年代以後，美國開始進口玉米，因此推行大規模的綜合性養豬計畫。家禽的飼養則係農村副業。而牛隻的畜養，是在加速農村建設計畫項下，農復會曾加強輔導農民飼養乳牛，以提高國民營養。本檔中較重要的計畫有：自美、日兩國引進盤克夏（Berkshire）種豬隻計畫，臺灣大學獸醫學院的設立，家禽改良計畫，肉牛研究計畫，牧草研究計畫，肉牛貸款計畫，加強省立屏東農專家畜疾病研究，建立無新城疫（newcastle disease, ND）雞瘟抗體雞群，改良農牧綜合專業區貸款計畫等。

（五）林業建設檔（TW-N）：1951 年農復會成立森林組，開始協助林業建設，初期主要工作包括建立耕地防風林、擴大辦理復舊造林、

引進新樹種改良林木、推行森林保護林業研究及研究改進水土保持技術等。本項檔案以下列為主，如引進海岸樹種、各縣防風林的建立、森林產業道路開發計畫，1974 年度臺北市的水土保持計畫、臺灣自然保護區之設置、林業研究發展計畫等。

（六）漁業生產檔（TW-O）：漁業各部門中，可分為遠洋漁業、沿、近海漁業及水產養殖漁業等項，農復會曾協助近海拖網漁船裝置凍結設備，以提高漁貨商品價值，另為促進漁業增產政策，對於漁港、船澳及倉庫、導航標竿等設施亦十分重視。檔案中的生產計畫，有養殖漁業改良計畫、漁港擴建計畫、沿岸漁業之研究、動力漁船之興建、漁市場興建工程、南極漁場的開發、漁塭改良貸款、漁船設備科學化等項。

（七）農業推廣檔（TW-B）：臺灣的農業推廣工作包括農事、家政、四健會 3 個部門，分別以成年農民、農家主婦、及農村青少年為推廣對象。在體制上，農復會以透過各級農會執行為原則，使得農民與農會的關係更為密切。關於本部分檔案較重要者，有農業職業學校的四健會推廣活動，農村青年培育計畫，農會人員訓練計畫，農業推廣會議紀錄，對農業家政推廣計畫之贊助，農事推廣工作室等。

（八）食品與肥料（TW-K）：包括美援經合分署肥料之管理示範，教育農民正確使用肥料案，各類穀物肥料之使用研究，食品問題之研究，營養會議，食品營養教育計畫，胚芽米研磨示範中心，及婦女會幹事營養訓練課程等。

（九）外島農業建設——金門、馬祖、澎湖等（FK）：農復會為支援金馬建設，特於 1952 年成立外島輔導小組，積極開發金門、馬祖等地。其中 FK（A）檔為相關於農業生產者，如金馬蔬菜生產計畫、金門雜作試種計畫。FK（F）檔為關於農村衛生者，如金門的學校衛生計畫、金門的疫病控制等。FK（J）檔為關於畜牧生產者，如加強金門畜牧生產計畫。FK（E）檔為關於水資源開發者，如金門灌溉淺水井開發計畫。FK（N）檔為關於林業建設者，如樹種之引進採購、金門的造林等。FK（O）檔為關於漁業生產者，如金門漁業倉庫的興建。FK（B）

檔為關於農業推廣者，如金門農會人員訓練，金門的四健會。FK（S）檔為關於農村電氣化者，如金臺間通訊設備之供應。FK（K）檔為關於肥料者，如金門施肥計畫。FK（G）檔為關於金門的土地改革者。FK（H）檔為關於新聞與教育者，如對金門圖書館的贊助等。

（十）土地改革檔（TW-G）：農復會成立之初，即將協助政府實施土地改革列為首要工作，計有 59 項土地改革的計畫，分為屬農業制度者：即三七五減租、公地放領及耕者有其田；屬農地改良者：有邊際土地利用、農地重劃。

（十一）新聞與教育檔（TW-H）：包括農村雜誌、豐年雜誌，農復會圖書館，加強農民廣播節目計畫，好農家播音計畫，及對臺北市立圖書館的贊助等案。

（十二）其他次要檔案：如包括農復會的出版品及臺灣大學主持之各項計畫檔（TW-L），山地區域開發計畫檔（TW-S），臺灣農村的電氣化檔（TW-P），風災補助、農貸計畫檔（PLAN 402），及政府預算支援款下各項農業計畫檔（GBS）等。以 GBS 檔為例，包括農復會特刊，各項考察報告，及水利、漁業、農貸等各項政府的農業計畫案等。

四、專檔

農復會檔案的專檔部分以加速農村建設計畫專檔為主，另有廣東水利灌溉計畫等次要專檔。

（一）加速農村建設檔：自 1953 年實施第一期四年經建計畫開始，迄於 1968 年第四期四年經建計畫完成為止，經過 16 年之後，臺灣社會經濟的基本結構已改變，農業部門本身亦產生若干變化，如勞力集約程度下降、農業生產成長速度減緩、農民所得偏低等。1960 年代末期，政府已開始重視由於經濟快速成長所引起的種種農業問題，並積極研究解決之道，因此，行政院院長蔣經國於 1972 年 9 月宣布實施「加速農村建設計畫」，委託農復會策劃執行此項計畫。加速農村建設計畫

的目的，除在增加農業生產外，亦希望藉此調整農業生產結構與經營方式，促進農業現代化，以適應未來經濟發展情勢。

在加速農村建設計畫推動期間，政府每年提撥資金約 20 億，其中相當部分用於農業基本建設，如海堤及產業道路的興建等；並在瞭解農業資源分配情形後，特展開農業區域規劃計畫；另一項措施為改進運銷制度，減少中間運銷層次以增加農民收入；此項計畫也特別強調農業的共同經營及農產專業區的建立等。

加速農村建設計畫專檔所涵蓋的年代，起於 1973 年，止於 1979 年，約可分為 8 項予以說明：

1. 加速農村建設重要措施總卷（ARDP-R）：主要包括農村工業區的開發，加強基層農業推廣工作，改善運銷制度，綜合發展示範村，青年商店，農漁會改選，及金馬地區督導協調等案。附檔有 6 項：其中 ARDP-SP-R 檔、ARDP-SP-A 檔多缺，ARDP-SP-N 檔為鄉村產業道路案，ARDP-SP-O 為漁業發展案，ARDP-SP-S 檔為外島居民生活的改善案，ARDP-SP-E 為排水系統改善計畫案。

2. 作物生產專業區方面（ARDP-A）：包括雜種作物、蠶絲、香蕉、茶葉、柑桔、芒果、無子西瓜、鮮花、綠蘆筍等生產專業區。

3. 水資源開發方面（ARDP-E）：包括海堤整建、溪堤新建、河川防洪工程、改善灌溉排水系統，外島鄉村給水及自來水工程，水庫的規劃與擴建，河川地的開發及海埔地的開發規劃等。

4. 食品衛生方面（ARDP-F）：包括改善金門環境衛生、改善馬祖環境衛生、家庭計畫及食品加工業等。

5. 畜牧生產方面（ARDP-J）：在加速農村建設計畫項下，以加強輔導農民飼養乳牛，提高國民營養為主，其檔案較重要者有：乳牛農牧專業區，綜合經營養豬專業區，青年酪農示範村，畜牧推廣教育，馬祖地區畜牧業的發展等。

6. 林業建設方面（ARDP-N）：包括營造防風林計畫，竹筍專業區計畫，農村產業道路興建計畫，山坡地開發實驗計畫，金門與馬祖造林

計畫，引進外國新樹種計畫，國有林解除地保育利用計畫，航照遙測調查等。

7.漁業生產方面（ARDP-O）：包括漁港規劃工程，漁會幹部人才，養殖漁業的推廣，漁業的發展與改進，水產試驗所，漁業貸款，漁業技術人員訓練，漁類運銷市場改進示範計畫，南極蝦加工研究等。

8.農業推廣方面（ARDP-S）：包括加速農村建設計畫實施經費（1977年度），加強農業研究推廣計畫，加強加速農村建設計畫會計管理，加速農村建設計畫成果展等。

（二）其他專檔：包括廣東水利灌溉計畫、亞洲蔬菜研究發展中心，植物保護中心等項。

五、其他雜件

本雜項檔案包括大陳島民的救濟、農復會會議紀錄（第一至二二六九號）、行政命令（第一至一○三號）、行政管理備忘錄（第一至五九一號）、行政院備忘錄（農復會之計畫）、中美發展基金檔（1卷）、中國農民銀行常務董事會會議記錄、農復會各單位卷、農民組織教育手冊、稻作改進會等。

農復會檔案的特色，其一，檔案中90%以上是英文檔案，此因農復會公文往來多以英文書寫；其二，原檔經農委會系統化分類，妥善保存，因此檔案本身十分完整。農復會檔案不僅可提供農復會組織沿革，臺灣土地改革問題，及農村建設等問題研究分析之用，更是研究臺灣戰後以來農業、社會與經濟發展的重要史料。

行政院農業委員會檔案

行政院衛生署檔案

壹、沿革

　　中華民國開始設置衛生行政機關，可追溯至 1906（光緒 32）年，清政府於民政部下設置衛生司，掌理全國衛生事宜。1912 年 8 月 9 日公布之內務部官制規定，於內務部設衛生司，分 4 科，分別執掌傳染病及地方病之預防，種痘與其他公共衛生事項；車船檢疫；醫士、藥劑士業務之監督；藥品及賣藥營業檢查事項；衛生會、地方衛生組織及病院管理事項等。

　　國民政府在北伐成功後，於 1928 年 11 月設置衛生部，掌全國各項衛生事宜，下設總務、醫政、保健、防疫、統計 5 司；直屬機構有中央防疫處、中央衛生試驗所及中央醫院。1931 年 4 月衛生部改隸內政部，改稱內政部衛生署，設總務科、醫政科、保健科。1936 年 12 月，衛生署改隸屬於行政院，除原有的總務科、醫政科、保健科，增設海港檢疫處。

　　抗戰爆發後，國民政府實行戰時體制，於 1937 年 8 月設立衛生勤務部，統轄軍醫署與衛生署。1938 年 1 月，裁撤衛生勤務部，衛生署改隸內政部，仍設總務科、醫政科、保健科、海港檢疫處；而隸屬於全國經濟委員會之中央衛生實驗處改隸衛生署。1940 年 4 月衛生署改制，隸屬行政院，設置總務、醫政、保健、防疫 4 處。

　　1947 年衛生署改制為衛生部，同年 6 月 27 日公布《衛生部組織法》。設醫政、防疫、保健、地方衛生、藥政、總務等 6 司，另設有中

醫藥委員會、會計處、人事室；直屬單位有中央衛生實驗院（下轄北平、東北、西北 3 分院）、中央醫院（南京、重慶、天津、廣州、蘭州等 5 處）、醫療防疫總隊（下轄 10 個大隊及 1 個衛生工程大隊）、南京精神病防治院、2 處結核病防治院（南京、北平）、東南鼠疫防治處、中央防疫實驗處（下轄昆明分處）、黑熱病防治處、中央生物化學製藥實驗處、藥品供應處（下轄重慶、天津、廣州、南海、蘭州等 5 個供應站）、麻醉藥品經理處、藥物食品檢驗局、第一製藥廠、8 處海港檢疫所（上海、津塘秦、青島、福州、廈門、汕頭、廣州、海口等）、長江檢疫所、2 處衛生院（西昌、會理）、3 處衛生所（烏蘭察布盟、伊昭克盟、阿拉善旗）。

　　1949 年 5 月中央政府南遷廣州，衛生部縮編為衛生署。同年 9 月再改制為內政部衛生司。1950 年 1 月衛生司遷來臺灣，直屬單位遷至臺灣者有中央衛生實驗院、麻醉藥品經理處、藥品供應處等單位。1971 年 3 月 17 日為加強衛生保健事業及提升中央衛生組織功能，重新調整業務職掌，裁撤內政部衛生司，恢復設置衛生署，直屬行政院，由顏春輝（1906-2001）擔任首位署長。衛生署設醫政、藥政、防疫、保健、環境衛生等 5 處、企劃、秘書、人事、會計、統計等 5 室及中醫藥委員會。直屬單位有中央衛生實驗院、藥物食品檢驗局、國際港埠檢疫所、麻醉藥品經理處等。依較近一次修訂的組織法，設有醫事處、護理及健康照護處、企劃處、國際合作處、秘書室，直屬機關有疾病管制局、食品藥物管理局、中央健康保險局、中醫藥委員會、衛生人員訓練所及國民健康局等單位。

貳、移轉及整理

　　國史館為加強檔案徵集，於 1973 年函請行政院協助，將各機關大陸運臺舊檔案及在臺已失時效之案卷及文牘，移送國史館典藏。所以，行政院衛生署除留下仍須做為行政參考的檔案外，自 1973 年、1975

年、1977 年、1979 年、1993 年、1999 年、2007 年、2008 年、2009
年、2011 年、2013 年分批移轉國史館，史料時間起自 1929 至 2003
年，共計 4,036 卷，目前已完成入藏登錄作業。

參、內容

衛生署的組織及編制雖歷經多次更迭，但職掌大體不變，以下依總
務、醫政、藥政、防疫、保健等類別予以介紹。

一、總務類

此類為總務司承辦的案卷，分別有：衛生用具修造廠各項規則案、
本署主管法規案、衛生人員任用條例案、禁煙委員會參加麻經處辦法
案、麻經處組織規程、獎勵法規修正案、本署擬訂有關醫藥事項法則、
中心衛生院組織通則、美國援華醫藥臨時補助費審議委員會組織規程、
接收臺灣省煙毒案等。

二、醫政類

此類檔案主要為醫政司承辦的各項業務之卷宗。相關案卷有：戰
時醫療醫品經理委員會各項規程、調驗鑑定書案考核獎懲規則戒菸證明
書；遷臺後之卷宗有：臨床檢驗品質管制、醫院評鑑暨教學醫院評鑑、
精神病患醫療照護、公立醫院業務管理督導考核、醫療服務等。

三、藥政類

此類檔案係藥政司處理各項業務之案卷。主要案卷有：醫藥衛材儲
備及戰時調節計畫、南京傷殘重建院撥贈藥械、臺灣省統一設置商品檢
驗機構、有關藥政各項會議、審查藥物食品化妝品廣告要點案、藥用酒

精問題案、研討改善食用油案及有關藥政雜卷等。

四、防疫類

　　此類檔案是防疫司經辦處理的案卷，有關案卷為：寧夏省衛生試驗所、鼠疫疫情案、醫療防疫總隊組織案、各省防疫委員會組織案、各省防疫建議、卅五年防疫計劃等。遷臺後之卷宗有：福建省金門豬隻防疫、發展公共給水計劃、預防接種以控制傳染病討論會、臺灣省瘧疾根除暨防疫中心大廈落成、請准憑衛生卡片換發國際防疫證案等。

五、保健類

　　此類檔案是保健司處理之各項事務案卷。主要內容有：健康保險法案、夏令衛生運動實施辦法案、福建省各項衛生法規、山東省各項衛生法規、陝西省衛生處呈送各項法規、河南省衛生法規、浙江省各項有關衛生行政法規、各省有關衛生機構組織規程、西北區建設計劃、西北衛生隊聯合醫院及公共衛生人員訓練班計劃、陝西省衛生設施五年計劃、伊盟衛生所呈送公共衛生訓練班計劃。遷臺後之卷宗有：有關營養問題什件案、衛生署核發奶粉存根、光復大陸國民保健計劃方案等。

六、地方衛生類

　　1947 年 6 月衛生部設置地方衛生司，掌理地方衛生事業之設計及考核、邊疆衛生事業之建設及推進等地方衛生事項。本全宗屬於地方衛生司處理之案卷有：臺北市改進環境衛生、軍工協助清潔臺省重要港市、臺灣省環境衛生實驗所、改善環境衛生案等。

七、海港檢疫類

　　1936 年 12 月衛生署增設海港檢疫處，負責各海港檢疫所之調查及

設置、視察及改善、檢疫傳染病及疫區之調查指導及通告、各海港流行病之調查統計及報告、國際檢疫等業務。本全宗屬於海港檢疫處及所屬檢疫所之案卷有：位於海南島的海口海港檢疫所檢疫工作月報表、海口海港檢疫所傳染病旬報表，及位於澎湖的馬公檢疫所的宣布霍亂鼠疫區案等。

八、中醫藥委員會

衛生署於 1936 年 12 月修正組織法，增設中醫藥委員會，專掌關於中醫藥之事務。本館典藏此類卷宗大多數為遷臺後之卷宗，有：民間秘方改為民間中藥驗方案、編輯中藥典籍、編輯中醫師典籍、蒐集中醫藥有關資料案、中醫師對臨床檢驗資料判讀能力研討會、改進中醫醫療制度配合健康保險業專案小組會議等。

九、人事類

此類檔案為人事室處理相關業務所產生之案卷，有：技術人員管制法規、處理曾任偽職之技術人員辦法、本部人事工作計劃、本部所屬機關人事工作計劃、所屬機關組織規程等。

十、所屬中央衛生機構卷宗

（一）南京中央醫院

中央醫院可追溯到 1929 年籌建的中央模範軍醫院。1930 年 1 月，國民政府行政院將其改建為國立中央醫院，是中國自建的第一所現代國立醫院亦是國內首家由中國人自己創建的國立西醫院。曾任國民政府衛生部部長的劉瑞恆擔任首任院長。抗戰時期，中央醫院先後輾轉長沙、貴陽，1941 年遷至重慶；重慶中央醫院曾作為國立上海醫學院（前身為位於上海的原中央大學醫學院）的附屬教學醫院。抗戰勝利後，國立

中央醫院部分遷回南京，部分留在重慶，部分遷移至廣州。本全宗有兩卷是屬於南京中央醫院，分別為南京中央醫院徵地案、徵收土地堪報測量。這兩卷也是目前本全宗保存年代最早的卷冊。

（二）中央衛生實驗院

中央衛生實驗院前身為 1932 年 9 月全國經濟委員會下轄的「中央衛生設施實驗處」，作為解決衛生技術問題與培養衛生技術人才的單位，負責防疫檢驗、化學藥物、寄生蟲學、環境衛生、社會醫事、婦嬰衛生、工業衛生、衛生教育等九項業務。1933 年 11 月改組為衛生實驗處。1941 年 4 月改隸衛生署，改組為「中央衛生實驗院」，掌理衛生技術之研究設計及檢驗鑑定與人員訓練等事項。1948 年修改組織編制，分為流行病預防實驗所、營養實驗所、醫事組織組、實驗醫理組、化學藥物組、衛生工程組、婦嬰衛生組、衛生教導組、護理組及衛生資料等十個單位，並設北平、西北、東北等 3 個分院，和鄉村與城市衛生實驗區。1949 年政府遷臺後，改隸內政部，1958 年因政府精簡而停辦。本全宗約有 60 卷係屬中央衛生實驗院的案卷，有：中央衛生實驗院三十四年工作報告、中央衛生實驗院五年工作總報告、中實院東北分院三十六及三十七年工作報告、西北分院三十六年度工作報告、中央衛生實驗院江寧實驗區三十六年工作報告、衛生人員動員實施辦法、中央衛生實驗院人事動態、中央衛生實驗院業務檢討會等。

（三）麻醉藥品經理處

麻醉藥品經理處成立於 1935 年 7 月 1 日，原隸屬於中央衛生試驗所，依照《麻醉藥品管理條例》規定，負責麻醉藥品之輸入、製造及銷售。內部分為製造、業務、總務 3 個科，1946 年改科為組，職掌不

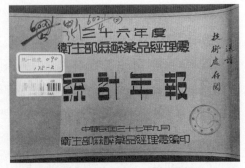

衛生署衛生部麻經處 36 年度統計年報

變。1947 年 8 月麻經處在臺灣設立「衛生部麻醉藥品經理處臺灣分銷處」，1948 年改名為「麻經處臺灣分處」，1949 年 5 月麻經處全部由大陸遷臺，在麻經處臺灣分處原址辦公，同月麻經處臺灣分處撤銷。9 月改隸內政部，全名為「內政部麻醉藥品經理處」。本全宗屬於麻醉藥品經理處者，約 90 卷，有麻醉藥品輸入口岸案、本處自製藥品製定標記免稅寄遞案、禁煙督察處撥送第四批粗製及鹽酸兩種嗎啡案、本處徵求國藥及包裝紙張投標案、本處由京遷漢遷湘及轉渝各情形並編送臨時費概算案、本處借用衛生署庫房各項藥品案、關於本處參加衛生署舉辦國產醫療藥品器材展覽會案、本處非麻醉性藥品庫存數量月報表、本處麻醉藥品庫存數量報告等。

（四）戰時防疫聯合辦事處

抗戰初期，衛生署為加強戰時防疫，於 1938 年 6 月成立醫療防疫總隊於長沙，設醫防隊 25 隊、防疫醫院 10 所；之後為增加防疫效能，衛生署會同軍醫署設立戰時防疫聯合辦事處。本全宗屬於戰時防疫聯合辦事處者，例如：處理敵機散布鼠疫桿菌實施辦法等。

十一、所屬省級衛生機構卷宗

（一）臺灣血清疫苗製造所

1945 年 11 月國民政府接收臺大醫學院熱帶醫學研究所，又陸續設立熱帶病學科、熱帶衛生學科、營養學科、化學科、國藥醫科、細菌血清學等 6 科。1952 年將細菌血清學科與臺大醫學院及臺灣省衛生試驗所的血清、疫苗製造部門合併，成立「國立臺灣大學、臺灣省政府合辦臺灣血清疫苗製造所」。本全宗屬於血清疫苗製造所者，有：世界衛生組織案、美援相對基金案、中美發展基金案、學術研究及相關法規等案卷。

（二）臺灣省公共衛生教學實驗院及臺灣省公共衛生研究所

　　1945 年 11 月成立臺北保健館，1959 年改組為臺灣省立兒童醫院及臺灣省公共衛生教學實驗院，後者隸屬於臺灣省衛生處，設於臺大醫院內，首任院長為許子秋（1920-1988）。並與臺大醫學院公共衛生研究所及臺北市衛生局城中區衛生所合辦「臺北公共衛生教學示範中心」。1967 年臺北市升格為直轄市，臺灣省公共衛生教學實驗院搬遷至新莊。1981 年 4 月改制為臺灣省公共衛生研究所。

　　本全宗屬於臺灣省公共衛生教學實驗院者，主要有：預算書（59、60 年度）、67 年度預算分配表，研究報告（大眾傳播在公共衛生教育上的效果之研究），以及出國心得報告書。

　　屬於臺灣省公共衛生研究所的案卷，則是以研究報告居多，例如：臺北縣中和市登革熱防治工作用藥對生態環境影響之初步調查報告、宜蘭縣南澳鄉東岳村居民民痛風流行情況、植物人罹患人數及其照護需求調查、烏腳病文獻整理、山地及離島地區之衛生人力研究、老人免費健康檢查成本與效果調查研究、癩病患者隔離問題之探討、及臺灣省公共衛生研究所人員出國心得報告等。

行政院文化建設委員會檔案

壹、沿革

　　中華民國政府為統籌規劃國家文化建設，於 1981 年 11 月 11 日成立行政院文化建設委員會（簡稱「文建會」），做為主管及辦理國家文化事務的最高行政機關，主要負責文化行政和相關政策的研擬、規畫與推動，包括對文學、藝術、文化人才培育、文化設施興辦、文化資產維護、社區總體營造、生活美學、文化創意產業、國際文化交流、文化公民權推展等工作等事項的規畫、輔導、獎勵及推動。2012 年 5 月 20 日，為配合中央政府組織改造，文建會升格為文化部，整合原本分散於各政府機關的文化事務，承接原行政院新聞局和行政院研究發展考核委員會主管的廣播電視、電影與出版等業務。

　　文化部下設綜合規劃司、文化資源司、文創發展司、影視及流行音樂發展司、人文及出版司、藝術發展司、文化交流司等 7 個業務司，秘書處、人事處、政風處、主計處、資訊處等 5 處，法規會一任務編組，文化資產局、影視及流行音樂產業局、國立傳統藝術中心、國立國父紀念館、國立中正紀念堂管理處、國立歷史博物館、國立臺灣美術館、國立臺灣工藝研究發展中心、國立臺灣博物館、國立臺灣史前文化博物館、國立臺灣交響樂團、國立臺灣歷史博物館、國立臺灣文學館、衛武營藝術文化中心籌備處、國家人權博物館籌備處、國家表演藝術中心及國立新竹、彰化、臺南、臺東生活美學館等附屬機關，並陸續成立各駐外文化單位。

貳、移轉及整理

國史館典藏的文建會檔案，係該會於 2000 年 2 月至 2002 年 10 月陸續移轉進館。現已完成初步整編，共 4 卷，每卷 1 冊書面資料，尚未進行分件細部整編，亦未數位化。

參、內容

行政院文化建設委員會 1999 年 3 月份
大事記

文建會檔案日前僅典藏 4 卷，國史館檔案管理人員進行整理編目時，為尊重移轉機關，仍立全宗，以待未來擴充。檔案內容為該會 1999 年 3 月至 12 月大事記 1 冊（3 至 9 月另附該月份「重要措施」）、2000 年 1 月至 12 月大事記 1 冊、2001 年 1 月至 11 月大事記 1 冊，　及 2002 年 3 月、4 月、9 月大事記 1 冊。大事記摘要記錄該會各年度的重要業務、活動及事件，包括文化政策、法規和文建計畫、業務的宣布和推動，以及各年度各地區各類型之藝文活動的舉辦或參與、文化中心和文化設施的建立、文化獎項和獎助的頒發、文化人才的培育、國際文化交流的推展、國際文化活動和場所的參訪、社區總體營造的規畫與參與（例如九一一災後之文化設施的重建、文化資產的修護、對藝術家的關懷與照顧）等。

行政院國家科學委員會檔案

壹、沿革

　　行政院國家科學委員會為今科技部之前身。1959 年政府訂頒「國家長期發展科學計畫綱領」，由教育部與中央研究院評議會共同組織成立國家長期發展科學委員會，採合議制，開始有計畫地推動科技發展。1967 年 8 月，擴充改組為國家科學委員會，主任委員為吳大猷。1969 年 9 月，再度修訂組織規程，更名為行政院國家科學委員會（以下簡稱「國科會」），為我國科技發展之專責機構。1970 年修正組織規程，改合議制為首長制。1972 年立法院通過「行政院國家科學委員會組織條例」，成為常設之科學技術執行機構，旨在推動全國科技發展、重點科技之研究發展、科技人才之培育、延攬及獎助、加強國際科技合作與交流等。

　　國科會定期由主任委員召開委員會議，委員由行政院遴聘行政院政務委員、研究機構首長、中央相關機關首長及學者專家組成。國家科技政策、科技資源的整合與分配原則、重大科技計畫，以及重要科技法規等，於委員會議中做成決議後，報請行政院核定，使全國科技業務的推動具有整體性與一致性。1978 年 1 月，國科會籌辦第一次全國科學技術會議，邀集產、官、學、研、科技菁英，以「科技發展與國家建設」為題進行討論，凝聚共識。此後，每 4 年召開一次全國科技會議，再依據會議結論擬訂我國科學技術政策，作為推動科技發展之依據。1983 年起，陸續籌建同步輻射、實驗動物、高速電腦、地震工程、毫微米元

件、太空計畫等 5 個國家實驗室及研究中心。其後，為增強運作彈性及服務功能，自 2003 年起，改制為財團法人，成立財團法人國家同步輻射研究中心與財團法人國家實驗研究院，由國科會編列預算補助其運作，期藉由高品質、高效能、具特殊功能和共同使用之大型研究設施，推動尖端科技研究。

2014 年 3 月，國科會升格為科技部。除持續推展原有業務，也肩負推動科技創新與應用科技研究、規劃核能安全政策及管制等任務。

貳、移轉及整理

國史館典藏之《行政院國家科學委員會檔案》，為行政院國家科學委員會及國家科學委員會技術資料中心於 1975 年至 2000 年分批移轉資料。檔案期間自 1959 年至 1983 年。全部皆已完成初步整理，共計 632 卷。

參、內容

《行政院國家科學委員會檔案》依其重點工作，可分為總類、人才之培育延攬及獎助、科學教育、科學研究、科學技術資料中心、國際合作、研究成果編印等 7 類。茲分述如下：

一、總類

檔案時間涵蓋 1963 年至 1977 年，內容要項包括施政計畫方針報告、計畫策定推動、計畫列管綜合事項、科學發展計畫推動及檢討、發展科學之建議、立監委質詢、專案查證訪問、研考規章組織、研究發展管制考核業務、行政業務檢討、新聞發布及連繫、科學發展學術審查、主任委員來往文件、職員錄、各單位惠贈資料、各機關發文代字表、組

織及規章、法規、通令、通報、行政院公文改革要點、學術會議、黨部
會議、行政院國家科學委員會第一至四十四次委員會會議紀錄等案。

二、人才之培育延攬及獎助

　　檔案時間涵蓋 1959 年至 1978 年，內容要項包含：

（一）國家客座教授與講座：為 1963 年至 1973 年協助各大學校
　　　院及研究機構加強教學及研究工作，延聘外籍人士來華及我
　　　國海外學人回國擔任教學或研究工作檔案，分為國家客座教
　　　授、胡適紀念講座、講座教授等案。

（二）遴選科技人員國內外進修：各私立大專院校及公立研究機構
　　　之專任教員及研究人員，或具有適當學識經驗之專任科學與
　　　技術人員薦送國內、外進修等案。

（三）研究獎助費：內容分為研究補助費、特約研究補助費、專案
　　　研究補助、研究機關申請研究費、專案補助研究設備費等
　　　案。

三、科學教育

　　檔案時間涵蓋 1959 年至 1975 年，內容要項包括人才培育計畫、科
技人才調查、修訂科學教材、考察科學名著翻譯、科學展覽、學校或機
關合作、學人住宅、中小學師資訓練、聯合國教育科學文化組織等案。

四、科學研究

　　檔案時間涵蓋 1962 年至 1983 年，內容要項包含：

（一）基本科學研究、人文及社會科學研究、工業應用科學研究、
　　　醫學與公共衛生研究、同步輻射研究、能源研究、農業發展
　　　研究、海洋研究等案。

（二）臺大海洋研究所、中央研究院中美人文社會科學合作委員
　　　會、臺大經濟學博士班、臺大臺灣東海岸考古、語言、民族
　　　社會綜合研究科際整合工作專案等案。

（三）科學研究中心，包括數學、化學、物理、生物、工程、農業
　　　科學研究中心的預算、計畫、會計報告及出國進修等案。

五、科學技術資料中心

　　檔案時間涵蓋1968年至
1983年，內容要項包括1980
年全國科技情況動態調查工作
檢討會議紀錄、美國提供之資
料目錄、1983年教育訓練計
畫綱要、第十五屆中韓經濟合
作會議之合作協定執行情形報
告、建立全國科技管理資訊系
統專案計畫1983年度總報告及
系統報告、科學發展計畫1973
年度執行情形檢討報告、1974
年度重要決定事項追蹤考核檢
討報告、1978度基本與應用科

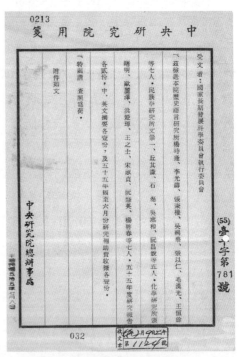

行政院國家科學委員會檔案

學研究計畫年終檢討聯繫協調計畫紀錄等案、1974年經費概算及施政
計畫等案。

六、國際合作

　　檔案時間涵蓋1967年至1971年，內容要項包括中美科學技術合
作、中韓科學技術合作、國際科技合作、聘海外學人專題研究、亞洲科
學部長會議等案。

七、研究成果編印

　　檔案時間涵蓋 1967 年至 1974 年，內容要項包括科學刊物、英文科學年報、年報專刊、年報及研究彙報、研究人員報告、海外學人月刊等案。

行政院原子能委員會檔案

壹、沿革

　　原子能委員會成立於 1955 年 5 月，設置之緣由係外交部鑑於前一年聯合國大會第九屆常會審議美國政府提出「國際合作發展原子能和平用途案」，因此建議行政院設置原子能研究機構，並參加國際原子能會議。最初「原子能委員會組織規程」是由教育部依「行政院組織法」規定，得於院內設各種委員會而提出，並 1955 年 5 月 26 日經行政院第 403 次院會通過。該會成立時置主任委員 1 人與委員 11 至 15 人，並以時任教育部長張其昀兼任主任委員，相關工作亦由教育部科學教學教育委員會兼辦。顯示該會成立初始構想，是行政院為處理特定事務而於內部設置的機構，並著重於原子能的科學教育。

　　然而，自 1955 年 8 月第一屆國際原子能和平用途會議召開之後，國內外對於原子科學的研究發展與合作聯繫日益頻繁，故而修改組織規程，主任委員之職改由行政院院長另行聘任，同時設置委員 5 至 7 人。雖然此後因應專業性業務需求而再次調整組織規程，增設計畫、技術、總務 3 組及員額，擴充組織規模，但仍屬於行政院內部機構。隨後因應原子科技發展迅速，1968 年 5 月 9 日，總統令頒「原子能法」，明令設置原子能委員會。該會據以草擬「行政院原子能委員會組織條例」草案，經行政院核轉立法院於 1970 年 12 月審議通過，原子能委員會成為依法設置的機關，主任委員亦改為專任，由錢思亮擔任。

　　隨著核能設施增多與應用範圍擴大，該會組織條例於 1979 年 6 月

首次修正公布，大幅擴充組織架構，設立綜合計畫處、核能管制處、輻射防護處、秘書處、人事室、會計室及 6 個專門委員，以及核能研究所、臺灣輻射偵測工作站、放射性待處理物料管理處等 3 個附屬單位。1992 年 11 月再次修正組織條例，增設核能技術處。此後因應放射性物料管理業務的增加與重要，該會於 1996 年 1 月將放射性待處理物料管理處改制為放射性物料管理局。同年 7 月，將臺灣輻射偵測工作站改制為輻射偵測中心。然而行政院為了精簡組織，於 2010 年 2 月經立法院修正通過「行政院組織法」，確定將裁撤原子能委員會，但相關立法程序還在進行，該會的改組工作尚未完成，相關業務仍由該會繼續負責。

　　原子能和平用途包括核能發電，以及在醫療、研究、農業、工業等領域的應用，並與人類日常生活與身體健康息息相關，故而應用的安全性極為重要。目前原子能委員會的職掌與工作包括：監督核能電廠安全、管制輻射防護安全、緊急應變核子事故、管理放射性廢棄物、掌控環境輻射監測、研發精進原子能科技及新能源、促進國際核能合作交流等。

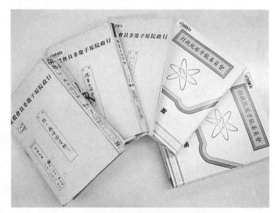

行政院原子能委員會檔案

貳、移轉及整理

　　國史館目前典藏之《行政院原子能委員會檔案》，係 2006 年原子能委員會檢送欲銷毀檔案目錄，經本館審選具史料價值，由該會移送國史館典藏。國史館囿於人力與經費，目前僅按移送之卷名進行初步整編，

全部共計 365 卷，其中 3 卷因密等因素，未予開放提供閱覽，現計開放362 卷。

<h1 style="text-align:center">參、內容</h1>

《行政院原子能委員會檔案》依內容性質，約可分為 12 類，分別為：

一、施政計畫與施政報告

檔案涵蓋時間自 1973 年至 2001 年之間，主要為原子能科學發展計畫、相關研究合作計畫、各年度施政計畫、有關原子能和平應用及安全管制與核能應用研究之施政報告與重要措施，以及核能研究所等所屬附屬單位檢送之「反應器系統改造及應用推廣」、「迴旋加速器醫用同位素生產技術之研究發展」、「低強度廢液處理場之建造」、「核燃料可靠度改善計畫」以及「電漿處理之工業應用」等計畫審查等。包括有核研所計畫審查、科學發展計畫、施政方針、施政報告、重要措施等案卷。

二、監察委員巡視與國際保防視察

檔案涵蓋時間自 1976 年至 2001 年，主要為監察院糾正及調查原子能委員會案件、管制作業注意事項與彈劾案件、該會執行危險物品運輸作業管理事件，以及該會針對監察院有關用過燃料貯存場發生廢水外洩事件改善狀況、澎湖海水淡化與核能發電配合之成本問題的說明，還有國際原子能總署保防視察處與保防官等前來訪問情形。包括有監察委員調查案、監察委員巡迴視察、保防視察等案卷。

三、立委質詢

　　檔案涵蓋時間自 1987 年至 1997 年之間，主要為原子能委員會針對各會期立法委員可能對核能政策、核能電廠跳機、低放射性廢料貯放安全、核能災害防治等問題所擬答復稿，以及答覆各立法委員書面質詢有關核四廠發電機組容量等級選擇、核三廠放射性廢液排放偵測器受污染問題、核二廠廢料倉庫問題、低放射性廢料運往北韓案，以及臺北縣日新國宅輻射污染、蘭嶼貯存場發現實驗性廢料桶等問題。以上各問題匯整編成各卷有關立法委員質詢案。

四、管制考核

　　檔案涵蓋時間自 1977 年至 2000 年，內容包括核能研究所之沸水式反應器分析、壓水式反應器分析、燃料機械分析、品保作業、中型迴旋加速器與同位素研製設施建立計畫、脈衝技術之研究與應用、壓水式反應器比例縮小安全測試、二氧化鈾及鈾釓氧化物等核燃料粉體特性鑑定分析技術之建立、中高強度放射性廢料處理技術研究、中型迴旋加速器與同位素研製設施建立、脈衝技術之研究與應用等列管計畫與考核報告，以及輻射工作站所呈執行核能電廠周圍環境輻射偵測作業、環境輻射自動化連續監測系統之列管計畫執行進度。還有原子能委員會指示各處室各種工作計畫考成作業與考評標準，以及函行政院有關執行反應器改善及推廣應用計畫、廢料貯存設施之建立、核能安全科技、輻射防護及環境監測科技、技術研發成果應用等成果資料與績效評估檢討報告等。包括管制考核、專案考制、施政計畫管考、列管項目月報、大修運轉作業管制等案卷。

五、會議資料

　　檔案涵蓋時間自 1987 年至 2000 年，主要為大陸工作委員會召集相

關各部會開會，討論內政部所提有關引進中國大陸地區產業技術人才之審查標準問題、行政院研考業務協調會報紀錄，以及原子委員會邀請國立清華大學原子科學院辦理「放射性廢料管理座談會」協調會、該會內部研考業務協調會報、召開臨時常務董事會，以及針對監察委員視察要求增加原住民就業機會而召開「如何促進從事營造業之原住民承包工程機會」之會議等。包括協調與會議資料、八十五年度會議資料，以及其他多卷的會議資料等。

六、臺電專案

　　檔案涵蓋時間自 1991 年至 1995 年，主要為臺灣電力公司函送「核能發電相關設施輻射防護工作守則」、「核一、核二廠低放射性廢料貯存安全檢討會」會議決議事項暨「視察臺電核能一、二廠環境偵測作業報告」建議事項與該公司之答覆說明，還有放射性物資清點報表、核能安全文化工作報告等，以及核二廠二號廢料倉庫與輻射防護衣物洗衣房和污染物品器材倉庫等三項計畫興建工程之計畫書等。另外，尚有原子能委員會要求臺電檢送核四廠環境影響評估報告，以及函送「核能電廠違規事項處理作業要點」有關輻射防護之修訂條文、對於核能電廠跳機停機事件檢討報告之意見，與核一、二、三廠年終查訪總結報告等。包括八十年度臺電專案，以及其他多卷臺電專案。

七、技術規範與法規

　　檔案涵蓋時間自 1994 年至 1995 年期間，主要為原子能委員會檢送所屬各單位「原子能法規暨技術規範（修）訂與審查作業要點」、「低放射性廢料容器審查規範」等，以及原子能委員會針對「低放射性廢料固化體品質規範」和「用過核燃料貯存設施申請設置規範」、「空浮放射性物質之呼吸防護技術規範」等之修改討論過程與意見。還有原子能委員會與臺電和核能研究所等單位針對「輻射工作人員之體外職業曝露劑量

評定技術規範（草案）、「核能電廠圍阻體洩漏測試技術規範」、「低放射性廢料運送船隻安全規範」、「低放射性廢料最終處置管理原則」討論意見，以及「儀控系統數位化更新法規討論會」會議紀錄等。包括有技術規範、綜合法規與法規修訂等案卷。

八、技術報告與環境偵測

　　檔案涵蓋時間自 1970 年至 2000 年期間，主要為「共同推動模擬器工業發展討論會」會議紀錄、臺電檢呈各核能電廠開關場設備及避雷設備之耐颱風檢查結果、核三廠新舊地震反應譜審查案等，以及原子能委員會派員至大同、歌林、臺灣三洋、聲寶、臺灣松下等電器公司檢查電視產品作業場所與防護措施之安全暨檢測游離輻射量，並函請經濟部國際貿易局提供進口電視機貿易行號之公司名稱地址，以便派員執行輻射安全檢查，及其相關檢測報告等。包括技術報告、非破壞檢測技術、環境及偵測（電視檢查）等案卷。

九、行政院指示業務

　　檔案涵蓋時間自 1983 年至 1997 年，主要為行政院長於院會與座談會指示加強核能發電宣導，以及對於服務民眾、精進技術、合法行使公權力的指示，並要求緊縮經費推動十四項建設等，另外尚有行政院檢送原子能委員會有關科技顧問會議結論與建議處理辦法等。包括多卷的行政院長指示、行政院業務、行政概況等案卷。

十、經費動支與審計

　　檔案涵蓋時間自 1977 年至 1995 年，主要為原子委員會各年度各期績效報告與各項計畫成效執行情形，以及財政部國庫署核准員工福利補助與臺灣輻射落塵偵測工作站修復費等動支各種經費通知單、年終工作

獎金請領統計表等，以及審計部審核原子委員會之會計報告與憑證內有剔除查詢等問題，要求限期提出說明，並檢查該會及其所屬機構主管所設特種基金會之經費與運作情形等。包括有經費動支保留、審計法令、預算等案卷。

十一、保險資料

　　檔案涵蓋時間自 1976 年至 1984 年，主要為「北核一廠核能保險座談會會議紀錄」、委託美國奇異公司代辦核一廠二號機初始核心燃料運輸期間核子責任保險證明、中國產物保險公司承保核一廠一號機第二次換填燃料與二號機第一次換填燃料運輸期間核子責任保險證明、核一廠核燃料存倉期間核子損害賠償責任保險費帳單等，以及臺電與中國產物保險公司針對承保核一廠一號機第三、四次換填燃料運輸險附批加保「核子責任險」保險責任範圍之磋商情形，另外，還有美國核能保險集團澄清對三哩島核能電廠出險案賠償實際給付原因之說明資料等。包括有核一廠至核三廠保險資料、核能電廠保險資料等案卷。

十二、國際原子能總署相關資料

　　檔案涵蓋時間自 1991 年至 1996 年，主要為駐奧代表處函請知會國際原子能總署有關原子能委員會之電話與傳真號碼，以及對於該總署設計問卷之修改意見，還有國際原子能總署快速回饋系統報告與來函建議修正核二廠一號機核物料報表之意見，以及查詢核三廠進口高濃縮鈾問題、對於輕水式反應器用過燃料視察週期之規定的意見、對於核一廠一、二號機燃料貯存之建造設施輔助辦法之意見，另外，還有美國法律顧問公司對於「管制環境中的自我評估管理」意見資料等。包括有民國八十二年度、八十三年度與八十五年度總署各項資料，以及多卷的八十三年度與八十五年度各種核能資料等。

行政院經濟建設委員會檔案

壹、沿革

　　1948 年 7 月，中美兩國在南京簽定《中華民國政府與美利堅合眾國政府間關於經濟援助之協定》（簡稱《中美經濟援助協定》），由美國以贈款及貸款兩種方式，提供中華民國各項經濟資源（通稱「美援」），目的在穩定經濟、節省外匯、促進工商生產及投資貿易等，協助臺灣經濟的安定與發展。中華民國政府為妥善管理運用美援、推動經建計畫，設立「行政院美援運用委員會」（簡稱「美援會」）。1963 年 9 月，美援會與經濟部工礦計畫聯繫組、農業計畫聯繫組、交通部運輸計畫聯繫組、國際開發協會貸款償債基金保管委員會合併改組成「行政院國際經濟合作發展委員會」（簡稱「經合會」），負責規劃研擬及協調推動各項經建計畫、尋求國際資金和技術的支援合作及其統籌運用。1973 年 8 月，政府為加強經濟設計、經濟研究及都市規畫等工作，經合會改組為「行政院經濟設計委員會」（簡稱「經設會」）。1977 年 12 月，經設會與行政院財經小組合併，改組為「行政院經濟建設委員會」（簡稱「經建會」），從事國家經濟建設之設計、審議、協調及考核等工作。經建會以委員會議為決策審議單位，另設 8 處 3 室為幕僚作業單位。委員會由主任委員、副主任委員 1 至 3 人及委員 11 人組成；委員由行政院長指定之行政院政務委員、中央銀行總裁、財政部部長、經濟部部長、交通部部長、農業委員會主任委員、行政院秘書長、行政院主計長及聘請有關人員擔任。經建會下設綜合計劃處、經濟研究處、部門計劃處、人力

規劃處、都市及住宅發展處、財務處、管制考核處、總務處等 8 處及人事室、政風室、會計室等 3 室。2014 年 1 月，為配合中央政府組織改造，經建會與行政院研究發展考核委員會、行政院主計總處電子處理資料中心及行政院公共工程委員會工程管考單位合併，成立「國家發展委員會」。

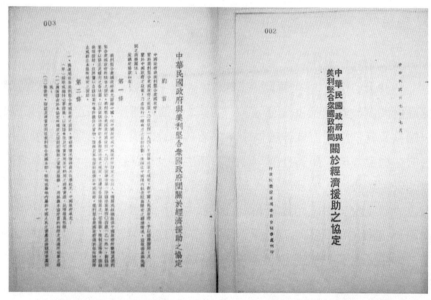

《中華民國政府與美利堅合眾國政府間關於經濟援助之協定》刊印本

貳、移轉及整理

　　國史館典藏之經建會檔案，係經設會及其後經建會於 1975 至 1999 年間分批移轉的大陸運臺舊檔以及在臺產生但已失時效案卷。根據國史館相關移轉公文顯示，經設會於 1975 年 11 月 3 日移送「美援物資計畫」作業舊檔 584 卷（19,699 件）及附件，又於 1976 年 9 月 14 日移送「美援技術協助訓練計畫」作業舊檔 262 卷（32,120 件）及附件；經建會於 1992 年 11 月 26 日移送「前交通部運輸計畫聯繫組」舊檔 49 卷，

又於 1994 年 9 月 14 日移送「前經濟部工礦計畫連繫組」檔案 113 卷，再於 1997 年 9 月 4 日移送「美援時期檔案」478 卷及附件。

　　經建會全宗現已完成初步整編，並依據國家發展委員會 2014 年 3 月 17 日發秘字第 1031800341 號函，各級機密等級檔案悉數解密；惟尚未進行分件細部整編，亦未數位化。檔案總數共計 1,854 卷，起迄時間自 1948 年至 1998 年。

參、內容

　　經建會檔案全宗依檔案產生時的機關名稱，分成美援會、經合會、經設會、經建會等四個系列，主要內容循序簡介如下：

一、美援會

　　時間自 1948 年 7 月至 1963 年 9 月，共 1,837 卷，占全宗檔案的最大部分。除總類（10 卷）外，依內容屬性，又分美援軍協計畫（269 卷）、美援物資採購計畫（632 卷）、美援技術訓練計畫（250 卷）、美援工業建設（486 卷）、經濟部工礦計畫連繫組（141 卷）、交通部運輸計畫聯繫組（49 卷）等 6 個副系列。

（一）美援軍協計畫

　　1. 總類：包括軍協工程總案、軍事工程委員會總案、軍事工程委員會行政費用、優先次序工作小組、軍協費用審核小組、通用計劃工作小組、軍協工程材料價格工作小組、1953 年度軍協計劃航路工程組、軍協計劃海軍研究所、國防委員會、懷特工程公司為軍協計劃工作、美軍顧問團眷區電話服務、美軍顧問團辦公用品、美軍顧問團招待所、軍協工程合約、軍協工程考察調查、軍協器材之處理、軍協工程剩餘材料之處理、沒收材料、軍協工程利用國內產品、軍協工程器材提單、軍協計劃海外採購器材、軍事設施供電、登陸艇碼頭、臺灣民防、軍經援助評

估、軍協計劃臺幣結匯外匯器材、軍協計劃相對基金支付、軍協計劃關稅、軍協計劃緊急需用配件報關、1951 至 1952 年度軍協計劃聯勤顧問團服務費用、1953 年度軍協計劃台電澎湖供電、1954 年度軍協計劃富台部隊接運、1954 年度軍協計劃緬甸回國部隊安置等案，共 39 卷。

2. 計畫：包括 1951 至 1964 年度軍協計劃、1953 年度軍協計劃疏散計劃案、「長城計劃」及「崑崙計劃」、1958 年度四八〇公法臺幣軍事計劃等案，共 20 卷。

3. 報告及會議紀錄：包括軍事工程委員會議程、軍事工程委員會會議記錄（中文）、軍事工程委員會會議記錄（英文）、軍協計劃報告總案、軍協計劃進度報告、軍協計劃財務報告、軍協計劃查賬報告、軍協計劃佣金會計月報、軍協計劃器材採購現況報告、軍協計劃經費現況報告、軍協計劃相對基金申請書現況月報、軍協計劃工程及非工程相對基金費用報告、軍協計劃美金使用現況報告、懷特工程公司軍協工程進度報告等案，共 33 卷。

4. 倉庫廠房：包括各年度軍協計劃之空軍飛機庫、空軍倉庫、海軍倉庫、聯勤無煙火藥廠、聯勤兵工署彈藥庫、聯勤彈藥儲庫、聯勤臺北汽車修理廠、海軍汽車修理廠、聯勤倉庫、聯勤兵工署倉庫、聯勤通信署倉庫、聯勤倉庫器材、聯勤工兵署工廠及附屬房屋等案，共 18 卷。

5. 營房眷舍：包括各年度軍協計劃之陸軍營房、空軍營房、海軍營房、聯勤營房、憲兵營房、空軍眷舍、陸軍富臺新村眷舍、國防大學營房、國防部外語學校營房、國防部情報學校營房、國防部行政學校營房、聯勤顧問團房舍、美軍顧問團眷屬宿舍等案，共 27 卷。

6. 建設：包括各年度軍協計劃之海軍港口維護、海軍左營鐵路支線、聯勤醫療設施興建、軍油油管及油槽興建、空軍建築桃園機場跑道、臺南機場跑道、屏東機場跑道、民航局松山機場設施器材、空軍機場興建、海軍機場興建、公館機場興建、屏東機場排水工程興建等案，共 25 卷。

7. 器材及設備：包括軍協工程材料（木材、水泥、油料），及各年

度軍協計劃之軍事工程委員會木材費用、軍事工程委員會工程材料、國防醫學院器材、聯勤醫療器材、軍用油料供應、聯勤武器彈藥製造設備、聯勤兵工署武器彈藥製造器材、聯勤兵工署炮彈裝填器材、聯勤炮彈裝填設備、聯勤雙基火藥廠器材、聯勤電池製造廠器材、聯勤通信設施器材、聯勤地圖調製器材、聯勤工兵器材、聯勤機器廠器材、空軍機器廠器材、空軍通信設施器材、空軍通信設備器材、空軍作戰設施器材、空軍嘉義機場管制塔器材、海軍通信設施器材、海軍通信設備器材、軍用道路興建器材、聯勤橋樑器材、海軍築路器材、陸軍築路器材、空軍築路器材、海軍船艦修理器材、聯勤漁船修理、國軍汽車修配器材、國軍車輛修護器材、聯勤兵工清潔保養器材、海軍維護材料零件、海軍儀器、聯勤工兵修護器材、國軍車輛修護器材、聯勤工程維護器材、空軍修護器材、空軍飛機修護器材、空軍印刷器材、聯勤通信器材、空軍通信維護器材、國軍裝甲部隊修護器材、聯勤工程工具器材、聯勤通信工具器材、陸軍訓練器材、海軍訓練器材、空軍訓練器材、聯勤訓練器材、聯勤運輸器材、聯勤運輸駁船、營房設備、聯勤軍服及裝備、國軍服裝、國防部行政車輛、民航局導航設備等案，共 105 卷。

　　7. 雜卷：包括軍協工程雜項案、美援軍協計畫雜卷等，共 2 卷。

（二）美援物資採購計畫

　　1. 總類：包括各年度物資採購計劃、物資採購計劃及分配、PA 三〇〇一及三〇〇二物資採購，及美援物資採購諮詢會議、美援物資採購臨時工作小組、美援物資採購協調及運輸小組、美援物資採購案與安全分署非正式會議、美援物資採購進度會議、美援物資採購政策、美援物資採購手續、美援物資採購情報、美援物資採購參考書籍、美國管制物資、呈報美國小商業處美援物資採購情況、美援物資優先次序、中國技術代表團及國際合作總署採購情報、美國總務局、加拿大對外貿易局、訂製美援物資手續及分期付款辦法、美援物資當地製造商、美援物資由中國政府採購總卷、指定中信局採購美援物資、指定中信局採購主要物

資、指定中信局採購紡織品專案、沒收之押標金履約金處置、美國共同
安全總署索賠罰款、有權收受美金佣金各公司、美援物資倉庫總卷、美
援物資處理總卷、美援物資申請書、美援物資中無主貨物處理、美援物
資採用之度量衡、美援物資用袋、美援物資之記錄及作價、美援物資非
法案件之處理、美援物資剔除援款之處理、美援物資標誌各種規定、美
國原子能委員會剩餘物質、承辦美援物資加工廠商保證、慈善團體美援
申請書、人民團體美援申請書、教育文化宗教衛生團體美援申請書、外
島所需美援物資等,共 49 卷。

2. 報告:包括美援物資採購單接收報告、經濟部所需美援物資器
材、美援物資採購情況報告、美援方案進度簡報、美援物資統計及現況
報告、美國經濟合作分署美援物資現況報告、美國經濟合作分署美援物
資現況簡報、美國經濟合作分署美援物資核准通知、美援物資申請調查
報告、美援物資到達情況報告、中國政府採購美援物資現況報告、安全
分署美援方案月報及季報、美援物資承載船隻國籍報告、美援方案敘述
報告、國際合作分署美援採購檢討報告、國際合作總署工作命令第七〇
四、港務局美援物資到達情況報告、美援會美援方案進度檢討報告、美
援會主要工業產品產量報告等,共 24 卷。

3. 物資採購授權書:包括美援物資採購授權書總卷、美援物資採
購書之簽發及修正卷、美援物資採購授權書外交部核定、外交部送來採
購授權書、中國技術代表團送來採購授權書、中國技術代表團採購授權
書簡要報告、採購授權書中訂約期限交貨期限修正、採購授權書金額減
少及重新運用、1951 至 1957 年度採購授權書餘款重新運用等,共 17
卷。

4. 物資運輸:包括美援物資輸出入許可證總卷、美援物資船運及
港埠作業總卷、運輸美援物資需僱用美籍船隻比例、運輸美援物資僱用
中國籍船隻、禁止曾赴共黨國家港口船隻承載美援物資、不准進入臺灣
港口之船隻、與中華民國無外交關係國家之船隻、美援物資港埠作業總
卷、美援物資船運業務之移轉、美援物資卸載港埠、美援物資卸載港埠

之選擇、美援物資存倉數額之疏運、裝載美援物資船隻之隔艙物、裝載美援物資船隻之襯墊物、處理美援物資人員進入港區通行證、美援物資艙單提貨單及發票、美援物資船運協調小組會議、美援物資內陸運輸、美援物資之受貨人及改變受貨人、美援物資船運消息、美援物資存艙情況報告、美援物資中之危險貨物、美援物資中之郵寄包裹、碼頭工人之訓練、運輸顧問組等，共 35 卷。

　　5. 物資公證：包括美援物資公證總卷、美援物資公證公司總卷，及原棉、黃豆、黃豆油、小麥、麵粉、玉蜀黍、雜項貨物等美援物資之公證，美援物資委託中信局公證等，共 9 卷。

　　6. 美援物資短少索賠案：包括各種美援物資短少索賠案及美援物資短少索賠辦理情形月報等，共 78 卷。

　　7. 肥料採購：包括美援肥料合約、美援肥料集中採購、美援肥料財務總卷、美援肥料採購總卷、美援肥料分配總卷、美援稻作肥料分配、美援肥料試驗機構、美援肥料分配雜作使用、肥料生產改良、美援肥料不法銷售、肥料使用訓練等，共 12 卷。

　　8. 小麥採購：包括美援小麥麵粉總卷、美援小麥合約、美援小麥及其他穀物倉儲及蟲害防治、美援小麥會議、美援小麥裝運、美援小麥配售倉儲及合約、美援小麥商業採購、美援小麥配售舞弊、視察美援小麥各受配廠，及各年度 PA 項下小麥採購案，各油脂廠、麵粉廠、製粉工業同業公會、農會、商會等申請美援小麥案，各公私機構、各公司廠商受配美援小麥案；美援麵粉配售總卷、美援麵粉、美援小麥加工製成之麵粉、美援小麥加工製成之麵粉配售、美援麵粉相關之報紙報導、美援麵粉銷售價格、受損麵粉及下腳處理、麵粉黑市調查卷、臺灣農林公司小麥麵粉情況報告卷、臺灣農林公司麵粉銷售報告、臺灣農林公司麵粉存量報告、臺灣農林公司及農林廳麵粉檢驗報告、美援小麥及麵粉最終用途調查報告、農復會監督美援小麥麵粉等，共 94 卷。

　　9. 黃豆採購：包括美援黃豆醬油廠申請書、美援黃豆其他業者申請書、美援黃豆處理佣金、變質美援黃豆油、美援豆餅之倉儲及運輸、美

援豆餅申請書、美援豆餅分配、美援黃豆粉及豆漿、農復會美援黃豆加工廠調查報告、農復會美援豆油豆餅分配報告、農復會美援黃豆製品銷售收入報告、農復會美援黃豆製品不法銷售報告、物資局美援黃豆銷售及存量週報、酵母飼料、魚用飼料，及各個美援黃豆分配或受配案、各年度 PA 項下美援黃豆採購案等，共 65 卷。

　　10. 花生油、牛油、椰子油採購：包括花生花生油及花生餅總卷、花生花生油及花生餅合約、大孚製油廠案卷、花生總卷、花生油總卷、花生餅總卷、美援牛油及椰子油合約、美援牛油及椰子油雜卷、美援牛油及椰子油肥皂製造業申請書、美援牛油及椰子油其他用戶申請書、美援牛油受配者臺灣工礦公司、美援牛油受配者松山化工廠、義華肥皂廠案、來成肥皂廠案、豐隆肥皂廠案、椰子乾、固體化魚油、臺灣肥皂製造工業同業公會、肥皂製造廠之視察、產品檢驗及最終用途報告、關於牛油分配監察院質詢、製肥皂用松香油卷，及各年度 PA 項下牛油採購案等，共 35 卷。

　　11. 石油及潤滑油採購：包括美援油料總卷、美援原油總卷、美援原油裝運總卷、美援航空汽油總卷、美援潤滑油總卷、美援石油焦總卷、美援油料裝運包船合約、美援潤滑油配售會議，及各年度 PA 項下潤滑油、乙基液、石油焦採購案等，共 22 卷。

　　12. 化學物品採購：包括美援化學品總卷、美援工業化學品、美援油漆、美援炸藥信、美援塑膠原料、美援製革化學品，及各年度 PA 項下化學品、樹脂、人造纖維、四乙鉛採購案等，共 25 卷。

　　13. 鋼鐵及礦物採購：包括美援硫磺總卷、美援磷酸石總卷、美援鉛、鉛合金及其製品總卷、美援銅及其製品總卷、美援鋅、鋅合金及其製品總卷、美援鋁、鋁合金及鋁製品總卷、美援鐵及鋼總卷、廢鐵總卷、銑鐵總卷、銑鐵採購總卷、煉鐵鼓風爐、本地生產銑鐵、美援鋼板及鋼條總卷、美援鍍鋅皮總卷、美援鍍鋅鐵皮採購總卷、美援鍍鋅鐵皮成本及價格、美援鍍鋅鐵皮申請及配售總卷、美援鍍鋅鐵皮調查及最終用途報告、美援鎳、鎳合金及其製品總卷、美援石膠總卷，及各年度

PA 項下磷酸石、鉛製品、銅品、鋅製品、鋼鐵、鍍鋅鐵皮採購案等，共 45 卷。

14. 棉紗採購：包括美援棉花紗布合約、美援原棉處理、美援原棉申請及配售、美援原棉申請書、軍用美援原棉、美援原棉轉作未授權用途、美援原棉下腳及受損者銷售、美援布匹總卷、美援帆布、購自韓國之美援棉紗銷售、購自香港之美援棉紗銷售、美援棉紗之倉儲及處理、美援棉紗與布匹交換、中信局向工礦公司借用棉紗、美援棉紗申請及配售、美援棉紗申請書、美援棉布總卷、美援棉布申請書、美援棉布配售、各紡織廠美援棉紗產銷報告、美援原棉棉紗棉布最終用途調查報告、美援棉布及棉紗情況報告、美援原棉棉紗及棉布雜卷，及各原棉、棉紗、棉布受配工廠或機構，各年度 PA 項下原棉採購案等，共 58 卷。

15. 皮革採購：包括美援生皮總卷、美援生皮之成本及價格、美援生皮配售及合約、臺灣農林公司美援生皮量報告、美援生皮撥供軍用，及各年度 PA 項下生皮採購案等，共 11 卷。

16. 紙製品採購：包括美援紙漿、紙及其製品總卷、1958 年度紙製品、美援牛皮紙漿、美援機製漂白紙漿、美援紙漿申請、美援紙漿配售、美援紙漿及紙袋總卷、美援紙袋交換、美援紙袋配與水泥製造業、美援紙袋配與肥料製造業、PA6567 項下紙紗、美援紙製品銷售、製紙漿用稻草，及各年度 PA 項下紙品採購案等，共 21 卷。

17. 其他物資採購：包括美援非金屬礦物及產品總卷、美援煙葉及香煙紙總卷、美援煙葉及香煙紙會議、美援煙葉及香煙紙合約、美援煙葉及香煙紙採購、美援橡膠及其製品總卷、美援麻袋總卷、美援魚罐頭、美援鹹魚總卷、美援電器受配人福源行，及各年度 PA 項下非金屬礦物及產品、煙葉及香煙紙、橡膠製品、奶水及奶粉、罐頭蔬果、鹹魚、電器採購案等，共 31 卷。

18. 雜卷：美援物資採購計畫雜卷，共 1 卷。

（三）美援技術訓練計畫

1. 總類：包括美援技術協助之訓練申請書、訓練雜卷、訓練概要報告、訓練季報、訓練實施情形報告、訓練現況報告、回國人員報告、第三國訓練報告、合約報告、受訓人員出國前訓練、技術顧問現況、回國人員特別案件、回國人員活動報告、回國人員各種證書、臺灣大學派員出國受訓、回國人員特殊成就卷、訓練計劃評估、各個受訓人員專卷，及退還美援技術協助受訓人員所繳費用餘額、通知美援技術協助受訓人員繳款、國際公共行政新聞刊物、臺灣種子技術訓練、都市及工業調查團、當地工程師訓練方案、我國技術協助韓國東南亞及非洲各國、臺灣省政府衛生處員工當地訓練、立法委員赴美考察等，共 34 卷。

2. 會議：包括出國參與國際會議、參與伊斯坦堡國際行政科學會議、印尼萬隆廉價住宅會議、遠東種子改良會議、曼谷第九屆太平洋科學會議卷臺灣遠東肥料研討會議、區域性科學會議、臺灣遠東農貸研討會、第二屆遠東營養會議、遠東農業推廣研討會卷等，共 10 卷。

3. 來臺受訓：包括美援技術協助菲律賓、日本、琉球、韓國、泰國、高棉、寮國、巴基斯坦、印尼、伊朗、阿富汗、土耳其、馬來西亞及非洲諸國派員來臺受訓，及夏威夷東西文化中心派員來臺訓練、泰國國家經濟設計團來臺考察等，共 30 卷。

4. 出國受訓：包括各年度派員赴日本、菲律賓、泰國等東南亞國家西德、法國等歐洲國家、美國、加拿大、澳大利亞等國受訓，各年度派員、考察團赴香港、東南亞等國考察，及各年度技術協助派員出國受訓案總卷、出國受訓案申請書，出國受訓人員之護照、軍訓卷、體檢、簽證、繳納相對基金、旅程、特別案件、各受訓人員專卷等，共 175 卷。

5. 雜卷：美援技術訓練計畫雜卷，共 1 卷。

（四）美援工業建設

1. 總類：包括 Relevant Government Institutions: General、National Resources Commission、Taiwan Production Board、Provincial Supply

Bureau、DOR, Provincial Government & General、Industrial Program: FY 1950-1961、Reports on Industry、Capital Expenditure for 8 Public Enterprises、Kinmen, Tachen and Matsu Development Program-Economic & Social, Gousing & Power、Equipment & Material from Korea、第四期經建四年計畫工礦個案計畫草案等，共 37 卷。

2. 鐵路：包括各年度及各類型之 Railway Program、Railway Program-Maintenance 等，共 17 卷。

3. 公路：包括、Taiwan Highway Bureau, JGW Reports & Miscellaneous、Taiwan Highway Bureau 各年度及各類型之 Highway Improvement Program、各年度之 Municipal Roads Improvement General、各年度之 Kaohsiung City Ai-Ho Canal & Roads、Flood Control in Yuan Shan District of Taipei、各年度及各類型之 Highway Transportation Program、High Transportation Maintenance 等，共 24 卷。

4. 航空：包括各年度及各類型之 Civil Aeronautic Administration Improvement，共 15 卷。

5. 港口及造船：包括 Loading & Unloading Equipment、1956 Keelung & Kaohsiung Harbors- Cargo Handing Equipment、1956 Keelung Harbor-Connecting Communication Lines、1957 Keelung Harbor Improvement、1958 Keelung Warehouse Construction、1961-1964 Keelung Outer Harbor Extension、1956 Kaohsiung Harbor Improvement、FY58 Kaohsiung Harbor Development、FY59-64 Kaohsiung Harbor Extension、Utilization of Reclaimed Land、Dredger、Dock、Keelung Harbor General、Hua Lien Harbor 1959、FY60-62 Hua Lien Harbor Extension、Su Ao Harbor、Taitung Harbor、Shipping General、Shipping & Shipbuilding 等，共 34 卷。

6. 郵政電信：包括 FY56-59 Suburban Tel. Expansion、Taiwan Penghu VHF Radio System、End-use Reports、Miscellaneous、Post Office Construction Project 等，共 7 卷。

7. 石門水庫：包括 FY54-61 及各類型之 Shihmen Multi-Purpose Dam Project、SDC Organization & General 等，共 30 卷。

8. 電機業：包括各類 Electrical & Machinery Manufacturing Industry，及 Taiwan Province Machinery Industrial Association、Declassified Documents Relating to Non-project Excess Property 等，共 44 卷。

9. 鋼鐵及礦業：包括各類 Mining Industry、各年度之 Taiwan Gold & Copper Mining Administration: Project，及 Taiwan Steel Works: General、Tang Eng Iron Works: General、1956 Sitze Blast Furnace、Taiwan Industrial & Mining Corporation、Mechanization of Coal Industry、FY57-59 Coal Mine Improvement Projects、Public Utilities-Water Supply & City Gas、Taipei Gas Corporation 等，共 32 卷。

10. 化學工業：包括 Sulfuric Acid Plant、2nd Expansion of KASC、Industrial Dynamite Plant Project、KASW-COHU Cooperation Project、Chemical Industry – General、Liang Yu Case、Taiwan Agri. & Chemical Works、Polyvinyl Chloride Resin Project、South Eastern Chemical Works、Ta Ho Industrial Company、Taiwan Alkali Company、Hsinchu Window Glass Factory、Highway Engineering & Facilities: China Rubber Tire Mfg. Corp 等，共 29 卷。

11. 林木及造紙印刷業：包括 Taiwan Forestry Administration、Lumber & Plywood Mfg. Industry、Yangtze Wood Products Co.、Taiwan Pulp & Paper Corporation、Printing Industry 等，共 22 卷。

12. 漁業：包括 1953 至 1957 年度之 Fishery Industry: Fisheries、1958 至 1957 年度之 Fishery Industry: Fishery Projects，及 4350T Tuna Long Liners, TPEC、Fishery Industry: Deep Sea Fishery Development 等，共 18 卷。

13. 紡織業：包括 Textiles: Cotton Industry、Textiles: Silk & Rayon Industries、Textiles: Textiles Foundation Fund 等，共 13 卷。

14. 手工業及食品加工業：包括 Taiwan Handicraft Promotion Center、

Food Processing Factories: Papaya Dehydration、Food Processing Factories: Enriched Rice Plant、Flour Mills: Hsia Fa Flour Mill、Taiwan Salt Works 等，共 9 卷。

15. 臺電公司及中油公司：包括 1956 至 1964 年度之各種 Power Project、美援會雜卷：臺電工程，及中油公司 1954 至 1958 年度之各種計畫、工程和產品等，共 95 卷。

16. 臺泥公司及臺鋁公司：包括 1955 至 1958 年度之 Taiwan Cement Corporation: Projects、Cement & Limestone Export & Barter Wharf Facilities、Taiwan Cement Corporation: Chia Hisn Cement Corporation、Taiwan Cement Corporation: Asia Cement Corporation；1956 至 1962 年度之 Taiwan Aluminum Corporation: Projects，及 Taiwan Aluminum Corporation: Unclassified & End-use Report、NRC-Reynolds Cooperation Project、Export of Aluminum Pre-fabricated Buildings、Aluminum Barter Arrangement with Germany 等，共 18 卷。

17. 臺肥公司、臺糖公司及臺灣農林公司：包括 Taiwan Fertilizer Company、TFC New Nitrogen Fertilizer Factory 、TFC-Kaohuing Complex Fertilizer Factory、Fertilizer Plant-Garbage-Taipei Municipal Compost Installation、Fertilizer Survey Team to Japan & Reports -1960、美援會雜卷：臺肥工程、1955 至 196 年度之各種 Taiwan Sugar Corporation: Project，及 Taiwan Sugar Corporation: Sugar Warehousing、Taiwan Sugar Experiment Station、Sugar Planting & Irrigation & Development of Eastern Taiwan、Sugar Transportation-TSC Railway、JGW-Overall Survey Report & Recommendations、TSC-Taiwan Sugar Monthly、Brown Sugar；Taiwan Agriculture & Forestry Development Corporation: General、1952 MES、Taiwan Pineapple Corporation、Taiwan Animal Husbandry Corporation 等，共 37 卷。

18. 雜卷：包括美援會雜卷：財經、文教、醫療設施、海外設施、計畫及報告等，共 5 卷。

（五）經濟部工礦計畫聯繫組

時間自 1956 年至 1963 年，共 141 卷。未再分副副系列，但依其內容似可概分為以下幾類：

1. 總類：包括物價、公債、所得稅、黃金產銷數量統計、臺灣勞工與就業、臺灣工業生產力、工業產品管制進口、加工品外銷、中華開發公司、高雄港擴建、高雄港擴建區土地出租及工業管理、高雄港工廠特別區等。

2. 計畫：包括四年經建計劃、四年經建計劃民國五十年計畫執行檢討、施政計劃、動員計劃、工業部門十年長期開發計劃、工業調查研究發展及推動投資計劃、高雄市都市計劃、農田電力水利計畫、金屬礦業公司增產計畫等。

3. 會議：包括聯席會報紀錄、聯席會報指示事項、部務會議、經濟部所屬機構四十七年業務檢討、經濟部所屬機構四十八年業務檢討、經濟部所屬機構五十年業務檢討、經濟部所屬機構五十一年業務檢討、行政院及經濟部部務會議指示事項、投資工礦組聯繫會議、亞洲及遠東肥料工業發展會議、參加國際會議等。

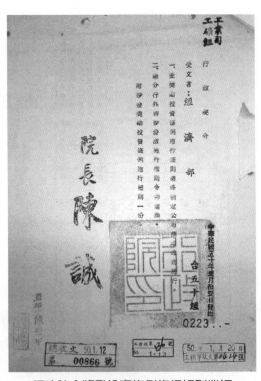

行政院令獎勵投資條例施行細則業經
制定公布應即通飭施行

4. 報告：包括施政報告、赴中南美考察報告、赴荷蘭考察報告、赴澳洲貿易訪問報告、赴歐洲及中東地區貿易考察報告、赴瑞士、英、美

等工業區考察報告、遠經會所屬工業及天然資源委員會報告、亞洲及遠東區工業區討論會報告、亞經會三角洲地區專家考察團報告等。

5. 政策：包括工業保護政策、糖業政策、工業政策、公營事業改進方案等。

6. 獎勵、輔導：包括獎勵投資條例、獎勵民營工廠改進產銷、改善投資環境、中小型企業等。

7. 國際合作：包括區域經濟合作、中泰利義合作、中日合作、中越合作、我國赴越技術人員、外籍技術人員來臺、赴國外經濟訪問團、外國人士來華訪問考察、海外經濟擴展、美國 1962 年授外法案、美援漁林業、美援小型工業貸款、美援剩餘農產品之利用、聯合國特別基金、聯合國技術協助等。

8. 產業：包括臺灣水泥公司、臺灣水泥公司高雄廠花蓮廠新建、臺灣水泥公司投資香港案、亞洲水泥公司美援及 DLF 貸款、嘉新水泥公司、環球水泥公司、東洋水泥公司、高雄硫酸錏公司、肥料供需、磷肥、硝酸錏鈣、臺肥第二廠、臺肥第三廠、臺肥第五廠－硫酸錏廠、臺肥第六廠、臺肥鹽酸廠、肥料小組、慕華聯合化學公司、臺糖、臺糖高雄副產加工廠、臺糖廄肥、甘蔗訂約及種蔗面積表、紡織工業、棉紡工業、臺灣夾板－楊子公司案等。

9. 僑外投資：外華投資、外華投資有關土地案、促進僑資運用、外人及華僑投資等。

（六）交通部運輸計畫聯繫組

時間自 1960 年至 1963 年，共 49 卷。未再分副副系列，但依其內容似可概分為以下幾類：

1. 總類：包括運輸統計資料、海運統計、亞經會經濟年報、兩港及鐵路協助砂糖輸出、建造新船、中歐航線、國防部請指撥專款配合軍協戰道工程、交通事業民間投資等。

2. 計畫：包括三期四年經建計畫、兩港擴建計畫、高港擴建計畫、

鵝鑾鼻自由港計畫、基隆港港區長期整頓計畫、電力公司南部用煤海運計畫、水泥運輸及散裝出口計畫、申請德援海運計畫、美援柴油化計畫、公路長期發展計畫、臺北國際航站大廈計畫、有關美援對民航計畫、阿里山鐵路柴油化計畫、阿根廷運輸長期發展計畫等。

　　3. 會議：包括亞經會會議、臺灣省南部工業區開發籌劃小組會議、聯合國科學及技術應用會議、物資疏散會議等。

　　4. 報告：包括臺灣近海環島及外島航運調查報告、霍富曼報告建議改善事項之檢討等。

　　5. 調查：包括海運定期與不定期航線之調查、臺灣內陸運輸客貨運量調查分析、民航公司業務調查、主要外銷商品裝卸情形調查等。

　　6. 研發：包括改良輸日香蕉運輸設備、增設漁船通訊設備、開發花蓮港為國際港、外銷鋼筋船運配合問題、臺北市鐵路路線改善問題、改善公路運輸問題、海水油污問題、核子船舶問題、海上客運問題、氣象預報改善辦法、臺灣鐵路電氣化研究、臺糖散裝外銷研究等。

　　7. 國際合作：包括美援 FY61-63 經費、美援經費資料、申請聯合國技術協助、交通部門申請美援、中越經濟合作等。

二、經合會

　　時間自 1950 年 11 月至 1972 年 7 月，共 16 卷，依內容屬性，又分美援物資採購計畫（3 卷）、美援技術訓練計畫（13 卷）二個副系列。

（一）美援物資採購計畫

　　包括美國小商業處、美國援助越南物資採購臨時工作小組、美國援越物資採購文件，共 3 卷。

（二）美援技術訓練計畫

　　包括美援技術協助回國人員訪問及評估、法律協助亞洲經濟發展會議、1963 年度公共衛生人員赴美受訓、1964 年度技術協助派員出國受

訓案總卷、1964 年度派員赴美國受訓、1964 年度派員赴東南亞、歐洲及澳洲受訓、1965 年度技術協助派員出國受訓總卷、美援技術協助越南派員來臺受訓、美援技術協助美洲諸國派員來臺受訓等，共 13 卷。

三、經設會

本系列下暫無檔案。

四、經建會

時間自 1983 年至 1998 年，共 1 卷，內容為行政院經濟建設委員會大事紀（七十二至八十七年），摘要記錄該會各年度的重要業務、活動及事件。

行政院研究發展考核委員會檔案

壹、沿革

　　行政院研究發展考核委員會（以下簡稱「研考會」）成立於 1969 年，除負責推動績效評估，也在多層次與面向上形塑政府機關運作機能，繼而影響其績效表現與改善公共服務，可說是政府績效體系的奠基者與演化的中樞。

　　1949 年中央政府遷臺後，即積極推動行政改革。1952 年，蔣中正總統指示行政院規劃行政（計畫、執行、考核）三聯制，作為處理行政事務的基本要點。1966 年，行政院成立行政改革研究會，由政務委員陳雪屏擔任召集人，於 1967 年 2 月提出「行政院對行政機關檢討改進措施總報告」，建議在行政院下設立研究考核委員會，負責研究發展及考核工作，並將當時的行政院事務管理規劃小組、研究發展小組、行政機關考成委員會、國營事業綜合研究考核小組、參秘室、圖表室、國營事業資料檔及敵情研究室等 7 單位裁撤，其業務歸併於研考會。1969 年 3 月，成立行政院研究發展考核委員會，作為推動各項政策研究規劃及施政考核之主責機關。其委員會議也納入人事、主計機關首長，協調績效管理工作中的人事及經費運用。不過，此時僅是一個臨時性的派用機關，下設秘書室、資料室、管制考核組及研究發展組，人事及會計業務由行政院本部人員兼辦。

　　最初，研考會相關管考的工作人員以軍人為骨幹，並由國防部負責作戰計畫的宋達將軍擔任首任副主任委員，企圖將軍中較具成效的作戰

計畫管理經驗引進行政機關內。1976 年第四任主任委員魏鏞上任後，大量引進西方的行政管理理論及經驗，也推動培育社會科學人才，遴選公教人員赴國外攻讀社會科學博士學位。自此，我國研考工作開始以科班出身的官僚主導，工具的使用也跟隨西方國家的發展潮流。期間，組織設置開始擴大及升格。1981 年，研究發展組及管制考核組升格為處，資料室改設為圖書及出版室，並增設綜合計畫處及資訊管理處，人事及會計也歸由研考會自辦。1987 年 1 月，制定公布「行政院研究發展考核委員會組織條例」，成為行政院正式的常設機關。

1990 年代以來，因應民主化的發展，改採分權負責的策略，要求各行政機關應建立自我管理之能力，研考會只提供技術及交流平臺。2010 年 2 月 3 日，修訂公布「行政院組織法」、「中央行政機關組織基準法」、「中央政府機關總員額法」，以及「行政院功能業務與組織調整暫行條例」，啟動行政院組織改造。2012 年 5 月 20 日，文化部成立後，將研考會下之政府出版品管理處併入該部。2013 年 8 月 21 日，經總統令制定公布「國家發展委員會組織法」及「國家發展委員會檔案管理局組織法」，並經行政院核定自 2014 年 1 月 22 日施行。同日，併入國家發展委員會後裁撤。

貳、移轉及整理

國史館典藏之《行政院研究發展考核委員會檔案》係 2007 年移轉到館。全部皆已完成初步整理，共計 196 卷。檔案期間自 1993 年至 2006 年。

參、內容

《行政院研究發展考核委員會檔案》依其業務職掌，大致可分為研究發展、綜合計畫、管制考核、政治案件陳訴案等 4 大類。茲分述如

下。

一、研究發展

內容要項包含「河川污染及環保犯罪分析與防制方案」、研商「農業勞動人口優先發放敬老津貼」相關事宜會議紀錄、「國民年金制度研議小組」會議紀錄、研商「行政院環保署 1996 年度新設空氣污染防制基金預算編列有關事宜」會議紀錄、研商「高雄新市鎮」、「南部科學園區」、「南部科技工業區」開發相互配合之可行性及相關事宜會議紀錄、研商澎湖縣轄內第三級古蹟「蔡廷蘭進士第」之保存及修護事宜會議記錄、研商勞委會陳報之男女工作平等法草案有關事宜會議紀錄、研商「基隆河治理計劃推動」有關事宜會議記錄、旅遊和觀光業受 SARS 衝擊政府之紓困措施、「研商病死豬肉流用管理協調事宜」會議紀錄、研商「淡海、高雄新市鎮開發時序調整計畫（草案）」會議紀錄等案。

二、綜合計畫

內容要項包含政府遷臺以來行政院原子能委員會推動之重大政策、計畫及建設資料、行政院經濟建設委員會自遷臺以來推動之重大政策、計畫及建設資料、研議臺灣省政府所提「臺灣省污水下水道系統建設計畫（草案）」及會議記錄、行政院婦女權益促進委員會委員會議紀錄、關於經濟部擬具「遏止砂石盜濫採行為改進方案」、我國環境影響評估制度推動方向之芻議座談會紀錄、行政院研究發展考核委員會 64 年重要工作概述、「捷運建設推動方式與組織架構研討會」會議紀錄、行政院婦女權益促進委員會委員會議紀錄等案。

三、管制考核

內容要項包含臺北市政府捷運工程問題調查報告、臺北榮民總醫

院發生院內感染瘧疾事件之查處情形、行政院勞工委員會檢討辦理「前臺灣鐵路共濟組合臺籍組合員權益案專案調查報告」案情形、監察院糾正臺灣電力公司核能三廠蒸汽洩漏事件且持續發生人員作業疏失案、「1995 年度列管計畫實地查證北宜高速公路計畫檢討會」紀錄、國防部所屬陸軍化學兵學校官兵遭受輻射污染違失案、有關賀伯颱風災害行政疏失檢討情形、政府相關單位事先未能防範福昌公司惡意閉廠事後又未能保護勞工權益案、臺灣省政府住宅及都市發展處辦理臺北地區三期防洪計畫違失案、「陸軍東引反共救國軍指揮部——高地彈藥庫，設置位置不當案」、二二八事件紀念基金會拒絕薛添霖君申請補償之行政處分不當案等案。

四、政治案件陳訴案

　　內容要項包含郭勝華陳訴其父郭章垣因二二八事件致遭殺害請求賠償並恢復名譽案之調查報告、臺灣大學哲學系事件請依調查意見改善處理案、香港華僑孔昭允陳訴案、余陳月瑛等陳訴為余登發余瑞言父子被誣陷案件請平反冤情案、監察院審查「陳文成命案為明真相予以覆查等情案」核閱意見、有關監察院請就郭振邦等陳情案查明併 50 年代叛亂、匪諜案件參酌辦理見復案、張家林陳訴戒嚴時期遭無故羈押與刑求及未受賠償案、鄭登

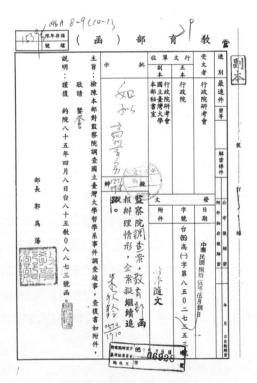

臺灣大學哲學系事件調查案

雲陳訴五十年代白色恐怖案件蒙冤難伸請明察覆審以返我清白之身案、
林義雄宅血案懸宕未破情治檢警機關人員有無故縱懈怠違法失職案、民
國三十八年「臺大、師院四六事件」基於監察院職權讓當事人有恢復名
譽、平反冤情的機會等情等案。

行政院大陸工作委員會檔案

壹、沿革

　　自 1965 年起，中華民國政府決定對中共實施經濟作戰。首先成立「行政院對『匪』經濟作戰策劃小組」。1988 年 8 月，再因組織內部的調整、職能賡續地擴充，行政院續成立行政院大陸工作會報，用以取代過去「行政院對『匪』經濟作戰策劃小組」之職能。1991 年，再為強化組織的決策功能及工作效率，而三度改名為行政院大陸委員會。

　　據 1965 年 9 月 1 日，中國國民黨第 152 次中常會的紀錄，當時中國國民黨總裁蔣中正曾指示政府必須對中共實施經濟作戰之政策構想，稱：「對『匪』經濟作戰應以實行為主，由外貿會主任委員召集，另由經濟部長、經合會副主任委員、國家安全局局長、中信局局長等五人參加。」即命行政院積極策劃推進對中共之經濟作戰。同年 9 月 15 日，蔣也在該黨第 155 次中常會再度指示日後對中共經濟作戰，應以香港為工作重點，要求行政院專案小組必須切實策進。蔣也特別交代稱：對中共經濟作戰是總體戰與全面戰中的重要部門凡屬打擊敵人，增強自己的力量，發生長期或短期、直接或間接功效者，範圍至為廣泛。儘管，當年政府各部門對中共經濟作戰，雖有努力，仍嫌不夠。因此，特令行政院長嚴家淦加強推進，並循「現階段對『匪』經濟作戰方略」循序推展。

　　1965 年 11 月 8 日，遂成立「行政院對『匪』經濟作戰策劃小組」，代號稱「力行小組」，並以此正式對外行文。1987 年 7 月，政

府解嚴以降，兩岸各項管制措施陸續鬆綁，接續開放國內民眾赴中國探親，兩岸民眾往來日益頻繁。為此，1988 年 8 月，行政院先以任務編組的方式，成立「行政院大陸工作會報」（即行政院大陸委員會的前身），即協調中央各部會處理中國事務。由於，該機關位階及業管事務高於力行小組，且參與成員多是各部會之首長，其決策功能日益凸顯，似已取代力行小組之職能。於是，在 1988 年 11 月 17 日，行政院決意廢止「行政院對匪經濟作戰策畫小組組織章程」，力行小組終走入歷史。1990 年 4 月，政府為再強化對中國政策之決策功能及工作推動的效率，特別擬定「行政院大陸委員會組織條例」，作為政策運作之基礎。1991 年 1 月 18 日，該條例經立法院三讀通過。同月 28 日，總統公布施行，行政院大陸委員會正式成為中央統籌處理中國事務之專責機關，接續成為中央部會機關之一。

力行小組工作會議紀錄封面

貳、移轉及整理

　　全宗名稱應正式正名為《行政院大陸委員會檔案》。

　　考察《行政院大陸工作委員會》移轉的時序，發現該全宗分別在 1997 年 1 月及 2012 年 8 月等兩時間點進行移轉，而相關移轉檔案的性質及其內容也大異其趣。

　　1997 年 1 月 15 日，行政院大陸委員會將該會所藏「力行小組」檔案一批 89 冊，移交本館進行典藏。經本館整編後，將該檔案的全宗定名為《行政院大陸工作委員會》，計 89 卷。

　　然而，該批檔案的歷史價值。據該會稱：行政院力行小組係前大陸工作會報的前身，專事對中共實施經濟作戰，由各相關部會首長進行不定期集會商討相關事務，具有永久保存的價值，並要求本館以密件進行

典藏，俟「檔案法」公布實施後，再行辦理解密。因此，當本館完成移轉後，即先以密件進行典藏。2005 年 9 月 6 日，行政院大陸委員會以陸秘字第 0940021497 號函註銷 1997 年 1 月移轉本館 89 卷檔案之機密等級，並開放社會各界應用。

2012 年 8 月 10 日，行政院大陸委員會又移轉該會檔案一批。再經本館整編後，計 124 卷，均無註記機密等級，即開放各界應用。

參、內容

查《行政院大陸工作委員會》檔案，依其移轉時序不同，而檔案的性質與內容多有殊異。

因此，1997 年 1 月 27 日行政院大陸委員會移轉之 88 卷力行小組全體委員會議程及會議記錄，內容屬性較為一致，大多是敘述 1965-1988 年之 24 年間，行政院力行小組召開全體委員會議程 19 卷及全體委員會會議紀錄 3 卷，又有力行小組五人委員會議之議程 52 卷及五人委員會議紀錄 6 卷。另外，也摻雜在 1980-1984 年間，政府放寬對東歐共產國家貿易限制專案小組之會議議程 7 卷及會議紀錄 1 卷。

查上開委員會議程及會議紀錄內容，所列事蹟略有四大面向：首先是法制建構上，即訂定「取締匪偽物品給獎辦法」，取締沒收中國農產品與工業用顏料，並交由警備總司令部進行銷毀，以杜絕「匪貨」流入國內市場。再制定「力行小組營運資金監督管理規則」，期能彈性運用，有效管理對「匪」經濟作戰之基金。其次，在對外經濟貿易上，當年盱衡國際情勢，政府為強化國家在國際貿易的地位，並配合政治外交之目的，於是通過「當前國際局勢下對『匪』經濟作戰之策略」，放寬對日貿易，並強化兩國貿易的連結，免陷於孤立。此外，當年政府對中共實施經濟作戰之主要戰場係在香港、馬來西亞、新加坡等地，更在該地所成立的政府外圍的企業組織，尤以香港一地最為重要，如設立港臺、大星、遠東、臺港、益強等家公司，作為對中共實施經濟作戰的重

要據點，並透過這一些海外公司廣設海外分店，開展海外的委託代銷業務，並吸收港澳來臺僑生加入經營團隊，以拓展在地的政商關係。同時，也委由這一些海外公司展開臺灣的毛豬、尿素等原物料出口貿易，更在香港與中國從事貿易據點之競爭。而這些公司也常扮演政府拓展外交、經援東南亞各國的白手套，如在馬來西亞方面：有經援食米案，委託中華貿易開發公司進行 60 萬美金貿易案及 100 萬英鎊的資金紓困案。在印尼方面有：1 千萬美金信貸案及受委託美棉加工案、政府洽購石油案。在新加坡方面有：中興電機赴新加坡創辦興馬電機工業公司案。在泰國方面有：派彭孟緝大使以美金 5 萬 6 千元籌設國貨陳列室，推動對外貿易等。上開作為無一不是政府與中共在東南亞進行海外商場據點競爭之重要例證。此外，該組也在南美各地積極參加各項國際商品展覽、國際商展及工商展覽會與從事商業活動，以拓展國內產品外銷的能見度。由於，相關經濟活動多屬於檯面下的經濟活動，而非正式國與國之間的經貿往來，故多屬於機密性質。惟在 2005 年 9 月 6 日，註銷密等，開放調閱。從這一批檔案可深度瞭解戰後臺灣在美援中止以後，政府如何積極拓展東南亞國際經貿，又如何在香港及東南亞等進行貿易的金流狀況。

在 1997 年，大陸委員會首批移轉 89 卷檔案之外，在 2012 年 8 月 10 日，行政院大陸委員會再移轉機關檔案一批，交付本館典藏。該批檔案內容相當駁雜，包括政府部門之各治理面向，而該批檔案的產生時序係是集中於 2002-2003 年之間。經翻查這一批機關檔案，大致可以歸納出 15 個面向及相關事蹟，如兩岸人民往來、機關治理、兩岸政治及論述、兩岸經貿發展、兩岸環保協定、政治庇護、國防軍購、加入國際組織、國際輿情、政府基金管理、教育文化、港澳問題、新聞自由、對外政策宣傳，以及體育交流等 15 種面向，而各議題內，收有若干不等的個案。

一、在兩岸人民往來事務方面：包括前任軍職公職人員赴大陸地區任職與臺商加入中共黨員黨職問題案，各類法制修正案「大陸地區配

偶在臺灣地區停留期間工作許可及管理辦法」修正案、「臺灣地區與大陸地區人民關係條例修正案」、「臺灣地區特定高科技人員進入大陸地區任職許可辦法」，「民間慈善團體申請以糧食人道救援大陸災區處理原則及相關限制案」，研商「臺灣地區醫事人員赴大陸地區執業許可辦法草案」會議紀錄，研討慈濟基金會骨髓捐贈中心申請大陸人士來臺取髓交流專案計畫書，臺南市警察局加強查緝大陸偷渡犯與大陸地區人民、港澳居民合法入境非法工作座談會記錄，林毅夫申請來臺奔喪投書意見，民間團體呼籲朝野政黨放棄統獨爭議投書，研商外籍與大陸新娘問題因應對策會議紀錄，研訂移民政策與入出國及移民署設置，外籍與大陸配偶照護輔導與教育，監察委員與大陸配偶座談會，就養榮民申請赴大陸地區定居作業規定等事宜。

二、在機關治理方面：包括行政院大陸委員會施政報告暨行政院院長巡視會務紀錄及裁示事項，行政院對外工作小組執行小組會議紀錄，提供行政院游錫堃院長接受媒體採訪擬答資料，修正「海難救護機構設立管理辦法草案」，有關「戒嚴時期不當叛亂暨匪諜審判案件補償條例」相關函釋，行政院婦女權益促進委員會各種會議紀錄與各項婦女權益工作重點分工表、臺灣婦女團體全國聯合會對政府部會婦女概算編列之建議，行政院院長對交通部華航 CI-116 空難事件後續處理報告及對陸委會「當前經濟情勢簡報」等提示，修正發布「歸化我國國籍者及歸國僑民服役辦法」，全國僑生輔導人員工作研討會綜合座談紀錄，民進黨新潮流系成立臺灣產經建研社吸納陸委會港澳處副處長等常任文官參與一案，內政部消防署承接行政院國家搜救指揮中心會議紀錄、修正行政院「災害緊急通報作業規定」暨災害通報單會議紀錄，提供行政院游錫堃院長赴立法院施政質詢模擬題庫、行政院秘書長與部會國會聯絡人座談會紀錄，大陸委員會推動六減運動九十年度成果表及改進作法，大陸委員會 2002 年 2 月至 2003 年 2 月施政行事曆，陳水扁總統重要競選政見各機關辦理情形報告，行政院第二五七至二五九次研考業務協調會報紀錄等事宜。

　　三、在兩岸政治及論述方面：包括立法委員對中共副總理錢其琛發言所提質詢答覆資料、香港媒體對錢其琛談話之評論重點，立法委員對「一個中國」、兩岸關係問題所提質詢答覆資料，關於陳水扁總統「一邊一國」、「公投立法」及兩岸關係等談話立委質詢與港澳媒體評論，立法委員提案簽訂「兩岸農工商經貿互助合作協定」之答覆資料，有關開放澎湖縣為國際包機進出航點相關事宜座談會會議紀錄，國內漁船僱用大陸漁工及外籍船員問題案、2003年春節期間大陸船員臨時岸置專案計畫執行檢討會議紀錄，中共中央對臺工作領導小組成員名冊案，國防部軍情局函送中共學者專家對我方總統選舉等事務看法，國防部軍事情報局之〈中共分析臺灣統獨勢力消長與未來趨向〉專報、中共上海國際問題研究所對中共政策之建議，香港媒體批評臺獨報導，有關「一國兩制」媒體報導與我方反應，中國異議人士彭明等人成立中國聯邦臨時政府籌備委員會及解散案等。

　　四、在兩岸經貿發展方面：包括研商「戒急用忍」到「積極開放、有效管理」，國人赴大陸投資設廠置產政策之轉變，有關開放陸資公司個人來臺投資置產與大陸地區專業經貿科技人士來臺問題案，有關金門馬祖澎湖實施「小三通」案，有關實施「三通」相關議題案，立法委員質詢有關前監察院院長陳履安招募資金赴大陸投資案，有關開放大陸地區人民來臺觀光案，行政院院長宴請工商領袖並聽取建言紀錄案，立法委員拜會林信義副院長會議記錄，韓國與臺灣在中國大陸市場競爭力之比較分析，有關大陸臺商需求輔導協助案，開放大陸地區農產品鋼鐵等進口案，研商國際機場免稅商店進儲銷售大陸白酒事宜，有關中油公司與大陸地區公司完成潤滑油貿易合作意向書簽署案，臺電公司增加進口大陸煤採購比例案，建請開辦大陸地區輸出保險業務案，有關外籍船舶於我領海內加油後直航大陸是否違反「兩岸人民關係條例」一案，有關設立境外航運中心相關事宜案，當前重大財經情勢會報會議紀錄，臺灣區陶瓷工業同業公會致行政院游錫堃院長「我國陶瓷建材產業解困對策—陳情書」辦理情形彙總及相關資料，有關中小企業問題座談會與吸引

臺商返國投資會談案，立委質詢有關簽訂兩岸 CEPA、香港與大陸簽署 CEPA 案，增進工商團體配合政府政策暨強化組織功能計畫委員會會議紀錄，兩岸經貿觀測小組成立與會議紀錄，參加業界半導體協會代表年會及政府間半導體會議相關事宜。

五、在兩岸環保協定方面：包括連江縣政府促請協調大陸方面妥善處理垃圾禁絕海拋案，有害事業廢棄物輸入輸出過境轉口管理辦法修正草案公聽會紀錄。

六、在政治庇護方面：包括協助偷渡來臺大陸民運人士唐元雋赴美申請政治庇護案。

七、在國防軍購方面：包括立法委員對國防軍售及大陸對臺飛彈，我國未來軍購等問題所提質詢答覆資料。

八、在加入國際組織方面：包括立法委員對中共阻撓我國加入世界衛生組織（WHO）問題及中共國務院副院長吳儀不當發言所提質詢答覆資料，呼籲國際媒體重視臺灣加入世衛組織議題對外國媒體投書，出席 2002 年亞太經濟合作會議（APEC）第十四屆年度部長會議工作階層會議紀錄，提供我國參加亞太經濟合作會議（APEC）代表接受國際媒體採訪擬答資料，亞太經濟合作會議（APEC）衛生部長會議，有關加入世界貿易組織（WTO）之相關問題，加入世貿組織後香港澳門與我方著作權之相互保護問題案，行政院游錫堃院長接見歐州商務協會主席談話紀要、歐洲商務協會關切中華民國政府加入世界貿易組織（WTO）承諾問題及對臺建議書等。

九、在國際輿情反應方面：包括民眾及廠商反映香港機構於各種傳媒矮化政府案，有關 2004 年總統大選國際重要媒體報導彙析與香港媒體之報導，有關陳水扁總統出訪欣榮之旅國際媒體報導彙析報告及香港媒體報導，有關蔣宋美齡女士去世重要國際輿情彙報，美國媒體對中共武力犯臺可能性與美國協防問題，美國對臺政策與臺美關係之報導，美國學術界有關臺獨及兩岸關係議題最新出版論著中文摘要，國外媒體對兩岸關係報導等。

十、在政府基金管理方面：包括立法委員質詢有關中華發展基金問題答覆與擬答資料，該基金預算執行改進及補助、獎助法規及收支保管及運用辦法條文修正案，陸委會主管非營利財團法人基金會設置會計制度情形調查表，財團法人海峽交流基金會九十二及九十三年度營運及資金運用計畫，立法院決議行政院開發基金暫停投資臺高鐵案，國家資產經營管理委員會商中華發展基金等非營業特種基金存續問題，中央政府非營業特種基金存續原則，非營業特種基金短期或契約臨時人員進用及控管機制事宜，中央政府特種基金參加民營事業投資管理要點等。

十一、在兩岸教育文化方面：包括有關開放大陸地區圖書進口各方意見與會議，有關兩岸學生交流與大學間交換教授案，立法委員質詢有關大陸學歷及醫學學歷認證問題之擬答資料，有關兩岸文教交流活動議題案等。

十二、在港澳問題方面：包括有關未經許可之香港或澳門法人得否在我國民事訴訟程序取得為原告或被告之資格一案，有關香港蘋果日報申請來臺設立分公司有無違反「香港澳門關係條例」一案，有關臺灣與香港、澳門航約續約與航權會談及海協會擬於澳門開設境外辦事處案，春節期間兩岸包機直航案，行政院兩岸直航評估報告說明記者會，香港傳媒對呂秀蓮副總統前往印尼度假之相關評論，香港電臺「開心日報」擬訪問呂副總統引發爭議案，香港媒體對我國護照加註臺灣英文字樣之報導評論，港府對我國旅客實施網上簽證措施案，香港媒體對陳水扁總統接見外賓發言與外國媒體採訪之報導，香港媒體對我國新內閣之評論報導，香港媒體對陳水扁總統稱香港特首是傀儡及港府投資推廣署署長盧維思取消來臺招商報導，國際與香港媒體對陳水扁總統推動制定新憲法報導評論，澳門廣播公司播出有關我國之重要新聞摘要，臺灣澳門關係及澳門國父紀念館之報導，澳門媒體有關 2003 臺澳論壇的報導，臺港媒體有關立委章孝嚴率團訪港之報導重點，港澳媒體對我國外交政策對外關係，中共對臺政策及我國安局機密文件洩密案之報導評論，港澳媒體對有關臺港、臺澳、中國臺灣關係報導評論，香港澳門媒體有關臺

商在大陸投資報導，澳門臺灣商會現況、臺港企業座談會會議紀錄及報
導，港澳媒體有關美國總統布希口誤臺灣共和國之報導，修正臺港澳交
流手冊，修正「香港澳門居民進入臺灣地區及居留定居許可辦法」案及
港澳學生畢業後留臺工作相關問題，港澳民間團體人士來臺交流案，中
國司法部公布「香港、澳門特別行政區律師事務所駐內地代表機構管理
辦法」，行政院暨各所屬各機關次長級以上人員「赴港澳地區應注意事
項」，有關海權維護、大陸礁層、專屬經濟海域暫定執法線案，有關香
港基本法第 23 條立法及「國家安全條例草案」爭議，富邦金控公司收
購香港「港基國際銀行」股權案、中共國臺辦與民政部發布「臺灣同胞
投資企業協會管理暫行辦法」，研商「難民法」草案會議紀錄及香港立
法局「中港移交逃犯協定研究」研究報告，港澳地區中華民國國民返國
行使第十一屆總統副總統選舉權應注意事項與宣導事項，對我國計畫推
動公民投票國際與香港媒體相關報導及外國媒體提問之擬答資料等事
宜。

　　十三、在新聞自由方面：包括關於中共加強對赴陸採訪臺灣記者管
制案。

　　十四、在對外政策宣傳方面：包括大陸委員會各處長官接見外賓
拜會擬答參考資料（含總統暨行政院長接見外賓相關大陸政策兩岸關係
問題擬答，及陸委會主委接見外賓拜會中英文紀錄），提供陳水扁總統
及夫人吳淑珍接受媒體採訪擬答資料，提供副總統呂秀蓮接受媒體採訪
之擬答資料，外賓拜會蔡英文主任委員及副主委談話要點會議紀錄，媒
體採訪蔡英文主委之報導，各國駐華大使、代表及部會首長層級官員與
各級行政機關互動實施作業要點，有關前總統李登輝「臺灣正名」運
動立委質詢與民眾陳情之答覆及香港媒體之報導，華盛頓郵報專訪李
前總統，行政院大陸委員會撰「兩岸關係的過去、現在與未來」，政府
首長有關兩岸關係政策重要談話彙整，陳水扁總統於美國《人間事》
季刊發表「不對稱的兩岸關係」專文，行政院嚴重急性呼吸道症候群
（SARS）防治及紓困委員會工作小組管制分組會議紀錄及國外媒體對

我國防疫能力之報導等。

　　十五、在體育交流方面：包括關於體育賽事民眾攜帶國旗進場爭議案及主辦國際物理奧林匹亞競賽相關事宜會議紀錄。

僑務委員會檔案

壹、沿革

與近代世界性大規模人口遷徙同步，19 世紀中葉以降中國海外移民潮下，清季先有外交機構總理事務衙門兼理僑民事宜，1918 年北京政府國務院首設僑務機構僑工事務局，1921 年改設僑務局，掌管「本國在外僑民移殖保育一切事務」。1926 年廣州國民政府設僑務委員會，次年裁併於廣東省政府民政廳。1927 年南京國民政府成立，1928 年中國國民黨中央執監委員會議決議恢復僑務委員會，隸屬行政院，1929 年改隸國民黨中央執行委員會。1931 年國民黨中央政治會議決議改組中央僑務委員會，有關黨務者改為海外黨務設計委員會，有關行政者改組僑務委員會，隸屬國民政府行政院。同年 12 月國民政府制定公布「僑務委員會組織法」，明定該會掌理「僑民的移殖保育」，設秘書、僑務管理、僑民教育等 3 處。1932 年 4 月僑務委員會改組成立，與行政院各部會並列，顯見僑務工作受到當局重視，究其實與日本侵華情勢升高，亟需鼓動僑民反日、運用僑民力量抗日密切相關。

國民政府時期，僑務機構組織及政策漸臻完備。新組織法掌理範圍廣泛，包括調查統計僑民狀況、指導監督僑民移殖、處理僑民糾紛、獎助僑民、管理僑民團體、指導僑民回國投資興辦實業、指導僑民教育及回國求學、辦理文化宣傳等。掌管僑務事項以不與各部會及駐外使館職權相抵觸者為原則，但因僑委會並無常駐國外次級機構，特別規定該會得指揮外交部駐外領事，並得派僑務專員、指導員或視察員，方便在海

外執行僑務。自 1933 年起僑委會復於僑民出入口岸設立僑務局或僑務處，統籌地方僑務工作。1940 年創設僑民教育函授學校，推行海外華文教育。1941 年設立華僑通訊社，擴大海外文宣工作。1942 年附設南洋研究所，由僑委會會同教育部籌辦，進行對主要僑居地南洋的調查研究。

1946 年 12 月國民大會制定頒布「中華民國憲法」，明定僑居國外國民選舉中央民意代表、保護僑民權益、應扶助並保護僑居國外之國民經濟事業發展、獎勵或補助僑民教育事業，將僑務列入基本國策。1947 年 4 月行政院改組，僑委會組織法於同年兩度修正，以符合憲政精神，明定該會掌理僑務行政及輔導僑民事業事項，增設副首長為 2 人，置第一處至第四處，分掌僑務、僑民文教、僑民經濟、及其他。1972 年僑委會增設僑生輔導室；1981 年修正副首長為 2 或 3 人，並明定僑務委員為 90 至 180 人。1985 年僑委會於美國舊金山首度成立海外僑務機構華僑文教服務中心，並逐步增設海外服務據點，以做為服務僑胞、展示臺灣多元文化、推展國民外交的平台。

貳、移轉及整理

國史館典藏的《僑務委員會檔案》，先於 1974 年由行政院移轉該院大陸運臺檔案，2002 年復由僑務委員會移轉大陸運臺舊檔及在臺已失時效案卷、文牘等，檔案年代起自 1930 年至 1990 年，全部已完成初步整理，目前開放閱覽共計 1,074 卷。

參、內容

《僑務委員會檔案》約可分為：總類、僑選中央民意代表、僑民經濟、僑民回國參加慶典等 4 類，簡述如次。

一、總類

包括常務會議、施政計畫、工作檢討報告、戰時行政計畫報告、施政質詢、法規、人事會計等項。

（一）常務會議：含 1932 年 4 月僑委會成立至 1948 年 5 月第一次至第二七四次常務會議議事日程及紀錄，第一四四次至第二七四次常務會議紀錄稿，行憲改組後 1948 年 6 月至 1949 年 1 月第一次至第十五次常務會議議事日程及紀錄，以及會議規則、會議簽到簿、議事日程稿、第一次至第一四○次會議統計表等。

（二）施政計畫：含二十二年度行政計畫及僑務管理處二十三年度施政計畫，二十五年度行政計畫及二十五年一月至六月中心工作計畫，二十六年度行政計畫，二十九年度工作計畫，三十二年度施政計畫等。

（三）工作檢討報告：含二十五年度行政總報告有關人事升降功過調遷，二十九年工作計畫第一期至第四期工作進度報告，二十九年重要工作，報告績優人員及三十年實施計畫，三十五年度政績比較表，三十五、三十六年度上半年工作進度檢討報告，三十七年度上半年工作進度檢討報告等。

（四）戰時行政計畫報告：1939 年 6 月國防最高委員會為考核第二期戰時行政計畫之實施起見設第二期戰時行政工作考核團，函請各機關將實施第二期戰時行政計畫工作進展報告送團核辦。含第二期戰時行政計畫該年 1 月至 12 月工作報告，第二期戰時行政計畫進度報告表等。

（五）施政質詢：含 1948 年 6 月僑委會答覆立委質詢保護僑校僑民財產歧視華僑限制僑民匯款等問題，1948 年 10 月至 12 月僑委會答覆監察院詢問華僑招待所管轄權、菲律賓排華詳情等問題。

（六）法規：含 1947 至 1948 年僑委會組織法案，1947 年 5 月至 1949 年 10 月制訂移民赴暹羅管理暫行辦法，華僑社會服務處籌組辦法，僑務法規及法案等。

（七）人事會計：含僑委會及所屬機關人事、僑委會及所屬人員勛獎、委員長交接、福建僑務處長交接、會計方面之來往公函等。

二、僑選中央民意代表

僑民參政權於北京政府時期確立，僑民享有選舉及被選舉參議員之權利。1913 年第一屆國會選舉，規定由僑居地各商會、中華會館、中華公所、書報社等各選出一名選舉人，於北京組成華僑選舉會選出議員 6 名，1916 年再公布「參議院華僑議員選舉施行法」。1931 年國民政府公布「國民議會代表選舉法」及施行法，規定由華僑團體選出華僑代表 26 名，採職業代表制，並由選舉總監督委託國民黨海外黨部，或中華會館、中華公所、書報社等

第二期戰時行政計畫進度報告表

調查華僑團體選舉資格。1936 年國民政府為籌備憲政，公布「國民大會代表選舉法」，規定以僑務委員長為僑民國民大會代表選舉總監督，由僑委會選定之華僑團體推舉分區候選人，再由華僑於政府指定之二倍名額中複選產生代表，至 1940 年大致選出僑民代表，惟因戰事國民大會未能召開。戰時國民參政會則由僑委會推薦、國民黨中央遴選華僑參

政員 6 名。戰後 1946 年召開之制憲國民大會之僑民代表係經調整選區後重新選舉產生，因故未能辦理僑選之地區，則由國民政府遴選委員會依法另予遴選，同年 11 月公布 41 名海外代表名單。

　　1947 年為因應行憲，國民政府公布國大代表、立法委員、監察委員選舉罷免辦法，規定僑民選舉除監委選舉外，一律採普通平等直接與公開競選方式，於全國選舉總事務所之下設立僑民國大代表立法委員選舉事務所，僑委會委員長為該所當然委員兼主席，海外各選區分設選舉事務所，駐各地領事或僑團負責人為該所當然委員兼主席，組織選舉委員會，辦理選舉。監委之僑民選舉採間接選舉方式，由各選區華僑團體經選舉人 10 人以上連署選出候選人複選產生，選務由僑委會兼辦。然因多數選區選務困難受阻，至 1949 年仍未完成僑民中央民意代表選舉。1972 年政府公布「動員戡亂時期僑選增額立法委員及監察委員遴選辦法」，規定僑選增額立委與監委之遴選事務，由總統指派僑委會及有關機關熟諳僑情人士組織遴選工作委員會，遴選應注意其在各地區、年齡、性別、籍貫、職業等之分配與代表性，及其對華僑社會、國民外交等之貢獻與成就，國民凡符合「動員戡亂時期公職人員選舉罷免法」規定、僑居國外 8 年以上得登記為候選人，並規定遴選僑選增額立法委員及監察委員總計 25 名。1980、1989 年兩度修正公布遴選辦法，遴定僑選增額立法委員及監察委員總計 37 名、39 名。

　　僑務委員會相關檔案包括選舉人名冊、華僑團體職員履歷表及會員名冊、投票簿、選票及誓詞、候選人參選資料及簽署書、選務機構、遴選工作委員會、遴選工作各地區遴報小組及遴選案、當選人公告及證書等項。

　　（一）選舉人名冊：含 1947 年僑選中央民意代表選舉人名冊，旅
　　　　　秘魯道禧玉埠中華商會選舉人名冊，巴西僑民選舉人名冊，
　　　　　英屬毛里西斯僑民選舉人名冊，巴拿馬僑民選舉人名冊，美
　　　　　國各主要城市僑民選舉人名冊，緬甸僑民選舉人名冊，紐西
　　　　　蘭僑民選舉人名冊，法屬馬達加斯加僑民選舉人名冊等。

（二）華僑團體職員履歷表及會員名冊：含 1947 年旅秘魯利馬埠
　　　番禺會員名冊，旅秘魯加益地埠中華會館職員履歷表及會員
　　　名冊，旅秘魯打剌拉埠抗日分會會員名冊，巴拿馬國巴京中
　　　華總商會會員名冊，巴拿馬國巴京中山公所會員名冊，英屬
　　　千里達埠中華會館會員名冊，瓜地馬拉國華僑總會會員名冊
　　　等。

（三）票簿、選票及誓　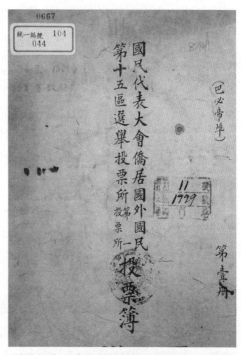
　　　詞：含 1937 年中美
　　　僑選監督呈繳有效
　　　選舉票、廢票及誓
　　　詞，智利僑選監督
　　　呈繳僑團名冊投票
　　　錄、開票錄，巴拿
　　　馬僑選監督呈繳之
　　　選舉票，大溪地僑
　　　選監督呈繳之有效
　　　選舉票，1947 年僑
　　　選國大代表投票簿
　　　等。

（四）候選人參選資料及
　　　簽署書：含 1947 年
　　　僑選國大代表候選
　　　人名冊，僑選國大

國民代表大會僑居國外國民第十五選區選
舉投票所第一投票所投票簿

代表、立法委員候選人簽署書，1978 年候選人資料卷，1980
年候選人資料卷，1983 年候選人資料卷，1986 年立委備選
人卷，1989 年立委候選人及備選人資料、推薦書等卷。

（五）選務機構：含 1936 年國民大會在外僑民代表選舉事務所會
　　　議紀錄、分組送文簿、卷宗登記簿、木戳等，1947 年國民

大會代表、立法院立法委員僑居國外國民選舉事務所選舉委員會會議紀錄，1972年選舉總事務所案，1986年中央選舉委員會有關卷，1989年中央選舉委員會有關卷等。

（六）遴選工作委員會：1980年動員戡亂時期僑選增額立法委員及監察委員遴選工作委員會成立通知、人事等卷，1986年遴選工作委員會成立及撤銷、人事令、經費預算、會議通知、一般建議、工作報告、遴定人選公布後僑社反應、移交清冊等卷，僑選增額立法委員及監察委員遴選實錄，1989年遴選工作委員會成立及撤銷、人事令、會議通知及議程、會議紀錄、一般建議、簽呈、工作報告、僑情反應、移交清冊等卷。

（七）遴選工作各地區遴報小組及遴選案：含1972年遴報小組案、遴選案、遴選問題各方意見等卷，1975年遴選工作資料、候選人遴選、遴報等卷，1983年僑選增額立法委員遴選資料卷，1986年遴選工作各地區遴報小組工作補助費，1989年各地區遴報小組召集人參加人聘函、工作補助費、遴選資料等卷。

（八）當選人公告及證書：含增額立、監委當選人公告，當選人賀函暨慰勉函，僑選國大代表、立法委員當選證書存根，頒發當選證書等卷。

三、僑民經濟

包括回國僑民事業輔導、戰時損失報告、華僑經濟事務、海外募銷公債、僑民福利等項。含1941年至1946年回國僑民事業輔導委員會專卷，1945年華僑戰時損失報告，1946年至1948年華僑經濟事務專卷，1948-1949年僑胞儲券換購美金公債、美金公債海外募銷等卷，1960年第一屆福利委員會名冊、第一次至第十次福利會議紀錄，1961年第二

屆福利委員會一般文件、第一次至第九次會議紀錄、波密拉颱風補助案，1963 年第二屆福利委員會一般文件、第一次至第八次會議紀錄，1964 年第四屆福利委員會葛樂禮颱風救濟案、會議紀錄等。

四、僑民回國參加慶典

包括僑團僑民回國參加慶典有關各項。含 1960 年參加 10 月慶典僑團實際到臺人數統計表及各團名冊、回國僑團接待小組公文簿冊，1962 年海外各地僑團回國參加 10 月慶典代表團名冊、來臺預報表，1964 年參加 10 月慶典僑團及個別僑胞名冊、人數統計冊、回國僑團接待組工作會議紀錄及其他文件、參加總統茶會名冊，1965 年雙十國慶大遊行籌備工作座談會會議紀錄及 10 月慶典暨國父百年誕辰紀念回國僑團接待組工作會報紀錄、國父百年誕辰紀念個別僑胞回國參加慶典名冊、10 月慶典回國僑團及個別僑胞人數統計表，1966 年 10 月慶典預報表暨接待組工作進度表，1967 年慶典回國僑團僑胞接待組工作報告，1972 年慶祝中華民國第五屆總統、副總統當選就職活動要點等。

行政院國軍退除役官兵輔導委員會檔案

壹、沿革

1949 年國共內戰失利，中華民國政府撤退臺灣，大批官兵與眷屬跟隨政府渡海來臺。為使國軍新陳代謝，永保精壯戰力，政府於 1952 年建立退伍除役制度。1954 年 11 月 1 日，蔣中正總統為使參與東征、北伐、抗戰、戡亂諸役，半生戎馬，功在國家的退除役官兵，能夠在離營後，於政府的妥善照顧下，投入社會，繼續貢獻國家，遂成立「行政院國軍退除役官兵就業輔導委員會」，統籌規劃辦理退除役官兵就業輔導及安置事宜。

嗣後由於服務層面擴大，不再局限於就業輔導，1966 年更名為「行政院國軍退除役官兵輔導委員會」，統籌辦理輔導榮民就學、就業、就醫、就養及一般服務照顧等工作，以使名實相符。

到了 21 世紀，政府為因應全球化，開啟組織改造工程以提升國家競爭力。行政院國軍退除役官兵輔導委員會秉持組織整併、員額精簡及業務擴增之原則，調整組織架構，提升業務功能，承接國防部退除役給付業務，擴大服務對象及範疇。2013 年 7 月 3 日，制定公布「國軍退除役官兵輔導委員會組織法」。11 月 1 日，更名為「國軍退除役官兵輔導委員會」（簡稱退輔會、輔導會），為中華民國專門處理退伍軍人就業、就學、就醫、就養與服務照顧等五大事項的機關。退輔會在臺灣各地的所屬機關有 16 所榮民之家、19 所榮民服務處、15 所榮民醫院（包含 3 所總院及 12 所分院）、5 處農場等機構以及榮民工程公司等轉投資

公司。

貳、移轉及整理

　　國史館典藏之退輔會檔案，係本館秉持徵集史料原則，行文該會，由該會將其所屬機構 31 單位歷年來保管逾限擬燬檔案清冊送請本館審選調閱，將具有史料價值者移送本館典藏，所以該會先後於 1969、1982 年兩次移轉該會檔案至館，計有 326 卷，檔案起迄時間從 1952 年至 1999 年。

參、內容

　　退輔會檔案除 6 卷因涉及機密而尚未開放外，其餘都可調閱，茲將主要內容大致分類介紹如次：

一、國防部大同合作農場的檔案

　　大同合作農場的檔案依其性質又可細分為：

　　（一）大同合作農場經費：為國防部電屏東、彰化、嘉義、花蓮、臺東、宜蘭、桃園等大同合作農場檢發 1952 年度經費預算表等。

　　（二）大同合作農場的人事任免，內容包括：

　　1. 人員甄選試卷：包括吳奇東、關寶琳等參加大同合作農場人員甄選成績評分表暨試卷。

　　2. 國防部及各地大同合作農場人員任免：包括國防部大同合作農場 25 卷、彰化大同合作農場 6 卷，臺東大同合作農場 5 卷、宜蘭大同合作農場 10 卷、嘉義大同合作農場 4 卷、花蓮大同合作農場 3 卷、國防部大同合作農場 25 卷、屏東大同合作農場 4 卷，共 82 卷。各卷的內容為各大同農場人員的任免提敘支薪等往來公文，如國防部令彰化大同合

作農場准楊樹楷改敘比照委任九級支薪等人事案件、國防部令嘉義大同合作農場准墾員王亞立、徐謁火、鄭雲生三員離場等人事案、准派任程秋焚為農業技術員等人事案、國防部令屏東大同合作農場准唐毅奇等改敘比照薪級等人事案件，或是請長假、自謀生活、潛逃除名等。

　　（三）國防部大同合作農場事務管理：因各大同合作農場的經營管理有需與當地之地方政府或是省政府所屬機關洽辦的事務，如國防部電第五十二軍司令部所需蔬菜種籽防蟲藥劑等可與地方政府洽辦等。

　　（四）國防部大同合作農場財務管理：為各地大同合作農場在經營上需要購置農耕器具等項目，如屏東大同合作農場呈國防部購置農墾機拖車及平土器等。

　　（五）國防部大同合作農場業務報告：為各地大同合作農場的業務報告。

　　（六）國防部大同合作農場土地事務：集中於各大同合作農場土地相關事務，有各地大同合作農場土地的來源、面積清查

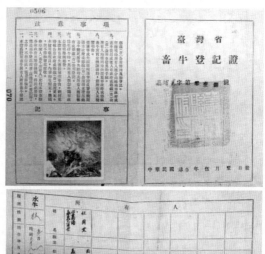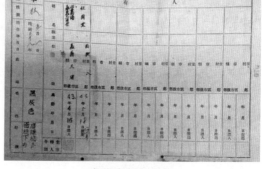

臺灣畜牛登記證

核算、各部隊與農場或是臺灣糖業公司、省政府及各級地方政府土地之交接過程與糾紛的解決處理，或是土地之利用等，如國防部函總政治部派員出席有關國防事業使用已依法放租公有土地會議、部隊公田移轉退輔會、部隊移交公田面積不符等；臺東大同合作農場呈國防部池上等墾區土地房屋工具交接清冊及統計表等；臺灣省政府函國防部宜蘭縣為擴

建員山國民學校擬使用配撥部隊生產用地；臺東大同合作農場呈國防部關山墾區土地 26 甲已接收完竣等；臺灣省政府函國防部宜蘭三星墾區土地交換使用糾紛請速核定辦法；國防部令聯勤總部為第四十九師耕地報繳軍部准予備案等；臺灣糖業公司電國防部報告劃交該部接管土地之接收情形等；國防部令聯勤總司令部裝甲兵旅農場土地交接清冊准予備查等；陸軍第四軍官戰鬥團呈國防部嘉義農場財產清冊服務人員名冊公田現況表；陸軍第一軍司令部呈國防部該部農場財產及現有服務人員清冊等；高雄要塞司令部呈陸軍總部公田農場現況調查表；花蓮彰化宜蘭各大同合作農場呈國防部 1953 年度 2-9 月份業務報告表；國防部令陸軍總部第八十軍興建營房司令臺材料費准在農場收益項下歸墊等；聯勤總司令部令准將臺南陸軍第一建築基地內劃撥第一肺病療養院作農場用地等；國防部電虎嘯農場所請發差假證及免費乘車證應逕向直屬主管領取等；國防部令憲兵第八團臺北市政府請撥用公地一節歉難同意等；溪洲糖廠土地案；屏東農場土地記錄表發還核示；軍事用地會報決定有關主管部分、二一〇三部隊呈報公田耕種情形及處理意見、克難生產用地、省府請求交還臺東中學土地案；臺東大同合作農場函請臺東縣政府補送移交該場墾區土地所有權狀等；宜蘭農場擬與農戶交換使用土地、省民張隆陳情私有土地與農場糾紛、彰化溪州兵工墾區土地經營會商事項；臺東縣政府電國防部陳柏照陳情發還承領公地案、斗六糖廠土地的撥交、第四戰鬥團撥用公地、簡有耳等陳情書、臺糖隘寮區土地放耕、七八八五部隊辦理山腳土地交接情形；聯勤總部呈國防部第七九八八部隊公田移交應如何處理等。

　　（七）國防部大同合作農場墾地事務：為關於各大同合作農場墾地事務的內容。

　　（八）國防部大同合作農場公田事務：為省政府應國防部請求，將公有荒地撥配給部隊進行耕作開墾。內容包括部隊公田撥配、各地公田面積數量表、出席公田會議、農場公田現況及生產一覽表、農場財產清冊、農場現有房屋；也包括兵工墾區的移接，如臺灣省政府電請國防部

接管鹽埔、芳苑、社子、三星等兵工墾區等。

　　（九）國防部大同合作農場生產事務：時間包括 1953 年 12 月至 1954 年 1 月，國防部令催各農場按月填寄生產調查報告表、1953 年生產報表、花蓮農場呈報 1954 年 10 月份生產報表及該場芝麻小麥及劣牛處理情形、屏東農場、宜蘭農場、臺東農場農產收益及臺東大同合作農場呈報 1953 年度試種菸草生長不良、工作人員與生產單位獎金案、核復生產收穫處理辦法等。花蓮、彰化及宜蘭大同合作農場 11 月份農產品處理月報表等。

　　（十）國防部大同合作農場種苗配給：內容包括國防部令第九一五八部隊派員逕往省農林廳洽領種籽、屏東大同合作農場向園藝分所洽辦鳳梨苗、木麻黃樹苗、彰化農場補發除蟲菊種子、麻苗等。

　　（十一）部隊肥料配給：內容有第四六四七部隊、五十軍三十六師、海總部、二〇六師、八十七軍司令部、第六十七軍、東防司令部等單位向國防部政治部轉請農復會配給肥料等。國防部電請臺灣省糧食局肥料運銷處撥配第五四五二部隊肥料等。國防部電請糧食局肥料運銷處通知肥料價格等。聯合勤務總司令部軍需署代電國防部總政治部須通知扣繳以免部隊有所推諉而致糾紛。國防部電第九一五六部隊免扣肥料價款未便照准等。

　　（十二）國防部大同合作農場牲畜養殖：內容為國防部令嘉義大同合作農場第一中隊耕牛倒斃；合作農場場員李麟祥、汪慧泉處理耕牛失當議處；各地大同合作農場的

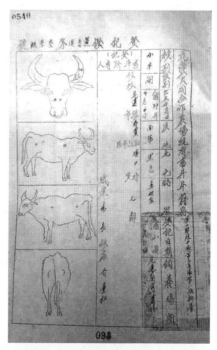

花蓮大同合作農場現有畜牛牛籍冊

牛籍冊、農場耕牛異動情形、耕牛生病狀況；也有農場飼養雞隻之調查、耕牛飼養費調查、牛價調查等。而各大同合作農場之種雞、病牛、豬隻之出售、核銷等，都需呈報上級核准後才可做下一步之處置事宜，這些亦在檔案內。

二、退輔會所屬工廠的檔案

　　包括退輔會所屬工廠，如臺南工廠、飲料工廠、地毯工廠、製藥廠、桃園工廠、榮工處等附屬工廠對所產成果之擴大授權意見案、退輔會臺南工廠為爭取外銷業務，函請大能企業惠告所代理工業用金鋼砂說明書及樣品等。

三、退輔會所屬機構承攬的工程項目

　　可細分為國內工程與國外工程，前者有曾文水庫工程、高速公路南崁交流道工程、碧潭橋工程、大林電廠基樁工程、大林電廠防波堤工程、林口發電廠工程、臺中港籌建工程、臺中港房舍工程、左營靖波計劃工程、高雄港各碼頭工程、龍宮計劃碼頭工程、深沃突堤碼頭工程、海神計劃、蘇澳港千噸碼頭工程、左營西碼頭重建光復計劃水電工程、高雄中鋼廠工程、中央印製廠工程、國史館辦公大樓工程、故宮博物院倉庫工程。後者國外工程的承攬，則以國家來分，而非工程計畫項目，有亞洲各國工程承攬、利比亞工程資料、馬來亞等工程承攬、美洲各國工程承攬、沙烏地公路工程、越南工程、印尼、關島工程、狄亞哥島挖泥工程等。除此之外，還有關於工程成本事務及中華民國營造工業同業公會全國聯合會函請榮工處調整鋼筋木材單價等。

四、石材工藝品的採掘與外銷

　　以大理石製品為主，包括大理石材總目、大理石礦採取、大理石

材外銷、大理石材手工藝品內外銷、大理石材展覽、推廣及大理石廠設備、石灰石等。

五、會議紀錄

　　內容有（一）退輔會所屬機構行政會議紀錄，如退輔會第一榮民林業工作隊 1970 年度第一次、第二次行政院務座談會紀錄、灣橋榮民療養院 1970 年 6 月份行政業務座談會議暨榮譽團結會議紀錄。（二）退輔會會議會報，包括 1973 年會屬機構首長座談會紀錄、該會 1973 年度輔導會議紀錄、年終業務檢查準備工作會議及各工業工程商礦機構首長座談會議紀錄等。除此之外還有工程會報、工程月報等，如曾文水庫工程會報、曾文水庫工程處函退輔會榮工處曾文水庫工程施工第 137 至 160 次會報紀錄等。及國防部物資司電總政治部派員出席勘察臺糖公司荒地會議、請轉配售水泥、籌撥水利經費以利農場生產、設計農田小給水路、嘉義農場檢送 1954 年度事業計劃、催報各農場 1954 年度事業計劃、臺糖土地放領問題、勘察臺糖荒地紀錄與國防部保密軍官 1954 年度第一、三、四、五次工作會報紀錄及國防部令總政治部第九組頒發「介壽館保密實施細則」等。

六、法令規章

　　有退輔會法令規章、工程法令規章及會計法令等。

七、榮民教育、訓練

　　如灣橋榮民療養院榮民教育擔聘任教師及實施辦法、退輔會 1973 年檢發《榮民生活教育手冊》初稿要各機構召開有關人員展開研討，所有桃園工廠榮民生活教育教材研討會紀錄。又如遺孤救助、年節慰問、福利金、榮民婚姻、榮民與軍官調配通知、榮民動態查詢、風氣革新、

幹部教育、文化康樂、精神講話以及榮民優秀選拔等。

八、研究發展

如人事業務研究發展，由退輔會函各附屬機構人事室 1973 年 3 月份人事業務研發會議進行包括退役軍人就業研究、人事組織功能研究等建議事項。退輔會 1973 年度研究發展叢書、研究發展報告、1972 年度研展報告評審案及研展工作參考事項等。

九、永安計畫

包括退輔會令新竹廢彈處工廠 1971 年度永安演習計畫大綱、永安演習之協調會議、視導計畫、警部與各單位重行簽訂作戰支援協定及榮民印刷廠永安計畫一般指示、永安演習視導計畫、永安計畫教育訓練等，惜榮民印刷廠部分，因涉及機密，尚未開放。

十、其他

如國防部保防事務、公共關係，為苗栗縣自謀生活退除役官兵聯絡中心陳報歡迎蔣經國訪美榮歸大會活動情形、報導闢謠、中心工作計劃，以及國軍退除役官兵輔導委員會 1999 年大事記。

行政院主計處檔案

壹、沿革

　　1912 年中華民國成立後，頒布「中華民國臨時政府中央行政各部及其權限」，其所設九部中之財政部，管理會計等事務。袁世凱就任臨時大總統後，遷至北京就職，在北京政府時期，於國務院財政部下設會計司，掌理國家預算、決算、會計等事務，並於同年 9 月編成民國元年全國歲入歲出總預算，以銀元為核計單位。1914 年北京政府頒布「中華民國約法」，改責任內閣制為總統制，廢國務院而於總統府內設政事堂，下設主計局掌理籌議財政、稽核預算、辦理統計及其他有關計政事務，此為計政與財政劃分之始。1916 年袁世凱稱帝，繼之軍閥割據，內戰頻仍，致主計工作幾近停頓。

　　1925 年廣州國民政府成立，次年誓師北伐，1927 年奠都南京，並任命古應芬為財政部長，部內設有會計司，為辦理預算編制及會計等事務之專責單位。國民政府成立初期，國家預算之撥款等事宜由財政部掌理。1928 年 8 月制定「預算委員會條例」，明定預算委員會直隸於國民政府，掌理預算之核定及實施事宜。

　　1931 年 4 月，依據國民政府主計處組織法成立「國民政府主計處」，掌管全國歲計、會計、統計事務，分設歲計、會計、統計 3 局，置主計長 1 人，主計官 6 人兼任各局局長、副局長，全國各機關主辦歲計、會計、統計之人員，受所在機關長官之指揮，並對主計處負責。後歷經多次組織變革，1948 年 5 月配合憲政實施，改隸行政院，設主計

部，隸屬雖有變更，但主計機關依法所辦理預算、決算、會計、統計等
業務之職掌並無更張，保持主計組織超然之功能。1949 年 3 月配合政
策改為「行政院主計處」。1973 年 11 月及 1983 年 5 月因應政事迅速發
展、主計職責日益增加，分別修正組織法。2012 年 2 月配合行政院組
織改造，並對內部單位作適度檢討，改制為「行政院主計總處」。

　　主計總處辦理的歲計、會計、統計工作，具有相互為用的整體性，
亦即以統計資料作為編製施政計畫與預算的參據，依據預算執行辦理會
計紀錄、製作決算，根據相關紀錄以及調查資料產生統計報告，併稱為
主計體系。又因為主計系統所執行的是政府財務活動的規範與記載，必
須秉持超然的精神，方能提供公正客觀且確實的資訊。主計總處為最高
主計機關，由上而下，一為主計體制的超然系統；二為主計人事的超然
系統，即主計人員的任免（遷調）、獎勵、考核，概由主計主管機關負
責主持，不由所在機關長官處理；三為主計職責（務）超然，主計人員
依會計法、統計法等規定可超然獨立行使其職務，不受影響。

貳、移轉及整理

　　國史館典藏之主計處檔案，屬於大陸遷臺舊檔的部分，除主計處預
算檔案，屬於該處史政資料未移轉，僅影印留存參考外，於 1974 年移
入本館典藏。又 1999 年 5 月 10 日，又移來行政院主計處大事紀（民國
元年至七十九年）1 卷。檔案內容涵括時間，以 1937-1949 年為主。

參、內容

一、人事類檔案

　　包括全國主計人員員額及機構報告表、會計機構組織暨員額調查、
會計機構組織及員額編制、會計機構人員查報、地方會計機構員額編

制、主計處歲計局人事、主計處人員考績、主計處人員勛獎、公務員進修考察、高普考試及格人員實習任用、文武人員調整待遇（三十二、三十六、三十七年）、調整司機技工待遇（三十六年）、三十八年各項待遇、三十一至三十七年度各機關生活補助費、三十一年度各機關員工食米代金、三十三年各地米代金標準、三十四年度各地米代金標準等。

二、法規類檔案

　　包括人事法規、主計部組織法、財政法規、預算及決算法規、預算法修正草案、預算法規、審計法規、修正本處分層負責辦事細則、三十六年度中央政府預算編審辦法、三十七年度上半年追加概算處理辦法、三十七年度下半年經費預撥辦法、戰時國家總預算編審辦法、中央機關生活補助費及公糧費報銷辦法、公務員生活補助費及公糧代金核發調整辦法（30 年至 33 年）、公務員生活補助費辦法、公款收支存匯辦法、立監委員歲公費支給辦法、三十二年度各機關分配預算編制辦法、三十三年度國家總預算經費保留數動支辦法、各省財務收支統制紀錄暫行辦法、各機關學校節餘俸薪及生活補助費移充福利用途實施辦法、減發生活補助費實施辦法、存款檢查糾正改進事項、改進國庫款項支撥辦法、國庫收支結束辦法、配發公教人員食米辦法、機關結束遣散費發給辦法、未經立法程序之機構應從速完成立法、田賦徵實辦法、南京市國大代表及立法委員選舉辦法等。

三、歲計業務檔案

　　除主計處歲計局施政計畫外，另有：

　　（一）預算相關檔案：二十六及二十七年度緊縮預算、二十七年度國家普通歲出總預算、二十八年度國家普通歲出總預算、二十九年度中央政府歲出總預算、三十年度中央政府總預算、三十一年度國家總預算、三十二年國家歲入出總預算、整理三十二年度國家歲入出總預算、

三十三年度國家總預算、編審三十三年總預算資料及意見、三十三年度
國家總預算覆核、三十三年國家歲入出總預算、三十四年度國家歲入出
總預算、三十四年度國家總預算、三十四年度國家總預算分表、三十四
年度國家總預算書、三十四年度國家總預算編審原則、三十四年度各機
關分配預算簡化主計報表、三十五年度國家歲入出總預算、三十五年
度國家總預算、三十五年度國家總預算編審原則、三十五年還都預算、
三十六年度中央政府總預算草案底稿、三十六年度國家歲入出總預算、
各機關應嚴守預算限制（三十六年）、三十六年度中央政府總預算、
三十七年度上半年政府歲入出總預算、三十七年下半年度中央政府總預
算及特別預算、三十八年度中央政府總預算、各機關還都經費預算、預
算科目編製等案。

　　（二）預算之執行相關檔案：
三十年度中央政府追加追減預算、
三十一年度國家歲入出一二三四次
追加減預算及三十年度動支預備
金、三十二年度動支第二預備金及
追加追減、三十三、四年度國家歲
入出第一、二次追加減及動支第二
預備金、三十三年度追加預算、動
用三十三年度第二預備金及追加減
三十三年國家歲入出第一次擬定預
算、三十三年度國家總預算第二次
追加減案、三十四年度核定各機關

三十八年度應變疏遷

追加預算、三十四年度追加特別辦公費、三十四年度追加減歲入歲出預
算、三十四年度動支第二預備金追加及歲入出第四次追加擬定預算、
三十四年度國家歲入出追加減預算及動支第二預備金、三十五年度各機
關追加減預算及動支第二預備金、三十五年度各機關追加經費數額總分
表、三十五年度各機關追加辦公費標準、三十五年度核定各機關追加預

算、三十五年度國家歲入出追加追減預算、三十六年度行政院所屬機關追加經費、三十六年度追加減預算、三十六年度追加預算限制辦法、三十六年度國務會議核定追加預算、三十六年度增加各機關辦公費及文職人員辦公費、國務會議審議三十七年度追加預算、緊急命令撥款應嚴加緊縮並限兩個月內辦理追加手續等案。

（三）概算相關檔案：三十年度中央政府總概算、三十年度食糧補助追加概算、三十一年度國家總概算、三十一年度裁撤機關結束遣散費改作三十二年度歲出概算、三十二年度國家歲入出總概算、三十二年度國家總概算編審原則、三十三年度概算編審標準、行政院及所屬各部會三十七年度歲入出概算等案。

（四）決算相關檔案：二十九年度中央政府總決算、三十年度中央政府總決算、三十一年度國家總決算、三十七年度國家總決算、三十二年度國家總決算、三十三年度國家總決算、三十四年度國家總決算、三十五年度國家總決算、民國 35 年度國家歲入出總決算書表等案。

四、會計業務檔案

包括中央機關會計業務改進事項、民國三十年度中央會計總報告、催送統制紀錄會計報告（三十二年至三十六年）等。

五、決議與報告檔案

包括民國三十七年各機關現金收支報告、民國三十七年各機關現金收支報告、民國三十七年聯勤財務署軍費收支報告、民國三十六年各機關現金收支報告、各會計單位現金收支報告、民國三十五年參政會四屆二次會對財政報告決議、行政院處理物資督導團會議紀錄、物資供應局各地庫存檢查整理委員會總報告、國民參政會議財經建議事項、提高行政效能總檢討會議、歲計局業務檢討及學術會議紀錄等。

六、其他

　　包括三十七年下半年度各機關施政計劃、三十七年度上半年行政院
所屬追加概算、三十七年度追加第二預備金、三十二、三、四年度公務
員醫藥補助費、三十八年度各機關辦公費標準、三十八年度應變疏遷、
公務人員免費贍家滙款、主計處歲計局檔案移交清冊、主計業務改進、
各地國庫動態、行政院主計處大事紀（民國元年至七十九年）、查報擔
任有給職退除役軍官俾停發退役俸、國父陵園管理委員會經費、國營事
業財務基金預決算制度意見、現金收支報告格式及填表說明、設計考核
問題意見、經濟緊急措施方案、編送文獻館暨年鑑資料等。

行政院人事行政局檔案

壹、沿革

　　行政院人事行政局於 1967 年 9 月 16 日依據「動員戡亂時期臨時條款」授權總統調整中央政府的行政機構與人事機構而成立，1993 年 12 月 30 日再據「中華民國憲法」增修條文規定，完成組織的法制化，成為行政院常設機關，負責統籌行政院所屬機關及地方機關的人事行政，掌理人力規畫、進用、訓練、考核、待遇、福利、人事人員管理及相關考銓等業務。2012 年 2 月 6 日，配合中央政府組織改造，改制為行政院人事行政總處。

　　行政院人事行政總處掌理下列事項：一、人事法制的研究建議及行政院所屬機關人事行政的綜合規劃；二、行政院所屬機關及地方機關人事機構設置、人事人員管理、訓練、進修與人事資訊系統的研析、規劃及推動；三、行政院所屬機關組織結構功能與行政法人制度的研析及推動；四、機關員額管理的研析、規劃、監督、評鑑與有關法令的研擬及解釋；五、行政院所屬機關及地方機關公務人員考試分發、任免、級俸與陞遷的規劃、執行及國營事業機構負責人、經理人派免的審核；六、行政院所屬機關及地方機關公務人員訓練、進修與在職培訓發展的規劃、執行及評鑑；七、行政院所屬機關及地方機關公務人員服務、差勤的研究建議與辦公時間的規劃、擬議及考績、考核、考成與獎懲的規劃及執行；八、員工給與的規劃及擬議；九、行政院所屬機關及地方機關公務人員退休、撫卹的核轉、研究建議與保險、資遣、福利的規劃及執

行；十、其他有關人事行政的政策規劃、執行及發展業務等。行政院人事行政總處下設綜合規劃處、組編人力處、培訓考用處、給與福利處、人事資訊處 5 處，秘書室、人事室、主計室、政風室 4 室，法規（暨訴願審議）委員會、軍公教員工待遇審議委員會二任務編組，及公務人力發展中心、地方行政研習中心二附屬機關。

貳、移轉及整理

國史館典藏的《行政院人事行政局檔案》係該局於 1977 年 1 月 7 移轉，共 9 卷、53 件。現已完成初步整編成 8 卷，但尚未進行分件細部整編，亦未數位化。檔案起迄時間自 1967 年至 1972 年。

參、內容

《行政院人事行政局檔案》目前僅典藏 8 卷，國史館檔案管理人員進行整理編目時，為尊重移轉機關，仍立全宗，以待未來擴充。主要內容依卷次簡介如下：

一、分類職位公務人員動態登記卷（1972 年 1 月至 1972 年 4 月）

包括行政院研究發展考核委員會函知舉行綜合考查中央機關推行便民工作座談會、臺灣省政府人事處呈報公務人員調職辦理動態登記之研究結論和行政院人事行政局的改進建議、行政院人事行政局第一三一三次會報紀錄、行政院新聞局函請提供出版品於該局紐約辦事處展覽或出售等案，以及這些案件的相關資料和行政院人事行政局的處理公文。

二、政府官員任免通知卷（1968 年 12 月至 1969 年 9 月）

包括國史館函知館長黃季陸已接印視事、交通部民用航空局代電

通知毛瀛初已接任局長、國立中央大學理學院函知該院銅質印章啟用日期、臺北市政府建設局函知局長楊基銓已到職視事、私立華興育幼院函知院長兼華興中學校長江學珠已到職視事、行政院秘書處函送向立法院第四十三會期提出之施政報告、國立中央大學理學院函知院長劉浩春已到職視事、行政院人事行政局函國防研究院該局受訓學員江國瑗請假參加會議、行政院令稿及函稿為紀念美國前總統艾森豪逝世全國各機關學校下半旗一天誌哀、財政部人事處呈二月份研究發展會議專題研究報告等案，以及這些案件的相關資料和行政院人事行政局的處理公文。

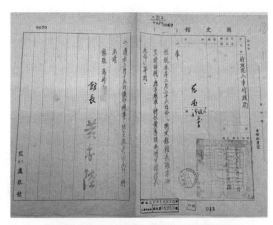

國史館函知館長黃季陸已接印視事

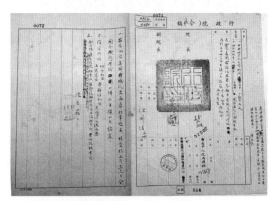

行政院令稿及函稿為紀念美國前總統艾森豪逝世全國各機關學校下半旗一天誌哀

三、行政革新研究卷（1972 年 6 月至 1972 年 8 月）

　　包括行政院人事行政局函復行政院研考會有關工商登記審查意見、行政院人事行政局處理各界響應中央建言運動徵求人事行政興革意見（共 5 案）等案。

四、人事行政施政方針草案卷（1967 年 9 月至 1968 年 7 月）

包括五十八年度人事行政施政方針草案、行政院研考會函送行政院六十年度施政計劃編審辦法草案等案，以及這些案件的相關資料和行政院人事行政局的處理公文。

五、行政院施政報告卷（1971 年 2 月至 1972 年 1 月）

包括行政院秘書處函送行政院向立法院第四十七會期提出之施政報告、行政院研考會函送行政院六十一年度施政計劃印製及預定配賦數量等案，以及這些案件的相關資料和行政院人事行政局的處理公文。

六、行政院研考會管考會報紀錄（一）卷（1969 年 12 月至 1970 年 4 月）

包括行政院研考會與有關機關管制考核第二次業務會報開會通知、會報紀錄、第三次管考業務協調與專題研究合併座談會開會通知、行政院令舉行業務考核檢討會議、行政院研考會函送行政院業務管制考核檢討會議第一次會議紀錄等案，行政院研考會管考協調中心通報有關教育部、外交部、經濟部、財政部、交通部、內政部、臺灣省政府糧食局、行政院國軍退除役官兵輔導委員會、行政院人事行政局、司法行政部、臺灣省政府、臺北市政府等機構各次選項實驗作業協調座談會議紀錄，以及這些案件的相關資料和行政院人事行政局的處理公文。

七、行政院研考會管考會報紀錄（二）卷（1970 年 4 月至 1970 年 9 月）

包括行政院研考會函送各級行政機關研考業務擴大協調座談會報紀錄、行政院研考會與有關機關管制考核第六次業務協調會報開會通知、會報紀錄、行政院研考會函送第九次業務協調會報紀錄等案，以及這些

案件的相關資料和行政院人事行政局的處理公文。

八、行政院研考會業務協調會報紀錄卷（1971 年 8 月至 1971 年 11 月）

　　包括行政院函送六十年度實地考核各機關項目及日程表、行政院研考會函送六十年度工作考成準備協調會議紀錄、行政院研考會第十七次研考業務協調會報開會通知、會報紀錄、行政院研考會第十八次研考業務協調會報紀錄、行政院研考會函請派員查證六十一年度由行政院列管案件等案，以及這些案件的相關資料和行政院人事行政局的處理公文。

中央銀行檔案

壹、沿革

中央銀行為國家主要的金融機構，當今世界各國為實施貨幣政策和對金融業進行監督管理之需，均成立中央銀行，作為國家貨幣當局和金融體系中心，中華民國亦不例外。早在民國建立之初，有識之士即力加倡導成立中央銀行，甚至著手籌設，但因爭戰不休，時局動盪，或因運作時間短暫，制度無法完備；或因實際控制的區域有限，均難以發揮中央銀行真正的職能。

例如北京政府時期，只能以中國銀行和交通銀行共同執行中央銀行的部分職能，而未能成立真正的中央銀行。又如孫中山雖始終認為欲求革命成功，不僅要有健全的軍隊訓練，而且要有完善的金融組織，因此極力催生中央銀行，1924 年 8 月，中央銀行在廣州正式開業，宋子文擔任行長。1927 年，中央銀行漢口分行成立，時任財政部長的宋子文仍兼任行長。但無論是廣州中央銀行或漢口中央銀行，由於其政權短暫且勢力有限，並沒有發揮中央銀行的作用，更沒有建立起中央銀行制度。但是廣州中央銀行是第一家以中央銀行為名的國家銀行，雖然還不算真正的中央銀行，卻是南京國民政府中央銀行的濫殤。

國民政府定都南京後，財政部長宋子文深感成立中央銀行已刻不容緩，1928 年 6 月，在主持召開全國經濟會議時，討論籌設中央銀行問題，並通過提案，決定要仿效英、法、德、美等國金融制度，設立國家銀行；7 月，在全國財政會議上，宋又宣布將「組織國家銀行，以代

理國庫、發行鈔幣、整理金融為唯一任務」。10 月，國民政府公布「中央銀行條例」20 條，規定中央銀行為國家銀行，由國民政府設置經營之。11 月 1 日，中央銀行正式成立，總行設在上海，宋子文以財政部長身分擔任首任央行總裁。

1933 年 4 月因軍費及預算問題嚴重，宋子文與蔣中正發生激烈衝突後辭職，由孔祥熙繼任財政部長兼央行總裁。為挽救國民政府財政窘迫，蔣中正、孔祥熙和宋子文在武漢開會密商，決定對中國銀行和交通銀行增資改組，及再度提高中央銀行地位。孔善於經商理財，且於國府中具有良好之人際關係。而當時亦有不少上海金融界菁英直接間接投入該行業務發展，央行持續快速成長。分支機構亦急速擴張，1928 年只有南京分行和下關辦事處，到 1937 年已增長至 48 處。

抗戰期間，央行總行遷往重慶，在西南、西北增設機構，至 1943 年，分行、辦事處已達 110 多個，行員 3000 餘人。抗戰勝利後，淪陷區行處恢復，後方行處進行歸併或撤銷。至 1948 年，央行設有南京、杭州、漢口、重慶、成都、廣州、桂林、廈門、昆明、貴陽、北平、天津、青島、西安、蘭州、瀋陽一等分行 16 處；鎮江、南昌、長沙、梧州、濟南、太原、開封、洛陽、鄭州、迪化（今烏魯木齊）等 20 處二等分行，淮陰、山海關等三等分行 25 處，辦事處和國稅處四處。

戡亂戰事失利，政府由南京遷往廣州，央行總行亦一併遷來，廣州分行便承擔起總行所有對外業務，廣州分行一躍成為特等銀行，直至政府遷臺。

遷臺之初，原有編制僅保留 6 單位，重要業務均委由臺灣銀行辦理，包括：通貨之發行、收受各銀行存款準備金、辦理重貼現及轉質押、代理國庫、辦理國際匯兌業務等，以致此時中央銀行有名無實，由臺灣銀行代行實質之中央銀行業務。

1961 年 7 月 1 日根據「中央銀行復業方案」，央行在臺北復業，復業後的央行開始另一階段的新局面，在促進國家經濟整體發展及物價金融穩定方面俱扮演著更積極更重要的角色。依據 1979 年 11 月 8 日修

正及公布的「中央銀行法」，中央銀行由總統府改隸行政院，經營目標明訂為促進金融穩定、健全銀行業務、維護對內及對外幣值的穩定，並在上列的目標範圍內，協助經濟發展。隨著經濟快速成長，中央銀行所肩負的首要任務由原先的追求經濟高度成長，轉變為維持物價與金融穩定，並積極參與金融體系的建制與改革。

貳、移轉及整理

　　《中央銀行檔案》原來存放於上海，1949 年底政府遷臺時，即與各政府機關同樣面臨所屬檔案遷臺的問題，據學者林桶法在《1949 大撤退》一書中提到，中央銀行秘書處文卷 231 箱、會計處文卷帳冊 297 箱、國庫局文卷帳冊 231 箱、業務局帳冊文卷 525 箱、理事會文卷 3 箱、監事會文卷 3 箱、人事處文卷 47 箱、發行局文卷帳冊 87 箱，還有物資 53 箱，共計 1317 箱，都於 1 月 24 日交由從上海開往臺灣的太平輪運臺，惜該輪於航行中沉沒，因此檔案損失殆盡，令人遺憾。

　　1996 年 7 月 8 日，國史館函中央銀行，要求該行按行政院函，將「各機關大陸運臺舊檔案及在臺已失效之案卷文牘移送國史館珍藏」，8 月 10 日，中央銀行將該行會計處所藏尚存之其他分行檔案移轉本館典藏，共計 209 卷。移入本館後逐卷進行清點，並繕妥移轉檔案目錄清冊，於 1998 年 9 月 28 日開放閱覽。2008 年 9 月 25 日，隸屬中央銀行的中央造幣廠 36 卷案卷亦移轉至國史館典藏，一併收入《中央銀行檔案》。

　　由中央銀行會計處移轉國史館之案卷為未經掃描之原件，多為一些帳冊報表，帳冊一般採用的是各地出版社印行的現成帳簿，精裝裝訂，保存較易，只有因案卷裝訂之鐵卷夾生鏽腐朽，有解體之虞外，一般的保存情況較佳；另外有一些決算表或日記簿，則是由銀行內部平常填具的各式大幅報表整理而成，因紙質單薄，版式亦有參差，裝訂時只簡單加上封面穿線裝訂而成，致損毀較為嚴重。又統計各分行案卷的保存情

況，破損較為嚴重的有南雄分行 6 卷、泉州分行 1 卷、福州分行浦城辦事處 2 卷、鼓浪嶼分行 7 卷，其他各分行案卷則多保存良好。

在中央銀行史料之後，方移入國史館的中央造幣廠史料，亦為尚未掃描之檔案原件，其案卷最早始於 1950 年「提存間歇時期費用標準」，最晚可至 1997 年的「會計什件（三）」，因為檔案年份距今較近，因此保存情況遠較本館典藏的央行各地分行帳冊良好。

參、內容

國史館《中央銀行檔案》按其內容可分兩大類：一為中央銀行轉移之各省分行或辦事處之各種帳冊報表等案卷；一為在中央政府遷臺後，由原隸財政部後改隸中央銀行，並由中央銀行移轉國史館之中央造幣廠案卷，茲分述如下：

一、中央銀行

如上所述，中央銀行總行檔案已在太平輪沉沒事件中損失殆盡，所幸如今典藏於國史館的包括廈門、青島、汕頭、定海、泉州等共 30 個各省分行案卷計 209 卷仍能保存下來。案卷雖尚未進行數位掃描，然而原件保存狀況尚可，惟或許是因為這批史料以各式帳簿或報表為大宗，不論資料爬梳或數據統計俱費時日，至今研閱利用者仍然不多。

案卷年代最早者為 1937 年福州分行的浦城辦事處一批同業現金分戶帳、存款分戶帳、保管品記錄簿、匯出匯款記錄簿等帳冊。其次為 1942 年至 1945 年資料，包括 1942 年南雄分行的保證金分戶帳、暫時存款記入帳及鼓浪嶼分行的決算表與活期存款分付帳等一批帳本，1944 年廈門分行暫記收付款記入帳及永春辦事處的一批帳本，1945 年南雄分行的付出帳、收入帳、聯行往來分付帳等一批帳本，泉州分行的活期存款帳、儲藏物品出納簿等，漳州辦事處收入帳、付出帳、存款帳、存

款質押透支帳等。

　　大部分的案卷多係政府遷臺前的 1946 年至 1949 年帳冊表報，保存卷數以廈門分行為最多，其次則為汕頭、青島、定海、泉州、寧波、鼓浪嶼、濟南、海口等分行，再次為永春、浦城、漳州等辦事處，其他如東北的長春、錦州、承德、瀋陽，華北的北平、山海關，西北的酒泉、哈密、寧夏、歸綏、西寧、蘭州與西南的四川自流井、雲南昆明、貴州貴陽和廣西柳州等分行或辦事處。

　　由於保存了大陸時期各地央行分支行處數量不少，而這些各地分行與總行或各分行彼此之間都有頻繁的往來，所以如今由各分行保存所謂「聯行來往」的案卷，對於央行總行與分行關係或分行與各地分行的來往情形亦可得一粗略的輪廓；這些分行辦事處史料亦可作為各地支行設立與發展之見證，而由各種形態的帳冊之往來項目與金額，可看出各分支行處業務狀況。

　　茲以央行青島分行案卷為例，其內容有決算表、日記簿、總分類帳、存款準備金帳、應付款項等明細分類帳、同業存款帳、活期存款帳、暫記收款帳、存入保證金帳、聯行往來分付帳。有金圓、銀元、白銀、黃金及銀行資產的各項統計，亦有現金、重質押透支、同業質押透支、活存質押透支、應收款項、原幣餘額表、聯行往來、雜項支出等帳目，相當龐雜。

　　在來往交易的對象方面，如應付款項記入帳中，就有一些與軍政人物相關，如袁名偉、葉佩高等往來帳目；或與地方金融機構相關，如同業存款帳，其中有山東省銀行、上海銀行、大陸銀行、金城銀行等全國各地銀行或山東各地錢莊、票號、銀號等往來紀錄；亦有政府單位，如山東省政府、第十一綏區司令部、山東省民食調配委員會、津浦鐵路管理局等機構的來往帳目等，都可以進一步進行梳理研究，其蘊含之史料價值，實不容小覷。

二、中央造幣廠

中央造幣廠原屬財政部，北京政府於 1920 年即在上海成立上海造幣廠，為中央造幣廠之前身，1928 年改名中央造幣廠，1933 年正式開鑄。但是在政府遷臺以後改隸中央銀行，先設廠於臺北市酒泉街，1976 年遷建新廠於桃園龜山。

就檔案內容區分，中央造幣廠檔案可分三類：一為與央行有關之案卷，與中央印製廠同屬央行附屬機關，檔案中的中央銀行查帳二卷、中央銀行清理中央造幣廠撥付經費、中央銀行投資中央造幣廠、中央銀行理監事會議紀錄、審計部查帳等案卷都與央行監督有關。一為機關本身的帳冊、法規，如會計業務查報表、處理帳務清理暫付款、各年度預算 6 卷、各年度決算 6 卷、會計什件 3 卷、會計通令 4 卷、廠令雜項等。一為與員工薪給、活動相關之案卷，如員工向廠方借款、提存間歇時期費用準備、員工生產獎金 3 卷、公務員義務勞動 2 卷。

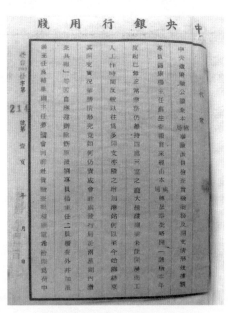

中央銀行致中央造幣廠代電

行政院新聞局檔案

壹、沿革

　　行政院新聞局於 1947 年 5 月 2 日成立，歷經多次改組，於 2012 年 5 月 20 日裁撤，機構走入歷史。

　　1947 年 4 月 17 日，國民政府擴大改組，行政院設立新聞局，4 月 22 日國民政府公布「新聞局組織條例」，同年 5 月 2 日新聞局於南京成立。1949 年，行政院新聞局改組為行政院新聞處，其後為了精簡機構，於同年 4 月奉令撤銷。1950 年 4 月，行政院設置發言人辦公室，負責新聞發布及國際宣傳等事宜。之後為了因應國內外情勢發展，1954 年 1 月 1 日，恢復新聞局原有建制，並擴大職責，工作目標為闡明國家政策、宣導政令政績、向國內外發布重要新聞、有效運用大眾傳播媒體、在國外積極開展新聞文化工作、加強對敵文化作戰以及為國內外新聞界及一般人士廣泛提供有效服務等。1999 年 7 月 1 日，臺灣省政府新聞處因精省改隸新聞局，為新聞局中部辦公室。2001 年 9 月 16 日，中部辦公室更名為地方新聞處。2012 年 5 月 20 日，行政院新聞局裁撤，相關業務移至行政院、外交部、文化部及所屬影視及流行音樂產業局。

　　新聞局之編制自成立後經過多次改組，1947 年設 3 處 1 室：第一、二、三處、秘書室、駐外新聞機構；1968 年設 3 處 5 室：國內宣傳處、國際宣傳處、資料編譯處、視聽資料室、聯絡室、秘書室、人事室、駐外新聞機構；1973 年設 6 處 5 室：國內宣傳處、國際宣傳處、

出版事業處、電影事業處、廣播電視事業處、資料編譯處、視聽資料室、聯絡室、秘書室、人事室、會計室、駐外新聞機構；1981 年設 8 處 4 室：國內宣傳處、國際宣傳處、出版事業處、電影事業處、廣播電視事業處、資料編譯處（含光華畫報雜誌社）、視聽資料處、綜合計畫處、聯絡室、總務室、人事室、會計室、駐外新聞機構；2011 年設 9 處 5 室：國內新聞處、地方新聞處、國際新聞處、出版事業處、電影事業處、廣播電視事業處、資料編譯處（含光華畫報雜誌社）、視聽資料處、綜合計畫處、聯絡室、總務室、會計室、人事室、政風室、資訊小組、法規委員會、訴願審議委員會、駐外新聞機構。

　　新聞局各處室之業務執掌，依據 1981 年 1 月修正公布之行政院新聞局組織例，可以略窺其內容：

　　一、國內新聞處：負責國內新聞工作之策劃；政令之宣導及政府公共關係業務之推行等事項。

　　二、國際新聞處：負責國際新聞文化工作之策劃；對外宣傳書刊及視聽資料之統一運用；新聞局駐外單位之工作指揮及考核等事項。

　　三、出版事業處：負責出版事業之登記、輔導、管理、獎勵；國內外出版品進出口審核等事。

　　四、電影事業處：負責電影製片事業之輔導、管理及獎勵；電影機構及團體之輔導與管理；電影片之規劃、分配、檢查及准演執照之核發等事項。

　　五、廣播電視事業處：負責廣播、電視事業之輔導及管理、調查、統計；廣播、電視機構、團體及節目供應事業之輔導及管理事項。

　　六、資料編譯處：負責國外輿情之蒐集、研究、分析與編譯；圖書資料之蒐集、整理與保管；中外文新聞文化書刊之編撰、出版與分發等事項。

　　七、視聽資料處：負責新聞照片、新聞影片、新聞紀錄片、幻燈片集及電視片攝製及供應；對外廣播節目錄音帶、唱片之製作及交換以及展覽圖片之製作等事項；應外國來訪記者的要求提供技術服務。

八、綜合計畫處：負責國內外新聞工作之綜合規劃設計；敵情資料之蒐集、研判與運用；研考等業務。

九、聯絡室：負責駐華外國記者、來華外國記者及外國來華訪問人士之接待聯絡；外國新聞機構駐華記者申請註冊；對留華外國學生之協助聯繫事項。

十、總務室：負責文書、檔案、機要、電務、印信、出納、庶務及其他不屬於各處室之事項。

十一、會計室：負責歲計、會計與統計等事項。

十二、人事室：負責人事管理及人事查核等事項。

貳、移轉及整理

國史館典藏之《行政院新聞局檔案》共經歷三次移轉，說明如下：

第一次移轉：1975 年 12 月 26 日，行政院新聞局函送擬銷毀之 1975 年檔案 43 案之清冊至國史館，國史館檢視檔案之史料價值後，刪整為 12 卷，於 1976 年 11 月 2 日移入。

第二次移轉：1979 年 11 月 15 日，行政院新聞局函送擬銷毀之 1973 年至 1978 年檔案清冊一份，經國史館檢視檔案之史料價值後，於 1980 年 2 月 1 日移入檔案 92 卷，計 247 件及附件 68 件。帷該次移轉後，國史館整理發現移轉目錄所列案名與檔案實際案名不符，且檔案之檔號相同但案名不同者甚多。

第三次移轉：1981 年 10 月 15 日，行政院新聞局函送擬銷毀之 1974 年至 1980 年檔案清冊一份。經國史館檢視檔案之史料價值後，於 1981 年 12 月 23 日移入檔案 34 卷，計 72 件、附件 23 件。

參、內容

由新聞局移入國史館之檔案經過整編，現藏檔案共 84 卷，檔案日

期為自 1972 年至 1977 年之間，主要可分為駐外業務、電影戲劇、廣播
電視、其他業務等 4 類。分述如下：

一、駐外業務

如駐外新聞處周報，主要收集遠東新聞社、東方社等新聞局駐外
國機構所陳報之當地報刊刊載有關中國之評論報導、剪報及與各界連繫
情形，包括新聞局駐波昂處工作週報、新聞局駐哥倫比亞處工作週報、
新聞局駐阿根廷處工作週報、新聞局駐華盛頓新聞處週報、新聞局駐美
西辦事處週報、駐越南大使館新聞處工作週報；以及各國政情輿情如波
蘭、希臘、義大利、法國、日本等國諸案。

二、電影戲劇

（一）會議紀錄：包括影劇業公
會及協會會議紀錄，如中華民國電影
製片協會、臺北市影片商業公會、電
影戲劇協會、中國影評人協會、中國
文藝協會、中華民國圖書出版社業協
會、編劇協會等相關會議紀錄，以及
國片海外供應協調會議紀錄、電影廣
告節約小組會議紀錄、國片海外供應
協調會議紀錄、支援中央電影公司拍
攝「一飛衝天─高志航傳」影片協調
會議，以及國片供應海外如日本、委
內瑞拉、智利、阿根廷等國諸案。

（二）管理及改進建議：包括
電影業管理及改進建議、國片輔導建
議、影片放映須知，以及來自各界的

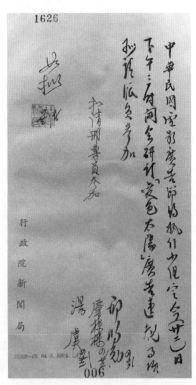

中華民國電影廣告節約執行小組
會議通知

檢舉及信函，例如民眾檢舉影片內容鼓勵人犯罪、檢舉影片擅自刊登廣告、檢舉戲院常映演色情影片、檢舉電影未上映前之試片會後即於報紙刊登新聞稿並不妥、檢舉美片商涉嫌漏稅等；新聞局發給戲院管理函、僑委會報告海外演出狀況、公會與協會對政府之陳情建議如補助影片在海外市場擴展的方針、總統蔣公逝世周年各種放映活動及注意事項等案。

（三）其他：電影製片協會立案登記、中華民國電影製片協會報請立案、十月慶典影片宣傳事宜、電影「八百壯士」宣傳、電影相關問題詢答、國片准演相關問題、外片問題、阿拉斯加華僑意欲出借介紹台灣影片於當地放映、駐英新聞處檢送「中華民國政府與人民之目標」說明、外國影劇界人士訪華等案。

三、廣播電視

（一）廣播電視電影會議紀錄：廣播電視業會議紀錄、廣播電視業各種會議記錄如中華民國電視學會、中國青年反共救國團、強化大眾傳播文化事業座談記錄、警總廣播安全會報等，以及電影及廣播電視會議紀錄、歌星違規演出應予吊銷演員執照等案。

中央廣播電台匪情評述

（二）管理及改進建議：廣播電視改進建議。

（三）復興廣播電臺廣播文稿彙輯：復興廣播電台之廣播文稿彙集，皆為批判共產黨之「匪情評述」。

（四）廣播電視臺心理建設計畫執行成果：此類檔案包含各類內容，其中由各電視台、廣播電台所提出心理建設計畫為最大宗，亦包括革新社會風氣計畫報告、華視副總經理蕭政文訪美加報告等。

（五）臺視十二年大事記：收錄臺灣電視公司 1961 年至 1974 年之大事記。

四、其他業務

（一）翻譯書信：包含各種書信的英文中譯，如總統致唁電文、總統祝詞文章「為亞太糧食與肥料技術中心成立」、監察委員陶百川致美國參議員傅爾勃賴特評論時事書、1970 年萬國博覽會中國館、總統題詞、代譯英法日文、《史迪威事件》一書之英譯、劉安全喪葬、新聞局文稿翻譯等案。

（二）會議紀錄：包含中國大陸災胞救濟總會會議、世盟亞盟會議等案。

（三）僑團及海外活動：包含國慶期間澳洲華僑籌組回國致敬團、海外工程發展及農業援外成果、嚴孝章報告我國海外工程發展及農業援馬拉威成員之簡報資料、公民營事業駐外商務單位聯繫要點、新聞宣傳工作會報「論國人西化姓名的定音定位法」一文、中美文經合作等案。

（四）相關資料：包含提供海外學者關於臺灣與中華民國關係資料、駐德新聞處發函說明德人請求提供我軍服軍旗軍事儀節等資料、行政院新聞局 1975 年重要紀事等案。

國家通訊傳播委員會檔案

壹、沿革

　　中華民國政府為落實憲法保障的言論自由，謹守黨政軍退出媒體的精神，促進通訊傳播健全發展，維護媒體專業自主，有效辦理和管理全國通訊傳播業務，確保通訊傳播市場公平有效競爭，保障消費者及尊重弱勢權益，促進多元文化均衡發展以及提升國家競爭力，於 2004 年 1 月 7 日公布施行「通訊傳播基本法」，並於 2006 年 2 月 22 日設立國家通訊傳播委員會，成為電信通訊和廣播電視等訊息流通事業的最高主管機關，也是受行政院監督的獨立機關。此後，凡通訊傳播相關法規，包括「電信法」、「廣播電視法」、「有線廣播電視法」及「衛星廣播電視法」等，其中所涉職掌原屬交通部、交通部電信總局、行政院新聞局者，主管機關均變更為國家通訊傳播委員會；其他法規涉及該會職掌者，亦同。

　　國家通訊傳播委員會掌理下列事項：一、通訊傳播監理政策的訂定、法令的訂定、擬訂、修正、廢止及執行；二、通訊傳播事業營運的監督管理及證照核發；三、通訊傳播系統及設備的審驗；四、通訊傳播工程技術規範的訂定；五、通訊傳播傳輸內容分級制度及其他法律規定事項的規範；六、通訊傳播資源的管理；七、通訊傳播競爭秩序的維護；八、資通安全的技術規範及管制；九、通訊傳播事業間重大爭議及消費者保護事宜的處理；十、通訊傳播境外事務及國際交流合作的處理；十一、通訊傳播事業相關基金的管理；十二、通訊傳播業務的監

督、調查及裁決；十三、違反通訊傳播相關法令事件的取締及處分；十四、其他通訊傳播事項的監理等。國家通訊傳播委員會由主任委員、副主任委員和 5 名委員共 7 人組成委員會議，下設綜合規劃處、基礎設施事務處、平臺事業管理處、射頻與資源管理處、電臺與內容事務處、法律事務處等業務單位，秘書室、人事室、會計室、政風室等幕僚單位，以及北區監理處、中區監理處、南區監理處等附屬機關。另為辦理辦理通訊傳播監理業務，設置通訊傳播監督管理基金。

貳、移轉及整理

國史館典藏之《國家通訊傳播委員會檔案》係該會於 2009 年 8 月、2010 年 6 月分批移轉原交通部電信總局檔案，共約 89 件。現已完成初步整編成 16 卷，但尚未進行分件細部整編，亦未數位化。檔案起迄時間自 1997 年至 2000 年。

參、內容

《國家通訊傳播委員會檔案》目前僅典藏 16 卷，且為原交通部電信總局檔案，惟國史館檔案管理人員進行整理編目時，為尊重移轉機關，並秉持「檔案來源」的原則，特增設本全宗，以待未來擴充。這批檔案主要內容是與 1990 年代後期的電信自由化有關，茲依卷次循序簡介如下：

一、電信編碼相關事宜卷（1997 年 4 月至 1998 年 9 月）

包括電信總局函送無線電叫人編碼原則及配號作業說明會會議紀錄、電信總局函送電信網路中長期編碼計畫修訂草案、電信總局函送行動電話編碼核配作業檢討會議紀錄等案。

二、電信資費相關事宜卷（1997 年 2 月至 1998 年 5 月）

包括電信總局函中華電信股份有限公司同意備查數位式行動電話特別業務收費標準草案、行政院經濟建設委員會函送電信資費計算公式草案審議結論等案。

三、設置電信警察事宜卷（1997 年 1 月至 1997 年 3 月）

包括交通部函送研商設置電信警察大隊相關配合事宜會議資料、會議紀錄修正簡便行文表、內政部函有關交通部建議成立電信警察及電信警力任務編組等案，及電信總局的處理公文。

四、雜卷（1998 年 3 月至 1998 年 9 月）

包括交通部函送研商撰寫「我國二十一世紀議程，第七章：永續交通與通信」議題及分工會議紀錄、電信總局簽呈交通部有關無線電叫人業務之分區執照開放為全區執照案研議結果及相關資料等案。

五、有關國際電信組織及相關機構活動參與事宜卷（1998 年 7 月）

包括電信總局函送參加亞洲太平洋經濟合作會議（APEC）電信工作小組第十七次會議暨相關研討會報告書、電信總局函請內部處室提供 1998 年 2 月至 7 月電信自由化重大措施或法規改革中英文資料以為亞太經合會電信工作小組第十八次會議電信政策報告參考等案。

六、數位式低功率無線電話業務卷（1998 年 6 月至 1998 年 9 月）

包括交通部函送修訂第一類電信事業之業務項目及範圍、開放時程、開放家數一覽表、駐美國臺北經濟文化代表處經濟組電傳函請提供有關開放低階個人行動通信服務相關資料及電信總局的電傳函復、美國

貿易代表署關切開放低階個人行動通信服務、交通部函送電信總局專案
報告低階行動電話業務開放事宜會議紀錄、電信總局函復立法委員林文
郎質詢低階行動電話開放政策時程變更、電信總局函送低階個人行動通
信業務開放計畫研究案期中報告審查會議紀錄、期末報告審查會議紀
錄、遠傳電信股份有限公司函請暫緩開放低階行動電話業務、經濟部國
際貿易局函請處理美國貿易代表署關切低階個人行動通信設備標準對美
商造成歧視案及電信總局的電傳函復、和信電信股份有限公司函送有關
開放數位式低功率無線電話之頻譜使用規劃建議及電信總局的函復、電
信總局函送數位式低功率無線電話業務之開放策略會議紀錄、交通部函
送有關電信總局就再次開放數位式低功率無線電話業務之評估意見等
案。

七、財團法人臺灣網路資訊中心籌備
計畫書（草案）卷（1998 年 6 月）

包 括 臺 灣 網 路 資 訊 中 心
（TWNIC）檢送財團法人臺灣網路
資訊中心籌備計畫書草案。

八、其他（2000 年 4 月至 2000 年 12
月）

包括交通部函請電信總局對九十
年度中日技術合作計畫方案作業要點
及中日技術合作計畫實施計畫研提意

臺灣網路資訊中心（TWNIC）檢送
財團法人臺灣網路資訊中心籌備計
畫書草案

見、交通部函送有關駐美代表處對美國在臺協會說明美方關切國際海纜
電路出租及電信市場自由化等事相關資料、電信總局函復有關美國參議
院外交委員會主席赫姆斯等四位參議員聯名關切電信市場開放相關規
定、電信總局函送為因應部長率團出席 APEC 第四屆電信部長會議所研

議擬開放電信業務項目及相關內容
概述、電信總局函送為英國經濟學
人情資中心大中國地區商情資訊主編
Paul Carey 拜會案所提供電信業發展
現況資料、交通部函有關電信警察隊
任務編組核發工作獎勵金細部支給要
點、交通部郵電司函有關內政部函報
行政院修正警察機關工作獎勵金支給
要點等案，及開會通知、移交單等公
文。

交通部函送有關駐美代表處對美國
在臺協會說明美方關切國際海纜電
路出租及電信市場自由化等事相關
資料

九、向立法院交通委員會業務報告卷（2000 年 2 月至 2000 年 8 月）

　　包括電信總局函送有關交通部
向立法院第四屆第三會期交通委員會
提出書面業務報告電信業務部分之內容、電信總局函送為行政院向立法
院第四屆第四會期提出口頭施政報告所撰擬之資料等案。

十、中華民國交通業務概況畫冊有關國家通訊傳播委員會部分資料卷（2000 年 1 月）

　　包括電信總局函為彙編八十九年版「中華民國交通業務概況」畫冊
檢送八十八年版畫冊中電信資料。

十一、擴大國內需求方案卷（2000 年 4 月至 2000 年 7 月）

　　包括電信總局函送有關擴大國內需求方案所提報之八十九年第一季
民營電信業投資計畫推動情形書面檢討報告、第二季報告。

十二、行政院提昇國家競爭力工作計畫卷（2000 年 1 月至 2000 年 5 月）

包括電信總局函送有關行政院提升國家競爭力工作計畫案總體經濟組及國際化與企管組部分該局主管業務配合辦理情形、中華電信股份有限公司函送有關行政院提升國家競爭力工作計畫辦理情形表、交通部函送有關辦理行政院提升國家競爭力工作計畫第八次績效檢討、電信總局函送有關行政院提升國家競爭力工作計畫之基礎建議組部分該局八十八年下半年配合辦理情形表、行政院經濟建設委員會「提升國家競爭力工作計畫」八十八年全年績效檢討分組複評會議開會通知單、交通部函知行政院核可提升國家競爭力工作計畫結案等案。

十三、行政程序法卷（2000 年 6 月至 2000 年 11 月）

包括電信總局函請中華電信股份有限公司配合行政院大陸委員會及交通部因應行政程序法之施行檢討有關兩岸電信經營之實施辦法、交通部函請配合行政程序法之施行審慎檢討主管業務涉及大陸事務之法規命令及行政規定、電信總局函報交通部為配合行政程序法之施行主管業務涉及大陸事務之「開放臺灣地區與大陸地區民眾間接通信實施辦法」辦理情形等案。

十四、加強對各國經貿工作計畫卷（2000 年 2 月至 2000 年 11 月）

包括經濟部國際貿易局函請提供有關美國電信業者團體針對我國未履行與美國簽署電信相關協定內容之中英文說明資料、經濟部國際貿易局函請處理有關美國參議院外交委員會主席赫姆斯等四位參議員聯合致函關切電信市場開放相關規定等案。

十五、APEC 相關事宜卷（2000 年 1 月至 2000 年 10 月）

　　包括電信總局函送八十九年 APEC 第一次資深官員會議（SOMI）議題中有關電信暨資訊工業部長會議之我方立場資料、外交部國際組織司函送 APEC 資深官員會議主席林玉成致各會員體資深官員有關會議主題通函及附件、外交部國際組織司函送出席八十九年 APEC 第一次資深官員會議行前會議紀錄、經濟部國際貿易局函送出席 APEC 電子化個別行動計畫（E-IAP）研討會報告、行政院經濟建設委員會函送「APEC 邁向知識經濟」（Towards Knowledge-based Economies in APEC）最終報告、外交部函送「二○○○亞太經濟合作（APEC）各工作小組／論壇之重要決議暨我主導及參與之工作計畫執行情形表」等案。

十六、工作獎勵金卷（2000 年 5 月）

　　包括電信總局函知交通部同意有關內政部函報行政院修正警察機關核發工作獎勵金支給要點並將續編該項下年度預算等案。

行政院海岸巡防署檔案

壹、沿革

行政院海岸巡防署，是中華民國的海域執法與巡防救難工作的司法警察機關，負責巡防各港口、沿岸地區、離島、領海及專屬經濟區，執行查緝毒品、走私與偷渡等治安事務。為確立「岸海合一」之執法機制，行政院於 2000 年 1 月成立部會層級的海岸巡防署，以維護國家權益與人民生命財產安全。

以往的海岸及海洋相關事權，長期由內政部警政署水上警察局（前身為淡水水上警察巡邏隊、保安警察第七總隊）、財政部關稅總局、國防部海軍總司令部及海岸巡防司令部、國家安全局情報業務處、行政院農業委員會漁業處等機關分別執掌，各單位透過國防部海岸巡防司令部（前身為臺灣警備總司令部）主導的行政院治安會報以協調工作項目及情資，然而往往因事權不一，致使海防工作無法順遂，乃有整合成立海巡專責機構的構想。

1999 年 3 月 18 日，國家安全會議提出「海岸巡防專責機構編成案」。2000 年 1 月 14 日，立法院通過「海岸巡防法」與「行政院海岸巡防署組織法」，1 月 26 日經總統公布生效；1 月 28 日，行政院整合國防部、內政部警政署及財政部關稅總局有關海防與海事安全的執法機構，成立行政院海岸巡防署（簡稱為海巡署），是以海岸、海洋兩個巡防總局，以及北部、中部、南部、東部 4 個地區巡防局，配置各岸巡、海巡隊，組成海巡署所屬機關。原國防部海岸巡防司令部，改編為海巡

署的海岸巡防總局;原內政部警政署水上警察局,改編為海巡署的海洋巡防總局;財政部關稅總局移撥的 8 艘大型緝私艦,正名為巡防艦,分別納編至各地區巡防局轄區,成立機動海巡隊,改制成為司法警察體系的一環。海巡署平時以臺灣地區沿海巡防治安為中心工作,惟戰時亦可成為第一線的海防作戰部隊,以保衛國家安全為優先。

在海上執法方面可溯及 1990 年 1 月 1 日,內政部警政署擴編原隸屬於臺灣省政府警務處的淡水水上警察巡邏隊,改制為保安警察第七總隊,將原防區由淡水河口附近水域警戒工作,擴大至領海、鄰接區及專屬經濟區。1998 年 6 月 15 日,升格為內政部警政署水上警察局,並與財政部關稅總局聯合查緝海上走私犯罪。2000 年 1 月 28 日海巡署成立後,再次擴編升格為海巡署海洋巡防總局,納編財政部關稅總局海關緝私艦艇與人員,下設 20 個海巡隊,編制人數 3,000 人,主要由警察人員擔任。同時,也將國防部海岸巡防司令部改制為司法警察性質的海巡署海岸巡防總局,其巡防區域含臺灣本島、澎湖、金門、馬祖,及東沙、南沙群島,下轄 13 個巡防區,以及東沙、南沙兩個指揮部,9 個岸巡總隊、19 個岸巡大隊與各縣市機動查緝隊,編制人數 12,466 人,以軍職人員為主,並納編部分離島與海防哨原駐防的陸軍、憲兵與海軍陸戰隊單位人員,接替原先駐守太平島等地的海軍陸戰隊兵力,並且不定期指派巡防艦至釣魚臺列嶼與臺灣各所屬經濟海域執行護漁任務。

貳、移轉及整理

《行政院海岸巡防署檔案》是比較晚近始移入國史館之檔案,皆是自機關原擬銷毀之檔案目錄內,檢選具史料研究及文獻編纂參考價值之檔案而來,共計 110 卷,一共有兩批。第一批是在 2008 至 2010 年間入藏,自海岸巡防總局所屬東部、南部等各地區巡防局所送繳的 2000 至 2001 年間檔案所審選,計有 58 卷。第二批則是自海洋巡防總局移轉而來,內容為海洋巡防總局的前身—臺灣省淡水水上警察巡邏隊檔案,檔

案起迄期間係自 1971 年起，至 1990 年改制為保安警察第七總隊時之部分檔案，共 52 卷。原件典藏於新店館區，均已完成初步整理，惟尚未數位化，種類為文件等紙質檔案，主要為業務會報與會議錄、勤務督察、工作綱要計畫與人事行政法令等，皆屬公務檔案，性質接近。

參、內容

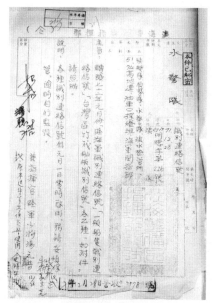

臺灣省淡海警備區指揮部令淡水水上警察巡邏隊（海洋巡防總局前身）轉發識別連結信號函

　　《行政院海岸巡防署檔案》以各卷卷名作劃分類別，大致可歸為巡防勤務督導、專案查核管理、人事制度法規、各類業務會報、總務會計出納、人員輔導與風紀等 6 類。以下概括說明各卷內容之主題範圍：

一、巡防勤務督導

　　包括有各地區巡防局的勤務規劃、協調機制、作戰演習、安檢管制與作業規定，以及淡水水上警察隊的刑事偵察、勤指中心、交通事故處理、查緝走私、安全維護與管制、打擊消滅犯罪綱要計畫、勤務督察、駐區調整、功能檢討報告等卷。

二、專案查核管理

　　包括有各地區巡防局的客船管理、廠商管理、運輸行政、小三通專案、大陸漁工案件，以及淡水水上警察隊的交通、入出境申請、務本專

案等卷。

三、人事制度法規

　　包括有各地區巡防局的政策法令規章、人員服制、服役、退伍、休假、內部審核管理、法制業務，以及淡水水上警察隊的行政與違警法令、人事制度與教育法令等卷。

四、各類業務會報

　　包括有各地區巡防局的情蒐計畫、密碼編製與資訊管理、無線電與雷達、情報資料、後勤管理、申訴檢控與網路資料，以及淡水水上警察隊的機關會議、各類業務會報與工作報告、署務會報、無線電話、保安類與軍方值勤表等卷。

海岸巡防總局南區巡防局函送「行政院海岸巡防署管轄區犯罪偵查權限範圍會議」決議事項

五、總務會計出納

　　包括有各地區巡防局的糧秣、會計、總務、薪餉，以及淡水水上警察隊的文書處理、保險、秘書、會計、車輛等卷。

六、人員輔導與風紀

　　包括有各地區巡防局的醫療保健、心輔業務，以及淡水水上警察隊的模範員警、生活輔導、懲戒、整飭警風紀、年節拒收情形、榮譽團結等卷。

糧食部檔案

壹、沿革

古云「三軍未發，糧草先行」，糧食不僅是軍隊命脈，也是人民日常必需。1937 年中日戰爭爆發，國民政府為保障軍糧民食的供應，8 月開始即陸續頒布「戰時糧食管理條例」、「食糧資敵治罪暫行條例」、「戰區糧倉管理辦法大綱」等一系列法規。然戰爭初期，戰區尚小，交通尚稱方便，後方各省普遍豐收，糧價亦較平穩，因此上述各項管理措施，並未切實施行。

及至 1940 年，由於戰區擴大、軍事失利，人口大量遷移後方，對糧食的需求激增；而後方內外交通不暢甚或中斷，加上糧食歉收，各地爭購與囤積，以致糧價暴漲、市場糧食短缺。為統籌全國糧食之產銷、儲運及供需，國民政府於 8 月設立全國糧食管理局，然各地糧價依然飛漲。為此，1941 年 7 月，國民政府撤銷全國糧食管理局，於行政院內設置位階更高的糧食部，並實行將田賦收歸中央、徵收實物與徵購餘糧等辦法。歷任部長分別為徐堪、谷正倫、俞飛鵬和關吉玉。

依該部組織法規定，初設總務、人事、軍糧、民食、儲運、財務六司，調查、會計二處，以及督導室。其中軍糧、民食、儲運三司為掌理糧食行政與業務之主要部分，實施一年後發現三司職掌頗多牽連不易劃分清楚，且工作分配亦有繁簡失平之感。為便利工作以增效能，1942 年 9 月，民食司改組為管制司，儲運司改組為儲備司；並撤銷軍糧司改設分配司，除軍糧司原職掌外，增加了部分民食與儲運二司的業務。

1944 年 1 月，人事司改為人事處；9 月，督導室擴編為督導處。

1945 年 3 月，財政部之田賦管理委員會改隸糧食部；6 月，合併田賦相關業務單獨成立田賦署。1947 年 2 月，鑑於調查處工作與管制司職掌關係密切，為加強糧食管制，使其運用靈活，並配合政府緊縮機構之指示，將調查處裁撤，原有人員及業務合併於管制司。至此，糧食部設有總務、財務、儲備、管制、分配五司，及人事、會計、督導三處與田賦署。

1949 年 4 月，糧食部奉准裁撤，其業務由財政部田糧署接管。

除前述各單位外，糧食部尚設有若干直屬機構，如糧政計畫委員會、四川糧食儲運局、倉庫工程管理處、東北第二糧食管理局、長江區糧食儲運委員會、西南區軍糧調配管理處等。此外，在各省、縣（市）還設有其他的糧政機構，分別負責處理各地區的糧政事務。

貳、移轉及整理

國史館典藏之《糧食部檔案》，係 1991 年 5 月，自財政部徵集移轉而來。原分裝 42 竹簍，已完成初步整理，計有 8,136 卷，起迄時間自 1941 年成立起，至 1949 年裁撤止。

檔案狀況：由於戰亂、管理不善，蟲蝕情形相當嚴重，經本館緊急燻蒸滅菌除蟲及整理，暫時控制了損壞的程度。

參、內容

現藏檔案除該部各司、處經辦案卷外，亦存有部分財政部田賦管理委員會文件。

茲按糧食部原有組織及職掌，作一概括性分類，並彙整原屬財政部相關檔案，區分為二大類，介紹如下：

一、糧食部

（一）人事：包括有關該部人員各項生活補助、津貼、退休、撫恤、任免、獎懲等規定，年度考績考成文件，各機關需要高考人員數目，教育部訓練經濟人才調查表，糧食業務人員銓敘辦法，閩省田糧管理處人事甄審辦法，各省縣（市）田賦徵實員丁保證規則，有關該部職員疏散事項等案。

（二）會計：包括各省糧政局經費，年度黨用公糧預算，糧食部地方特派員辦公處款項報銷文件，貴州省 1944 年度省級公糧概算，六戰區湘穀轉運處概算，湘省農業增產補助費，四川省各縣糧食管理委員會經費預算，浙江省搶購軍糧業務費，四川省行政會議經費預算，雲南、西康等省軍糧概算，江西、陝西等省徵購概算，甘肅省糧政局工務室概算，1946 年各省概算等案。

（三）督導：包括糧食部督導人員工作須知，有關督導室派赴各地督收員的工作報告，各地糧政人員涉嫌不法、被控貪污瀆職，動員計畫大綱（糧食部分），糧政宣傳要點、標語及宣傳調查綱要實施細則，川省督糧委員出差旅費，糧食部補助協助糧政工作憲兵旅費等案。

（四）財務：包括中國糧食公司購儲委員會購買小麥糧款，接收小麥清冊，四川民食第一供應處收購公糧請款，匯解各省軍糧運費及雜費，財務司撥解各省田糧機構購糧及人事款項，中國糧食公司購儲委員會製撥包裝麻袋，財務司電匯中國糧食公司購儲委員會糧款，各省麻袋價款、糧運、倉儲等費用，購儲委員會代陪都民食供應處購買穀米小麥價款轉帳，隴蜀二省稽核報告等案。

（五）儲備：包括各省田糧機構組織章程，各地方建倉積穀辦法大綱，鼓勵粵、桂等省積穀競賽，中國糧食公司及田賦署組織法規，江蘇各地搶米風潮，各省歷年稻穀加工成率及糧食加工，中國糧食公司與糧商購米合約，閩、桂等省田賦徵實、徵購實施辦法，有關軍糧品質改善辦法，各地的倉儲損耗報告，各省徵實、徵購情形報告，省、縣租用倉

庫及米糧加工合約，各省年度建倉、修倉，各縣匪擾損失情形，公務員平價米及代金發放辦法，各省公糧代金標準，各省接收敵偽存穀倉儲損耗報告，敵偽地產、房屋及傢俱等財產運用辦法，陪都民食供應處倉庫組織規程，湖南等省田糧處工作報告，稻穀加工溢米處理辦法，麻袋購置、撥借及損耗，淪陷地區損失清冊，各省及各戰區籌辦、屯購馬糧，糧食收撥結存報告，配發各機關公糧及各戰區搶購糧食，儲備司各年度工作進度檢討報告，雲南倉務管理情形，該部所屬京滬區各單位最近概況，湘省防治積穀蟲害專報，河北田賦糧食管理處副處長翟卜臣工作報告，安徽田管處送蘇浙皖區接收處理敵偽物資工作清查團簡要報告書，中國糧食公司業務計畫及方針，軍糧調配儲運有關各單位職責劃分及聯繫辦法，黨團恤金，配發中央公教人員食米辦法，陝西、四川等省米糧驗收標準及衡量，徵借實物監察委員會組織規程，各省公糧稽核委員會組織章程，粵、贛等省存糧被劫，青島特派員的工作報告等案。

（六）管制：包括各省禁糧出境及被災各省請求鄰省解除糧禁，各省限制、平準糧價，綏靖區查獲匪糧處理報告，管制司工作週報，全國各地糧情物價調查，委託農民銀行辦理公倉，各省年度月報，各省、市糧食押匯，各省禁止釀酒，推動糧食消費節約，各省、市糧商登記，各省糧食供銷暨人口數量報告，各地糧商救濟、貸款，各省、市雨量報告表，民食習慣調查，各地推廣種菜暨雜糧運動，禁止稻田改種非民生必需什物，各學校、報社、醫院等團體食米，華僑、難民救濟，各省價撥、代購囚糧，陝、湘等省糧食增產計畫及增產工作推行辦法，各省調查經費和糧食生產調查報告，各公私機關、團體採購糧食，甘肅省區國軍進展概況，徐州剿匪總部民事工作報告，東北糧食供應委員會、東北糧政特派員辦公處組織規程，陪都民食供應處委託糧商採購糧食，該部處務規程及各廳、司、室分科分組辦事規程，洽購美國及香港肥料，專案配售糧食緊縮辦法，四川民食第一、第二供應處民食供應計畫及辦法，糧食部統計室組織規程，改善陪都公糧發放辦法，調整東北糧政機構等案。

（七）分配：包括各省、戰區軍糧調撥、籌購及催運文件，川省糧運情形、運輸失吉報告，機關報領公糧清單，各省糧運合約，川省特派員出巡工作報告，各省米糧包裝及糧食撥交，各地接收敵偽產業、糧食調查報告，各戰區撥交軍糧，川省撥交軍糧糾紛，陪都民食供應處及各供應站米糧損耗報告，贛省田賦糧食管理處、儲運處、運輸站及聚點倉庫免費公糧報銷清冊，各年度倉儲及運輸損耗報告，甘肅省田賦糧食管理處實領 1944 年度中央公教人員棉布清冊，四川糧食儲運局車輛管理所呈各隊車輛調整草案、呈報提購酒精、汽油及機油和標售、翻修舊輪胎，陪都民食供應處請撥車船，四川糧食儲運局呈報下運米糧總倉辦理保險及該局呈轉交通部價撥輪胎，運糧輪船調配和修理，民生實業公司各輪船少裝食米請求補貼運費，瀘縣押運員不敷分配請求多派押運員，糧食部各項材料收支結存情形報告，巴縣徵穀撥交中國糧食公司加工備撥，川省船舶運輸所及分所組織章程，川糧運黔裝車情形報告，有關該部因川省各縣部隊強拉運糧夫充壯丁與相關單位往來文件，川、湘等省有關米糧配撥印收，四川民食第一供應處卡車撥交，軍糧儲備委員會組織通則，重慶市汽車統制辦法，交通部造船處代造各級糧船及價款，後方勤務

糧食部檔案

總司令部撥借卡車協運糧食等案。

（八）田賦：包括各省災歉情形報告，請求減免、緩徵田賦及改徵法幣，各省、縣田賦折幣標準，各省請求將田賦劃歸地方，各省田賦徵

收情形報告，皖省各區專署收數旬報，湘、鄂等省遭敵損失賦穀報告，田賦署田賦徵收流通券旬報，各省田賦徵實月報表，各省辦理總歸戶統一徵冊及控制賦籍圖冊異動情形，有關福建、陝西等省田賦折徵小麥雜糧及田賦滯納加罰，陝西省 1945 年糧源調配計畫書，河南省各縣違法徵收及駐軍強徵田賦，有關閩省展期開徵及報請焚燬舊賦串票糧券，有關陝西各縣辦理二五減租事項及賦棉折徵倉糧，各田管處冊串經費，田賦署接收前田賦管理委員會房屋財產，各縣奸偽共黨活動徵糧情形報告等案。

二、財政部田賦管理委員會

田賦管理委員會成立於 1941 年 6 月，係由田賦管理籌備委員會（1941 年 4 月設立）改組而來，直屬於財政部。1945 年 3 月，國民政府為簡化機構，以利統一事權，該會改隸糧食部；6 月，改組為田賦署。

田賦管理籌備委員會及田賦管理委員會檔案，主要內容包括：各省田賦徵收人員進用、訓練、經費，各省陳報科則、賦地冊籍、推收，以及因負擔過重請求減低科則的訴願，該會督導人員旅費，田賦法令彙編及各省田賦通訊，該會職員及土地陳報人員的進退、獎懲，各省田賦徵實經費，有關該會員工請領平價米文件暨清冊，各省田管處統計室組織與辦事細則，有關該會職員空襲損失請求救濟，各級職員愛國捐獻，江西、浙江等省徵實收儲及劃撥事項，河南省徵實章則法令，實務繳解領發程序，關於空襲防空事項，該會購置汽車、請領汽車通行證，該會對各省田管處督導等案。

資源委員會檔案

壹、沿革

　　資源委員會（The National Resources Commission）係國民政府時期發展工礦業的專責機構，自創立以至結束，歷時 20 年，其間因應時勢的需要，曾經 4 次改組。1932 年 11 月 1 日設立「國防設計委員會」，直屬國民政府參謀本部，即為資源委員會的前身，其任務為負責「擬製全國國防之具體方案，計劃以國防為中心的建設事業」，以及創辦各種有關國防重工業。

　　1935 年 4 月 1 日，政府為強化抗日準備，充實國防力量，將「軍事委員會」所屬兵工署資源司與「國防設計委員會」合併，易名「資源委員會」，隸屬於軍事委員會。由於工作範圍擴大，其組織亦因而調整，另增置設計處、礦室、冶金室、電氣室，包括原有統計處、調查處、秘書辦公處等共 8 個單位。

　　盧溝橋事變爆發後，該會新增汽油管制、煤炭管制、沿海地區運購國防物資，以及協助沿海地區私營廠礦內遷等工作。此外，1938 年 2 月資源委員會改組，直屬經濟部管轄，其任務為創辦、經營及管理全國工業、礦業、電業，以支援長期抗戰，其下分設秘書處、工業處、礦業處、電業處、技術室、經濟研究室、購料室、會計室等 8 個處室，以及財務委員會。隨著抗日戰爭的進展，資源委員會的事業日漸擴大，1942 年 5 月，將會計室、購料室擴充為「會計處」、「材料處」，原「財務委員會」改為「財務處」。

二次大戰結束後，政府還都南京，自 1946 年 5 月 20 日起，將資源委員會改隸行政院，為院屬二級單位，下設業務委員會、財務處、總務處。後因事業增加，業務委員會擴大，分轄石油、電力、煤業、電工、糖業、紙業、水泥、金屬礦業、鋼鐵、機械、化工、綜合等 12 組。

改組之後的組織較前擴大，地位更形重要，除負責創辦及管理經營國營基本重工業、動力事業，以及開發經營礦業以外，並接收敵偽各工礦事業，從事接收復員工作，以及發展製糖、造紙、水泥、橡膠、肥料、玻璃、紡織等民生工業，成為國營生產事業專管機構，亦為發展全國重工業的籌劃機構。

1949 年 3 月，政府為因應戡亂需要，實施緊縮機構，將資源委員會改隸經濟部。同年 6 月 10 日，政府另成立「臺灣區生產事業管理委員會」，取代其職權，管理在臺灣的國營、國省合營、省營、及民營的生產事業。12 月，該會隨政府播遷臺灣。

1952 年 8 月，行政院為簡化機構，正式將該會撤銷，其原辦之業務、財產、經費及人事，統由經濟部接管，並增設「國營事業司」，直接管轄資源委員會原有之各事業，該會遂告結束。

貳、移轉及整理

國史館現藏之《資源委員會檔案》，於抗戰時曾移存重慶牛角沱；勝利後，中樞還都南京，資源委員會於 1946 年 8 月，將該檔案 304 箱先移交重慶辦事處保管待運，再分 5 批由公路及水道東運到京，其中隨復員汽車隊循川湘公路輸京兩批，共運卷箱 25 口，大木箱 18 件；另江輪 3 批運卷箱 35 口，大木箱 57 件，所有卡片、表冊、卷櫃等亦隨船東下。因當時交通工具缺乏，以致尚有 30 年以前之舊卷和附件 128 箱未及東運。大陸淪陷，政府播遷臺灣，該批檔案由南京經廣州轉運來臺，於 1949 年 1 月運抵嘉義，暫存該會所轄之中國石油公司嘉義溶劑場原料庫。1965 年 11 月，由經濟部移交國史館典藏，作為整理抗戰文獻之

用。該檔案由於歷經戰亂，迭經運送，殘缺破損，本在所難免，而在嘉義庫存期間，復遭蟲蝕與「八七」水災浸濕，毀損更為嚴重。經國史館人員開箱、清理、整理，中文部分，按原卷所分之部門分類歸卷，照原編之檔號及案名，填於新卷夾，其餘散亂無章者，仍按原分類原則，依內容擬新案名。英文部分，案名則先譯成中文，以便查閱。

資源委員會檔案共編成 27,894 卷，建置 27,894 筆目錄資料，及掃描約 140 萬餘頁影像圖檔，大部分係集中於 1939 年至 1952 年間之檔案，包含中文檔案及外文檔案。

參、內容

《資源委員會檔案》的內容，可分為「資源委員會與國內各附屬機構」與「駐美單位」兩大類檔案，分述如下：

一、資源委員會與國內各附屬機構

為該會及其與國內各附屬機構間往來之文件，大多為 1941 至 1950 年間的檔案。資源委員會所轄事業範圍廣潤，附屬機構為數眾多，戰後因為參與接收工作，更擴及於紡織等民生工業，且由於政府接收日人在臺灣的製糖、製鹼、電力、石油、造紙、水泥、肥料等工業，資源委員會將其分別改組成立公司，例如臺灣糖業公司、臺灣電力公司、中國石油公司、臺灣機械公司、臺灣造船公司等，至 1949 年 11 月止，共計 20 個事業單位，為管理並加強各單位間的聯繫，另設「資源委員會臺灣辦事處」，負責業務的推展。無論該會與各廠礦、臺灣辦事處與臺糖、臺電等公司，彼此之間往來文電頻繁，此類案卷總數多達 2 萬餘卷，共分總務、會計財務、工務、業務、運輸、材料、綜合等 7 個系列，其中以會計財務、總務與業務為最大宗。

（一）總務：時間涵蓋自 1932 年至 1952 年，以 1942 年的卷宗最

多，分為總類、人事、文書處理、事務、治安、交際、圖書等 7 個副系列。內容包括法令規章、組織章程、機構動態、會議紀錄，人員任免調派、薪俸津貼、福利、考績考核、進修訓練實習、消費合作社，公文處理，房屋租賃、車輛器材及糧食服裝之購置供應，警衛之編制、消防、參觀、招待、集會，圖書訂閱、公報刊物及目錄之發行、廣告刊登等案。此外，本系列內含為數不少的戰後各單位移交、交接與接收清冊，例如接收經濟部東北區特派員辦事處移交清冊、臺灣金銅礦務局移交清冊、撫順礦務局各廠物交接清冊等原始資料，有助於釐清該會於戰後復員接收過程中的角色。

（二）會計財務：時間涵蓋自 1929 年至 1952 年，分為總類、歲計、會計報表、經費、外匯、保險業務、資財調查等 7 個副系列，內容包括會計財務制度及法令、總報告、更換印鑑、調整價格、帳務整理，經費預算決算、營業概算、存放款、利息，會計各類報表、薪津表、核銷表、帳冊單據、資產表，各種經費、流動金、課徵稅賦、捐獻、抵押墊借及撥匯、傳票、發票、轉帳，外匯，水火險、意外險，資產及帳目之查核移轉或報廢等案。有關該會資金來源或借款，例如中美金屬借款、美國貸款購動力機及煤礦器材、美國援華貸款、資源委員會向世界貿易公司購料、各廠礦向美國貸款購運器材等相關財務文件，皆可於本系列檔案中查獲。

（三）工務：時間涵蓋自 1939 年至 1960 年，分為總類、工程實施、工程紀錄等 3 個副系列，內容包括施工計畫、工程合同、工程報告、工程發包，廠房選址、建築、徵購基地，設備裝配修護，礦區探勘、勘察報告、化驗分析冶鍊等相關土木建築、工程建設之業務檔案。

（四）業務：時間涵蓋自 1928 年至 1958 年，分為總類、調整、物資管制、工廠管理、權益、設計研究、資源開發、徵用、意外事故、合作等 10 個副系列。各副系列中所謂「調整」，指各廠礦之改組裁縮及接收；「物資管制」指特種礦產原料成本、收購，礦品撥售、核定價格、緝私、運輸，供應軍需物資，煤、電等動力價格調整，配售；「權益」

指設定礦區採礦權、覓礦獎金、包商租約，各發電廠辦理水權登記，各單位創新產品或發明申請專利；「意外事故」指各單位公私物品遭竊、失事等損失，職員因天災人禍等各種因素而罹難、盜物潛逃依法通緝以及空襲、抗戰損失調查等；「合作」指該會與各省合辦事業，或引進外資與外國技術合作以探礦、設廠等，由此可看到外籍顧問報告、商請美國派遣技術團等案卷。總之，業務系列之內容包羅萬象，有各事業單位之營業規章、工作計畫、業務報告、運輸概況、日本賠償物資申請、經費分攤，結束業務、移交清冊、估價清冊、接收敵偽產業、接收報告、撤遷報告，物料採購調撥運用、內外銷及易貨，工廠設立登記，設定礦權、註冊商標、核發運輸護照、法律糾紛，礦區開採情況及圖表，各單位房地交通工具與器材之租賃或徵借，戰爭竊盜天災及運輸等意外損失、請願陳情、拉伕，技術合作、外籍顧問等案。

（五）運輸：時間涵蓋自 1932 年至 1950 年，分為總類、車費、運務等 2 個副系列，內容包括調整運輸機構、租賃修建及借用倉庫、存儲物料礦品，車輛撥借增購、調度、修理裝配、燃料購辦撥配、撥借油桶、油料損失，器材運輸狀況、運輸計畫、運費、運照等各種營運業務等案。

（六）材料：時間涵蓋自 1933 年至 1951 年，分為總類、採購徵詢、材料管理、調節等 4 個副系列。內容包括各種機具材料原料礦品之採購、訂單、招標，材料儲運狀況、讓售保管、回收、存提，各單位間器材物料之售借調撥與調節、接收、託購等案。

（七）綜合：時間涵蓋自 1938 年至 1950 年，為業務委員會綜合組之案卷，內容包括各單位組織規章、年度工作計畫、各項工作報告、顧問報告，委員會會議紀錄、董監事任免、職員名冊、勞工會議及工潮等案，以 1946 年前後的檔案為主。

二、駐美單位

係資源委員會駐美單位,如「國外貿易事務所紐約分所」、「購料室駐美辦事處」、「駐美技術團」及「駐美代表辦事處」等單位,與國內本會及附屬事業機構,或國外機構之間往來信函、電報等各種檔案。大多為 1940 年至 1952 年間,以外文書寫而成的資料,內容包括對美銷售特種礦品、清償鎢錫等項債款、辦理購料事宜、接洽技術合作與人員訓練,以及翁文灝、錢昌照、盧祖詒、杜殿英等重要主管的個人函件。共分為訓練、技術、貿易、業務、器材、總務、會計財務等 7 個系列,其中以訓練與貿易為最大宗。

資源委員會檔案

(一)訓練:時間涵蓋自 1937 年至 1960 年,為經濟部等單位派遣或國內工、礦、電業等各項技術人員之訓練事項相關案卷,內容包括該會駐美代表辦事處、駐美技術團與國內送訓單位間關於經費、訓練項目與人員選派等文電,及其與美國國務院、財政部、陸軍等政府部門和提供訓練之公、私製造及企業之間的往來函件,乃至於受訓與實習人員名單、訓練資料、考察報告及個人之檔案。

(二)技術:時間涵蓋自 1932 年至 1959 年,包括各項建設技術接洽事項等案卷,例如選購器材、技術合作、專家顧問、技術協助與技術人員個人資料等。

(三)貿易:時間涵蓋自 1935 年至 1956 年,包括工礦產品外銷事項、國外貿易事務所各項事務等案卷;旁及駐美代表辦事處申辦採購、器材代購與專家分析報告、市場報告、每日交涉函電等文電。

（四）業務：時間涵蓋自 1924 年至 1968 年，包括所屬工礦電業各廠之概況調查、各式（發展、研究、專題、考察、視察、調查、工程、生產、需求、修復、每月市況）報告或報告書、資料（統計表、調查表等）蒐集、各式（發展、初步發展、重建、經濟、工作、設廠、重建和改編各廠）計畫、設備、國外貿易事務所市場出口報告、中國軍用地圖、會議紀錄、設備恢復與擴張建議等案卷。

（五）器材：時間涵蓋自 1940 年至 1955 年，包括資源委員會與駐美技術團器材組來往函電、與世界貿易公司來往函件、國防物資申請書、儲存物資清單、國防公司器材原料函件、向美國購料來往函件、送貨報告、購買訂單、採購資料與函件等與各項建設器材供應事項或各廠生產所需原料有關案卷。

（六）總務：時間涵蓋自 1923 年至 1969 年，包括法令規章、工作報告、月報、工作計畫、各公司函電、各類信函；跨部門的人事調動等人事相關事項等案卷。

（七）會計財務：時間涵蓋自 1928 年至 1952 年，包括會計報表或報告、收據、憑單、帳冊、經費、貸款等案卷。

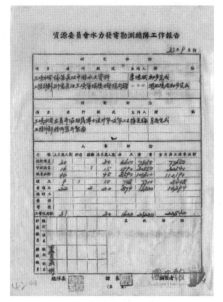

資源委員會檔案

總之，資源委員會自成立之後，逐漸演變為政府發展國防、民生相關工礦產業開發建設的專責機構，也是對美聯絡的重要單位之一。在二十年的歷史中，為因應時勢的需要，歷經 4 次改組，對於中國之經濟發展、爭取美援及支持抗日戰爭等影響至鉅，且參與戰後臺灣各項日人財產工廠的接收經營，今日重要的國營事業，如中國石油公司、臺灣電力公司等，均曾歸屬資源委

員會管轄。因此該會之檔案的重要性，不僅為研究中國經濟發展的相關議題不可或缺的史料，亦為研究臺灣戰後初期，尤其是工業化歷程，不容忽視的材料。

賠償委員會檔案

壹、沿革

　　「行政院賠償委員會」承繼於「抗戰損失調查委員會」。關於抗戰損失調查，1938年南京陷落，南京國際賑濟委員會（The Nanking International Relief Committee）曾為賑濟，對南京市區和近郊進行損失調查，屬於民間性質。1938年10月第一屆國民參政會第二次大會上，參政員黃炎培籲請政府成立抗戰損失調查機構。行政院雖未因此設立機構，但於1939年7月制頒「抗戰損失調查辦法」及「查報須知」，要求所屬各機關和各省縣市政府分別調查具報，指定國民政府主計處審核所有調查資料，按時編為「抗戰中人口與財產所受損失統計」，計有6次匯編。

　　1941年太平洋戰爭爆發，中國得到同盟國的支援，對日作戰有了轉機。1943年11月，時任國民政府主席、也是中國戰區最高統帥蔣中正有意在開羅會議上提出戰後日本賠償議題，要求行政院著手調查自中國遭遇日本侵略以來，有關國家社會公私財產的所有損失，並指示在行政院或國防最高委員會下成立專責機構。行政院籌劃新機構時，發現職掌與既有幾個機構相涉，如：行政院的「敵人罪行調查委員會」、教育部的「向敵要求賠償文化事業研究會」和外交部的「戰後外交資料整理研究委員會」等。經協商後決定分屬教育部和外交部的二機構合併，改稱「抗戰損失調查委員會」，而「敵人罪行調查委員會」因旨在調查敵人對中國及人民違反戰爭規約及慣例的罪行，與損失調查性質有異，仍

單獨設立。

　　抗戰損失調查委員會於 1944 年 2 月成立，直隸行政院，1945 年又改隸內政部。1946 年 11 月先更名為「賠償調查委員會」，復隸屬行政院；後為配合同盟國為對日索償組成的「遠東委員會」（Far Eastern Commission）運作機制，又更名為「賠償委員會」。賠償委員會主要辦理調查統計抗戰以來的公私損失，並規劃日本賠償及審議支配賠償物資等事宜。

　　盟國對日求償的決策，是交由 1945 年 12 月由中、美、英、蘇、法、荷、加、澳、紐、印度與菲律賓等十一國聯合組成的「遠東委員會」辦理。會中各國對日本國內應供作賠償的工業設備、提供賠償或者保留的數量和種類，以及各盟國的分配額等問題爭議不休，嚴重延宕求償進度。後美國政府見遠東委員會的討論緩不濟急，不願再事耽擱，便援用該委員會組織規程第 3 條規定，於 1947 年 4 月 2 日先向遠東委員會發表聲明執行先期拆遷計畫的理由與步驟，4 月 4 日對占領日本的「駐日盟軍總司令部」（General Headquarters of the Supreme Commander for the Allied Powers）頒布臨時指令，飭令執行。所謂「先期拆遷計畫」，是就遠東委員會臨時賠償方案範圍先提撥 30%，作為直接受日本侵略國家的賠償物資，分給中國 15%，菲、英、荷各 5%。

　　賠償委員會為了配合美國執行先期拆遷計畫，於 1947 年 4 月起陸續設置各小組，以研議及設計有關日本賠償方案，並審核國內的賠償申請，同時成立附屬機構，有「日本賠償及歸還物資督運委員會」、「日本賠償及歸還物資處理委員會」和「日本賠償及歸還物資接收委員會」，這三者常被簡稱為「督運委員會」、「處理委員會」和「接收委員會」。為配合遠東委員會，接收委員會在行政系統上是隸屬中國駐日代表團。

　　1948 年起，美國對日政策從管制轉為扶植，片面中止先期拆遷計畫，致賠償工作停滯。1949 年大陸淪陷，中央政府播遷來臺，該委員會因求償事宜已告停頓，遂未在臺恢復建制。

貳、移轉及整理

行政院賠償委員會檔案是經濟部於 1965 年將大陸運臺舊檔移轉國史館，經初步整理計有 12,098 卷，所含檔案時間主要為 1937 至 1949 年，少數起於 1931 年，目前全部檔案均未數位化。

參、內容

《賠償委員會檔案》涵括抗戰損失調查委員會時期的案卷，以及戰後對日求償相關事宜，因尚未進行整編和數位化工作，謹就抗日戰爭的損失調查、要求日本賠償和歸還劫物、對賠償物資的分配，以及該委員會的組織運作等議題簡述。

一、戰時對日侵華的調查

有關調查 1942 至 1944 年三個年度日本在華的經濟侵略，敵偽財政經濟動態資料，1939 年起至 1942 年四個年度全國遭遇空襲狀況之檢討，以及 1943 年的人口與財產損失統計和國民政府統計局在 1944 年對人口與財產的損失統計。

二、各省市及地區提報的戰爭損失

包含內政部抗戰損失調查委員會的移交清冊，抗戰損失調查委員會 1945 年 9 至 11 月三個月工作總報告，以及抗戰損失調查辦法及抗戰損失查報須知等。另就各地提報戰爭損失分述如下：

華南、西南地區：包含臺灣、福建、廣東、廣西、貴州和雲南等省所轄縣市或鄉、區所提報的人口傷亡與財產損失。

華中地區：包含南京市、上海市和江蘇、浙江、安徽、江西、湖南、湖北、四川等省所轄縣市或鄉、區所提報的人口傷亡與財產損失。

　　華北地區：包含北平市、天津市和河北、河南、山東、山西等省所
轄縣市或鄉、區所提報的人口傷亡與財產損失。其中北平市案卷頗多，
內含故宮博物院財產損失。

　　東北、蒙古及西北地區：含瀋陽市和遼寧、陝西、綏遠、察哈爾、
寧夏、熱河、安東、吉林、松江、黑龍江、興安、新疆、青海、西康、
甘肅等省所轄縣市以及蒙古的人口傷亡與財產損失。

　　在上述的檔案中，有不少是對該地發出填寫報表的樣張，如有回
報，其結果亦不完整。

三、機關團體等提報的戰爭損失

　　包含國民參政會、國民政府、行政院、監察院、經濟部、財政部、
糧食部、社會部、地政署、農林部、中央衛生部、國防部、司法行政
部、軍事委員會、航空委員會、資源委員會和各水利委員會等機關暨所
屬，以及西藏班禪駐京辦事處等單位的公物和職員財產損失，還有各地
法院、公私立大學、國營事業、電信局、鐵路各線等的財產損失，以及
善慈事業、中國國民黨中央組織部和宣傳部等之財產損失。

四、海外華僑提報的戰爭損失

　　包含緬甸、泰國（暹羅）、越南、韓國、日本、印尼、馬來西亞、
新加坡、菲律賓、法國、義大利、德國、葡萄牙、波蘭、英國和比利時
等國及重要城市僑民的財產損失。

五、對日求償與索還工作

　　包含賠償委員會參與日本賠償損失說帖，和 1947 至 1948 年對日和
約審議工作，調查日方在華資產，要求日本賠償各有關方案辦法，調查
日本產業足供賠償我國損失的核算工作底稿共計 4 冊，派赴日本拆遷人

我國代表團出席世界貿易及就業會議
報告書

員案，以及駐日代表團報告歸還
顧問委員會各次議案及其他有關
資料案。

　　由於對日求償工作因美國
片面停止先期拆遷計畫而告停
頓，但美方聲明劫物歸還不在此
限，可提出物項經外交途徑向日
索還。這類案卷有山西省和天津
市的追還劫物案、教育部查報追
還劫物案、廣東造紙廠追還問題
案、人民申請認領公告歸還劫物
案和被劫貴金屬及礦品案。屬於
個人的有瀋陽張三畬堂要求歸還
緙絲古畫和金塊案，和追還汪兆
銘贈送日本皇室翡翠屏風等。比
較特別是臺灣銀行索還準備金案
和臺灣省查報追還劫物案。

六、賠償物資的爭取與分配

　　包含處理賠償物資辦法、賠償物資的接運案與驗收案、承運賠償
物資輪隻租船合約案，以及第一批拆遷物資之分配案和賠償機器分配等
案。

七、人事與一般行政

　　包含賠償委員會的庶務、經費、預算、工作計畫、人事和考績，
以及會議紀錄、組織規程與處理原則等。會議紀錄有賠償委會會議第一
至六次紀錄和處理委員會的會議紀錄。組織規程和處理原則方面有處理

委員會的的組織規程和歸還物資處理原則，賠償委員會說明追還敵劫物資填表法及接收歸還物資辦理原則。人事類相當完整，有賠償委員會自

1944 年至 1947 年的人事案 7 冊和職員任免案 3 冊，督運委員會的人事案，各機關團體介紹工作人員案和賠償委員會各首長姓名住址案。會計類有 1944 至 1946 年度三個年度案卷，和撥付接收委員會經費及結匯案 4 冊。

二次戰後政府因通貨快速膨脹、物價節節上升，為照顧公務員基本生活所需用品遂發給配購證。而該全宗保留員工配購證申請和日用品配購案，以及公教人員平價物資配購證案等。

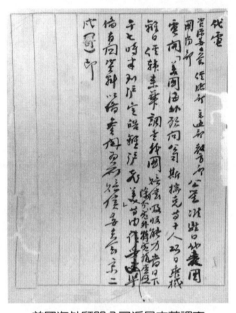

美國海外顧問公司派員來華調查
賠償吸收能力

光復大陸設計研究委員會檔案

壹、沿革

　　光復大陸設計研究委員會的設立，是在中華民國政府遷臺之後，為設計研究光復大陸之方案而特設之機構，然而其制度的設計規畫，應可溯自抗戰時的中國國民黨中央設計局與遷臺之初成立的行政院設計委員會，以研擬抗戰與戡亂時期措施及各項建設方案為機構的主要任務，於1947年奉准停止。自從國共內戰失利，中華民國政府遷臺，為研討戡亂時期各項措施，行政院於1950年8月19日呈請總統，成立行政院設計委員會，以建設臺灣為復興基地而擘畫一系列國家建設方案，在穩定時局、安定人心上，具有宣示意義。

　　1954年2月，第一屆國民大會第二次會議期間，與會代表提議，應在總統府設置光復大陸設計研究性機構，延攬國民大會代表參加。總統遂決定將原行政院設計委員會裁併，7月16日公布「光復大陸設計研究委員會組織綱要」，設置光復大陸設計研究委員會，由總統就國民大會代表及有關人士中聘任為無給職委員。經總統遴選，以副總統陳誠兼委員會主任委員，由出席國民大會全體代表及原行政院設計委員會委員為委員，於11月1日起籌備，11月25日召開成立大會。其目標在研擬光復大陸之各種方案，期使政治、經濟、文化、社會各項措施均能配合軍事，發揮「總體戰」之力量。

　　根據1955年5月19日公布之「光復大陸設計研究委員會組織條例」，委員會內設秘書處及第一、二、三組，主計室、人事室及編纂委

員會，掌理會務行政、研究規劃與編擬方案等事宜。委員採分區研究辦法，分為臺北、臺中及臺南三個研究區，在分區之下設有內政、軍事、財政、經濟、教育文化、交通、司法、邊疆、僑務與國際關係等 10組；對於特殊問題之研究，得設立各種專題研究組，又為綜合及調整各種方案，設立綜合研究組。審議通過之方案或建議，經由編纂委員會整理後，呈報總統核交主管機關參採施行。開會時，得邀請或指定政府各部門首長及相關人員列席報告。為配合「光復大陸」國策，在臺北市中山堂設有辦公廳，並在臺、澎、金、馬各縣市政府機關內設有委員會辦事處，也是 1950 至 1980 年代間，中華民國在中央政府所在地的臺北維繫「法統」意象的主要推動機構之一。

　　然而隨著 1970 年代以後兩岸局勢的演變，「光復大陸」各項計畫已失去軍事行動支持的可行性，而主要成員——國民大會代表也日漸凋零。1987 年 7 月 15 日，中央政府宣布在臺灣地區解除戒嚴令。1990 年5 月 22 日，李登輝總統宣示在一年內廢止「動員戡亂時期臨時條款」，回歸正常憲政體制。隨後，立法院預算審查委員會審查民國 80 年度預算案，將光復大陸設計研究委員會預算全數刪除，並附帶決議，委員會須於 1991 年 6 月 30 日結束全部會務，裁撤所有機構。光復大陸設計研究委員會自成立以迄結束，共計 36 年。

貳、移轉及整理

　　《光復大陸設計研究委員會檔案》自 1984 年起陸續分批移轉各類文件檔案至國史館，至 1994 年移轉完畢。原件典藏於新店館區，均已完成初步整理，檔案起迄期間自 1951 年至 1990 年，經由檔案內涵分析，有委員會原先收藏的各類地圖、照片與戡界會議錄，各年度工作計畫與交辦承轉檔案，各主題小組工作彙報，編纂委員會歷次會議記錄，以及委員會研擬完成各項方案之草案，均尚未數位化。該全宗包括文件與地圖，合計有 2,198 卷。

參、內容

　　光復大陸設計研究委員會對各項方案之設計研究，是以國父遺教、蔣中正總統遺訓、政府政策與憲法精神、大陸情勢的演變及大陸同胞的需要作為準則依據。其主題研究範圍，涵蓋大陸光復前的基地建設與戰力整備，反攻時期軍事行動中的戰地政務，以及光復後的國家重建政策這三個階段，各類型方案之設計研究。委員會於設立期間內，完成近2千件案目，並陸續發表了7百多個方案，如「光復地區內政整建方案」、「光復地區財政整建方案」、「光復地區交通整建方案」等，係以文字與圖表整理蒐集大陸鐵幕的實際情形，並設計大陸光復之後的各部門業務範圍、權限，以及戰地管理機構的負責單位與人員。歷年研擬完成的主要方案，可依各階段分述如下：

　　第一階段，大陸光復前的基地建設與戰力整備──包括鞏固臺灣光復大陸加強總動員案、建設臺灣加速動員準備以利反攻復國案、加強大陸突擊工作推展大陸抗暴革命運動案、加速反攻準備以適應今後世局變化研究案、把握反攻復國機運發揮總體戰力量以加速匪偽政權崩潰之綜合研究案、加強基地建設積極策進光復大陸重建三民主義新中國案、厚結反共力量積極加強國家建設因應世局變化以開拓光復大陸新機運案、勵行革新加強建設團結民心衝破橫逆完成反攻建國大業案、奉行蔣中正總統遺訓「實踐三民主義，光復大陸國土，復興民族文化，堅守民主陣容」以加速完成復國建國使命案、因應國際情勢粉碎共匪統戰陰謀鞏固復興基地團結海內外一切力量開創反共復國新機運案、因應世變團結自強厚植國力樹立國家新形象展開對匪政治反攻貫徹三民主義統一中國案等，計11個總案目，範圍廣泛，已經完成1,231案。

　　第二階段，反攻時期的軍事行動與戰地政務──包括光復地區軍事時期政務實施案以及增訂修訂案，共210案，並就各案精華，編成戰地政務人員手冊，包括戰地政務重要決策、處理原則、各級單位之組織、實施方法、人員之職責等項目，分門別類釐訂成冊。

第三階段，光復後的國家重建政策——分為重建綱領、中央建設、分省重建、院轄市重建、分區建設等 5 大部分，共計完成 390 案。

此外，委員會曾先後設立各種專題研究組，研擬各種專業性方案，計有：臺灣農貸現況分析及其建議，臺灣農業建設資金研究報告，中俄國界、中緬國界、中印國界、中越國界等國界方案 8 案，輔導無職軍官就業計畫綱要案，大陸光復後水利建設方案 9 案，臺北區河川防洪治本計畫新方案，大陸光復後外人在華財產處理原則意見案，五院權責協調運用方案，國父錢幣革命之研究發展報告，大陸光復後農業重建方案，國家戰略研究案 3 案，反統戰方案，光復大陸後教育文化政策方案，加強政治革新方案，加強政治反攻方案等。其中的 8 項國界方案，資料詳盡，內容充實，堪稱巨構。

國史館典藏的光復大陸設計委員會檔案，如依原各區分組工作的類別，和大陸問題研究中心研究成果，以及總類與地圖等，主要內容可區分為以下 13 類：

一、總類

包括年度工作計畫，編審、編纂會議紀錄，委員簡歷，委員調查表，國民大會會議提案，政情資料，國大代表候選人名冊，各縣市長及省議員名冊，各省人物調查，各國主要負責人物一覽，光復會工作表解，國父錢幣革命研究專組等案。

二、內政

包括動員時期政治革新，警政機構調整，土地改革之檢討與改進，都市計畫研究，臺灣土地利用研究，民防計畫，戶政改進計畫，戶口普查，人口政策研究，中央公職人員之增補選，地方自治選舉法規，臺灣省實施地方自治檢討與改進，社會福利之檢討與改進，加強工礦安全措施，加強醫政藥政管理，加強社會建設，如何穩定物價，健全基層組

織，加強商品檢驗，加強便民工作，地方行政基本措施等案。

三、軍事

包括軍事制度改革，全民心理作戰，心理戰略運用，國防建設現狀檢討與改進，反攻大陸戰略與戰術研究，反攻時軍事戰略研究，反攻大陸陸軍編制裝備，政治作戰部隊編組運用，戰地政治作戰之運用，強化國軍反攻準備，光復後軍事復員之研究，國家戰略研究，國家現代化研究，反統戰方案等案。

四、財政

包括租稅改進，金融改進，國民所得，財政現況，戰時財力動員，光復地區財務行政制度，光復地區租稅重建，光復時期保險，節制資本，改進臺灣省鄉鎮財政，國庫集中支付制度之檢討與改進，綜合所得稅稽徵問題，加強奢侈財產稅，擴大推行稅務稽核與監察制度等案。

五、經濟

包括光復地區經濟行政緊急措施、農糧產銷、水利工程之檢修與管理、商業礦業之整理與發展，菸酒專賣制度之檢討與改進，促進對外貿易，臺灣經濟建設計畫研究，健全農村金融機構，第一、彰化、華南三商銀應否轉移民營，改善農產品運銷制度，革新工業生產技術，加強僑商合作促進經濟發展，健全商務仲裁制度，增進中美經貿實質關係，拓展對外貿易，激發投資意願等案。

六、教育文化

包括教育行政均權問題，改進學前教育、少年感化教育、軍訓教育、職業教育、師範教育、大學研究所、留學政策，發展補習教育、藝

術教育，加強訓導工作，防治青少年犯罪，輔導青年就業問題，拔擢青年才俊，大專教師退休制度，學校評鑑工作檢討與改進，開拓文化外交，加強海外中華語文教育及文化工作國際重要語文人才培養及訓練，改進電視事業及設施，獎勵學術研究發明出版等案。

七、交通

　　包括交通政策，戰時交通措施，配合作戰交通動員，臺灣都會區交通建設，改進交通安全，改進臺灣東部交通促與西部經濟平衡發展，加強機器腳踏車管埋，汽車運輸業違規營運問題，六大交通建設配合措施，光復後邊疆交通建設等案。

八、司法

大陸光復國家重建綱領案各省重建
方案分組設計辦法草案案卷封面

　　包括修訂律師法、土地法、法院組織法，現行民法、刑法、民事及刑事訴訟法之檢討與改進，革新監獄教化管理，冤獄賠償法改進，戡亂時期貪污治罪條例立法與施行之檢討，大陸光復後司法重建，大陸光復初期司法軍法職權劃分，整飭司法風氣發揚法治精神，屬行調解制度以減訟源，制定國家賠償法，民法夫妻財產制檢討與改進，維護優良司法風氣，加強防制經濟犯罪司法功能等案。

九、邊疆

　　包括中共邊疆政策及其設施，西

藏、內蒙自治區現況及將來，新疆地區現況，俄國侵略我國邊疆之研究，匪俄邊界爭執，匪偽邊疆地區行政與文教措施，軍事時期蒙藏地方行政措施，廣西壯族自治區現況，邊疆地區政治號召綱要，建立邊疆反攻基點，邊疆地區開發計畫，我國歷代邊疆地區各民族遷徙與演變，大陸光復後邊疆政策、教育發展、地區開發、鐵路建設等案。

十、僑務

包括發展僑胞教育文化，輔導畢業僑生就業問題，輔導華僑經濟事業，擴大爭取僑資外資，華僑回國投資法令檢討改進，鼓勵華僑回國學習國語，海外僑區推行中華文化復興運動，運用僑社力量促進外交關係，加強僑胞組織與維護，加強僑胞國民外交工作，加強無邦交國家之僑胞聯繫配合務實外交，加強便僑措施、僑胞心理建設，大陸光復後僑務政策、加強僑務工作等案。

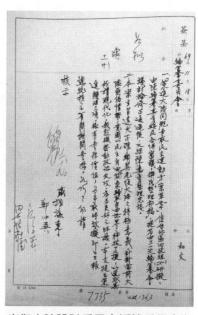

光復大陸設計委員會編纂委員會為研擬完竣策進大陸同胞爭取民主運動方案簽請呈報總統核交機關參採

十一、國際關係

包括聯合國憲章修正問題，加強中美關係，加強亞洲反共與非共國家關係，加強我與亞洲、歐洲、中東、非洲、中南美洲、拉丁美洲各國關係，加強外交組織、外交活動、國際宣傳策動國民外交，我國現階段外交政策，現階段中美關係，匪俄關係研究，匪俄軍事對立情況，當前美俄關係，揭發匪俄陰謀與罪行研究，促進亞太區域集體安全組織，大陸光復後與重建邦交國家合作發展等案。

十二、國家重建方案及大陸問題研究中心

　　包括重建綱領，中央建設，各省重建及院轄市重建，中共水利、交通、經濟、政治、教育，中共外交情勢等案。

十三、地圖

　　包括百萬分之一、五十萬分之一與二十五萬分之一中國全圖，中國水道圖，新疆明細地圖，十萬分之一東北九省圖，五萬分之一兩廣省圖，海南島地圖，西藏地形圖，中國歷史參考圖譜，中國經濟建設地圖，外蒙與西北邊中俄交界圖，百萬分之一邊界剩餘圖，中尼、中韓國界圖，中緬邊界圖，四百萬分之一與二百五十萬分之一中華民國全圖，臺灣省地圖，三十六萬分之一臺灣省交通明細圖等。

國民大會檔案

壹、沿革

1945 年 8 月國民政府召開政治協商會議，與中國共產黨在內的各黨派協商憲法內容。1946 年 12 月 25 日制憲國民大會通過「中華民國憲法」，定翌年 12 月 25 日施行。國民大會職權為選舉、罷免正副總統；修改憲法；複決立法院所提修憲案。

1948 年一屆國大第一次會議，即依修憲程序制定「動員戡亂時期臨時條款」，放寬總統行使緊急處分權之程序，選出蔣中正、李宗仁為行憲後首任正副總統。

1954 年一屆國大任期屆滿，面臨正副總統改選，為維持法統，遂以行政院決議，以第二屆國民大會未能依法辦理選舉集會以前，適用憲法第 28 條第 2 項規定，繼續行使職權，不予改選。1954 年 2 月 19 日一屆國大第二次會議在臺北市中山堂舉行，通過罷免李宗仁、沿用臨時條款，選出蔣中正、陳誠為第二任正副總統。

綜觀第一屆國民大會，除選舉正副總統，主要為臨時條款之增修。

1960 年通過正副總統得連選連任；臨時條款之修訂或廢止由國大決定，動員戡亂時期之終止由總統宣告等。

1966 年通過總統得設置動員戡亂機構，決定動員戡亂大政方針；總統得調整中央政府之行政及人事機構；中央民代因人口增加或出缺得實施增補選等。

1972 年授權總統增加自由地區之中央民代名額。

　　1990 年李登輝就任第八任總統後，積極推動憲改。1991 年一屆國大第二次臨時會通過憲法增修條文，規定第二屆中央民代由自由地區選出區域、山胞、僑民、全國不分區四種代表；自由與大陸地區人民權利義務關係及其他事務，得以法律為特別規定；廢止臨時條款咨請總統公布。

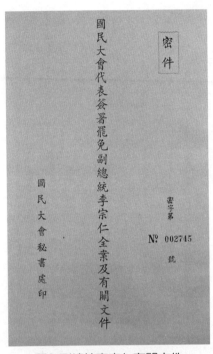

罷免副總統李宗仁有關文件

　　1992 年後全面改選後的國民大會，因應政治社會局勢，密集修憲。

　　1992 年通過自第九任正副總統任期四年，由自由地區全體人民選舉；司法院大法官組成憲法法庭，審理政黨解散；直轄市市長及臺灣省省長採直接選舉；充實基本國策等。

　　1994 年通過自第九任正副總統由人民直接選舉等。

　　1997 年取消立法院對行政院長人事同意權，凍結省級選舉，精簡省府組織等。

　　1999 年通過國大代表自第四屆起，以立法委員選舉各政黨推薦及獨立參選之候選人得票數之比例分配名額，並延長第三屆國大任期至第四屆立委任期屆滿之日等。惟本次修憲，大法官以釋字第 499 號認定違反國民主權原則且程序有明顯重大瑕疵，宣告違憲失效。

　　2000 年將國民大會非常設化，有修憲需求方召集任務型國大，僅能複決立法院所提出之憲法修正、領土變更及正副總統彈劾案；司法、考試、監察院人事權由立法院行使；正副總統罷免案由立法院提出交付公民投票等。

　　2005 年首屆任務型國大複決通過立法院所提之修憲案，包括立委席次減半、單一選區兩票制；憲法法庭審理正副總統彈劾案；立法院所提之修憲與領土變更案由公民投票複決；凍結適用憲法本文關於國民大會之規定，使國民大會走入歷史。

貳、移轉及整理

　　本全宗檔案分別自國民大會秘書處及立法院移轉。

　　1992 至 1993 年國民大會秘書處分批移轉大陸運臺舊檔及在臺已失時效案卷，包含第一屆國民大會第一次至第八次會議舊檔、會議代表質詢及建議事項之說明案等。

　　2000 年國民大會非常設化後，相關資料由立法院保管。因原國民大會圖書館址將由國有財產局收回，2006 年本館鑑於該批議政史料價值甚高，包括第一、二、三屆國民大會會議資料原稿、議事資料、國大秘書處及憲政研討委員會之檔案文件等，經篩選後完成移轉。

　　本全宗目前完成原卷名登錄建檔之初步整理，數量約 2,400 餘卷。

參、內容

　　本館所藏《國民大會檔案》，以制憲國民大會、第一屆國民大會檔案為最多，1992 年全面改選後的第二、三屆國民大會檔案較少，2005 年的任務型國大則無。綜合來看，國民大會檔案，依內容性質可概分秘書處業務文書、議事資料、陳情請願、閉會期間之憲政研討委員會檔案。其中國民大會秘書處之業務及庶務類文書堪稱大宗，包括文書、總務、佈置、議事、新聞、交通、登記、膳食、住宿、聯絡、人事等類，是瞭解國民大會如何開會運作的重要材料。以下稍舉各屆各次會議之相關檔案：

一、國民大會籌備委員會案（1940 年）

　　國民大會籌備委員會向各機關調用人員規定、國民大會籌備委員會組織條例通飭施行、國民大會籌備委員會各項文卷公物移交清冊、國民大會籌備委員會第一次至第六次會議議程、國民大會分發各省代表簡派狀、國民大會延期通知、國民大會籌備委員會結束辦法、國民大會修正各級政府組織條例，國民政府各級官吏違法懲處規定等。

二、制憲國民大會案（1946 年）

　　國民大會制憲審查修正案、國民大會憲草審查及意見、國民大會籌備委員會臨時人員調用、國民大會各組審查委員會會議紀錄、國民大會第二次預備會議、國民大會籌備委員會會務會報紀錄、綜合委員會會議紀錄、國民大會籌備委員會會務結束移交辦法、國民大會會場出入證、國民大會警衛處任免等。

三、第一屆第一次會議案（1948 年）

　　國民大會核定名稱、國民大會開幕典禮事項、國民大會憲法提案、國民大會普通提案、國民大會制憲各代表提案、第一次至第五次預備會議紀錄、第一屆國民大會第一次至第十六次會議紀錄、第一次至第六次審查委員會提議審查報告、國大代表姓名分類、國大代表資格審查、國民大會實錄、關於憲法提案原文、政府施政報告等。

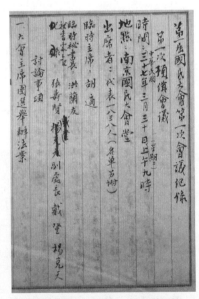

第一屆國民大會第一次會議紀錄

四・第一屆第二次會議案卷（1954年）

憲政督導委員任職年資儲備登記、國民大會出缺遞補資格之審定、一屆國大二次會議人員借調、一屆國大二次會議各代表函介人員來會服務、一屆國大二次會議代表質詢及建議項之說明、一屆二次會議提案及臨時動議目錄草稿、人民訴訟請願案、一屆國大二次會議議事錄草稿、一屆國大二次會議日程及議事規則與辦法、大會宣言及審查委員會審查報告、有關施政報告、專題報告及罷免主席團會議、主席團開會通知、年鑑編纂審查通知及調派工作、一屆二次會議法規輯要、一屆二次會議參考資料、一屆二次會議議案索引等。

五、第一屆第三次會議案卷（1960年）

代表出缺遞補、向各機關借調人員、推派主席團人選及函介人員致謝、會議各單位職員名冊、會議留辦結束人員名冊、會議代表疾病醫療處理案、代表檢討質詢及建議案、會議議事錄、會議辦理結束研討應行注意事項、預備會會議議事日程原稿及草案、會議代表提案、有關歷史性事項彙編等、會議經費預算概算案、秘書處議事組工作報告及組務會議紀錄、議事組議案科工作日記、行政院長報告辭及行政院施政報告等。

六、第一屆第四次會議案卷（1966年）

借調工作人員案卷宗、各代表申請入（出）境證及簽發護照、主席團會議議事錄稿、國大代表參加提案審查委員會認定書、提案原稿、臨時會議提案、國大代表謝瀛洲等提案、存查文件、速紀錄、收發文登記表、國大代表參加提案審查委員會認定書、提案原稿、提案登記簿、會議相關檔案資料、會議出席代表產生等案、日程表、提案審查委員會有關文件、提案審查委員會歷次會議議事日程、雜卷等。

七、第一屆第五次會議案卷（1972 年）

　　會議服務證、出入證、工作證使用辦法、派任工作人員令、主席團提名秘書長暨副秘書長人選等案、主席團會議討論宣言初稿等案、主席團第三次至第十四次會議議事日程、海外代表返國機票使用有關問題之處理案、議事組收受及處理提案臨時動議程序、參加提案審查委員會認定書、會議提案目錄、會議各代表提案、閉幕後對未能應允服務人員留用復函致歉案、會議代表提案辦理情形、提案審查會一至七次會議紀錄、各方建議請願控訴等案、大會期間之經費預算及臨時費案、會議速記錄、各代表提案（臨時條款修訂草案）、總統副總統就職典禮籌備事項案、各單位工作計劃及進度案、臨時動議案、會議綜合會報紀錄、各代表對國是之質詢與建議處理情形、會議主席團會議對美匪聯合公報之聲明案等。

八、第一屆第六次會議案（1978 年）

　　議事組與代表聯繫注意事項等、開會典禮有關事項修正案及會議紀錄、預備會議及各次大會議事日程、會議提案目錄卷、各提案審查委員會歷次會議議事日程、各提案審查委員會審查報告、第一次大會及第二次大會議事錄、會議速記錄、孫廷榮代表等檢舉違紀疏解案、會議有關議事資料、會議主席團會議授權秘書長辦理案件、行政院對第一屆國民大會第六次會議代表提案辦理情形彙覆表等。

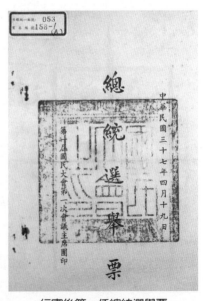

行憲後第一任總統選舉票

九、第一屆第七次會議案（1984 年）

議事組主席團會議等卷宗、會議主席團選舉、提案審查委員會選舉、議事組各相關單位卷宗、議事組議案科移交議事日程原稿、議事組議案科登記簿、陳情建議書、各審查委員會召集人選舉票、國民大會代表參加提案審查委員會認定書、提案審查委員會舉行會議情形一覽表、議事日程、會議議事錄、會議議程原件各提案審查委員會審查報告與大會決議對照表、總統副總統選舉、各單位來函等。

十、第一屆第八次會議案（1990 年）

議案科公文、議案科收發文登記簿、議事組議案科資料袋、秘書處議事組辦理文稿、主席團會議議事日程原稿、國大代表參加審查委員會認定書、會議機密案卷、會議重要案卷、各次會議出席代表名單、會議全期表決次數、會議參考資料、提案、大會決議案移送單及辦理情形簡復單、代表及各單位團體函送提案及建議之復函、各提案審查委員會提案審查報告、會議雜件等。

十一、第一屆第二次臨時會案（1991 年）

第一屆國民大會第二次臨時會資料（一）至（二十二）、第二至第八審查委員會會議紀錄暨會議概況報告表、議事日程、議事錄、速記錄等。

十二、第二屆國民大會（1992-1996 年）

臨時會第一次大會資料、第一次臨時會修憲提案（八十一年）、臨時會議事日程議事錄（八十一年）、臨時會速記錄（一）、（二）（八十一年）、臨時會主席團會議議事日程、議事錄（八十一年）、各審查委員會議事日程、記錄（八十一年）、第一次臨時會修憲提案（八十一

年）。第四次臨時會議事日程議事錄（八十三年）、第四次臨時會速記錄（一）（二）（八十三年）、第四次臨時會主席團會議議事日程、議事錄（八十三年）、第四次臨時會修憲提案（八十三年）、修憲審查委員會議事日程、第四次臨時會司法院院長同意權投票、第四次臨時會行使同意權審查會會議議事錄稿、第五次會議審查委員會審查報告會議概況報告表及會議紀錄、臨時會議事組卷宗、臨時會各次大會議事錄、臨時會代表書面建言、臨時會修憲提案第一號至第十二號等。

十二、第三屆國民大會（1996-2000 年）

第二次會議議事日程、議事錄（一）（二）（八十六年）、第二次會議、速記錄（一）（二）（三）（八十六年）、國民大會第二次會議程序委員會議事日程、議事錄、速記錄（八十六年）、第二次會議修憲提案審查結果修正案一至九十號、第二次會議修憲審查委員會議事日程、議事錄、速記錄（一）（二）（八十六年）、第二次會議修憲提案、修憲提案審查結果修正案、修憲提案再付審查結果修正案（八十六年）。第四次會議大會速記錄（八十八年）、第四次會議修憲審查委員會議事日程、議事錄、速記錄（八十八年）、第四次會議修憲審查委員會各審查小組議事日程、議事錄、速記錄（八十八年）、第四次會議修憲提案、修憲提案修正案、一般提案（八十八年）。第五次會議議事日程、議事錄速記錄（八十九年）、第五次會議議事日程、議事錄、速記錄（八十九年）等。

十三、其他

主要包括行憲前的憲政實施促進委員會，以及國民大會來臺後成立的憲政研討委員會。

憲政實施促進委員會，係依 1947 年 1 月 1 日公布之「憲法實施之準備程序」第 10 條所設立，由制定憲法之國民大會代表組成，任務為

研究憲政實施之準備程序第 1 條至第 8 條所列之有關事項、考察關於地
方準備實施憲政之情形及其進度、受政府之委託審議與憲政實施有關之
事項、宣傳憲法要義及憲法實施所應注意事項。該會於憲法產生之國民
大會代表集會之日結束。憲政實施促進委員會相關檔案有憲政實施促進
委員會人員任免案、憲政實施促進委員會職員錄案、憲政實施促進委員
會各委會工作會議紀錄、憲政實施促進委員會各項提案、憲政實施促進
委員會處理人民訴願及檢舉案、憲政實施促進委員會對省區劃分各界建
議案、憲政實施促進委員會、國民大會籌備委員會收發文簿等。

　　憲政研討委員會，依「動員戡亂時期臨時條款」第 9 條「國民大會
於閉會期間，設置研究機構，研討憲政有關問題」所設置，係由第一屆
國民大會全體代表組織之例行開會組織。該會分設十一個研究委員會，
各研究委員會每月舉行會議若干次，綜合會議每三個月舉行一次，每年
十二月間舉行全體會議一次，研討憲政有關問題。憲政研討委員會相關
檔案有該會綜合會議、全體會議記錄、研討大綱、常務委員會談紀錄、
研討結論彙編第一輯至第八十七輯目錄分類索引、兩權行使辦法第一組
第一至四次會議紀錄、召集人座談會整理一覽表、各研究委員會會議進
行概況報告表、黨務文書、各種會議紀錄合輯、研討方案合輯、自由研
究實施辦法草案等案、六十八年度第十三研究委員會、六十九年度第七
研究委員會卷、七十年度第九研究委員會卷、第十研究委員會研擬中醫
醫療納入保險給付之研究、臺中區有關修改憲法各案研究組會議紀錄合
輯、增額委員發言紀錄、雜卷等。

司法院檔案

壹、沿革

　　二十世紀初期，大清帝國為廢除領事裁判權，開始引進西式法制，部分省分設置了審判廳與檢察廳。中華民國成立後，雖有司法部、大理院之設，但北京政府就法院組織及訴訟法制均暫行援用從前施行之法律及大清新刑律，各地司法機關亦多未添設，加上政局多變、缺乏經費，司法權發展頗受限制。1925年廣州國民政府成立，設大理院為最高審判機關兼管行政事務，1928年國民政府奠都南京，根據孫文的五權憲法理論，展開訓政，將司法權視為治權之一，由司法院行使。

　　司法院之組織，依1928年11月17日修正公布施行之國民政府「司法院組織法」，司法院下設司法行政部、最高法院、行政法院、官吏懲戒委員會。司法院係為國民政府最高司法機關，掌理民刑事審判、司法行政、公務人員懲戒及行政審判。但在訓政體制下，屬國家機關的司法院應對中國國民黨中央委員會負責。1947年行憲後，同年12月25日修正「司法院組織法」，定1948年5月20日行憲政府成立施行。依組織法規定，司法院行使憲法所賦予之職權，設最高法院、行政法院及公務員懲戒委員會，並設大法官會議，行使解釋憲法並統一解釋法律命令之職權。

　　然自1928年至今，司法院職權及組織曾有若干調整，尤以司法行政部的隸屬變動頻易，擺盪在隸屬行政院與司法院間，連帶影響高等法院及地方法院行政監督權的隸屬問題。1932年司法行政部改隸行政

院，1934 年又改回隸屬司法院，1943 年改隸行政院，直至 1980 年實施審檢分隸，高等以下各級法院自同年 7 月 1 日起改隸司法院，司法行政部改制為法務部，隸屬行政院迄今。

貳、移轉及整理

現藏《司法院檔案》絕大部分為 1928 年 11 月司法院成立後，司法院本部所產生的檔案文件。1949 年該批檔案隨司法院遷至臺灣，由該院保管。據悉該批舊檔在司法院保存期間，未曾拆包，從未有借調或閱卷，部分檔卷遭蟲蛀碎損。1997 年 8 月時，司法院為完整保留該批史料，擬請本館接管，本館經審該檔案具史料價值，同意接管。1997 年 9 月，司法院將移轉檔案造冊連同原卷移轉本館典藏。

除本部檔案外，本全宗內尚有移轉自臺灣高等法院臺中分院（25 卷）、宜蘭地方法院（9 卷）、高雄地方法院（115 卷）、臺南地方法院（16 卷）等戰後司法行政文書。

本全宗已進行細部整編，完成數位化作業，計有 3,600 餘卷。

參、內容

經細部整編後，分為「法令解釋案」、「法規彙編案」及「院務案」等 3 系列。

一、法令解釋案

1928 年之後，隨著司法權的確立，南京國民政府陸續公布民、刑法典，因新式法典大多繼受自外國法律，加上條文數量龐大、內容複雜，行政機關往往在具體案件事實置入法律規範要件時頻生疑義。又，各地司法機關或各級行政機關，遇有法律解釋疑義、法律窒礙難行時，

時有請求司法院統一解釋，或請求變更司法院院解字見解之需要。此外，1945 年中國抗戰勝利後，對於淪陷區、收復區、戰犯、漢奸等的處理，亦成為各地行政及司法機關普遍面對的問題，頻向司法院請求解釋。

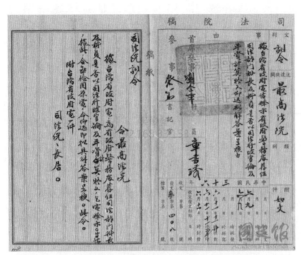

司法院訓令最高法院釋示臺灣省政府所提警務人員職務身分及年資採計疑義

依 1928 年 11 月 17 日修正公布之「司法院組織法」第 3 條規定：「司法院院長經最高法院院長及所屬各庭庭長會議議決後，行使統一解釋法令及變更判例之權。前項會議以司法院院長為主席」。故法令解釋案系列，即是各機關就法規適用疑義，移請司法院解釋之相關檔案。

法令解釋案涉及法規繁多，整理後分為「憲政相關」、「民事」、「刑事」、「行政處分與行政救濟」、「公務員法規與懲戒」、「智慧財產」、「人民團體與工商組織」、「稅務法規」、「土地法規與公有財產」、「國籍與戶籍」、「貨幣與專賣」、「律師及醫療法規」、「綜合」等 13 個副系列。法令解釋之作成，名義上司法院由具統一解釋法令發布，實際上係由司法院發交最高法院擬具解答案後，由司法院長核閱公表。

舉其要者，關於民事法令的解釋，如「行政院請解釋公司法疑義」、「湖北高院請解釋男女結婚數載逃居為尼男請求同居應如何辦理疑義」、「湖南高院請解釋私有湖蕩所產魚藻可否依民法七百九十條任人採取疑義」、「河南高院呈請解釋守志之婦立繼等疑義」、「廣西高院據賓

陽縣司法處請解釋民法親屬編施行後納妾訴請脫離主妾關係應如何辦理疑義」、「社會部為民間借貸利率有無限制及超過規定限度應如何處理疑義」等；刑事法令解釋，如「司法行政部請解釋國民兵義勇壯丁常備大隊及人民自衛大隊之官長士兵是否為軍人及違反兵役治罪條例暫行條例疑義」、「軍事委員會請解釋在偽組織內服務並辦理敵佔區內蠶絲事業應如何論罪」、「軍事委員會請解釋幫助領照煙民購吸私膏是否犯罪疑義」、「司法行政部請解釋刑法分則中『公然』二字疑義」等。

此外，涉及戰後臺灣人國籍、漢奸、戰犯審判問題者，亦在解釋之列，如「江蘇高院為解釋臺灣人民是否因條約割讓而喪失其國籍疑義」、「軍事委員會調查統計局為解釋關於被迫應徵隨敵作戰或供職敵偽機關而無其他罪

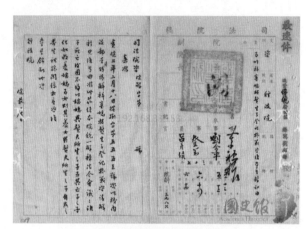

司法院將法律解釋結果函知行政院

行之臺灣人應否以漢奸拘辦疑義」、「行政院為在華臺人於抗戰期內觸犯懲治漢奸條例之罪嫌者可否以漢奸論罪疑義」、「國防部為臺灣人民前有陰謀獨立行為是否構成內亂罪或應否列為戰犯及其審判管轄疑義」等。

綜觀請求解釋機關，包括行政院及各部會、軍事委員會與各級地方行政機關、各區綏靖公署、各軍司令部，以及各地法院與檢察處等，不少係上級機關函轉下級單位所反應之問題，面向甚廣。本系列檔案數量龐大，約占所有司法院檔案七成餘，此類檔案除可供研究司法院院解字如何做成，尚包括各政府機關提請解釋之原始公文，此對增進瞭解該院解字原欲處理之特定時空地域下的社會事實，有相當助益。

二、法規彙編案

本系列下分「憲法法規」、「司法院暨所屬機關法規」、「行政院暨所屬機關法規」、「綜合」等 4 個副系列，主要是國民政府訓令公布，飭知司法院暨所屬各單位之新修法令草案或條文內容。

（一）憲法法規：包括憲法草案、五五憲草、憲政實施協進會，如「中華民國憲法草案刪修一」、「五五憲草意見彙編」、「中華民國憲法草案說明書」、「國民參政會第三屆第三次大會憲政實施協進會工作報告書」等。

（二）司法院暨所屬機關法規：包括所屬單位組織法、組織規程、立法參考資料、法規研究報告、司法院或高等法院函轉下級法院之相關刑事及行政法規內容等，如「公務員懲戒委員會組織法等」、「司法院職員任用細則等」、「修正刑法總則各條草案」、「簽呈呈送修正刑法分則研究報告請鑒核由」、「臺灣法院接收刑事案件處理條例草案卷」、「臺灣高等法院令轉臺灣省戒嚴時期取締流氓辦法修正案等」、「法院改隸辦法」等。

（三）行政院暨所屬機關法規：包括機關組織條例、綱要、規程、地方自治法規及各種公文程式、公報、檔案、糧食、內政、紀念日、交通、財政、衛生、農林、社會、教育之法規及行政命令等。如「縣參議會組織暫行條例等」、「綏遠省境內蒙古各盟旗地方自治政務委員會暫行組織大綱等」、「檔案處理辦法」、「戰時糧食管理條例令等」、「職業介紹法等」、「學位授予法等」、「中醫條例等」、「三十四年度公務員醫藥及生育補助費數目等」等。

（四）綜合類：包括內政、特別刑法、外交、涉外、貿易協定、平等新約、黨政等組織法、組織大綱、組織條例，以及各方函送臺灣高等法院臺中分院之行政法規卷宗冊等。舉其要者，如「各級新運會及委員會組織大綱等」、「政治協商會議辦法」、「關於國史館法令」、「反省院條例等」、「危害民國緊急治罪法等」、「國府褒揚先列令函」、「平等新約要

點等」、「國際民用航空公約」、「中央黨政軍機關業務檢討會議與工作進度考核辦法」、「79 年行政法規（一）」等。

三、司法院院務案

本類檔案數量不多，但內容繁雜，絕大部分為司法院院務案，及少部分屬臺灣高等法院臺中分院及地方法院院務文書。本系列下分「組織」、「人事」、「總務」、「財會」、「會議」、「工作計畫與施政報告」、「參考資料與文電」、「綜合」等 8 個副系列。

（一）組織：包括「關於中央各機關組織演變經過各項資料」、關於上海特區最高法院分庭組織經費人員、「設立中央特種刑事法庭案」、「特種委員會案卷」等。

（二）人事：「法院組織法人員等級及俸額」、薦任、委任職「候用人員名冊」、「軍法人員轉任司法官」、「行政法院成立（就職）日期」、呈報首長到職、「本院離職人員請求證明書」、平時考核紀錄表、考核結果、平時考績。屬地方法院卷宗者，如司法人員任用送審卷、年度薪津表卷、「品德生活紀錄卡」、「品德生活考核」等。

（三）總務：「院長官邸遷移」、「請保留逆產備作本院官舍之用案」、中央特種刑事法庭事務分配表、「最高法院查報辦案有舞弊及積壓情事」、中央公教人員住宅輔建及福利互助委員會。屬地方法院者，如「部員視察本院民刑案卷報告書」、「上級監察委員巡察」、視察省立高雄少年輔育院、監所卷等。

（四）財會：「司法院民國三十一年度歲入出概算」、「中華民國三十四年度國家總預算」、「三十六年度司法院歲入歲出經臨各費決算書表」、安徽省地方公務員懲戒委員會二十一年度經常概算書、「重慶市物價月報第一、三期函等」、「戰時各地生活費指數簡報函計十六件」、「戰時各地生活費指數簡報」、「借撥配售之油鹽」、「最高法院還都經費補助費報告」。屬高等及地方法院者，如「44 年有關物價問題」等。

（五）會議：「最高法院請召開統一解釋法令及變更判例會議由」、「呈送該（法官訓練）所業務檢討及學術會議三十年八月份至三十一年四月份止月報表」、「司法院討論戰後法規特種委員會會議紀錄（一）」。屬高等及地方法院者，如「48年工作會報司法座談會」、「46年各法院司法座談會卷」、「53年（高雄地區）檢警聯席會議卷」、「司法警察風紀委員會紀錄」等。

（六）工作計畫與施政報告：「改善司法制度案報告初步審查報告」、「檢發三十二年度國家施政方針令等」、「三十六年所屬機關上半年工作進度檢討報告表」。屬高等及地方法院者，如「88年下半年及89年度列管事項作業計畫第二卷（含執行成效月報表）」、「43年各法院業務檢討報告文卷（二）」、「44年司法書記業務報告」等。

（七）參考資料與文電：「行政院會議對共黨除名決議案」、「司法行政部密件」、「戒嚴地區」、「中華民國中文版年鑑司法部份初稿」，屬高等及地方法院，如「45年上級令示卷（一）」、「政治作戰實施方案卷」等。

（八）綜合：如「雜卷」。屬臺灣高等及地方法院者，如「民國56年、57年律師登錄及註銷卷」、「44年律師事務卷」、「46年轄區鄉調解輔導卷」、「50年律師登錄卷」、「律師公會資料卷」等。

考試院檔案

壹、沿革

　　考試院為中華民國最高的考試機關，掌管國家考試及公務人員考選、銓敘等相關事務。民國肇建後，臨時大總統孫中山根據其五權分立的理念，將考試權獨立為一考試機關，並擬訂「文官考試委員官職令草案」、「文官考試令草案」。1913 年 1 月，北京政府亦曾擬訂「文官考試法草案」、「典試委員會編制法草案」。迄 1916 年 4 月，制定公布「文官高等考試令」、「文官普通考試令」，考銓制度漸臻明確。

　　1928 年北伐成功後，於同年 10 月成立考試院籌備處。繼於 10 月 20 日、12 月 7 日，以及次（1929）年 8 月 1 日先後制定公布「考試院組織法」、「考試院銓敘部組織法」、「考選委員會組織法」，於 1930 年 1 月 6 日成立考試院及其所屬銓敘部、考選委員會（行憲後改為考選部），任命戴傳賢為首任考試院院長兼考選委員會委員長、孫科為副院長、張難先為銓敘部長。同年 12 月，戴院長准免兼職，另任命邵元沖為考選委員會委員長。1931 年 7 月，在南京舉行第一屆高等考試。1934 年 4 月，在南京舉行第一屆普通考試。1937 年 7 月中日戰爭爆發後，考試院訂定「臨時分區辦事處組織大綱」，於西安、武昌設辦事處，聯合辦理各該地區之考試、銓敘事宜。同年 11 月，考試院隨國民政府西遷重慶；迄 1945 年 8 月戰爭結束，院會部各單位始隨政府遷回南京。

　　1947 年 6 月任命張伯苓、賈景德為考試院正、副院長。7 月特任

陳逸松等 10 人為第一屆考試委員。12 月 25 日行憲後，修正「考試院組織法」，規定考試院行使「憲法」所賦予之職權，對各機關執行有關考銓業務並有監督之權。除院本部外，下轄考選部及銓敘部。1948 年 1 月，考試院在臺北舉行臺灣省縣長考試。1949 年 12 月中央政府遷臺後，考試院亦於 1950 年 1 月遷臺，暫借臺北市孔廟為院部辦公地點，9 月於臺北舉行遷臺後首次高等及普通考試。1951 年 12 月遷至臺北市木柵溝子口現址辦公。1967 年 7 月，公布「行政院人事行政局組織規程」，成立人事行政局，辦理各級行政機關及公營事業機構之人事考銓業務，並受考試院之指揮監督，實際上是將行政院所屬人員之管理權限移出，避免與行政機關人事指揮之權限有所重疊。1992 年修憲時，將考試權之範圍調整為考試、公務人員之銓敘、保障、撫卹、退休及公務人員任免、考績、級俸、陞遷、褒獎之法制等事項。

考試院設院長、副院長各 1 人，考試委員 19 人，均特任，由總統提名，經監察院同意任命之（2000 年修憲後，改經立法院同意），任期 6 年。考試院的政策及有關重大事項，都需經過考試院會議討論決定。除院本部外，考試院還包括 4 個所屬機關，分別是考選部、銓敘部、公務人員保障暨培訓委員會及公務人員退休撫卹基金監理委員會。另依「行政院人事行政總處組織條例」之規定，該總處有關考銓業務，應受考試院監督。考試院本部分設 14 個處、組、室，分別執行職務。各單位主要負責研擬規劃施政綱領、施政計畫、考銓政策、審核考試院所屬部會研議的考銓政策、法令暨其他行政支援事項。另依「考試院組織法」之規定，於必要時得設置各種委員會，現設有訴願審議委員會、法規委員會及研究發展委員會，以提升院會決策品質及行政效能。

貳、移轉及整理

國史館所典藏之《考試院檔案》為 1985 年至 2002 年分批移轉的中國大陸運臺及在臺已失時效之案卷，共計 67 卷。1990 年移至國史館典

藏後，已完成初步整理。檔案時間自 1932 年至 1948 年。

參、內容

《考試院檔案》之內容，大致可分為行政、計劃、會議決議、工作報告、建議、法令、實施、考試及檢覈、人事、審查等 10 大類。茲說明如下：

考試院檔案

一、行政：含行政三聯制及其大綱、各級機關擬訂分層負責辦事細則之原則與方式、黨政軍各機關人事管理人員訓練、購置影片圖書機、復員後調整中央機構增加行政效率、歷屆各種考試及格人員之陳情事項、各機關團體通知辦公地點日期、贈送刊物、徵集本院法規、索寄職員錄，官職區分、本院改定暑期辦公時間，發佈新聞稿等案。

二、計劃：含各省考銓處 1947 年度工作計劃、本院及會部編造戰時三年建設計劃、編造 1942、1943、1944、1946 年度施政方針工作計劃、經費分配概算等案。

三、會議決議：含第五屆中全會決議、五全大會決議、第五屆第三次全會決議、第五屆第一、二次全會決議國府主席任期展延、第五屆第十、十一、十二次全會決議案、六全大會決議、中央人事行政會議、全國考銓會議、1938 年臨時全國代表大會決議案、國民參政會議決議、中央黨政軍提高行政效能及行政三聯制總檢討會議、國民政府政務官懲戒委員會決議懲戒等案。

　　四、工作報告：含第五屆中全會報告、第五屆一、二、三中全會工作報告、國民大會工作報告、臨時全國代表大會工作報告、第五次全國代表大會工作報告、中央統計處討論會編施政成績統計報告等案。

　　五、建議：國大代表建議案。

　　六、法令：含公文程式及行文各項辦法、考委會內部單行規程、銓敘部單行法規、復員計劃綱要、黨務工作人員任用法及各條例、非常時期專門人員服務條例、關於各項募捐法令、陸海空軍官佐考績條例、國民政府組織法等案。

　　七、實施：含人事行政會議考選類、銓敘類決議實施案。

　　八、考試及檢覈：含送登國府公報公職候選人檢覈及格姓名、公職候選人考試及檢覈等案。

　　九、人事：含黨政軍各機關人事管理人員訓練、非常時期本院變更組織分區辦事及減縮人員薪額事項、本院暨會部職員考課事項、選任國府主席暨各院院長、證書科招考書記、全國人才總登記等案。

　　十、審查：含應考資格申請審查各案、公務員恤金審查等案。

考選部檔案

壹、沿革

1928 年國民政府公布中華民國政府組織法載明考試院為最高考銓行政機關，掌理考選、銓敘事宜。另公布考試院組織法，第一條明定考試院以考選委員會及銓敘部組織之；第二條為考選委員會掌理關於考選文官、法官、外交官及其他公務員事項、關於考選專門技術人員事項、關於辦理組織典試委員會事項、關於考選人員之冊報事項、關於舉行考試其他應辦事項。

1929 年 8 月 1 日，國民政府公布考試法，明定凡候選及任命之人員及應領證書之專門職業或技術人員，均經中央考試，定其資格。考試分為普通考試、高等考試、特種考試 3 種，候選人員之考試及其他各種考試另以法律定之。

同日亦公布考選委員會組織法，考選委員會設委員長、副委員長各 1 人，委員 11 至 17 人，建制與推展考銓制度，草擬典試規程、襄理考試條例。委員會設四處，第一處掌理中央及地方公職候選人考試事項；第二處掌管任命人員之高等、普通考試及特種考試事項；第三處掌理各種依法應領證書之專門職業，或技術人員考試事項；第四處掌理文書、議事、出納、庶務及調查登記等事項。

1947 年行憲後，重新公布考試院組織法。1948 年裁撤考選委員會，成立考選部，負責全國考選行政業務，其主要工作主管公務人員考試及專門職業技術人員考試等各種國家考試。設置部長、政務次長、常

務次長各 1 人，下設四司。第一司掌理公務人員高普考試、特種考試及升等考試；第二司掌理專技人員高普考試、特種考試及各種考試之檢覈；第三司掌理試務；第四司掌理總務事項。設置會計室、統計室、人事室，於必要時得設各種委員會。

貳、移轉及整理

自 1985 年 3 月，考選部陸續移轉檔案至本館典藏，共計 1,904 卷。

參、內容

其檔案內容依其職掌範圍，內係有關考試法規、總務、人事等類別。

一、法規類

（一）組織法規

考試院所屬組織法規、考試院考課條例及季課辦法、考選委員會組織法、考選部組織法、考銓處組織條例、考選部視察規則、三十年～三十四考選委員會統計法規等案。

（二）考試法規

1. 考試通用法規及辦法：考選部主要法定執掌為考選行政業務，建制考試相關法規，如監試法、考選法規目錄、典試規程、考試法實行細則、考試法解釋、試場監場規則、應考人體檢規則、三十六～三十七年各項法規、法規之修訂及廢止、二十八年浙江地方行政特考條例、三十二年高考外交官暨領事官臨考口試辦法、二十九年增定考選法規彙編。

2. 公務人員考試法規：高普考試條例、高考農、工業技術人員條例、二十二年修正高考各種條例及法令、高普考各種考試條例彙編、考選法規彙編、地政特考法規、特考福建公務員考試暫行條例、特考圖書管理員考試條例、二十九年統計及戶政人員特考條例、高普考條例修正、三十年河南警察特考、特考承發吏考試條例、整理田賦特考條例、鄉鎮保甲幹部特考法規、特考體育行政人員考試條例、縣各級幹部特考法規、縣各級幹部特考法規、縣各級幹部考試規則、安徽幹部特考條例、貴州幹部考試條例、貸款人員特考暫行條款、二十七年四川農技特考條例、二十七～二十八年財務特考、二十八年公路技術特考條例、特考管理中英庚款董事會會計人員考試暫行條例、交通特考法規鹽務局會計人員特考條例、三十年四川地方教育行政特考條例、二十六年電信機務員特考、法醫及檢驗員銓考規則、二十六年特考禁菸總會統計人員等案。

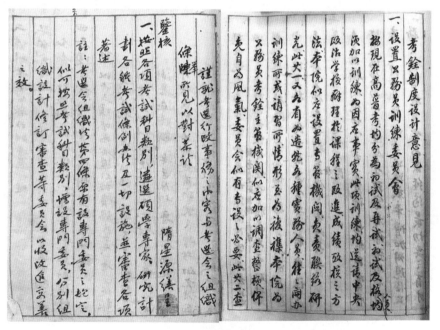

考政革新

3. 專門職業及技術人員考試：法醫師暨司法檢驗員考試規則、專門職業及技術人員考試法實行細則、商品檢驗技術人員考試條例草案等案。

二、銓定資格類

（一）檢覈資格

1942 年政府明訂「專門職業及技術人員考試法」，規定專門職業及技術人員考試為檢覈、考試兩種方式。檢覈為審查證件，審查是否具備專門學識與執業能力，如審查合格，准其及格。是以館藏檔案涵蓋範圍為應考資格審查委員會規則、資格解釋、高等考試應考資格聲請審查書、縣長考試資格審查、檢覈及格律師清冊、請補發工業技師檢覈及格證書、廣東廣西中醫師檢覈、高等考試應考人專門資格審查及格人員登記簿、核發銓定資料考試證書、臺灣考銓處中醫師檢覈會議紀錄、查詢銓定考試資格、司法官臨時考試及格證書、廣東廣西中醫師檢覈法規資料、檢覈及格律師清冊、三十一～三十七年律師檢覈及檢覈及格律師清冊、三十二年醫事人員檢覈、會計師檢覈委員會會議、三十二年首都醫事人員高普檢、醫事人員檢覈暫准及格、歷年呈院補發外國人檢覈及格證書、檢覈大學畢業成績銓定任用辦法，與三十七～三十八年臺灣省銓資甄別考試等案。

（二）檢定考試

高等檢定考試或普通檢定考試及格者，取得高等或普通考試，或相當於高等或普通考試之特種考試相當類科考試之應考資格。主要內容為二十五年高普檢考、三十年高普檢考、三十四年寧夏、貴州、陝西、浙江等地檢考等案。

（三）縣長考試

任命人員考試的性質分為資格考、任用考二種考試。縣長考試確定

候選人擁有擔任縣長的資格。但是通過考試者未必能取得職務，具備擔任的資格。館藏檔案內容為：湖北、雲南、江西、甘肅、廣西等地的舉辦縣長考試情形。就法規、執行面而言，則有縣長考試法令、高考及格人員縣長挑選辦法、縣長挑選、三十一年高考（一）與縣長挑選等案。

三、試務類

（一）試題

四十八～六十年高等考試榜首試卷、五十～六十年年普通考試榜首試卷、考試試題、二十八年高級郵務員特考試題、二十八～三十一年普考試題、二十八～三十一年普考試題彙刊、二十九年高普考試題、二十九年高級郵務員特考試題、三十年高考司法試題、三十一～三十二年高普考試題、三十二年第一次高普考試題、三十六年高檢試題、三十二年第二次高普考初試原題、三十三年醫事人員試題、三十三年第二次高普特考初試試題、三十三年高普特考試題、三十三年高考再試試題、三十二年高考及格人員縣長挑選考試試題、三十四年高普特考試題等案。

（二）試務工作

二十四年高考廣東試務、三十年高考試務、三十一年第一次高普考試務、三十一年二次高普考試務、三十一年一～二次高普考試務處、三十二年一次高普考試務、三十三年一次高考試務等案。

（三）典監會

依「典試法」、「監試法」，維護國家考試之公平公正，以達為國掄才之目的，設立典試委員會，透過典監試作業，掌握試務流程，強化試務安全稽核機制。館藏檔案主要內容為：二十九年高考初試典監會、二十九年高考再試典監會、二十九年高考財金初試典監會、二十九年高考財金再試典監會、三十年高考典監會、三十二年一次高普考典監會、

三十二年二次高普考初、再試典監會、三十三年高考典監會、三十三年一次高考典監會、三十三年二次高考典監會等案。

（四）高等、普通考試

三十年高普考試、三十年高考司法初試、三十一年第一次高普考再試、三十一年高普考試、三十年普考土地行政人員再試、三十年普考、三十二年西康省普考、三十二年廣東省普考、三十一～三十六年湖北省普考、醫事人員高普考試、三十三年第一次高考、三十三年二次高考再試、三十三年甘肅省普考、三十三年貴州省普考、三十三年湖北普考、三十三年第一次高考初試試題、三十三年高普檢考、三十四年高普考等案。

（五）特種考試

二十八年四川土地陳報指導人特考、二十九年四川特考、二十九年四川營業稅局稅務人員特考、二十九年湖南會計特考、二十九年四川會計特考、二十九年四川統計人員特考、二十九年廣東統計人員特考、二十九年交通特考、二十九年貸款人員特考、二十九～三十年財務特考、二十九～三十年陝西教育行政特考、三十年浙江會計特考、三十年交通驛運業務人員特考、三十年浙江行政特考、三十年江西會計特考、三十年四川地方教育行政人員特考、三十年田賦人員特考、三十年報務特考、三十年稅務人員特考、交通技術人員特考、三十年稅務特考、三十年緝私幹部特考、三十年川康鹽務會計特考、三十年甘肅、河南、湖南郵務特考、三十年陝西省特考、三十年上海、湖北、貴州、新疆郵務特考、三十年陝西、雲南、儲匯局郵務特考、三十年江西、浙江、福建郵務特考，與三十年機務、報務、話務特考、三十一年廣東統計人員特考、三十一年度量衡特考、三十一年度量衡特考、三十一年衛技特考、三十一年關稅特考、三十一年福建特考、三十一年衛技特考、三十一年郵政特考、三十一年郵政特考、三十一年銀行特考、三十一年稅務特考、三十二年四川縣政特考、三十二年四川審判官特考、三十二

年監工、水文特考、三十二年外交行政人員特考、三十二年四川審判官特考、三十二年四川縣政特考、三十二年交通特考清冊、三十二年中央氣象人員特考、三十二年銀行特考、三十二年稅務人員特考、三十二年稅務特考、三十二年甘肅地政特考、三十二年甘肅幹部考試、三十二年甘肅幹部考試名冊、三十一～三十七年貴州特考、三十～三十一年江西省會計人員考試、三十～三十一年四川省地政人員初再試、三十三年地政特考、三十三年糧政特考、三十三年地政特考、三十三年農業推廣人員特考、三十三年西川、新疆郵務佐特考、三十三年陝西、新疆、安徽、廣西、雲南、廣東、福建、江西郵政特考等案。

（六）復員軍官轉任考

復員軍官佐轉業行政人員考選辦法、三十五年特考復員軍官轉業警政人員試務、三十五年特考復員軍官轉業警政人員試務、三十七年復員軍官警察特考、復員軍官佐轉任警察人員分派服務辦法、復員軍官財務特考等案。

四、人事類

三十七年用人調查、考選部職員考績、二十九年度考績結果清冊、視察考核實施狀況、考績獎章及證書、職員年度考績、年度考績名冊、三十三年度考績情形、公務人員考績表核定、三十四年度考績清冊、考績考核辦理情形、三十二年員工請求救濟撫卹、考試院選派出國考察人員辦法等案。

五、資料類

考選委員會會議、二十七～三十年參政會會報告、二十七～三十年中全會報告、三十～三十三年中委會報告、三十一～三十二年參政會報告、三十三～三十七年參政會報告、三十四年考選工作報告（六全大

會）、抗戰以來的考試、中國年鑑考選資料、考選制度、考選制度大要講稿、中華年誌、國府年誌資料、國民政府年鑑、考試院大事記等案。

六、及格人員暨成績登記簿類

外交部駐外使領館職員考試覆核及格人員登記簿、山西省、河北省、河南省、綏遠省第一屆普通考試及格人員登記簿、成績登記簿、普通考試應考資格審查合格人員姓名分類簿、二十二年高等考試司法官考試及格人員登記簿（附山西省司法官考試暨二十四年司法官臨時考試及格人員登記簿）、二十五年臨時高等考試及格人員登記簿、河北省、湖北省、山西省、浙江省、安徽省、雲南省、河南省、山東省、江蘇省、江西省、察哈爾省各種考試覆核及格人員登記簿，熱河省地方教育行政人員考試覆核及格人員登記簿、臨時普通考試監獄官考試及格人員登記簿、成績登記簿、二十四年高等考試及格人員登記簿、二十五年臨時高等考試及格人員登記簿，與豫、陝、甘三省考核院縣長考試覆核及格人員登記簿等案。

七、總務類

文書管理法令、公文督催辦法、三十八年疏散法令、因公損失財物補償暫行辦法、三十七年新建眷舍、考選委員會移交考選部物品、財產目錄、三十七年專技檢覈費、三十七年各省市高普考試費、三十七年經費報銷、三十七～三十八年度會計報告、三十六～三十七年度預決算、各種證印費及審查費定額、三十七年檢考經費等案。

八、證書類

證書法規、遺失考試覆核及格證書補發證明書辦法、請發工業技師檢覈及格證書、二十六年高考川滇黔司法官頒證、二十九年普考請補發

證書、二十九年高考財金頒證、三十年高考發證、三十年普考審計人員發證實習、三十～三十一年普考（發證）、三十三年一次高考頒補證，請補發獸醫師檢覈及格證書，請補發會計師及格證書、三十二～三十七年礦業技師頒證、三十四年外交人員頒證等案。

九、訓練類

高考及格人員分發規程及法令、考試及格人員派遣留學辦法、廣東縣長檢定暨訓練辦法、特考委託考訓報務員大綱、三十七年行政院咨設法官訓練機構，高普考初、再試及訓練辦法等案。

十、其他類

國民參政會議事規則、國民政府委員會會議規程、戰時建設三年計劃、各考銓處年度工作應報事項、移交考選部截至四十六年八月底止未辦或未了之重要案件清冊等移交案、優待應考人請假辦法、、知識青年退役參加考試優待辦法、三十年高考榜冊、三十七年各省市行政長官、西北工學院三十四年畢業生人數、水資源開發會議報告書、本會大事記編輯辦法、三十五年收復區郵政人員考核、二十九年高考訴願案、二十九年湖南會計特考清冊，與邊疆人才考試、訓練、任用，三十二年四川審判官清冊等案。

銓敘部檔案

壹、沿革

　　「銓敘」一詞意指銓審公務人員之任用資格與條件，並依績效考核結果敘定其職位等第與陞遷。根據 1912 年修正公布之「中華民國臨時政府組織大綱」，臨時政府設有外交、內務、財政、軍務、交通等部，各部設部長 1 人，輔佐臨時大總統辦理相關事務，各部所屬職員之編制及其權限由部長規定，經臨時大總統批准施行。臨時政府對於文官銓敘並未設專職之部，惟在臨時大總統府內設置法制、印鑄、銓敘、公報 4 局及參謀部，作為臨時大總統之幕僚機關，其中銓敘局依「銓敘局官職令草案」規定，掌理職員之任免、陞遷及給予階位、勳章、榮典、賞卹等事務，局長為特任。同年 3 月 11 日，「中華民國臨時約法」公布，並於 7 月 20 日頒布新官制，規定銓敘局之職掌有處理薦任官以上之任免及履歷、文官考試、文官恩給及撫卹、官吏榮典授予、外國勳章授領及佩用等事項。1914 年 5 月 1 日，袁世凱頒布「新約法」，廢止國務院官制，另組總統府政事堂，在政事堂下設銓敘局，掌理文官之任免、陞轉、資格審查、存記人員註冊開單、考試、勳績考核、恩給及撫卹、爵位勳章及榮典授予，以及外國勳章授領及佩帶等事項。1927 年 6 月 18 日，張作霖在北京就任軍政府陸海軍大元帥，軍政府在大元帥下設國務院，以銓敘局改隸於國務總理，而其職掌大致仍舊。

　　1928 年 10 月 8 日，國民政府公布「中華民國國民政府組織法」，其中規定：「考試院為國民政府最高考試機關，掌理考選銓敘事宜，所

有公務員均須依法律，經考試院考選、銓敘，方得任用。」10 月 20
日，國民政府公布「考試院組織法」，規定考試院由考選委員會、銓敘
部組織之；同時規定銓敘部掌理公務員之登記、考取人員之分類登記、
成績考核之登記、公務員任免之審查、公務員陞降轉調之審查、公務員
資格之審查、俸給及獎卹之審查登記等事項。12 月 17 日，國民政府公
布「考試院銓敘部組織法」，設置秘書處、登記司、甄核司、育才司與
銓敘審查委員會，以掌理全國文官、法官、外交官、其他公務員及考取
人員之銓敘事項。1930 年 1 月 6 日，銓敘部正式成立，首任部長為張
難先。

　　銓敘部成立之後，因國家遭逢戰亂而歷經 9 次播遷，最後於 1953
年遷至臺北木柵溝子口現址；「銓敘部組織法」亦歷經 9 次修正，目前
適用之「銓敘部組織法」，係 2002 年 1 月 30 日所修正公布之版本。

　　依據現行之「銓敘部組織法」規定，銓敘部掌理公務人員人事政
策及人事法制之綜合規劃與審議，包括公務人員任免、考績、級俸、陞
遷、褒獎之法制事項，以及全國公務人員銓敘、保險、退休、撫卹、退
撫基金之管理，並監督行政院行政總處與全國各級政府人事業務主管機
關，辦理銓敘、人事等業務。該部置部長 1 人，綜理部務，指揮、監督
所屬職員及機關；政務次長及常務次長各 1 人，輔助部長處理部務；下
設法規、銓審、特審、退撫、人事管理、總務等 6 司，及參事、秘書、
資訊、人事、會計、統計、政風等 7 室，另設法規、訴願審議等 2 個委
員會，並有公務人員退休撫卹基金管理委員會、公教人員保險監理委員
會 2 個附屬單位。

貳、移轉及整理

　　國史館所典藏之《銓敘部檔案》，係先後於 1986 年、1993 年、
2007 年及 2009 年分批移轉至館，為該部自大陸運臺及在臺已失時效之
案卷，檔案時間為 1925 年至 1989 年，共計 1,168 卷，目前尚未進行數

位化及細部編目工作。

參、內容

國史館所典藏之《銓敘部檔案》，其內容主要有國民政府人事資料之任免、懲戒與彈劾等案，以及中央暨地方機關考績清冊、公務人員保險、各項登記表冊以及其他雜件等，茲分述如次。

一、國民政府人事資料：時間自 1925 年至 1949 年，檔案內容分為任免案、懲戒案、彈劾案、登記表冊等四大類。主要內容如下：

（一）任免案：包括國民政府文官處、秘書處暨其他局處、國父陵園管理委員會、戰地政務委員會、國難會議、國家總動員會議、全國經濟委員會公路處暨農業處、財政部、經濟部技工訓練處、地質

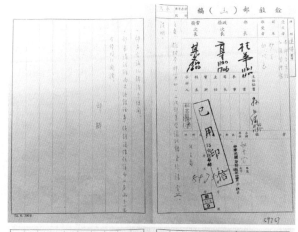
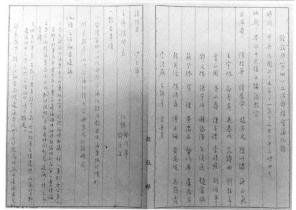

銓敘部部務會議紀錄

調查所、交通部暨所屬郵政總局、電信總局、中央氣象局、航政局、公路運輸總局、驛運總管理處、交通技術標準委員會、鐵道部各路局、內

政部、內政部所屬機關統計處、農林部墾務總局、農林部各役畜改良繁殖場、農林部直轄耕牛繁殖場、中央農工業實（試）驗所、中央畜牧實驗所、洪江民林督導實驗區、西北種畜場、西北羊毛改進處、榮譽軍人屯墾區管理處、外交部暨駐外使領館、蒙藏委員會、行政院法規整理委員會、司法院、司法院法規研究委員會、法官訓練所、最高法院、司法行政部、各省暨縣市政府、各省行政專員公署、各省市會計處、糧政局、糧食管理局、田糧處、衛生處、衛生實驗處、衛生試驗所、交通局（處）、公路局（處）、驛運管理處、公安局、警察局、警察總隊、水警總隊、各省各級法院、中央暨各省農、林、牧畜改良機構、安徽水利工程處、西昌墾牧實驗場、廬山管理局等機關、單位首長暨所屬職員任免，以及高等考試及格人員分發任免、公務員聲請認定公職候選人考試及格資格等。

（二）懲戒案：包括懲戒浙江各縣縣長、廣東省政府人員、河南省政府人員、安徽各縣縣長、重慶市警察局局長、安徽省貨物稅分局長、貴州黔西縣縣長、貴州大定縣縣長、貴州岑鞏縣縣長、湖南湘陰縣縣長、湖南靖縣教育局局長、豫魯監察使、中央圖書雜誌審委會編審等案，以及公務員被付懲戒案。

（三）彈劾案：包括監察院彈劾故宮博物院院長、善後救濟總署署長、漢陽兵工廠廠長、宜昌關監督、福建建甌縣縣長、福建晉江縣縣長、江蘇如皋縣縣長、江蘇邳縣縣長、浙江安吉縣縣長、廣東陸豐縣縣長、湖南漵浦縣縣長、貴州台拱縣縣長、河北廣宗縣縣長、陝西長武縣縣長、山西朔縣縣長、甘肅永登縣縣長、河南保安司令、南京市土地局局長、湖南岳陽公安局局長、上海地方法院院長、浙江紹興地方法院院長、安徽蕪湖法院推事、雲南昭通法院推事等案。

（四）登記表冊：包括桂粵各縣市現任公務員登記冊、桂粵各縣市備用公務員登記冊，以及公務員動態登記表等。

二、**中央暨地方機關考績清冊**：時間自 1950 年至 1967 年，主要內容包括總統府、國史館、光復大陸設計委員會、石門水庫建設委員會、

國民大會秘書處、國防會議秘書長辦公室、行政院、立法院、司法院、考試院、監察院、公務員懲戒委員會、最高法院、最高法院檢察署處暨所屬機關、行政法院、司法行政部暨所屬各法院檢察署及各監所、福建省及臺灣省各級法院暨檢察署處、臺灣高等法院檢察處暨所屬各法院檢察處、臺灣高等法院暨所屬各法院、臺灣高等法院所屬各監獄暨看守所、臺灣監獄暨看守所、行政院美援運用委員會、國家長期發展科學委員會、中央公務人員購置住宅輔助委員會、蒙藏委員會、僑務委員會、行政院國際合作委員會、行政院主計處暨中央機關主計、會計、統計人員、行政院主計處所屬臺灣省主計人員、行政院主計處所屬新疆省政府主席辦公處主計人員、行政院主計處所屬福建省主計人員、內政部、內政部麻醉藥品經理處、內政部傷殘重建院、中央警官學校、臺灣省警察學校、中央警官學校臺灣警官訓練班、福建省警察人員、臺灣省警務處暨所屬單位、臺灣省各縣市警察局、外交部暨駐外使領館、教育部駐外文化官員、財政部、財政部國有財產局暨各區辦事處、教育部、國立臺灣科學館、國立編譯館、教育部國立教育資料館、經濟部、經濟部駐外商務機構、中央水利實驗處、經濟部中央標準局、水資源統一規劃委員會、駐日經濟參事處、交通部、郵政總局、電信總局、中央氣象局、交通部招商局、民用航空局、交通部研究所、行政院新聞局暨駐外單位、行政院新聞局電影檢查處、藥品供應處、各衛生事業機關、國防部、國防計劃局、國家安全局、國防研究院、戰地政務委員會籌備處、國軍退除役官兵就業輔導委員會、退輔會各縣市合作農、礦、牧、畜場、製造業機構暨榮民醫院、療養中心、後備軍人指導委員會、考試院考試技術改進委員會、考選部、銓敘部、公務人員保險監理委員會、審計部暨所屬機關、審計部所屬臺灣審計處暨各縣市政府主計人員、臺灣省政府主計處暨所屬主計、會統人員、臺灣省秘書處及所屬人員、臺灣地方機關主計主管人員、臺灣高等法院所屬地方法院暨監獄看守所、臺灣省交通處公路局修車廠等機關單位之考績案，以及中央機關請領考績獎章等。

　　三、公務人員保險：時間自 1959 年至 1989 年，主要內容包括公務

人員保險監理會會議紀錄、監理會會議紀錄核定執行案、公務人員保險業務部長交辦案、公務人員保險健康檢查、研辦中醫參加公保聯合門診，以及第三司保險業務稿等。

　　四、各項登記表冊：時間自 1973 年至 1987 年，包括臺灣省警備總司令部罪行人犯登記、海軍總司令部罪行人犯登記、空軍總司令部罪行人犯登記、各部隊罪行人犯登記、憲兵司令部罪行人犯登記、國防部軍法局宣告罪行案，以及辦理人才調查登記及統計等。

　　五、其他雜件：時間自 1958 年至 1989 年，包括五年來考試行政、地方機關人事人員派免、中央研究院雜件、有關建議事項、行政院人事行政局（含法規計畫方案等）、中央機關人事機構舉行人事會報、新近大陸逃港難胞來臺接運接待安置專案小組、考選部銓定資格考試會議紀錄、檢覈實務、修正公務人員履歷表，以及銓敘部秘書室雜卷等。

公務人員保障暨培訓委員會檔案

壹、沿革

公務人員保障暨培訓委員會，簡稱「保訓會」，是中華民國考試院所屬部會，成立於 1996 年 6 月，為考試院所屬一級機關，專責公務人員的保障和培訓業務。

依該會組織法規定，設保障處、培訓處、秘書室，以及人事室、會計室、政風室等單位；置主任委員 1 人，由總統特任，綜理會務；副主任委員 2 人，協助主任委員處理會務；專任委員 5 人至 7 人，由考試院院長提請總統任命之；兼任委員 5 人至 7 人，由考試院院長聘兼之；委員超出黨派，依據法律獨立行使職權，統一受理各級公務人員提起的再復審、再申訴案件及公務人員培訓政策、法規之審議決定事項等。

2002 年，修正組織法，增列「地方公務人員保障處」；因保訓會中部辦公室暫行編制表係依「臺灣省政府功能業務與組織調整暫行條例」訂定，而該條例施行期限經立法院同意僅得延長至 2001 年 12 月 31 日止，屆時編制表將失其依據，基於業務需要及保障原移撥安置人員之權益，將中部辦公室納為正式建制單位，並定名為「地方公務人員保障處」。

2009 年，組織法再次修正公布，明訂法定職掌十二大項。即關於公務人員保障與培訓政策、法制之研擬、訂定及其執行；身分、工作條件、官職等級、俸給與其他公法上財產等有關權益保障之研議及建議；保障事件之審議、查證、調處及決定；保障業務之宣導、輔導及協調聯

繫；考試錄取、升任官等、行政中立、人事人員等訓練及進修之研擬規
劃及委託；終身學習之推動；培訓機關之資源共享、整合之協調；訓練
評鑑方法與技術之研發、各項培訓需求評析及績效評估；保障與培訓之
國際交流合作等。

現（2017 年）該會設有保障處、地方公務人員保障處、培訓發展
處、培訓評鑑處、秘書室、人事室、會計室、政風室等單位。委員會議
採合議制，由主任委員、副主任委員及委員組成；有關公務人員保障事
件，均由委員會議依多數決決定。

此外，為因應國家文官培訓之需，於 1999 年設「國家文官培訓
所」，嗣於 2010 年改制為「國家文官學院」，並於南投中興新村成立中
區培訓中心；學院院長由保訓會主任委員兼任。

貳、移轉及整理

國史館典藏之保訓會檔案，係自該會於 2006 年 2 月、2007 年 5
月、2010 年 5 月及 2011 年 5 月，分別徵集移轉而來。目前已完成初步
整理，計有 148 卷，起迄時間自 1997 年 10 月起，至 2005 年 9 月止。

參、內容

依其職掌分類，略述如下：

一、關於公務人員保訓政策、法制之研擬、訂定及其執行

有關「公務人員保障暨培訓委員會組織法」、「公務人員保障法」、
「國家文官培訓院組織條例草案」、「公務人員進修法草案」等法案與行
政院人事行政局不同意見說明表（1998），「省公務人員權益保障計畫
書」定稿文字相關事宜會議紀錄（1998），「員級交通事業人員晉升高員

級資位訓練辦法」之研訂（2000），國家文官培訓所中程施政計畫草案（2001），「公務人員訓練進修法施行細則」草案意見（2002），「國家文官培訓所標準化作業程序」會議案（2002），保訓會與國家文官培訓所權責劃分表修正草案（2003）、保訓會暨國家文官培訓所 93 年度施政計畫及收支預算案口頭報告資料（2003）、「公務人員保障法」修正案之相關意見（2003）等。

二、關於公務人員其他公法上相關權益保障之研議及建議；保障事件之審議、查證、調處及決定；保障業務之宣導、輔導及協調聯繫

有關業務宣導之辦理情形案（1998）、臺灣省政府組織員額調整計畫書審查會議紀錄（1999）、保障案件決定對各機關研修法制之成效（1999）、因應中華電信民營化有關具公務人員身分員工權益保障問題（2000）、審查行政院組織法修正草案等相關事宜（2002-2005）、「行政法人法」草案有關現職員工權益保障事宜會議情形及建議處理方式一覽表（2003）、行政院婦女權益促進委員會各項婦女權益工作重點分工表（2002）等。

三、關於公務人員終身學習之推動；保訓業務之國際交流合作；培訓機關之資源共享、整合之協調

有關接受大陸地區新聞人員採訪注意事項（2000）、行政院人事行政局審查通過之民間學習機構（2002）、公務訓練機關（構）整合（併）問題分析報告（2002）、研商有效運用訓練機構資源事宜會議紀錄（2003）等。

四、關於委員會議、業務會報及參與相關業務之議事紀錄

有關重要業務檢討報告（1997、1999、2000）、考試院「文官制

度與國家發展研討會」有關保訓業務之具體政策建議暨處理情形表
（1998）、全國人事行政會議紀錄（1999）、駐德國新聞處及新聞分處變
更合併案提報會議紀錄（1999）、派員參加相關業務之黨團朝野協商會
議（1999）、會務會議紀錄（1999、2000）、國民大會國是建言之辦理情
形彙復表（1999）、考試院會議委員發言意見及院會決定紀錄（1999、
2000、2001）、「臺灣地區防空作戰軍民防護災害搶救支援辦法」部分
條文修正案（2000）、會所業務移撥相關事宜會議紀錄（2000）、行政
院審查「教師法」修正草案及「教育人員任用條例」修正草案會議紀

錄（2002）、研商「涉及
國家安全或重大利益公務
人員查核條例草案」會議
（2003）、研商「特種考試
軍法官考試規則修正草案」
會議紀錄（2003）、國家文
官培訓所城區部運作檢討會
議紀錄（2003）、洪委員對
保障事件審理情形之意見
（2004）等。

國是建言案

五、其他

　　有關支援九二一大地震災後重建因應措施等 11 卷（1999）、全國司
法改革會議決議彙整表（1999）、中華民國年鑑之保訓會資料（2000）、
中央各機關經管黃金珠寶古董銀元等財物之處理原則案（2003）、訪中
央研究院簡報及紀錄（2004）、法務部長陳定南報告監督公共工程品質
「宜蘭經驗」紀錄（2004）等。

總統副總統檔案、文物

蔣中正總統文物

壹、小傳

　　蔣中正，字介石，1887 年生於浙江奉化。幼年受私塾教育，學習中國傳統經典，青年赴日本學習軍事，畢業於振武學校，入日軍聯隊實習。1911 年辛亥革命起，不假返國，自是學業中斷。辛亥革命時助陳其美革命，陳去世後直接追隨孫中山，成為孫的軍事助手。1922 年孫遭陳炯明部逐出廣州，蔣登永豐艦隨侍孫指揮軍事 40 多天，1923 年受命為大元帥行營參謀長。1924 年擔任黃埔陸軍軍官學校校長，為其事業起飛之始。孫過世之後，廣東政局不穩，蔣歷經政治鬥爭，於 1926 年 3 月中山艦事件之後，漸掌國民政府軍事全權。

　　1926 年 7 月，蔣就任國民革命軍總司令，發動北伐。1928 年一統中國，年底就任國民政府主席。1929 年各軍系不滿中央編遣部隊之不公，陸續發生異動。1930 年晉綏軍、西北軍、桂軍與蔣的中央軍爆發中原大戰，以蔣勝利告終，惟各敵對勢力，仍與蔣明爭暗鬥。1931 年九一八事變後，蔣為促進團結，辭任國府主席，離京歸鄉。1932 年一二八事變，日軍侵襲上海，蔣復出擔任軍事委員會委員長，其對內積極剿共，對外備戰抗日。1936 年 12 月西安事變，蔣遭地方軍事領袖張學良、楊虎城挾持，經過協商，安然返京，惟政府剿共基本停止。1937 年 7 月 7 日盧溝橋事變，中日全面戰爭爆發，蔣組建統帥部擘劃戰略、指揮軍事，並爭取外交援助，於 1945 年獲得最後勝利。

　　1948 年 4 月，第一屆國民大會選舉蔣為行憲後首任總統，其於 5

月 20 日就職；旋國共戰局逆轉，1949 年初下野。政府遷臺後，蔣於 1950 年 3 月復行視事，發動中國國民黨的改造，壓抑國內反對勢力，推動軍事、政治、經濟、社會等方面的變革，舉其要者，如推動陸軍整編、支持行政院長陳誠的土地改革法案。反攻大陸係蔣念茲在茲之事，雖兩岸軍事實力差距巨大，其仍觀察國際局勢，運作外交，整軍經武，組織下屬擬訂反攻計畫。

1954 年，國民大會選舉蔣為第二任總統。1960 年，國民大會修改動員戡亂臨時條款，使蔣不受憲法連選連任一次之限制，並於 1960 年、1966 年、1972 年選舉蔣為第三、四、五任總統。1972 年，蔣重病昏迷，經過急救，體力大不如前，國政由其子蔣經國以蔣中正名義辦理。1975 年 4 月 5 日清明節，病逝臺北，享壽 89 歲，靈柩暫厝桃園大溪慈湖賓館。

貳、移轉及整理

《蔣中正總統文物》係蔣中正於北伐、統一、抗戰、戡亂等時期，所留下的函稿、電文、日記、信件、書籍、輿圖、影像資料及文物等，由蔣之機要人員歷年蒐錄整理而成。該文物最初係 1925 年蔣任黃埔陸軍軍官學校校長時，交其秘書毛思誠保存之若干文卷整理而成。爾後蔣歷任軍政要職，其隨侍機要人員如陳布雷、俞國華、毛慶祥、周宏濤等，亦將與蔣有關之機要資料隨時整理收存。

1948 年冬，政府戡亂失利，蔣中正下野，隨即指示將該批檔案隨中央銀行黃金同艦運臺。檔案原暫存高雄，1949 年移轉至大溪頭寮賓館，並於翌年成立「大溪檔案室」存藏。因此，外界遂多以「大溪檔案」稱呼該批文卷資料。

1950 年後，大溪檔案室除繼續蒐羅、典藏蔣中正相關檔案資料外，也對既有檔案進行整編。整編工作先後由許卓修、秦孝儀等人掌理，除對檔案進行分類，也為部分檔案撰寫重要事件始末。1953 年 8

月，大溪檔案室改隸總統府，由總統府機要室兼理該室業務，檔案仍藏於頭寮賓館，至 1979 年 7 月，始由頭寮賓館轉移至臺北陽明山的陽明書屋。

由於該批檔案相當完整，且蔣中正的生涯，歷經民國史上諸多重要事件，因此世界上治相關歷史之學者，皆甚望能查閱大溪檔案。然而，受限於政策及檔案機密等因素，當時只有極少數學者獲准利用。政府解嚴前後，政治環境改變，各機關檔案已陸續開放，社會上對於二二八事件、孫立人兵變疑案到張學良案，皆十分感興趣。對「神秘」的大溪檔案的開放，更是殷切期盼。在民間、學者及立法委員等的催促下，1995年 2 月，總統府機要室與國史館協商移交機要檔案事宜，國史館擬定「國史館典藏管理機要檔案辦法」，並成立「中興計畫」的臨時任務編組，協調各處室，投注相當人力、物力，完成移交工作，並展開檔案整理事宜，包括建立全宗號、分類立宗、編制目錄、排列、微縮和清理。同時，將機要檔案正名為《蔣中正總統檔案》（簡稱《蔣檔》）。1997 年初，《蔣檔》陸續開放，被稱作「史料解嚴」，國內、外學者趨之若鶩，帶起一波史學研究熱潮。

2002 年以後，國史館配合數位典藏國家型科技計畫，整合檔案、照片、圖書、視聽、器物等類型史料，配合「總統副總統文物管理條例」的通過與實施，將《蔣檔》改稱為《蔣中正總統文物》。而今，過去難以一窺堂奧的珍貴史料，在國史館的數位資料庫中（詳見國史館官網），凡通過准駁，皆可自由查調，盡情閱覽。

《蔣中正總統文物》全宗號 002，經過數位化，區分 11 個系列，依序為「籌筆」（01）、「革命文獻」（02）、「蔣氏宗譜」（03）、「家書」（04）、「照片」（05）、「文物圖書」（06）、「特交文卷」（07）、「特交檔案」（08）、「特交文電」（09）、「器物」（10）、「其他」（11），計文件 3,606 卷，圖書 415 卷。經過細部編目者，籌筆有 18,038 件，革命文獻有 16,514 件，家書有 1,253 件，照片有 50,798 件，文物圖書有 9,759件，特交文卷有 5,715 件，特交檔案有 75,531 件，特交文電有 141,783

件，其他有 9,463 件，總計 328,854 件（統計至 2017 年 3 月）。就數量來說，特交文電最多，其次為特交檔案，家書最少。

參、內容

一、籌筆

籌筆係《蔣檔》第 1 個系列，為蔣中正親書之函電或諭令的手稿，內容多為蔣對於重要政治、軍事案件之籌劃，檔案時間起於 1923 年 8 月，止於 1972 年 6 月。

檔案編排方式，係依時間先後整齊排比，分成北伐、統一、抗戰和戡亂 4 個時期（副系列），共 291 冊，另有拓影本 135 冊。

（一）北伐時期：自 1923 年 8 月起，至 1928 年 12 月止。

（二）統一時期：自 1929 年 1 月起，至 1937 年 7 月止。

（三）抗戰時期：自 1937 年 7 月起，至 1945 年 12 月止。

（四）戡亂時期：自 1946 年 1 月起，至 1972 年 6 月止。

二、革命文獻

革命文獻係《蔣檔》第 2 個系列，為依記事本末體編排而成的重要文獻彙編，時間起自 1923 年 6 月，止於 1952 年 4 月，共計 167 冊，與籌筆一同，分成北伐、統一、抗戰、戡亂 4 個時期（副系列），各時期又有多個案卷。每一案卷係以事件為主題，將相關重要文獻如函電、手令等加以編排而成。每案之前附有整編人員撰寫之事件概要，簡述事件始末。

（一）北伐時期：

有「北伐之目的及其準備」、「第一期敵情概況」、「規復長沙」、「寧

漢分裂與北伐中挫」等 28 個案卷，分裝成 28 冊。

（二）統一時期：

有「國軍編遣」、「湘鄂事件」、「中東路事件」、「瀋陽事變」、「西安事變」等 24 個案卷，分裝成 34 冊。

（三）抗戰時期：

有「盧溝橋事變」、「抗戰方略」、「華北戰役」、「徐州會戰」、「同盟國聯合作戰」等 33 個案卷，分裝成 50 冊。

（四）戡亂時期：

有「接收東北與對蘇交涉」、「國共協商與共軍叛亂」、「美國特使馬歇爾將軍來華經過」、「蔣總統引退與後方佈置」等 18 個案卷，分裝成 55 冊。

例如，戡亂時期第 10 冊為「實行憲政與蔣總統就職」，按時間收入關於政府行憲的相關演詞、報告、電文、信函、情報、公告，對查考該事件之來龍去脈，助益甚大。

革命文獻的編排，先以時間排列，再將相同事件的檔案彙編在一起，整體觀之，有其一貫脈絡。惟近年國家發展委員會檔案管理局（檔管局），推動其政治事件檔案集中典藏管理之政策，因此移轉抽走本館革命文獻中，與二二八事件相關的 2 卷。如此未

革命文獻一冊之封面

依檔案來源原則（尊重全宗與原始順序）的檔案管理方式，使《蔣中正總統文物》有所割裂不完整，查閱者可予留意。

三、蔣氏宗譜

《蔣中正總統文物》第 3 個系列為蔣氏宗譜，共 7 套 48 冊，分別為《民國七年重修本》（4 冊）、《民國三十六年重修本》（6 冊）、《回圖蔣氏宗譜》（10 冊）、《宜興大成蔣氏宗譜》（10 冊）、《梅潭蔣氏世譜》（14 冊）、《硤石蔣氏支譜》（2 冊）、《武嶺蔣氏先序考》（2 冊）等。

四、家書

第 4 個系列為家書，內容為蔣氏致家人、親友書信之錄底，以寄發對象分類，分成「致宋美齡」、「致蔣經國」、「致蔣緯國」、「致親友」、「致蔣孝武」、「致蔣孝勇」及「蔣經國家書」等（副系列）。其時間最早為 1926 年元月，最晚為 1969 年元月。總計共 19 卷。

五、照片

第 5 個系列為蔣中正照片，共有 50,798 張，涵蓋時間自 1908 年至 1976 年 8 月，包括蔣中正一生的重要經歷，提供其完整的個人照片影像紀錄。這些照片原區分為：總統蔣公影輯、領袖照片資料輯集、蔣夫人照片資料輯集、參觀藍星演習影輯、美副總統詹森伉儷訪華影集、日本人士紀念蔣公遺德顯彰會現場照片影集、蔣介石總統百年誕辰畫冊等 94 冊及大型團體合照等。國史館依照片內容性質，重新分為：總類、典禮集會、巡訪慰問、演習校閱、接待國內賓客、接待外賓、接待僑胞、友人僚屬、生活留影、蔣夫人宋美齡輯集、逝世與紀念活動、其他等 12 主題（副副系列）。

《蔣檔》尚有 23 萬餘張照片或底片，由於過去數位化係以史料研

究為目的，許多照片及底片並未進行數位化作業，因此鮮為人所知。考量永久保存珍貴歷史影像史料，及多元展覽之需求，國史館與國立中正紀念堂管理處合作，將此 23 萬餘張攝影史料全數整理，進行影像數位化掃描，並執行詮釋資料撰寫工作。相關工作仍在進行，完成後將有更豐富的蔣中正影像史料呈現在世人面前。

六、文物圖書

第 6 個系列為文物圖書，含稿本及刊本共 458 冊，如《事略稿本》、《困勉記初稿》、《蔣主席傳記》、《民國十五年以前之蔣介石先生》、《蔣介石先生四十以前年譜》、《蔣主席文抄》、《自反錄》等書。其中的《事略稿本》，接續毛思誠編纂的《民國十五年以前之蔣介石先生》，為年譜長編性質的著作，時間起於 1927 年，迄於 1949 年，史料價值極高，國史館已將之全部掃描出版，共 82 冊（另出版補編 2 冊，原件藏中國國民黨中央傳播委員會黨史館）。《困勉記初稿》等書，為蔣中正的日記分類摘抄，國史館皆已打字出版，並建置數位資料庫提供全文檢索（詳見官網），題名《蔣中正總統五記》，共 6 冊──《困勉記》2 冊，《游記》、《學記》、《省克記》、《愛記》各 1 冊。

七、特交文卷

第 7 個系列為特交文卷，包括親批文件和交擬稿件兩部分（副系列），時間起自 1927 年元月，止於 1965 年元月。檔案編排方式，以時間為序，依次排列，共計 72 冊。

（一）親批文件：

為蔣中正的機要人員摘錄各方致蔣之函電後呈閱，而蔣在摘文箋上，多有閱覽後所作的批示。檔案時間自 1927 年元月至 1970 年 8 月，皆按時間先後依次排序，內容多為此期間蔣中正對各方來電敘述或請示

軍事、政治、外交與財政等情勢與措施所作的批示，共 46 冊。

（二）交擬稿件：

為蔣中正的機要人員先草擬致各方電文文稿，再由蔣修改後核定發送之文件。檔案時間自 1927 年 2 月至 1965 年元月，皆按時間先後依次排序，內容多為蔣中正對政治、軍事、外交情勢的規劃與指示，共 26 冊。

八、特交檔案

第 8 個系列為特交檔案，收入之文件無特定主題，文件型式也不一致，內容包括簽呈、函札、電報、會議紀錄、各式報告、名冊、信件、書籍、手稿錄底、手令登錄等。可分成分類資料、一般資料、黨務等三部分（副系列），前二者共有 1,077 冊。此一系列所含資訊豐富，為《蔣檔》相當重要的部分。

（一）分類資料：

係指檔案內容具體明確之資料，可區分為政治、軍事、中日戰爭、政治防共、軍事剿匪、外交、國際、經濟、財政、內政、教育、交通、社會、特件和其他等 15 類（副副系列），各類之下再依不同史事，予以細分編排成若干案卷，如政治類下包含憲政、法制、各方建議與各地政情等案卷。檔案時間自 1928 年至 1971 年，內容多為蔣的部屬及各地呈送有關政治、軍事、中日戰爭、防共剿匪、外交、財政與內政等各方面的報告、電報、簽呈、會議紀錄、信件等，共有 455 冊。

（二）一般資料：

不依內容分類，僅依照時間順序編排而成，檔案時間自 1925 年至 1958 年，內容相當繁雜，各種性質事項無所不包。其後另有專件、手稿錄底、呈表彙輯、手令登錄、工作報告和書翰等資料彙編。總計 622 冊。

（三）黨務：

　　1989年前後，為貫徹黨政分際，總統府機要室將《蔣檔》中的黨務類資料移交中國國民黨中央委員會黨史委員會，因此這批原屬《蔣檔》特交檔案的資料，並未於1995年自總統府機要室移轉至國史館。2015年，國史館與中國國民黨中央委員會文化傳播委員會黨史館合作，將藏於黨史館的黨務類資料數位化，二館並同時開放各界利用。經過整理並數位化的黨務類資料，計1,621件，內容較雜，包括中央法令、中國國民黨改造、中央人事、中央會議、中央宣傳、中央報告、總裁訓示及各方建議、地方海外及特種黨部、三民主義青年團、中央訓練團、革命實踐研究院、各黨派動態、國情報告、匪情報告、其他等。

九、特交文電

　　第9個系列為特交文電，數量最多，係以事件為主題，精選蔣中正與各方往返之重要電報彙編而成的檔案。總統府機要室於1973年開始著手整理編排，先擬定39個案卷，按時間排序，分別歸納各案相關的資料。每案之前由整編人員撰寫紀要一則，記述事件因果始末，計分4個單元：領袖事功、日寇侵略、共匪禍國及俄帝陰謀（現屬4個副系列），共計436冊。

（一）領袖事功：

　　主要是蔣中正的功業勳績，由蔣的部屬呈報的電文與其所作的批示彙編而成，又區分為7個部分，即北伐統一、國家建設、革命外交、復行視事、對日抗戰、領袖指示、目錄及參考資料（副副系列）。按歷史事件與事務性質區分為17種案卷，如在北伐統一部分，有掃除軍閥主持奉安大典與敉平石唐叛變等案卷；在國家建設部分，包含鞏固國防、實施憲政、改革政經與積極治邊等案卷。總計81冊。

（二）日寇侵略：

　　指自北伐以來至對日抗戰期間，日本對中國一系列侵逼挑釁所引發的事件衝突與戰爭，內容係按各重要事件，將蔣中正與各方往來電報彙編而成，區分為濟南慘案、瀋陽事變、淞滬事件、侵擾熱河、迭肇事端、卵翼傀儡、汪偽組織與八年血債等 8 種案卷，計有 89 冊。

（三）共匪禍國：

　　指自北伐期間至抗戰後國共內戰期間，中國共產黨所進行各種反國民政府的政治與軍事等活動，以實現其奪取政權之企圖，內容係將蔣中正與各方往來電報彙編而成，區分為挑撥寧漢分裂、煽動西安事變、勾結閩逆叛變、製造各地暴動、種種不法罪行、談判詭謀、武裝叛國等，共分為 10 種案卷，計有 226 冊。

（四）俄帝陰謀：

　　指蘇俄對中國東北及外蒙新疆的種種侵占謀略及抗戰後在東北延宕撤軍扶植中共等行為，內容係將蔣中正與各方往來電報彙編而成，區分為雅爾達密約與中蘇協定、阻擾接收東北、俄帝侵華罪行等 3 種案卷，計有 9 冊。

十、器物

　　第 10 個系列為器物，包括勳章、獎牌、紀念品、印章、紀念肖像、畫作、書法、攝影，以及禮品。舉例如「總統之印」、「空軍司令印」、「陸海空軍總司令行營印」、「蔣中正印」名章、「還我河山」總統騎馬像、蔣宋美齡繡像、「民族救星」紀念鼎、象牙雕船、一等大綬雲麾勳章、一等大綬寶鼎勳章、美國特殊

總統之印

功績勳章證書等。

十一、其他

　　《蔣檔》自開放及至數位化之後，國內外已有眾多學人參考利用，發表無數論文、專著。然早先數位化者，僅 1 至 9 個系列，此實非《蔣檔》全貌。《蔣檔》尚有「其他類」，以整編較遲，未獲充分利用。國史館現已整理完竣，定為系列第 11「其他」。包括總統事略日記、籌筆、淞滬抗日戰役史材、張羣先生文卷、史料整編、文電登記簿、綜合等（副系列）。

（一）總統事略日記：

　　包含總統事略日記（1958 年 8 月至 1974 年 12 月）、蔣經國剪報資料（1974 年 8 月至 1975 年 4 月）、蔣總統秘錄等。其中的總統事略日記，非蔣中正的日記，而是蔣中正每日的動態報導，時間自 1958 年 1 月，至 1974 年 12 月，每日記錄蔣的大事記略、言論記略及收入相關剪報資料。

（二）籌筆：

　　類似《蔣檔》系列 1 的籌筆，為蔣的親筆手諭，有「蔣總司令籌筆民國 19 年 1 至 12 月」、「蔣委員長籌筆民國 35 年 1 至 12 月」。由於在《蔣檔》移交時，部分籌筆（主要為 1930、1946 年）便被劃歸其他類，為尊重檔案編排原始順序，這批檔案未整理進入系列 1 的籌筆。

（三）淞滬抗日戰役史材：

　　為 1932 年爆發之一二八事變相關史料 22 卷，另有陸軍第八十八師淞滬抗日戰役經過概要 1 卷。

（四）張羣先生文卷：

　　張羣係蔣中正重要部屬，在臺長期擔任總統府秘書長。此類檔案，

包括張羣個人保存之文件資料、總統接見日人談話案、總統與日人談話紀錄、蔣總統與岸信介談話紀錄、中日合作反共方針案、中日兩國斷交前後資料等。

（五）史料整編：

為《蔣檔》搬運整編過程所產生的檔案，如大溪檔案資料集運經過、大溪檔案資料編整保管機構之沿革、大溪檔案整理工作報告、革命文獻整編作業紀述、日寇侵略之部編案紀要初稿（合訂本）、領袖特交文電珍藏整理（初輯影本）、領袖特交檔案整理登錄冊等。

（六）文電登記簿：

為蔣中正的侍從人員抄錄蔣電令他人內容的登記簿，類似特交檔案一般資料中的手令登記簿。種類甚多，如國民政府軍事委員會機要室去電登記簿（民國 23 年 5 月至 35 年 12 月）、軍事委員會委員長南昌行營去電登記簿（民國 22 年 8 月至 23 年 4 月）、來電分姓登記簿（民國 29 年 1 月）等。

（七）綜合：

所收甚雜，如國民會議實錄、中國國民黨中央改造委員會會議紀錄摘要、中國國民黨第 6 屆中央執行委員會常務委員會第 177 次至 200 次會議紀錄、軍官資歷表、美軍援顧問團對中國國軍有效戰力報告書等。

嚴家淦總統文物

壹、小傳

嚴家淦（1905-1993），字靜波，江蘇省吳縣人，1905 年 10 月 23 日生。嚴家淦總統是中華民國行憲後首位的文人副總統，並於 1975 年 4 月 6 日繼任中華民國第五任總統。

嚴家淦總統的一生，功業彪炳。1939 年，擔任福建省建設廳廳長，致力省內公路、河道之整建，遂使抗戰期間的福建省交通得以維繫。1940 年，又首開先例，在福建省實施「田賦徵實」制度，改以納糧折抵。1941 年，財政部即以福建省「田賦徵實」制度推行全國，用以確保國內糧食供應的穩定。

1945 年，隨行政長官陳儀來臺接收，先任臺灣省交通處處長，旋改任省財政處處長，負責接收日產。1946 年，臺灣省政府成立，轉調財政處長重建省內財政，兼任改制後的臺灣銀行首任董事長，主持幣制改革，暫准臺灣銀行發行臺幣，以穩定臺灣的金融。1948 年，中國大陸金圓券信心崩盤，幣值狂洩，臺幣深受波及，乃於 1949 年主持新臺幣的發行業務，切斷臺灣與中國大陸的財政聯繫臍帶，穩定臺灣的金融秩序，力保經濟穩定。1950 年，任財政部部長，致力於政府預算制度的建立，切實控制政府支出，革除過去浮報員額、增加費用等惡習。1951 年，開始編定該年度中央政府總預算，並重新訂定會計年度制，使政府預算制度步入正軌。1954 年，轉任臺灣省政府主席，完成省政府疏遷中興新村的任務，戮力推動臺灣成為三民主義模範省的建設。

1957 年 8 月，任美援會主委及經安會副主委，籌劃經建計畫，有效運用美援。1958 年，再度回任財政部部長兼美援會委員，擔任財長達 10 年之久，為突破當下之經濟瓶頸，先後促成「十九點財政改革措施」、「獎勵投資條例」之制定，創造了臺灣經濟奇蹟的輝煌年代。

1963 年 12 月，出任行政院院長。在 8 年任期中，雖面臨美援的停止、退出聯合國等重大衝擊，仍能完成兩次四年經建計畫，至此加速臺灣經貿的發展，甚被譽為開發中國家的典範。1966 年 3 月，膺選為中華民國第四任副總統，並兼任行政院院長。此間，仍循著其所規劃的方向邁進，維持經濟秩序，撙節政府消費支出，加速資本累積，引導民間資本逐步地投入國內生產與外銷貿易事業。1972 年，連任第五任副總統。1975 年 4 月 5 日，蔣中正總統病逝，依憲法繼任總統，於 1978 年 5 月任滿卸任。

尤可稱道者，嚴家淦總統以謙謙君子平民姿態主持政務，開啟不喊萬歲的民主新風氣。退休之後，致力於國家文化保存事業，擔任中華文化復興運動推行委員會會長及國立故宮博物院管理委員會主任委員，繼續為國奉獻，1990 年，年老體衰，先後辭卸前兩職務。1993 年 12 月 24 日病逝，享年 89 歲。

貳、移轉及整理

1993 年 12 月，嚴前總統逝世。次（1994）年，家屬將官邸存放經年的經濟部、行政院時期舊檔案文件移交給國史館。當時本館同仁負責前往官邸進行徵集。1998 年 10 月，嚴家淦先生三公子嚴雋同來電，表示願意將其住所有關嚴前總統之照片、錄音帶、錄影帶等史料移交給國史館。10 月 19 日，本館同仁再前往府邸徵集，潘振球館長亦親邀嚴雋同蒞館參觀典藏，並引介本館檔案庋藏之狀況。然當時該批移轉文物，計有錄音帶 152 捲、錄影帶 232 捲、勳章 46 枚、證書有 1 冊又 72 張、言論集 66 冊、記事本 34 冊、唱片 34 片、新聞剪輯 1 包又 30 冊、紀念

牌 70 個、書畫有 78 幅又 5 對、紀念品 115 件，以及大量照片（計 120 冊又 707 張、63 幅、3 組幻燈片）。

上開文物入館後，本館即派專人負責整理進行編目，在 1999 年間陸續完竣，並分別列印清單，正式移交當時本館史料處（今審編處）典藏。同時，也將清單送交嚴家淦總統家屬嚴雋同存查。當檔案編目整理完竣後，隨即開放閱覽，供民眾申請調閱。至於，該批嚴家淦總統文物之數位化狀況。自 2005 年開發史料作業管理系統後，歷經兩年時間，本館各大宗檔案目錄陸續建置完成，包括檔案文件，開放供民眾閱覽，並在網際網路均可隨時進行目錄查閱調檔。2007 年以《嚴檔》為數位化計畫目標，2007 年 6 月 12 日，獲得嚴雋泰先生的同意授權，即開始進行該批文物的數位化工作，包括文物 2D 拍攝、錄音、錄影帶轉存、書畫裱褙、照片掃描等步驟，相繼完成。2011 年，以進行文件掃描作業，並於 1 月 3 日在網頁公告先暫時停止原件的調閱工作，直至是年 7 月初始完成數位化作業，並於同月 11 日公告重新開放閱覽。

參、內容

今有關《嚴家淦總統文物》已進行細部整編的部分，依其內容特性，概可區分為文件、照片及器物等三類，分述如次：

一、文件

嚴家淦總統文件史料，經過數位化整編作業有 14 個副系列，至今已整編成 11,478 件。依嚴家淦先生從政歷程及史料特性，分為「三十九年以前檔案」有 3 件、「財政部長時期」有 13 件、「臺灣省政府主席時期」有 495 件、「行政院政務委員時期」有 3 件、「再任財政部長時期」有 778 件、「行政院長時期」有 2,036 件、「副總統時期」有 2,122 件、「總統時期」有 638 件、「卸任總統後」有 3,144 件、「新聞

剪輯」有 334 件、「記事本」有 34 冊、「言論集」有 1,549 件、「勳狀證書」有 159 件、「綜合」有 170 件，合計 114,78 件及 14 個副系列。今將此 14 個副系列之大致內容進行摘述：

（一）三十九年以前檔案（-1950 年），係嚴家淦任職臺灣省行政長官公署交通處處長、財政處處長時活動資料及講稿等。

（二）財政部長時期（1950 年 3 月 -1954 年 6 月），係美援運用委員會資料等。

（三）臺灣省政府主席時期（1954 年 6 月 -1957 年 8 月），係 1956 年財政預算及收支報告，省主席俞鴻鈞移交清冊，石門水庫工程案，林業開發計劃案，1957 年對美大使館騷動事件，美援運用委員會資料等。

（四）行政院政務委員時期（1957 年 8 月 -1958 年 3 月），係中外函件資料等。

（五）再任財政部長時期（1958 年 3 月 -1963 年 12 月），內有八七水災重建案，出席國際貨幣基金會資料，伊朗國王巴拉維訪華案，美國副國務卿狄倫訪華案，副總統陳誠訪菲資料，美援運用委員會資料等。

（六）行政院長時期（1963 年 12 月 -1972 年 6 月），內有李國鼎、陳慶瑜等彈劾案，行政院施政方針與施政報告，政治革新方案，五十九年度政府總預算案，越南中央行政委員會主席阮高奇訪華案，美國總統尼克森訪問中共案等。

（七）副總統時期（1966 年 5 月 -1975 年 4 月），內有第四任及第五任總統副總統就職案，雷震、黃啟明、彭明敏案，科學發展指導委員會資料，中央銀行金融動態簡報與外匯收支概況報告，穩定物價措施方案，出席第二十五屆聯大參考資料，副總統嚴家淦出訪美國、日本、韓國、泰國、歐洲、中南美洲資料，美國國務卿魯斯克訪華案，泰國國務院長他儂訪華案，美國務卿羅吉斯訪華案，尼加拉瓜總統蘇慕薩訪華案，美國加州州長雷根訪華案，中菲總統訪華案等。

（八）總統時期（1975 年 4 月 -1978 年 5 月），內有總統府業務研究發展小組會議，總統府經費審核小組會議，總統府特別費及一般行政經費收支報告，國營事業預算簡報，憲政研討會，長安計畫，總統嚴家淦訪問沙烏地阿拉伯案，印尼外長馬立克訪華案，巴拉圭總統史托斯納爾訪華案，釣魚臺資料等。

（九）卸任總統後（1978 年 5 月 -1993 年），內有七十年高雄市第一屆市議員選舉，第五屆大法官遴選資料，三民主義統一中國案，故宮博物院院長蔣復璁請辭案，美國依柏斯公司爭取核四計畫及其他雜項，重慶警衛室文件，雷根訪華案，丁懋松訪華盛頓報告，美國在華醫藥促進會函件，接受中國文化大學名譽博士學位資料等。

另外，屬於私人性質者，如聘書聘函、任命令派令、新聞剪輯、記事本、言論集、勳狀證書及綜合等 7 類。首先是聘書聘函（1954-1991年），即擔任各公私團體之擔任會長、理事長、顧問等職位聘函，計 72件。其次是任命令派令（1945-1974 年）有歷任公職任命狀及職務派令等，有 37 件。再次是新聞剪輯，該項下有嚴副總統伉儷訪美新聞彙輯，嚴副總統暨夫人訪問泰國新聞剪輯，嚴副總統膺選專輯，嚴院長言行錄，嚴副總統言行錄，嚴總統言行錄，嚴總統主持國政大事紀要新聞剪輯，嚴總統訪問沙國報刊特輯等。其四是記事本 34 冊，為 1958 年至 1984 年記事本。其五是言論集，係收錄嚴主席言論集，嚴部長言論集，嚴靜波先生言論選輯，嚴院長言論集，嚴副總統言論集，嚴總統言論集，嚴前總統言論集等。其六是勳狀證書，內有任命令派令，聘書聘函，榮譽狀，中央委員當選證書，榮譽學位證書，出入境通行證，褒揚令等。最後是綜合，內有函件資料，致詞稿，演講稿，健康檢查報告，洞庭嚴氏玉筍峰族譜，嚴家淦總統任職經歷等。

二、照片

照片整理係依嚴家淦先生從政歷程進行整理，分為 6 個副系列，

其中行政院長以前 59 筆,「行政院長時期」有 258 張、「第四任副總統時期」有 1,830 張、「第五任副總統時期」有 1,196 張、「第五任總統時期」有 1,291 張、「卸任總統後」有 281 張、「其他」有 51 筆等 7 個副系列,總計 4,966 張。相關內容描述如次:

（一）行政院長時期（1963 年 12 月 10 日 -1972 年 5 月 26 日）,有接見中外政要名人:包括韓國知事江原道,美國助理國務卿威廉彭岱,美國愛荷華州州長哈勞德休斯,泰國建設部長乃樸,西德眾議員馬尤尼加,哥斯大黎加總統特使劉少明、吳兆儀,越南中央銀行總裁阮有亨,聯合國發展方案助理執行長侯特曼等。宴請國內外人士:包括日本駐華大使木村四郎七、阿根廷外交部長薩華納等。出席集會典禮:包括行政院青年輔導委員會第一次會議,中華民國各界表揚好人好事第八屆大會活動等。視察與參觀:包括臺北監獄女監新舍落成典禮等。頒授勳章:包括玻利維亞外交部長孫德諾贈勳,阿根廷外交部長薩華納贈勳等。

（二）第四任副總統時期（1966 年 5 月 20 日 -1972 年 5 月 20 日）,內有接見中外政要名人:包括賴索托王國總理約拿旦,美國國務卿魯斯克,越南副總理阮有固,前約旦駐華大使夏克爾,比利時籍樞機主教賈爾定,英國國會議員狄爾尼,美國太平洋艦隊海軍陸戰隊司令柯魯萊克,比利時前總理斯巴克,美軍援華顧問團團長江森,賴索托王國總理約拿旦,巴西聖保羅區總主教羅西,紐西蘭工黨領袖寇克,韓國前總理丁一權等。宴請國內外人士:包括越南前總理陳文香,日本財經界元老石坂泰三,韓國樞機主教金壽煥,瓜地馬拉共和國國會議長聖多華夫婦,多明尼加共和國副總統高義戈夫婦,吳大猷等海外回國學人,美國參議院少數黨領袖史考特等。出席集會典禮:包括第一屆全國書畫展覽會開幕剪綵,教育部國外學人著作展覽會、國際崇她社成立五十週年金慶大會晚宴,原子應用示範展覽剪綵,第四屆亞洲杯足球東區預賽揭幕典禮等。視察與參觀:包括巡視聯勤總司令部軍車廠、福壽山農場、中央信託局新建公保大樓、阿里山、臺北市南北隧道工程等。出國參訪

及頒授勳章：包括拜會日本前首相吉田茂，美國總統詹森歡迎副總統訪美，接受芝加哥市長戴利軍禮歡迎，參加韓國總統朴正熙就職典禮，贈勳韓國工商部長李洛善，贈勳日本國會議員千葉三郎等。

（三）第五任副總統時期（1972年5月21日-1975年4月5日），內有接見中外政要名人：包括瓜地馬拉總統阿拉納夫婦，美國國務院助理國務卿葛林，美國太平洋總司令馬侃，國際扶輪社社長郝克曼夫婦，世界盃高爾夫賽冠軍謝敏男、呂良煥，美國紐約市副市長莫理生，東加王國總理杜培拉哈克，約旦王國王儲哈山，英國保守黨議員哈斯丁，韓國副總理太完善等。宴請國內外人士：包括許邦友夫婦、新加坡總理李光耀夫婦、尼加拉瓜總統當選人蘇慕薩夫婦、哥斯大黎加總統費蓋萊斯、荷蘭菲利浦公司董事長菲利浦等。出席集會典禮：包括中國大陸災胞救濟總會會員大會，中樞六十四年紀念革命先烈暨春祭陣亡將士典禮，國際扶輪社第三四五區第十五屆年會開幕典禮致詞，第二十一屆華僑救國聯合總會第五次會議，斐陶斐榮譽學會臺灣地區分會成立大會等。視察與參觀：包括臺灣手工藝推廣中心，陪同甘比亞總統賈瓦拉夫婦參觀國立故宮博物院和國貨陳列館，巡視馬祖、東引、北竿，參觀美國海洋測驗船「學者號」、中央印製廠安康廠、萬國食具工業公司、裕隆汽車公司等。出國參訪及頒授勳章：包括頒贈韓國國會議長丁一權特種大綬卿雲勳章，赴巴拉圭參加巴國總統史托斯納爾就職大典等。

（四）第五任總統時期（1972年4月6日-1978年5月20日），內有接見中外政要名人：包括越南總統阮文紹及前總理陳善謙夫婦，國際青年商會世界總主席費羅，關島總督鮑大，美國前副總統安格紐，東加王國副總理杜伊達，法國國會議員賴杜斯等。宴請國內外人士：包括哥斯大黎加國會議長卡洛，海地外交部長布魯突斯，美國時代雜誌社社長魯斯三世夫婦，瓜地馬拉前總統阿拉納夫婦等。出席集會典禮：包括故總統蔣中正大歛典禮、追思禮拜、安厝典禮，亞洲國會議員聯合會第十一屆大會開幕典禮，第十屆世界華商貿易會議揭幕，美國建國二百週年紀念酒會，主持中正紀念堂破土典禮等。視察與參觀：包括巡視金

門、東港水產試驗所、臺中港建港工程、中臺化工公司、鳳山熱帶園藝試驗分所，參觀臺灣玩具暨禮品外銷推廣展售會、通用文字電腦系統公司、敬業電子錶公司等。頒授勳章：包括贈勳巴拉圭總統史托斯納爾，韓國文教部長柳基春，多明尼加外交部長希米奈斯，瓜地馬拉共和國國會議長歐華雷斯等。

（五）卸任總統後（1978 年 5 月 21 日 -1993 年 12 月 24 日），內有接見中外政要名人：包括韓國駐華大使金桂元夫婦，日本國際工程顧問公司董事長黑川信夫，美國名醫學家古德，哥斯大黎加自由黨總統候選人孟奇夫婦等。出席集會典禮：包括中美洲哥瓜薩三國獨立紀念日酒會，第一屆吳尊賢愛心獎頒獎典禮，中美再生能源研討會，中國大陸災胞救濟總會第三十二屆年會，故總統蔣中正逝世七週年紀念大會，國泰產物保險公司開幕二十週年紀念酒會，中正紀念堂落成典禮等。視察與參觀：包括參觀宏碁公司第四代中文電腦科技成果展，第十屆全國發明展覽，文興畫會巡迴展，馬壽華書畫捐贈及展覽，非洲野生動物標本展，國際崇她社社友書畫義展等。頒授勳章：包括中華民國戰略學會加拿大地區代表耿慶武博士獻贈「群英共仰」旗幟，中國文化大學頒贈名譽法學博士學位，美國畢巴丁大學校長楊格頒贈榮譽學位等。

（六）其他，有包含葉振明及席彭年贈予松鶴圖、先總統蔣中正夫人宋美齡贈簽名印畫等。

三、器物

嚴家淦總統文物器物部分，共 192 件，可分為印章、勳獎、禮品，以及衣飾及物品等 4 類。

（一）印章部分：為嚴家淦總統之「總統嚴家淦」簽名章 5 件，「嚴家淦」簽名章 1 件，「嚴家淦」名章 1 件，「嚴家淦印」名章 2 件，合計有 9 件。

（二）勳獎部分：有哥倫比亞國會大綬勳章、二等景星勳章及證

書、伊朗大綬和曼榮勳章及證書、一等景星勳章及證書、馬拉加西國家
將領級勳章及證書、泰國一等大綬皇冠勳章、韓國一等國松勳章及證
書、西班牙伊莎貝拉一世大十字勳章及證書、阿根廷大綬薩馬丁勳章及
證書、馬拉威二等雄獅勳章及證書、瓜地馬拉戈查爾大十字勳章及證
書、多明尼加銀質大十字獨立元勳勳章及證書、泰國特種大綬白象勳
章、上伏塔大文官勳章及證書、巴西大十字南方十字星勳章及證書、一
等卿雲勳章、秘魯大綬功勳勳章及證書、尼日大十字懋績勳章及證書、
加彭統帥級赤道星勳章及證書、中非高級官員級懋績勳章、越南一等金
磬勳章及證書、秘魯特種大綬太陽勳章及證書、薩伊特種大綬薩伊勳
章、多明尼加哥倫布金質大十字勳章及證書、尼加拉瓜魯賓達里奧鑲銀
大綬勳章及證書、甘比亞共和國最高司令級勳章、薩爾瓦多德嘉多銀質
大綬勳章及證書、約旦特種大綬復興勳章、巴拉圭功績特種大十字勳章
及證書、宏都拉斯莫拉珊大綬勳章、尼加拉瓜米蓋賴利納嘉大綬十字勳

哥倫比亞國會大綬勳章

章、采玉大勳章、一等卿雲勳章、多明尼
加獨立元勳大十字勳章及證書、海地大十
字功績勳章、巴拉圭勳章、玻利維亞特種
安地斯老鷹功績勳章及證書、二等卿雲勳
章、五等景星勳章證書、多明尼加獨立元
勳大十字銀徽勳章、中山獎章及證書、二
等雲麾勳章及證書、甲種二等光華獎章及
證書、三等雲麾勳章及證書、越南保國勳
章及證書、四等雲麾勳章證書、Polizei 勳
章證書、國際獅子勳章證書、「靜公接受榮
譽理學博士紀念」牌、羅培斯元帥功績項
鍊勳章證書等。

（三）禮品的部分，有印尼短劍、約
旦貝殼首飾盒、韓國雕龍石硯、阿根廷軍刀、沙烏地阿拉伯壺杯組、日
本「親愛精誠」蔣中正鑄像牌、美國金屬女子雕塑、美國亞伯拉罕・

林肯總統鑞盤、美國德懷特・大衛・艾森豪總統鑞盤、美國富蘭克林・德拉諾・羅斯福總統鑞盤、美國湯瑪斯・傑弗遜總統鑞盤、美國喬治・華盛頓總統鑞盤、短劍、印尼短劍、阿拉伯短劍、美國紅石禮用煙斗、「慶祝中華民國建國六十年中華文化復興展覽揭幕剪紀念」金剪、「澎湖大橋竣工通車剪綵」紀念金剪、剪綵金剪、「女青大廈落成典禮紀念」金剪、瓜地馬拉安地瓜市榮譽市民鑰匙及證書、美國邁阿密海灘市市鑰、美國舊金山市市鑰及證書、美國洛杉磯市市鑰、韓國總統朴正熙就職紀念幣、薩爾瓦多紀念幣、「台籍國大代表代表台區同胞熱烈擁護　總統副總統競選連任」簽名布條、「芝加哥華僑學人學生歡宴　嚴副總統靜波蒞臨訪問晚會簽名留念」桌巾、約旦金屬雕刻圓盤、嚴副總統與美國尼克森總統合影瓷盤、雙耳金屬雕刻瓶、彩繪方形瓷瓶、雕龍圓形瓷瓶、雙耳茶色釉陶瓶、金屬製孔雀掛飾一對、菲律賓總統側像紀念牌、「全僑共仰」大理石圓形紀念牌、「翊贊中興」紀念牌、印尼金屬鷹紀念牌、「小聯盟棒球」紀念牌、旅台藏族全體同胞賀嚴副總統當選連任紀念牌、「輔弼元戎　功在國家」紀念牌、「惠我僑商」金屬龍形雕像、巴西籃球金色紀念牌、「中興元輔」紀念牌、「德化功高」紀念座、「德協壽考」紀念牌座、「嘉惠學子」紀念牌、「為國宣勞」紀念牌、「謨明寅亮」玉質紀念牌座、瓜地馬拉圓形國徽掛飾、瓜地馬拉圓形刻花銀質紀念盤、美國聖荷西市紀念牌、「美國歸主籃球隊」紀念牌、美國雷敦多海灘市紀念牌、美國曼哈頓海灘紀念牌、美國南艾蒙特市紀念牌、國際警察協會第六區紀念牌、「新格模賽科技研究學會國際分會台北支會」紀念牌、「嘉惠旅遊」銀馬雕塑紀念座、「盛德難忘」木質紀念牌座、「香港航業協會」紀念牌、「慧炬」紀念牌、「翊贊中樞」紀念牌、「領導群倫」紀念牌、「四海歸心」紀念牌、伯格華納公司紀念牌、「邦家之光」紀念牌、薩爾瓦多國徽紀念牌、美國夏威夷州紀念牌、「翼贊中樞」紀念牌、美國洛米塔市紀念牌、美國胡桃市紀念牌、美國第七艦隊紀念牌、美國洛杉磯市紀念牌、「勳猷卓越」紀念牌、「天下為公」匾額、「仙壽恒昌」匾額、「功在國家」匾額、「敬頌嚴總統讓賢德

政」匾額、「靜公副總統榮任誌慶」匾額、「東來佳氣」立軸、「松丹銘性」繡畫屏風、梅花、菊花螺鈿漆屏組、「壽」字繡畫、「靜公主席夫人福壽康寧」花鳥繡畫、孔雀繡畫、「福祿壽」金屬貼畫、諾魯郵票集紀念框、「元良輔弼眾群倫」壽翁鶴鹿掛飾、運通製衣廠出口申報書紀念牌、「春風妙顏」蘭花圖、「翹企徽儀　恭祝嵩壽」立軸、「蘇州德望」立軸、「江山文藻」立軸、「東來紫氣」立軸、船夫立軸、「發揚愛心」錦旗、帆船錦旗、風景木板貼畫、「望海」繡畫、1977 年曆、陶工人像雕刻板、帛琉木雕板、宏都拉斯獨立浮雕圓盤、香港風景畫冊、韓國空軍軍徽紀念牌，以及王贛駿臂章裱框等。

（四）衣飾及物品部分，有中華民國第五屆世界兒童畫展金牌獎、中國國民黨建黨九九週年慶紀念胸章、中國國民黨第十四屆中央評議委員證章、美國獨立精神紀念圓盤、1972 慕尼黑奧運紀念銀杯、香港「一九七五年度國際兒童美展」紀念獎牌、紀念幣、韓國紀念牌、「欲將興漢事」仕女燒香圖、「五子戲桐梧」圖、四季圖、老翁圖繡畫、幾何圖、中華民國立體地圖、街景蝴蝶翅貼畫、森林動物織畫、印尼「萬世師表」圖、「生命生活」圖、「湖中島」圖、婦女頂水果雕刻板、阿拉伯金屬短刀、嚴家淦伉儷釘珠畫、Good Friend 拓印，以及金魚漆畫等。

蔣經國總統文物

壹、小傳

　　蔣經國，字建豐，曾任中華民國第六、七兩任總統，中國國民黨中央委員會主席，1910 年 4 月 27 日生於浙江省奉化縣溪口鎮，1988 年 1 月 13 日病逝臺北，享壽 79 歲。父親蔣中正，母親毛福梅。早年受到上海五卅運動的影響，1925 年留學蘇聯，進入莫斯科中山大學；畢業後輾轉於工廠與集體農場間，因中蘇關係的不穩定變化，曾歷經 12 年形同人質的艱苦歲月。

　　自 1937 年歸國後，蔣經國重新信奉三民主義，投身於國家復興事業，在對日抗戰期間，開始在江西省贛縣縣長、第四行政區督察專員兼保安司令等職務上歷練，並參與籌備成立三民主義青年團江西團支部，出任中央幹部學校教育長與組訓處處長。在戰爭結束後，先是作為外交部特派員，與蘇聯交涉接收中國東北地區事務；國共內戰時期一度轉任經濟管制委員會委員，在上海推動管制經濟措施；繼而受命擔任中國國民黨臺灣省黨部主任委員，1949 年初赴臺，籌劃對抗共黨武裝全面叛亂的黨政布建工作。

　　1949 年 12 月，中華民國政府遷臺。隔年 3 月總統蔣中正復行視事後，蔣經國出任國防部總政治部主任，兼任總統府機要室資料組主任，統籌協調黨政情報工作，並創設政治工作幹部學校，在軍隊裡建立政戰系統；再進入中國國民黨黨務決策核心，擔任中央改造委員會委員，主導中國青年反共救國團成立，以組訓方式來推動社會各界支持政府的力

量。

自 1954 年後的 20 年間,蔣經國成為中央政府的重要閣員,歷任國防會議副秘書長、行政院國軍退除役官兵就業輔導委員會主任委員、行政院政務委員、國防部部長、國家安全會議總動員委員會主任委員、行政院副院長兼國際經濟合作發展委員主任委員、行政院院長等職,盡力建設臺灣,組織榮民從事建設,主導東西橫貫公路開通。任國防部長期間屢次出訪世界民主陣營,建立軍事合作關係;接任行政院長後,面臨退出聯合國之後中華民國遭受國際孤立的處境,與國際石油危機對臺灣的經濟衝擊,更積極地推動各項公共建設,擘劃加工出口區、十大建設與十二項建設等重大工程,締造臺灣經濟與國民所得的高度成長,成為舉世矚目的經濟奇蹟。

1975 年 4 月,蔣中正逝世,嚴家淦繼任總統,而中國國民黨中央委員會則推舉蔣經國為主席。在總統嚴家淦卸任之後,1978 年及 1984 年,經由國民大會選舉,蔣經國兩度當選出任中華民國總統,與統治大陸地區的共產專制政權繼續對峙。在執政時期的後期階段,因應社會結構與政治風氣的轉變,蔣經國開始推動一連串的自由化改革措施,如廢除戒嚴令,解除黨禁、報禁,開放大陸探親等,為今日臺灣地區的政治民主奠定基礎。

貳、移轉及整理

國史館所藏《蔣經國總統文物》,其中文件、圖書、照片、視聽材料,分別來自於 1990 年及 1995 年,是由陳立夫先生和總統府所移轉。陳立夫送交國史館的文物,是經國先生在 1951 年至 1968 年間寫給陳立夫的親筆信函,計 27 件。總統府所移轉的文物共有兩批,第一批隨蔣中正總統文物移轉,原來是附屬於蔣中正總統文物的一部分,包括文電、照片、家書及簽名章;第二批乃總統府正式辦理移轉的蔣經國文物,包括檔案文卷、談話記錄、言行剪輯、大事紀、講稿、題詞、函

札、手稿、證狀、勳獎章、相冊、繪畫、書法、圖表、衣物、書籍、錄音帶、錄影帶、幻燈片等等。至於器物，來源較為複雜，說明詳後所列。

　　蔣經國總統文物，為蔣經國為國事奉獻一生的相關文卷史料。經由國史館進行分類，分為文件、圖書、照片、視聽及器物等 5 個系列。其中的文件、照片與器物全宗系列，至 2017 年 3 月，已完成細部整編、編目建檔及數位化作業者，合計 20,541 件。文件部份共計 2,039 卷，建置 16,569 筆目錄資料，掃描 199,436 頁圖檔。照片部分編成 77 卷，建置 3,857 筆目錄資料，已完成數位化作業者有 3,857 件，掃描 15,746 張數位圖檔。至於器物共計 201 件，已整理拍攝者有 170 件，嗣後將陸續完成。

參、內容

一、文件

　　檔案涵蓋年代為 1924 年至 1990 年，分為忠勤檔案、黨政軍文卷、接待賓客、行誼剪輯與大事紀、專著手札與講詞等 5 個副系列。

（一）忠勤檔案

　　計 1,285 件，包括：蔣經國、池孟彬、陳質平等出國訪問相關資料，張學良西安事變反省錄，蔣中正函電錄底、手令錄底與手札錄底，蔣中正、戴笠傳略，國防部總政治部任內文件，國光、新生、快刀、巨光、藍獅、野龍、桃園、神龍、U2 偵照等專案計畫，陸軍訪問團訪越報告，駐外代表函件，敵後工作相關資料，蔣經國來往函電及留俄回憶錄，中共軍事、外交等情報資料，有關敵我及各國軍事資料分析與報告，海外中國國民黨中央委員名冊，財政收支統計資料及中央銀行業務報告，國防會議簡史，呈報聯合國問題相關資料，政府各級機關與中國

國民黨黨部組織調整等。

（二）黨政軍文卷

　　計 6,804 件，分為：政治建設、軍事建設、財經建設、大陸情勢與反攻、國際情勢與外交、國家安全與秩序、人才養成與訓練、其他等 8 個副副系列。

　　1. 政治建設，包括：徐柏園等重要人事異動案，國安會秘書長黃少谷對中央民意代表增選建議案，訪美代表王叔銘與美方人員會晤報告，行政院院長俞鴻鈞彈劾案，總統府秘書長張羣呈蔣中正文電簡報表，蔣經國升任行政院長民意調查報告等。

　　2. 軍事建設，包括：國安局副局長陳大慶赴美考察報告，美國對臺軍事援助計畫，國軍軍事會議專題報告及重要案執行成果，總統府軍事會談紀錄，金門防衛司令部工作報告，騰海三號實兵演習檢討報告，空照泉、漳、廈門等地區綜合研判報告，總統蔣中正與美方將領談話紀錄，馬祖防衛司令部戰備檢討報告，中美聯合戰略目標計畫等。

　　3. 財經建設，包括：十年來我國科學發展總檢討，美援計畫，中央銀行業務概況及臺灣省金融動態，中國石油公司臺灣大洋探採公司石油探採合約，臺灣蔬菜產銷改進工作之檢討，臺灣高速公路計劃圖及透視圖等。

　　4. 大陸情勢與反攻，包括：國防會議副秘書長蔣經國訪美文件，中共在美和平統戰活動之對策，鄧小平對當前形勢與任務之報告，新疆、東北中俄邊界地區情勢報告，從中共飛機在俄蒙邊境墜燬事件研析當前大陸情況，中共 SA-2 地對空飛彈數量之研究，中共沿海港口機場暨軍事設施機艦動態空照判讀，大陸沿海港口軍事部署空照圖等。

　　5. 國際情勢與外交，包括：蔣中正與美國總統甘迺迪往來函件，蔣中正與美方人士來往函電稿，中華民國與薩爾瓦多友好條約，有關聯合國代表權及釣魚臺問題案，行政院副院長蔣經國訪美談話，中美共同防禦條約，關於聯合國代表權等外交部收電，國防部長蔣經國訪問韓、泰

講稿及資料，關於局部禁止核試條約之說帖等。

6. 國家安全與秩序，包括：1956 至 1963 年各項會報指示，有關國家安全會議議程及簽呈文件，國軍安全狀況報告，中央密碼管制小組工作報告，國內政軍情資及對中共情蒐策反工作，國家安全局工作計畫，中越情報合作備忘錄等。

7. 人才養成與訓練，包括：國防研究院教育成果與檢討報告，三軍大學戰爭學院戰略補訓班學員教育成果報告表，實踐學社戰術教育研究班第一期研究員教育成果考核表等。

8. 其他，包括：侍從武官手冊，行政院答覆張學良被軟禁釋放問題，副總統陳誠診病經過紀錄，慶賀及悼唁蔣中正壽辰與逝世相關文卷，總統府侍衛室機要公文檔案圖書移交清冊等。

（三）接待賓客

計 1,314 件，分為：會談紀要、談話備忘錄、談話紀錄、談話資料、會客名簿、延見賓客、簽名簿等 7 個副副系列。重要內容包括：國防會議副秘書長蔣經國與克萊恩、納爾遜、傅德、彭第、柯爾貝等會談紀要，總統蔣中正與克萊恩、麥康、卡德、費爾特、寇克、納爾遜等會談紀要，美國在臺協會主席丁大衛與北美事務協調委員會秘書長左紀國談話要點，國防部情報局副局長汪希苓與新加坡總理李光耀等談話要點，外交部長朱撫松與美國眾議員伍爾夫談話紀錄，美國駐華大使賴特轉交法國擬承認中共問題之備忘錄及中譯本，美國國務卿魯斯克與總統蔣中正晚宴後會談記錄備忘錄及中譯文，美國駐華大使馬康衛致國防部長蔣經國有關中華民國國軍現代化及改編備忘錄中譯文，國防會議副秘書長蔣經國與美國總統甘迺迪會談備忘錄，泰華各界歡迎國防部長蔣經國蒞泰訪問公宴大會簽名冊等。

1986 年 10 月 7 日蔣經國接見美國華盛頓郵報董事長葛蘭姆聲明預備解除戒嚴

（四）行誼剪輯與大事紀

　　計 980 件，分為：蔣經國言行剪輯、蔣經國行事紀、其他等 3 個副副系列。重要內容包括：1950 至 1965 年言行剪輯，1980 至 1986 年行誼新聞報導，華盛頓時報（*The Washington Times*）、光華雜誌、遠東雜誌、*Trends*、時代雜誌（*Time*）言行剪輯；日本報刊發行追思特集，1972 至 1987 年大事日記略稿；日程表，蔣中正逝世報導專輯，蔣經國體格及健康檢查報告，第七任總統當選證書，聘書與受領各種勳章證書，蔣經國政績照片集，日本大學頒授蔣中正榮譽法學博士學位證書及頌詞等。

（五）專著手札與講詞

　　計 6,112 件，分為：專著類、手札類、講詞類、其他等 4 個副副系列。重要內容包括：我的父親，蘇俄在中國，宋美齡與蔣經國來往電報錄底影印，蔣經國與杜魯門、尼克森、陳立夫、董顯光等中外人士往來函件，國防部總政治部主任任內講詞集，蔣經國於元旦、國慶、行憲、總統就職講詞，蔣中正嘉言錄等。

二、照片

主要是由「蔣經國照片資料輯集」、「蔣方良照片資料輯集」、「蔣經國行誼選輯」、「就任第六任總統暨其他精選相片」及「蔣經國哀榮實錄」等部分構成。拍攝時間從 1944 到 1988 年，照片內容涵蓋延見及會晤國內外人士、主持典禮集會、參加慶典會議、款宴賓客、訪問考察、巡視校閱、參觀慰問、同僚合影、居家生活、喪禮慰問及其他等，除了蔣經國總統在官場的威嚴臉孔外，也可一窺其家庭生活中慈祥溫馨的一面。

依時期區分，可分為童年與留俄時期、中國大陸時期、初到臺灣時期、退輔會時期、國防部時期、行政院時期、第六任總統時期、第七任總統時期、其他等 9 個副副系列分類。其中「童年與留俄時期」為預留分類尚無檔案，其他各分類之重要檔案內容條列如下。

（一）中國大陸時期

計 156 件，包括：與母親毛福梅之合影，在蔣中正六秩華誕時於南京款宴各民族代表的留影，三青團中央幹部學校教育長任內主持幹校會議的留影，幹校開學典禮戴季陶蒞臨觀禮時留影，教育長任內檢閱二〇一師時留影，蔣方良為襁褓時期的蔣孝武沐浴留影，隨侍國民政府主席蔣中正遊廬山、巡視南昌市容、參觀贛州農作及當地學校時留影，國防部預備幹部訓練局局長任內飛往臺灣巡視行前於南京機場留影，偕蔣中正、宋美齡等家人還鄉掃墓時留影等。

（二）初到臺灣時期

計 432 件，包括：陪侍蔣中正遊阿里山與隨行人員合影，遊日月潭與行政院秘書長黃少谷合影，慶祝與蔣方良結婚紀念留影，陪侍宋美齡飛抵前線勞軍時留影，國防部總政治部主任任內在青年晚會上演講、出席聯勤官兵代表大會致詞時留影，乘太湖艦前往綠島蘭嶼各處巡視並與艦上官兵及隨員合影，主持政幹班第一分班第五期開學典禮時留影，參

觀陸海空勤警總聯合運動大會時留影，接待高棉華僑團體、菲律賓籃球隊、港臺影劇界人士等留影，慰問醫院傷患及火災受災軍眷的留影；與蔣中正、宋美齡等家人在士林官邸歡度聖誕的留影等。

（三）行政院國軍退除役官兵就業輔導委員會時期

計 351 件，包括：宴請美國第七艦隊司令殷格索、美援公署署長卜蘭德夫婦、美軍顧問團團長鮑文等留影，陪侍蔣中正巡視橫貫公路工程，接見越南總統事務部長阮廷淳留影，參加中央警官學校、陸軍官校、空軍參謀大學畢業典禮時留影，出席國民大會開幕典禮、國光會議時留影，陪侍蔣中正校閱陸海空三軍留影，慶祝自己及家人生日的家居生活留影，會晤美國總統甘迺迪、海軍軍令部長麥克唐納、駐華大使賴特留影等。

（四）國防部時期

計 247 件，包括：陪侍蔣中正參觀特種部隊前鋒五號及空降演習的留影，接見美共和黨總統候選人高華德、日本前首相岸信介、反共義士李顯斌等留影，會晤美國國務卿魯斯克、日本首相佐藤榮作時留影，陪侍蔣中正巡視東部守備區司令部時留影，宴請美國副總統韓福瑞、韓國總統朴正熙、總理丁一權等留影，接待美國副總統尼克森、越南總理阮高祺時留影等。

（五）行政院時期

計 1,543 件，包括：赴美越等國訪問考察的留影，陪侍蔣中正巡視核電一廠工程、中國鋼鐵公司、中正國際機場工程、中國造船公司、南北高速公路圓山大橋工程等地留影，歡迎美國副總統安格紐、中非共和國總統卜卡薩、沙烏地阿拉伯國王費瑟訪華時留影，參加第五任總統就職大典留影，巡視臺北市政府留影，拜會美國副總統洛克斐勒、瓜地馬拉總統阿拉納、尼加拉瓜總統蘇慕薩、西薩摩亞總理戴馬賽賽、甘比亞總統賈瓦拉、越南總統阮文紹、約旦王儲哈山時留影，接見新加坡總理

李光耀、史瓦濟蘭副總理辜瑪洛、韓國副總理太完善、旅日圍棋國手林海峰、中華青少棒代表隊等留影，主持行政院員工慶生會、將官晉升布達典禮、三軍官校及政戰學校聯合畢業典禮、全國經濟會議開幕典禮留影，參加歡迎甘比亞總統賈瓦拉國宴時留影等。

（六）第六任總統時期

計731件，包括：接見哥斯大黎加總統卡拉索、東加國王杜包四世、馬紹爾總統卡布亞、南非總理波塔，主持新竹科學工業園區開幕典禮，參加哥斯大黎加總統卡拉索答謝酒會、澎湖監獄受刑人降旗典禮、三軍大學畢業學官早餐會的留影；與少年、青少年及青年棒球隊職隊員、十大傑出青年等合影；巡視中國造船廠、臺灣機械公司、臺北縣平溪鄉地方基層建設、新竹工業技術研究院、清泉崗空軍基地、海軍惠陽軍艦、屏東海水倒灌災區、基隆港區貨櫃碼頭、金門東引砲兵陣地、興達火力發電廠施工情形、臺北火車站等留影；贈勳南非總理波塔、史瓦濟蘭總理馬班達，款待參加國家建設研究會學人，美國歷任駐華大使及協防司令與顧問團長、出席國民大會會議全體代表，慰勉馬祖前線陸軍守備官兵等。

（七）第七任總統時期

計313件，內容包括：接見美國在臺協會理事長丁大衛、阿肯色州州長克林頓、堪薩斯州州長卡林、友臺參眾兩院議員高華德等、前運輸部長劉易士、前駐華大使莊萊德、華盛頓郵報董事長葛蘭姆、東加國王杜包四世、史瓦濟蘭總理貝金畢、索羅門總理凱尼格雷亞、韓國大使金鐘坤、南非財政部長霍伍德、巴拿馬大使席艾洛、哥斯大黎加外長古提瑞斯、巴拉圭外長薩迪華、國際獅子會世界總會長梅生、參加洛杉磯奧運會代表團、旅美太空科學家王贛駿、中央研究院院士丁肇中、行政院各部部長、秘書長與中央銀行總裁等留影，歡迎哥斯大黎加總統孟赫訪華的留影，慰問關懷金門當地百姓及農漁民生活的留影，主持國家安全會議、中樞國慶慶典、大法官宣誓就職典禮、行憲紀念大會等留影，接

受韓國、薩爾瓦多、聖克里斯多福、南非、宏都拉斯、哥斯大黎加、多明尼加、巴拿馬、巴拉圭、瓜地馬拉等新任駐華大使呈遞到任國書時留影，與夫人蔣方良金婚餐聚、偕家人慈湖謁陵的留影，逝世後各界人士致祭及奉厝大典、移靈、安靈典禮時的留影等。

（八）其他

計 84 件，包括：任三青團中央幹校教育長時期與竺培風合影、總政治部主任時期陪同駐美大使顧維鈞乘太湖艦巡視大陳島、救國團主任時期參觀陶甫斯號油輪、退輔會主委時期與家人歡送蔣孝文入軍校、歡宴軍政首長慶祝總統華誕、參加公務員運動會人員及巡視橫貫公路、政務委員時期歡宴泰國華僑青年回國軍中服務團、陪侍總統巡視馬祖金門、陪同嚴家淦副總統巡視中橫公路慰問榮民、行政院長時期全家在福壽山農場度假合影、陪侍總統在士林官邸花園散步、偕同美國陸軍參謀長魏摩蘭上將巡遊日月潭、巡視空軍航空工業發展研究等。

三、器物

第一批器物為總統府移轉蔣經國個人物品，而在 1996 年編目入藏，包含簽名章、青天白日勳章證書、各類隨身物件與文具；第二批係來自總統府第三局，以及故宮博物院、國立歷史博物館等機構，於 2005 至 2009 年與 2016 年間根據「總統副總統文物管理條例」移轉本館典藏之各類紀念性質的蔣經國總統文物，以海內外覲見總統所致贈之禮品為大宗。

（一）簽名章

包含職位公章、聯名公章與個人私章，共 28 件。

（二）紙質文物

包括蔣中正所賜「義」字，青天白日勳章證書、建國大綱墨寶、篆書百體千字文、「壽」字、「天下為公」、「還我河山」與「大同世界」字

幅、百壽字圖、中堂對聯、朱子治家格言、慈湖繪像、人物畫像、動物畫、「梅花」國畫、「月同松鶴明靜貞壽」國畫捲軸、麒麟潭油畫、松鶴延年圖、萬馬牧京圖、各式山水畫、「大地春回」、「春融仁宇」、「松鶴嵩壽」、「崇岡高鳴」、「嵩壽萬年」、「甲子開新運」畫與民俗圖樣畫、抽象墨荷花大通景，及各式橫幅與立軸等，共 41 件。

（三）衣物類

　　包括便帽、圓帽、夾克、襯衫上衣、長褲、便鞋、皮鞋、男襪、領帶、皮帶、手帕、西裝組，共 18 件。

（四）隨身物件

　　包括放大鏡、眼鏡、梳子等 3 件。

（五）文具

　　包括銅墨盒、筆墨與硯、原子筆、水盂、鎮尺、筆筒、漿糊、名片盒、照片盒、公事包等共 11 件。

（六）勳章與紀念章

　　包括抗戰勝利勳章、四等雲麾勳章、一等卿雲勳章與中英文紀念章，共 5 件。

（七）各式紀念品

　　包括王太夫人彩色照相銀盤、蔣中正戎裝彩色照相銀盤與銅盤、蔣公紀念玉雕牌與銅牌、「颱風甫過」紀念壓克力牌、香港調景嶺彩圖小座屏、國徽石紀念座、蔣公銅像、華盛頓雕像，以及人偶、人像、御兜、織布與拼布、竹編、籐簍與籐籃、樹榴奇木、木盆、木雕刀、銅釘、木質王將棋子、木雕板、木版畫、婦女像石畫、農家生活情景掛飾、心型繡品、餐巾組、阿拉伯聖袍、咖啡壺與香爐、陶瓷瓶、彩繪漆盒、傳統服飾像與服飾組、種子造型木雕、鳥首木杖、木牌樓模型、木雕龍舟模型、牛車模型、泰國皇船模型、人物與動物銅像、石像、石

琴、玉戈、玉鉞、白玉龍屏、象牙雕刻、礦物標本、礦石製如意算盤、道光通寶、金屬製文王聖卦、奧運金牌、青花瓷碗、紀念碗、杯墊、玻璃圓盤與瓷盤、市鑰、石鎮、國內外贈送之紀念座與紀念牌等各式禮品，共 94 件。

（八）其他

　　輪椅 1 具。

李登輝總統文物

壹、小傳

　　李登輝，1923 年生於臺北三芝，日治時期臺北高等學校畢業、京都帝國大學肄業，1949 年臺灣大學農經系畢業後，兩度留學美國，1968 年獲得康乃爾大學博士學位，期間歷任臺灣大學副教授、臺灣省政府農林廳技士、農復會技正、組長等職。1972 年獲得行政院長蔣經國的賞識，進入內閣擔任政務委員。在這六年期間，努力學習從政之道，自稱是蔣經國學校畢業的學生。1978 年蔣經國就任中華民國第六任總統，拔擢李登輝為臺北市長；三年後，1981 年轉任臺灣省政府主席。1984 年被蔣經國總統提名為副總統，擔任其副手。1988 年 1 月總統蔣經國去世，副總統李登輝依法繼任第七任總統，成為首任的臺灣籍總統。1990 年當選第八任總統。1996 年總統直接民選，當選為第九任總統，為中華民國行憲後首位直接民選的總統。2000 年民進黨贏得總統大選，李登輝在政權和平轉移中卸任。

　　李登輝總統主政期間（1988-2000 年），推動憲政改革，使臺灣逐漸走出威權體制的陰影，邁向民主、自由、開放的社會，並且還政於民，實施中央民意代表全面改選、總統直選，使民主逐漸深化，確立主權在民的理念。在其擔任總統十二年期間，重大的施政措施包括：廢除刑法一百條、保障言論自由，以及廢除省制、國大虛級化、軍隊國家化、健全行政層級。並進一步修改憲法，改選中央民代、總統全民直選、政權和平輪替，使臺灣步入民主自由的社會，確立中華民國的民主

體制。

貳、移轉及整理

　　《李登輝總統文物》包括底片、照片、剪報、視聽資料和器物等。

　　底片是由總統府機要室於 1990 年移轉，數量約有 34 萬餘張，屬於副總統及總統任內活動留影。

　　照片係 2000 年及 2002 年，分由總統府及第九任卸任總統辦公室所移轉，共約 9 萬 5 千餘張，多為副總統及總統任內照片，少數係政務委員、臺北市長及臺灣省主席任內照片。本館曾利用這批資料，加上李總統拿出的家庭相簿，挑選出 1,300 餘張，配合文字敘述，於 2005 年出版《李登輝總統照片集》四冊。

《李登輝總統照片集》書影

　　剪報則是 2002 年由第九任卸任總統辦公室移轉，為 1984 至 1992 年間，副總統及總統任內國內外報章雜誌相關報導。

視聽資料係由行政院新聞局及第九任卸任總統辦公室分別移轉進館。此外，尚有 2002 年李登輝總統接受國史館口述訪問，執行「卸任元首口述訪問及文物整理專案計畫」所交下的李登輝先生及夫人口述訪談的錄音帶、數位錄影帶，以及由其他機關移轉或向媒體價購的影音資料，及由前述錄音帶及錄影帶數位轉存的 CD 與 DVD，各類型視聽媒體總數約為 1,500 多件。

器物部分則是於 2004 年 1 月 20 日「總統副總統文物管理條例」公布施行前後，自 1998 年 1 月迄 2016 年 2 月，先後從總統府、國立故宮博物院、第九任卸任總統辦公室等機關，分批移交禮品 1,378 件、物品 10 件、簽字章與名章 21 枚。然其中有 5 件送還李登輝先生，蓋因 4 件為總統夫人曾文惠女士之私人物品、1 件為李登輝先生卸任後才收到之餽贈，綜計館藏李登輝總統文物器物類有 1,404 件。

參、內容

一、底片

均為李登輝先生於副總統及總統任內所攝，本批資料經由數位化整編作業，共編成 196 卷，建置 9,615 筆目錄資料，掃描 35 萬餘頁圖檔。按時間順序裝冊，可分為「副總統時期（1984 年 5 月 20 日 -1988 年 1 月 13 日）」、「繼任第七任總統時期（1988 年 1 月 13 日 -1990 年 5 月 19 日）」、「第八任總統時期（1990 年 5 月 20 日 -1996 年 5 月 19 日）」、「第九任總統時期（1996 年 5 月 20 日 -2000 年 5 月 19 日）」等四個層級。其中副總統時期 45 卷，繼任第七任總統時期 29 卷，第八任總統時期 73 卷，第九任總統時期 49 卷。每個時期的主題均相同，可區分為延見及會晤、出席典禮集會、接待與宴會、訪問及考察、巡視與校閱、參觀及遊覽、慰問與致祭、與友人及僚屬合影、居家生活留影及其他等主題。以副總統時期簡介如下：

（一）延見及會晤：接見及會晤的對象包括：1. 國外政要，如模里西斯總理賈諾斯、吐瓦魯總理布阿布阿、聖露西亞總理康普頓、東加王國副總理杜伊達等。2. 國內外中央及地方政府官員及民意代表，有日本眾議員加藤武德、石原慎太郎。接見已卸任外國正副元首及官員，如烏拉圭前總統巴契哥、韓國前國務總理金湘浹、美國前運輸部長路易士、前駐華大使安克志等。3. 國內外各界優秀代表與傑出人士，如旅日棒球名將郭源治、旅美科學家李遠哲、美國胡佛研究中心主任康寶爾、日本松下電器社長谷井昭雄。4. 接見國外宗教界人士、來訪國外政黨人士，如美國宗教領袖訪問團阿姆斯壯等、美國民主黨國際事務協會會長艾伍德、共和黨全國委員會訪華團等等。5. 接見或探訪一般基層民眾的留影，如接見南投鹿谷茶農李賜斌等。

（二）出席典禮集會：有接受贈勳及頒授勳章的留影、代表蔣經國總統主祭中樞春祭及秋祭陣亡將士典禮、出席中華民國孔孟學會年會或是蒞臨金鐘獎頒獎典禮、淡水國小九十週年校慶等。

（三）接待來訪外國正副元首：或是早餐、晚宴款待來訪各國人士，如美國前任巡迴大使費班克、瑞士前總統蘇華拉等。茶會招待各界人士；也應各界人士邀宴，參加茶餐酒會等之底片。

（四）訪問及考察：副總統時期曾三次代表政府率團出國訪問，第一次是 1984 年 9 月訪問南非共和國，參加南非總統波塔就職典禮及遊覽開普敦留影等。第二次為 1985 年 2 月訪問烏拉圭、巴拉圭及日本，主要任務是率團參加烏拉圭新任總統桑吉內提的就職典禮。及抵日本參加亞東關係協會東京辦事處晚宴、午宴款待旅日僑界代表、參加日華懇談會餐會、應產經新聞社長鹿內信隆午宴的留影等。第三次則是 1985 年 9 月訪問哥斯大黎加、巴拿馬及瓜地馬拉，過境美國洛杉磯、邁阿密的留影等。

（五）巡視與校閱：包括巡視外島如馬祖、東引、西莒的基層與防務，探訪地方生活和民情，巡視地方基層及工程建設等。

（六）參觀及遊覽：包括參觀工商企業及農漁生產，參觀設備及

商品展覽、機關學校與法人團體等。重要的內容包括參觀裕隆汽車三義廠、善化亞洲蔬菜研究中心、松山機場外貿協會臺灣金屬加工機械展、第五十屆臺陽美展等。

（七）與友人及僚屬合影：有接見日本及美國友人森浩男、內田元亨、貝爾特等的留影、春節會餐的留影、巡視警衛室並與警衛人員及憲兵排合影、就職週年與辦公室同仁合影等。

（八）居家生活：包括孫女李坤儀六歲時的生活照、兒子李憲文逝世三週年及五週年山上墓地追思及全家遊覽北海岸時留影等。

（九）其他：包括錄製光啟社農業宣傳短片、慈湖謁陵等。

過去蔣中正、蔣經國總統主政時期，中華民國堅持「漢賊不兩立」政策，使得國家的外交空間日益侷促。李登輝在 1988 年 1 月繼蔣經國之後接任總統之職，直到 2000 年 5 月卸任，在其主政期間，適逢外在環境的變化，為爭取國家的自主空間，決定從過去的「零合政策」轉向「務實外交」，以低調但務實方式竭力「走出臺灣」，進入國際社會。

為了爭取、鞏固臺灣的外交空間，突破中國刻意打壓的外交困境，在此長達 12 年的總統任期中，共出訪 6 次、拜訪 15 國，包括邦交國 8、無邦交 7，其中無邦交中的 6 國還是中國的邦交國，2 次參加邦交國總統就職典禮（哥斯大黎加、南非）、1 次國際會議，即巴拿馬運河會議，及獲邀回到康乃爾大學參加校友會。因此在相片檔案中，可以看到 1989 年 3 月李登輝總統率團訪問新加坡，拜會新加坡總理李光耀，探視黃金輝總統病況，會見新加坡第一副總理吳作棟，接見菲律賓駐新加坡大使周清琦，出席駐新加坡代表蔣孝武夫婦晚宴，出席李光耀夫婦燒烤晚宴，巡視中華民國駐新加坡商務代表團的留影等。第八任總統任內曾四次率團出國訪問，包括 1994 年 2 月訪問菲律賓、印尼和泰國，有與菲律賓總統羅慕斯晤談、應印尼峇里省長晚宴、拜會泰王蒲美蓬。1994 年 5 月訪問尼加拉瓜、哥斯大黎加、南非及史瓦濟蘭，包括拜會尼加拉瓜總統查莫洛，簽署中尼聯合公報，接受哥京聖荷西市鑰、簽署

中哥聯合公報，參加哥國新總統費蓋雷斯就職典禮，參加南非總統曼德拉就職典禮，拜會烏干達總統穆塞凡亞、會晤曼德拉總統，拜會史瓦濟蘭國王恩史瓦第三世。1995 年 4 月訪問阿拉伯聯合大公國及約旦，包括有赴阿聯大公國總統午宴，約旦王儲哈山親往機場迎接等。1995 年 6 月訪問美國，抵達洛杉磯接見白樂崎理事主席、加州州政府代表、洛杉磯市長、受頒康乃爾大學傑出校友獎等。第九任總統任內於 1997 年 9 月 4 日至 18 日訪問中南美洲，稱為「太平之旅」，這是本屆總統任內唯一一次，也是最後一次以總統身分率團出國訪問。走訪了巴拿馬、宏都拉斯、薩爾瓦多和巴拉圭，主要是應邀出席「巴拿馬運河國際會議」，以及第一屆「中華民國與中美洲地區元首暨總理高峰會」。會晤巴拿馬等三友邦元首，參加巴拿馬運河世界會議開幕典禮，中巴兩國元首簽署聯合公報，拜會宏國雷伊納總統，出席薩爾瓦多歡迎國宴，中薩兩國元首簽署聯合公報，兩國元首記者會，參加「中華民國與中美洲地區元首暨總理高峰會」，拜會巴拉圭總統瓦斯莫西，中巴兩國總統簽署聯合公報及其他協定等。

二、視聽資料

　　李登輝總統視聽資料，檔案涵蓋時間起自 1988 年 1 月 13 日李登輝先生繼任為中華民國第七任總統，至 2000 年 5 月 19 日第九任總統任期屆滿止，歷時 13 年。本批資料經由數位化整編作業，建置 6,442 筆目錄資料，數位轉檔成 6,529 個影音檔案。

　　內容可區分為國內活動、國外活動、綜合專輯、其他等。說明如下：

　　（一）國內活動：記錄任職總統任內各項重要活動，包括：第一次中外記者會、第八任總統就職記者會、除夕電視談話、公布終止動員戡亂時期記者會、第九任總統副總統選舉總統候選人電視政見發表會等。

　　（二）國外活動：記錄任職總統任內出訪記錄，包括：1989 年 3

月訪問新加坡、1994 年 2 月訪問印尼與菲律賓及泰國、1994 年 5 月訪問尼加拉瓜、哥斯大黎加與南非及史瓦濟蘭、1995 年 4 月訪問阿拉伯聯合大公國與約旦、1995 年 6 月訪問美國、1997 年 9 月訪問中美洲等。

（三）綜合專輯：包括接受國內外新聞媒體訪問，專題報導與特別節目等，重要內容有：總統就職特別節目、中視李登輝七十大壽專題報導、李登輝經營大臺灣相關報導、朝日電視中華民國經濟特集等。

（四）其他：收錄李總統夫人曾文惠女士參加活動之影像紀錄，重要內容有主持全國兒童繪畫比賽開幕式、於第十五屆十大傑出女青年頒獎典禮致詞等。

三、器物

入藏文物依其性質，大致分為十大類，而每大類之下再予以細分，茲條列項目及數量如下：

（一）勳獎與證書：有獎牌及紀念品 34 件、印章 19 件及其他 2 件，計 55 件。

（二）刀槍與彈藥：1 件，為毛利長矛。

（三）飲食：有青花瓷餐具組 1 件。

（四）服飾：有黑色西裝組 1、老花眼鏡配件 1 及其他的 ANILE 紅色長形皮夾 1 個，計 3 樣。

（五）住居類：有照明、家電及其他共 5 件。

（六）貨幣與交通：包括通貨與郵票 9 件及其他 2 件，共 11 件。

（七）教育、娛樂與休閒：下分教育文具、娛樂與休閒、體育、樂器、休閒與嗜好及其他，共 12 件。

（八）應用藝術：有陶瓷 271 件、玻璃 18 件、金工 52 件、織品 34 件、木竹 63 件、漆器 17 件、牙骨角貝 7 件、玉石 35 件、皮革與毛皮 10 件、紙藝 13 件、其他 34 件，共計 554 件。

　　（九）藝術：下又細分水彩、膠彩畫、印刷、雕塑、攝影、素描、粉彩、油畫、壓克力畫、版畫、水墨、書法、篆刻，共計有 454 件。

　　（十）自然科學：有岩石與礦物共 4 件。

陳水扁總統文物

壹、小傳

　　陳水扁，1950 年 10 月 12 日生於臺南縣官田鄉西庄村（今臺南市官田區西庄里）。1963 年，就讀於曾文中學初中部。1967 年 9 月，轉學至省立臺南第一高級中學（今國立臺南第一高級中學）。1969 年 7 月，自省立臺南第一高級中學畢業。同年，考入國立臺灣大學商學系工商管理組。1970 年 7 月，重新報考大學聯招，即以聯招第一高分考入臺灣大學法律系司法組。在大學求學時期，艱苦自勵，成績優異陸續獲得民間企業及社會團體等機構的獎學金。1973 年，大學三年級時，報考律師特考，並成為該年度律師特考之榜首，並順利取得律師資格，成為全國最年輕的律師。1974 年 6 月，自國立臺灣大學法律系第一名畢業。

　　1980 年，加入美麗島事件被告辯護律師團，為涉入政壇的起點。期間，自許自己從事政治改革之路。當年因緣際會，成為美麗島事件被告辯護律師團之一，為黃信介進行辯護，聲名因而大噪，成為當年黨外運動的重要角色。1981 年，參選臺北市議員選舉，即以高票當選，同年 12 月 14 日就職。1984 年，擔任蓬萊島雜誌社社長，以「爭取百分之百的言論自由」為號召。1985 年，為抗議司法不公，辭去臺北市市議員一職，旋代表黨外人士回鄉競選臺南縣縣長公職，選舉結果失利。1988 年 1 月，加入民主進步黨，即被選為中常委。1989 年，參選立法委員選舉，積蓄之前所累積的政治能量，當選增額立法委員，被選為立法院民主進步黨黨團幹事長。在擔任立法委員期間，長期針對國防事務

監督，也主持「國防組織法草案」修法工作，並揭露多起的國防部軍購弊案，名聲為之一振。1992 年，連任立法委員成功。

　　1994 年，參加首次臺北市市長直接民選的公職選舉。他以「快樂・希望・陳水扁」為競選主軸，當選首任直接民選的臺北市市長。在市長四年的任期內，拆除違章建築，持續整頓市容及街景，臺北捷運木柵線竣工通車，著手掃黃、掃黑，並加強稽查市內各類的電子遊樂場所，使得色情及電子遊樂場在臺北市內逐漸銷聲匿跡，藉以穩定市內治安及秩序，並維護市民的生命安全，整體市容氛圍為之一變。同時，並革新市府官僚習氣，整頓公務風紀，公務員為之肅然，並改善市政府內各項制度及落實親民措施等，使臺北市政府在公共服務上改頭換面、煥然一新，也締造出高施政滿意度。然 1998 年 12 月 5 日，競選臺北市長連任失利。2000 年，參加中華民國第 10 任總統大選，順利當選。2004 年 3 月 20 日，又順利連任第 11 任總統、副總統選舉。2008 年 5 月卸任。

貳、移轉及整理

　　國史館典藏之《陳水扁總統文物》，係於 2000 年 8 月起至 2013 年 10 月止，分批自總統府第二局及第三局、總統府機要室、總統府公共事務室、國安局、國防部電訊發展室、蒙藏委員會、海軍司令部、空軍司令部、空軍訓練基地指揮部、行政院新聞局、行政院海岸巡防署、行政院研究發展考核會、中科院、屏東縣政府、臺北縣立十三行博物館、臺北縣立鶯歌陶瓷博物館等機關（構）移轉到館，先後共進行約百餘次的點收工作。

　　今本館典藏的《陳水扁總統文物》可區分為文件、照片、視聽資料、圖書，器物等 5 大類。其中，文件計有 19 件，照片計有近 5 千幀，視聽資料有新聞活動影帶、光碟、數位影音檔，計 1,977 件。另有圖書計有 17 件，而器物之內又有印章、勳獎及禮品等，合計有 4,015 件。

參、內容

一、文件

在文件部分，有國外各界歡迎辭、決議文、新聞剪報、公函、新年賀卡及支持者宣言等書面文件不等，如 Custer County Chief 報紙，2002年吳淑珍女士受邀訪美之美國國會第 107 及 108 號國會決議文，美國聯邦眾議院第 302 號決議文：歡迎陳水扁總統訪問美國，2005 年 9 月翔峰專案美國歡迎陳水扁總統之歡迎詞（中英文），2005 年 9 月翔峰專案陳水扁總統過境美國 Alan M. Hantman, FAIA Architect of the Capital 贈送之 The Flag of the United States of America。2005 年 9 月，翔峰專案陳水扁過境美國邁阿密市市長 Manuel A. Diaz 及邁阿密 Dade County 郡長歡迎詞，陳水扁總統賀卡冊（第一冊）：2002-2008 年陳水扁總統伉儷致贈各界之新年賀卡，鷹眼機全戰備成軍暨年度校閱典禮，賽車手林帛亨先生暨田徑選手林秋江先生簡歷，醫界挺扁宣言（臺中市醫界扁友會），美國加利福尼亞州 Westminister 市 Margie L. Rice 市長表達友誼公開信，學甲中洲陳姓族誌，2003 年 10 月 29 日美國眾議院歡迎臺灣陳水扁總統訪問美國發言紀錄暨決議文，2001 年 5 月 31 日陳水扁總統睦誼之旅—巴拉圭中正僑校歡迎陳總統夫人蒞臨簽名冊」，2004 年 5 月 20日歐洲議會友臺小組主席雅茲波斯基（Georg J. Arzembowski）祝賀陳水扁總統當選連任函，陳水扁總統過境夏威夷新聞剪輯，日華（臺）交流教育會紀要第 27 號，日華（臺）交流教育會紀要第 28 號，以及陳水扁總統海洋夥伴合作之旅（中、英、西班牙文報導）等。

二、照片

在《陳水扁總統文物》內照片為 8 年任期之各項活動留影，均為數位檔，茲依主題條列，臚列如次：

（一）主持各項典禮及集會：包括主持國家大典、晉任布達及授階典禮、贈勳及受勳、揭牌畢業典禮、追思活動等。授勳典禮：如當選第11任總統晚會，陳體端中將晉任上將授階及授勳典禮、兩岸和平穩定互動架構小組茶會，國防部參謀總長李傑將軍授勳暨空軍總司令李天羽將軍等晉任上將典禮，頒贈釋證嚴二等景星勳章，頒授日本電通株式會社前顧問石川周三紫色大綬勳章，並偕同副總統呂秀蓮參加2004年陸海空軍將官晉任布達暨授階典禮，頒授聖多美普林西比共和國總統梅尼士（Fradique de Menezes）采玉大勳章，頒授財團法人崇德文教基金會陳鴻珍董事長三等景星勳章，頒授前駐教廷戴瑞明大使一等景星勳章，為釋印順祝壽暨頒贈二等卿雲勳章，贈勳行政院林信義副院長、國防部長湯曜明、行政院秘書長劉世芳，贈勳總統府邱義仁秘書長、國安會秘書長康寧祥、總統府副秘書長陳哲男、總統府副秘書長，頒贈美國在臺協會臺北辦事處副處長楊甦棣（Stephen M. Young）紫色大授景星勳章，陳體端中將晉任上將授階及授勳典禮等。國家重要儀典：如中樞慶祝行憲暨國父紀念月會，中華民國九十三年開國紀念典禮暨元旦團拜，中樞紀念革命先烈暨春祭忠烈殉職人員典禮，與呂秀蓮副總統接受中選會送達第十一任正副總統當選證書，新任考試院長姚嘉文及考試委員宣誓就職典禮，三芝戰略會議，國政諮詢座談會，新任總統府秘書長邱義仁，國安會秘書長康寧祥宣誓儀式，研商教改問題的解決途徑座談會，當選第十一任總統晚會、二二八事件57週年中樞紀念儀式、總統府新春團拜、中華民國八十九年四海同心聯歡大會、植樹節中樞紀念植樹活動，以及兩岸和平穩定互動架構小組茶會等。

（二）出席各式活動：包括剪綵、開幕、頒獎典禮，參加討論會與座談會等。剪綵典禮：如出席新樓醫院138週年院慶活動，並主持馬雅各醫生銅像揭幕式，第二高速公路全線完工通車典禮，澎湖醫院安宅院區精神科病房落成剪綵典禮，國立馬公高中校園整體規劃及改建工程開工動土典禮，農業生物科技園區海豐基地開工動土典禮。開幕儀式：如出席第三屆中華民國研究所博覽會開幕儀式，高雄縣情人碼頭揭幕典

禮，雲嘉南國家風景區管理處揭牌儀式，耶誕節下午茶會溫馨聖誕情－
我家有個狗醫生，屏東綠色長廊開幕典禮，臺灣鄉土文化季－陣頭之美
開鑼儀式，中華職棒 15 年開幕典禮暨觀看兄弟象 VS 興農牛開幕戰第
一戰，阿扁的青年同學會，母親節臺灣之子與母親們的感恩茶敘，高雄
縣荖濃溪全國泛舟大賽試航典禮，新光三越臺南新天地開幕典禮，「科
技心‧農業情」農特產品展售會開幕典禮，臺東釋迦節開幕活動，國立
新港藝術高級中學籌備處揭牌典禮，社區總體營造年會開幕典禮，國立
臺灣科學教育館新館開幕典禮，全國中等學校運動會開幕典禮，屏東黑
鮪魚文化觀光季開幕典禮，蒞臨僑委會錄製歐洲華僑團體第二十六屆年
會開幕致詞，經濟部南港展覽館新建工程動土典禮，李登輝前總統參加
出席中部國際機場第一期工程啟用暨國際包機首航典禮，參加全國大專
運動會開幕典禮，參加嘉義市立博物館開幕典禮等。頒獎典禮：如出席
慶祝農民節暨神農獎頒獎典禮，中華民國第 26 屆海外華人，第 12 屆創
業青年楷模頒獎典禮。第七屆金鷹獎頒獎典禮，公務人員傑出貢獻獎表
揚大會，資深醫事人員感恩表揚大會等，參加教育部教學卓越獎頒獎典
禮致詞，教育部第七屆國家講座主持人聘書頒贈典禮，第四屆公共工程
金質獎頒獎典禮致詞，臺灣國際兒童電視影展閉幕暨贈獎典禮。出席紀
念日活動：如出席國際志工日－全國社福志工大會師暨趣味競賽活動，
感恩心‧美麗島‧人權音樂會，江鵬堅追思會等。出席周年紀念活動：
如出席臺灣區絲織工會同業公會 50 週年慶祝大會暨第十七屆第一次會
員代表大會致詞，二二八牽手護臺灣活動，公投第一‧臺灣 100：一百
燭光照亮臺灣活動，出席亞洲自由民主聯盟主席交接典禮晚會，中華民
國紅十字總會一百週年慶祝大會，鄭南榕殉難 15 週年追思會等。出席
公益捐贈活動：如臺北銀行樂透彩得主捐贈儀式，電腦之愛－送再生電
腦至偏遠地區捐贈典禮，歲末關懷兒童活動，參加元旦升旗典禮，參加
中小企業聯合新春團拜等。出席藝文活動：如陽明海運國際藝術嘉年華
活動，總統府音樂會，中華文化復興運動總會第三屆第四次會員大會，
墾丁風鈴季開幕典禮，《相信臺灣－阿扁總統向人民報告》新書發表

會，臺灣創意設計中心開幕典禮致詞，花卉博覽會開幕典禮，臺灣慶元宵臺北縣平溪天燈節，第十二屆臺北國際書展開幕典禮，旗鼓飛揚高雄燈會點燈儀式，綠色博覽會等。聯誼活動：有參加總統府冬至記者聯誼會茶敘。研討會、記者會或座談會：如「迎戰全球化臺灣向前走」研討會，「珍藏臺灣、文化睦誼」吳淑珍夫人新書發表記者會，出席第四屆臺灣國防國際研究會活動，優質農業行銷國際座談會，臺灣保險之前瞻與預測研討會致詞，全國 NGOs 環境會議等。重要講話：如元旦講話錄影，選舉當選之夜，針對美伊開戰發表聲明等。另外，陳總統歷來喜與地方人士進行座談，交流意見：如屏東縣民防消幹部、迪化商圈人士、萬華地方人士、高雄市農漁會代表、花蓮中小企業界人士、臺北市的南港區、中山、大直、北投大同各區、苗栗縣鄉鎮長及縣市議員、陳氏宗親會、金門縣黨部及地方人士、臺灣金融聯誼會、大園鄉地方人士、臺中市議長張清堂等新竹市地方人士，高雄縣彌陀、梓官等各地人士。

（三）接見各界人士：包括國外元首，如；查德共和國總理法吉（Moussa Faki Mahamat）、聖多美普林西比民主共和國總統梅尼士（Fradique de Menezes）、巴拉圭共和國副總統賈司迪優尼（Luis Alberto Castiglioni）、吉里巴斯共和國總統湯安諾（Anote Tong）、巴拿馬第一副總統瓦亞雷諾（Arturo Vallarino）、聖多美普林西比前總統賓多（Manual Pinto da Costa）、幾內亞比索前總統卡伯勞（Luis Cabral）、索羅門群島總理柯馬克札（Allan Kemakeza）、史瓦濟蘭王國國王恩史瓦帝三世（Mswati III）暨王妃、吐瓦魯總理索本嘉（Saufatu Sopoanga）伉儷、帛琉共和國總統雷蒙傑索（Tommy Remengesau）伉儷、布吉納法索總統龔保雷（Blaise Compaore）、聖多美普林西比總統梅尼士（Fradique Bandeira Melo de Menezes）、教廷駐紐西蘭大使柯衛理（Patrick Voveney）總主教等；國外政要，如；美國聯邦參議員賓格曼（Jeff Bingaman）、美國艾森豪獎金會會長白索拉（Adrian A. Basora）、日本眾議員玉澤德一郎、美國聯邦眾議員柏頓（Dan Burton）、美國聯邦眾議員艾克曼（Gary Ackerman）、國際青年商會世

界主席阿里亞斯（Fernando Sanchez-Arias）、巴拉圭共和國駐華大使狄雅士（Ramon Antreo Diaz Pereira）、巴拉圭共和國參議院議長馬德歐（Carlos Mateo Balmelli）、多明尼加共和國眾議院議長巴契哥（Alfredo Pacheco Osoria）、多明尼加共和國外交部長蓋瑞羅（Francisco Guerrero Prats）、德國國會「柏林－臺北友好小組」主席羅斯（Klaus Rose）及副主席庫綠格萊絲娜（Angelika Kruger-Leissner）、巴拿馬共和國外交部長阿利亞斯（Harmondio Arias Cerjack）及財政經濟部長德加多（Noberto Delgado Duran）、美國蒙大拿州州長麥裘麗（Judy Martz）、挪威進步黨主席哈根（Carl Hagen）、日本國會眾議員小林興起、荷蘭國會議員兼外交委員會主席德韓（Henk De Haan）伉儷及議員訪問團、西藏駐印度新德里大使札西旺迪（Tashi Wangdi）、美國學者專家觀禮團卜睿哲（Richard C. Bush）等；國內外各界優秀代表及傑出人士，如日本經濟團體連合會副會長香西昭夫、國際人權聯盟主席霍頓（Scott Horton）、諾貝爾醫學獎得主薩爾斯頓（John E. Sulston）、英國國會臺英國會小組副主席福克納（Richard Faulkner）、史瓦濟蘭駐臺大使喇米尼（Moses Mathendele Dlamini）、日本永旺集團會長常盤敏時、美國哥倫比亞大學校長波林傑（Lee Bollinge）、哈佛大學費正清研究中心教授譚若思（Ross Terrill）、諾貝爾和平獎得主貝蒂威廉斯（Betty Williams）等；國內外各界人士，如接見臺灣老人聯誼協會理事長陳啟吉、前駐美代表陳錫藩、聯電董事長曹興誠、誠泰銀行董事長林誠一、臺中市名藝術家林藝斌、永豐餘董事長何壽川、時報文教基金會執行長余範英、戴國煇教授、國策顧問林鐘雄、國策顧問張忠謀，以及國史館館長張炎憲等。

（四）接待款宴賓客：宴請友邦元首，如聖多美普林西比民主共和國總統梅尼士（Fradique de Menezes）、吉里巴斯共和國總統湯安諾（Anote Tong）伉儷、史瓦濟蘭國王恩史瓦帝三世（Mswati III）等；宴請國內外政要，如五院院長、副院長、秘書長、總統府資政、國策顧問、戰略顧問及顧問、全體監察委員、考試委員、韓國自由民主聯盟

總裁金鍾泌夫婦、宴請前總統李登輝及日本參議員椎名素夫、美國聯邦眾議員藍托斯（Tom Lantos）等；宴請國內、外傑出人士，如中央研究院院長、大專院校校長、亞洲臺灣商會聯合總會與會代表、中央研究院院士、英國倫敦政經學院院長紀登斯（Anthony Giddens）、產業工會領袖、國軍高級將領夫婦、吳念真等藝文界人士等；宴請國內各社團人士，如牙醫公會全國聯合會代表、魚路古道人文生態之旅成員、官田鄉民代表、職業工會理事長、全國信用合作社聯誼會代表、中華職棒聯盟會長陳河東暨六球團領隊及總教練等，以及國內新聞媒體記者歲末聯誼等。

（五）視察訪視校閱：包括視察工程建設，如南投縣水里鄉興隆村中坑野溪整治工程、衛生署澎湖醫療大樓新建工程、南投縣信義鄉新鄉村重建工程等；視察政府機關（構），如高雄區農業改良場、內政部北區兒童之家、軍情局、中山科學研究院、臺大醫院等各大醫院院長之 SARS 簡報、臺北榮民總醫院 SARS 疫情專區、行政院 SARS 防治及紓困委員會、三重醫院、三重市衛生所；訪視地方民情，如潮州鎮白林社區總體營造成果、萬丹鄉萬丹社區總體營造成果、南投縣名間鄉新民社區總體營造成果、光陽工業公司、中榮電瓷工業、桃園八大工業區廠商代表、林口長庚醫院、原住民頭目會餐等；視導部隊訓練，如聯勤總部、空軍總部、空軍作戰司令部、空軍防警司令部、陸軍航特司令部、陸軍飛彈指揮部萬里營區、陸軍天弓飛彈第十五連、海軍陸戰隊守備旅、烏坵地區、憲兵 211 營、憲兵特勤中心、海軍林口雷達站、南巡局第六岸巡總隊、高雄縣警局港埔派出所、國防大學預防醫學研究所等。

（六）專訪與記者會：任職總統期間，曾接受國內、外之重要媒體的專訪。國外著名的媒體有：美國紐約時報駐香港分社、國洛杉磯時報駐香港分社專訪、日本共同通訊社專訪、日本主要媒體社論主筆團專訪、ICRT 電臺主持人閔傑輝（Jeffrey Mindich）、路透社、華盛頓郵報、英國 BBC 廣播公司、美國華爾街日報、日本讀賣新聞社、日本每日新聞、日本 NHK 電視臺、日本文藝春秋、法國費加洛報、遠東經濟

評論、美國之音、新加坡聯合早報、日本臺灣通信週刊、香港 TVB 無線電視臺、德國時代週報等。國內媒體有：TVBS、緯來電視臺、年代電視臺、天下雜誌、年代電臺、財訊、遠見雜誌等平面及電子媒體。

（七）出國參訪：包括陳總統與瓜地馬拉總統波狄優（Alfonso Portillo）搭乘專機至臺北，攜手同慶欣榮之旅，總統夫人吳淑珍的珍藏臺灣・文化睦誼之旅，出訪過境美國分別與美在臺協會理事主席卜睿哲（Richard C. Bush）薄瑞光（Raymond F. Burghardt）迎機、翔梵專案係出席教宗若望保祿二世葬禮彌撒、興揚專案係出訪巴拉圭、哥斯大黎加、利比亞的一次國是訪問，又出訪太平洋友邦聖露西亞、多明尼加、薩爾瓦多、帛琉等地等。

（八）其他：錄製廣宣影片，如簽署「公民投票法」法案，聽取日本野村綜合研究所簡報，參加「城市之光・牽手未來」節目錄影，錄製阿扁傳真，每週談話錄影，錄製 SARS 宣導短片，拍攝九二一重建會提振觀光活動廣告片，拍攝「志工連線－掃街篇」錄影帶，拍攝「讓全民安心上網」宣導短片，拍攝大法官提名制度改革資料照片，錄製 SARS 宣導短片，以及錄製創世基金會公益廣告錄影帶等。又陳總統本信奉民間信仰，巡視各地時，多置在地宮廟上香祭祀或參拜，幾乎是無廟不拜，如玉虛宮、龍安宮、佛顗寺、八德安樂園、官田鄉惠安宮、代天府、三隆宮、鳳山寺、尚書公廟、惠安宮、慶雲宮、慈濟宮、聖公媽廟、三峽祖師廟、拱天宮、陳將軍廟、基隆慶安宮、慈天宮、神農大帝廟、慈惠堂、勝安宮、港天宮、天真聖宮、官田鄉義和聖堂、鳳山市仙公廟、北投福興宮、義天宮、麻豆鎮北極殿普濟寺、天后宮、奉天宮、福德祠、文德宮、指南宮、永安宮、寧安宮等宮廟。另外，還有三一九錄影講話，舉行記者會針對三二七群眾活動訴求提出回應等。

三、視聽資料

陳水扁總統文物視聽資料為其總統 8 年任期內各項活動之留影，其

重要內容與照片相同，惟內容多以錄影帶、光碟及數位影音等數位載體
進行儲存，數量甚多，活動類型更廣，計有 1,977 件。

四、器物

　　器物類係指陳水扁總統任職期間，所收受國內、外各界致贈之禮品
及其使用及擁有之各類物件，其範圍：包括「印章」，為總統副總統使
用之印、職章、名章等印信；而「勳獎」係總統副總統受頒之勳章、獎
章、獎座、獎牌等紀念性的紋章；又「禮品」，為總統副總統因公務收
受國外元首及其代表，或國內外機關、團體、人士贈送之物件；「衣飾
及物品」，為非屬以上類別，或總統副總統在任職期間其私人使用或擁
有之各類物件。

陳水扁總統印章

　　《陳水扁總統文物》中之器物類，
可說琳瑯滿目，各類器形材質的物件不
等，亦有平面及立體的各類構件，其器
物各類款識甚夥，且形制多樣。其內容
品項包括盤子、紀念銀幣、彫漆畫、瓷
器、茶具、對筆、花瓶、義大利瓷盤、水
晶對杯、水晶杯、壁畫裱框、帆船素畫、
花器、飾皿（彩繪盤）、鍍金宮殿飾品、
鋼筆、花瓶、國家木製地圖飾品、木雕、
DEUTSCHLAND 圍巾、白玉如意、交
趾陶、吳淑珍夫人畫像、書（含木盒）、
七寶飾皿（琺瑯）、置物盒、壁飾（陶瓷
畫）、潑墨仙人（銅）、手工藝品、繡桌巾、木雕竹子、袖扣、海龜殼、
江戶押繪羽子板（含底座）、紀念牌、琴、哈達、薩摩四君子（花瓶）、
銀杯、銀棒、歐威多上校市市鑰、證書、獎牌、水牛木雕、陶製花瓶、
金屬雕筆、木雕人像藝品、方形紀念幣、不繡鋼紀念盤、油畫、掛飾、

布袋戲木偶、玻璃藝術品、圓盤漆器、七寶燒、鍍金藝術品、達摩石木雕、彌勒佛木雕、貝殼項鍊、草編手提包、手鍊飾品、草編地圖、諾魯瓷盤地圖、帛琉木雕、帛琉洛克群島七國元首釣魚比賽獲頒冠軍獎牌、帛琉洛克群島元首釣魚比賽獲頒禮品木雕、木質筆座（上有諾魯地圖）、諾魯共和國國徽編織、金屬飾品、石材置物盒、地球儀、木雕、銅製星星徽章、瓷磚畫、老鷹木雕、獨木舟、時鐘、玻璃水晶球、寶石肖像畫、地毯、人像雕塑，以及各類織品衣物等，共計 4,015 件。

馬英九總統文物

壹、小傳

　　馬英九，1950 年生於香港，1952 年隨父母定居臺灣，先後畢業於臺北女師附小、大安初中、建國中學、國立臺灣大學法律系。1974 年，獲中國國民黨中山獎學金赴美留學，1976 年獲紐約大學法學碩士學位，1981 年獲哈佛大學法學博士學位。同年返國，擔任蔣經國總統之英文口譯，而後歷任總統府第一局副局長、行政院研考會主任委員兼行政院大陸工作會報（行政院大陸委員會前身）執行秘書、陸委會副主委兼發言人、國民黨不分區國民大會代表、法務部長、行政院政務委員、國立政治大學政治系副教授等職，並於 1998 年 12 月當選臺北市長，2002 年連任。2008 年及 2012 年 5 月，先後就任中華民國第十二、十三任總統，2016 年 5 月卸任。

　　在法務部長任內，將「中央肅清煙毒協調督導會報」改組為「中央反毒會報」，壓制毒品供應與需求；通過「兒童及少年性交易防制條例」，終結臺灣童妓問題；對於賄選貪污，亦大力查緝。在臺北市長任內，整頓消防安全、串聯臺北縣市河濱腳踏車道工程、開闢河濱公園、整合親山步道、廣設平價健身中心、推動智慧公車系統、首創小綠人交通號誌、合併市立醫院，以及完成南港軟體工業園區土地徵收等。在總統任內，於內政方面，推動「愛臺十二項建設」、推動行政區重劃與合併、實施擴大內需方案、調升基本工資；於兩岸方面，承認「九二共識」、舉行江陳會談、簽訂 ECFA；於外交方面，改採「活路外交」措

施，以參加聯合國所屬之功能組織、維繫實質關係為優先考慮，並大力推動與其他國家之免簽證與落地簽證工作。

貳、移轉及整理

國史館典藏之馬英九總統文物，係於 2008 年 8 月起至 2017 年 3 月止，分批自總統府、行政院新聞局、行政院文化建設委員會等機關移轉至館，先後共進行 40 餘次點收工作。

馬英九總統文物可區分為文件、數位照片、視聽資料、器物等 4 大類，其中文件包括總統令及演講稿 4,895 件，以及總統府全球資訊網站資料與新聞稿電子資料 176,185 個檔案；數位照片有 261,276 張；視聽資料包括新聞活動影帶 471 捲、光碟 13 張、數位影音檔 2 千餘則；器物有禮品、名章等 6,044 件。

在數位化方面，馬英九總統文物之照片及視聽資料均為數位資料，不需再進行數位化；文件部分雖為紙本，但狀況良好，目前尚未規劃數位化之期程。在編目方面，目前已開始進行數位照片之細部編目工作。

參、內容

一、文件

馬英九總統文物之文件類包括總統令、講稿及網站資料，茲分述重要內容如次。

（一）總統令：有「公布漢生病病患人權保障及補償條例案」、簽署「公民與政治權利國際公約」及「經濟社會文化權利國際公約」之發布令等。

（二）講稿：主要為中英文致詞稿與談話稿，依時期可區分為第十二任總統時期及第十三任總統時期；依主題則可區分為主持典禮集

會、出席各式活動、接見各界人士、接待款宴賓客、視察訪視校閱、專訪與記者會、兩岸關係談話及其他等 8 類，以下條列重要內容。

1. 第十二任總統時期（2008 年 5 月 20 日至 2012 年 5 月 19 日）

（1）主持典禮集會：包括國家慶典，如開國紀念典禮暨元旦團拜等；揭幕儀式，如國史館「中日和約」簽約者銅像揭幕暨相關展覽開幕儀式等；晉任布達及授勳典禮，如陸海空軍將官晉任布達暨授階典禮、國軍重要幹部晉任授階暨授勳典禮、中華民國建國 100 年專案授勳等；畢業典禮，如三軍五校聯合畢業典禮等；授旗典禮，如授旗予世界冬季特殊奧林匹克運動會中華臺北代表團、第八屆世界運動會代表團、臺北聽障奧運會代表團等；追思活動，如戒嚴時期政治受難者追思紀念儀式、二二八事件中樞紀念儀式等。

（2）出席各式活動：包括國家慶典，如參加中華民國第十二任總統副總統就職慶祝大會並發表就職演說、總統府元旦升旗典禮等；授旗典禮，如北京帕拉林匹克運動會代表團授旗典禮等；頒獎典禮，如第十二屆國家文藝獎頒獎典禮等；表揚大會，如表揚模範公務人員、模範警察、模範勞工等；展覽活動，如臺灣先賢蔣渭水先生特展、臺北二二八紀念館展區更新成果特展、蔣故總統經國先生百年誕辰特展等；座談會與討論會，如「與青年有約」座談會、蔣渭水研究學術研討會等；校慶與畢業典禮，如清華大學創校 100 週年暨在臺建校 55 週年校慶大會、建國中學 110 週年校慶等；路跑活動，如宜蘭國道 5 號全國馬拉松、國道 6 號星光馬拉松等；民俗文化活動，如紀念大成至聖先師孔子誕辰釋奠典禮、民俗藝術節開鑼式等；動土典禮，如捷運萬大線、臺北藝術中心興建工程等；落成啟用典禮，如疫苗研發中心新建工程、張學良故居、八田與一紀念園區等；通車典禮，如大鵬灣環灣道路鵬灣跨海大橋完工及全線通車、國道 6 號南投段全線通車等；紀念活動，如八八水災週年紀念追思晚會、戒嚴時期政治受難者紀念音樂會等。

（3）接見各界人士：包括外國元首，如馬紹爾群島共和國總統查凱爾伉儷、吉里巴斯共和國總統湯安諾伉儷等；外國政要，如美國聯

馬英九總統

邦眾議員歐比爾、布吉納法索國防部長波力等；國內外各界優秀代表及傑出人士，如全國好人好事代表、相聲大師吳兆南、旅日圍棋國手張栩、視障馬拉松選手張文彥、日本東京大學建築系教授安藤忠雄等。

（4）接待款宴賓客：包括以國宴款待外國元首，如諾魯總統史蒂芬、甘比亞共和國總統賈梅等；其他如宴請總統府資政及國策顧問、中央研究院院士、來臺祝賀國慶各國貴賓等。

（5）視察訪視校閱：包括視察工程建設，如林邊溪左右岸整體整治、臺北鐵路地下化——南港專案工程、石門水庫水情及防汛整備暨改善措施等；訪視地方民情，如連江縣東引鄉公所、榮民之家、慈濟大愛村等；視導部隊訓練，如陸軍裝甲586旅、空軍439聯隊等。

（6）專訪與記者會：包括接受國內外媒體專訪，如《遠見雜誌》、日本《世界雜誌》、智利、秘魯及墨西哥記者團等；主持或出席記者會，如就職週年記者會、國民年金正式開辦記者會等。

（7）兩岸關係談話：主持記者會，如「總統報告：兩岸經濟協議」記者會等；接見相關人士，如參加「兩岸經貿文化論壇」我方代表團、大陸臺商代表、「共創兩岸和平紅利論壇」與會大陸人士等；出席相關活動，如長榮海運兩岸直航——華北航線直航儀式、大陸臺商服務中心揭牌儀式、臺灣海峽兩岸醫事交流協會成立大會、大陸臺商春節聯誼、兩岸經貿現況與展望討論會、青年學生領袖大陸政策研習營、兩岸協商談判經驗傳承研習營等。

（8）其他：包括出席喜宴致詞，如臺北市議員侯冠群、李彥秀結婚茶會、立法委員江玲君歸寧喜宴等；訪視耆老賢能，如嚴秀峰、證嚴法師、張旭初、陳樹菊等；追思致祭，如出席黃友棣、吳舜文、王永慶、孔德成、葉石濤等人之告別追思會。

2.第十三任總統時期（2012 年 5 月 20 日至 2016 年 5 月 19 日）

（1）主持典禮集會：包括國家慶典，如開國紀念典禮暨元旦團拜等；揭幕儀式，如空軍官校航空教育展示館等；晉任布達及授勳典禮，如余光中榮譽教授及白先勇教授授勳典禮等；頒獎典禮，如「總統教育獎」等；紀念活動，如主持古寧頭戰役 65 週年紀念大會暨敲鐘祈福活動等。

（2）出席各式活動：包括國家慶典，如參加中華民國第十三任總統副總統就職慶祝大會並發表就職演說、總統府元旦升旗典禮等；授旗典禮，如授旗予第三十屆倫敦奧林匹克運動會代表團、索菲亞聽障達福林匹克運動會等；頒獎典禮，如莫拉克颱風災後重建民間貢獻獎、艾森豪和平獎章頒獎典禮等；表揚大會，如師鐸獎、教育奉獻獎及資深優良教師表揚大會、公務人員傑出貢獻獎表揚大會等；展覽活動，如中華民國與美國元首外交影像暨文物展、蔣渭水先生紀念展；座談會與討論會，如與主張廢核團體座談、「近代國家的型塑」中華民國建國 100 年國際學術討論會、「多元視野下的釣魚臺問題新論」國際學術研討會等；校慶與畢業典禮，如慶祝黃埔建軍 90 週年紀念大會暨校慶典禮、中央警察大學畢業典禮；路跑活動，如長庚紀念醫院永慶盃路跑活動、「世界地球日」路跑活動等；民俗文化活動，如平溪天燈節活動、第九屆漢字文化節——臺北建城 130 揮毫展新運活動；動土及動工典禮，如故宮博物院南部院區基地動工、七海文化園區動土典禮；落成啟用典禮，如太空磁譜儀（AMS）亞洲監控中心啟用、「孫運璿科技・人文紀念館」落成典禮、故宮博物院南部院區開幕典禮等；通車典禮，如高鐵苗栗、彰化及雲林站連線通車典禮、臺北捷運信義、松山線通車典禮等；紀念活動，如出席戒嚴時期政治受難者紀念追思儀式、二二八事件中樞紀念儀式、發表七七事變 76 週年感言等。

（3）接見各界人士：包括外國元首，如史瓦濟蘭王國國王恩史瓦帝三世、馬紹爾群島共和國總統羅亞克、巴拉圭總統佛朗哥等；外國政要，如約旦米拉德親王、美國國務院助卿費南德茲、美國聯邦眾議院

「國會臺灣連線」共同主席卡特等；國內外各界優秀代表及傑出人士，如諾貝爾化學獎得主馬丁查爾菲博士、諾貝爾和平獎得主凡伊巴瑟雷博士、菲律賓「麥格塞塞獎」得主陳樹菊等。

（4）接待款宴賓客：包括以國宴款待外國元首，如甘比亞共和國總統賈梅、瓜地馬拉共和國總統培瑞茲、海地共和國總統馬德立等；其他如宴請中研院院士會議與會者等。

（5）視察訪視校閱：包括視察工程建設，如金門料羅港碼頭整建工程、臺灣桃園國際機場聯外捷運系統建設計畫工程等；訪視地方民情，如喜憨兒社會福利基金會喜憨兒烘焙屋、卑南族花環部落學校教學活動、屏東縣樂齡學習示範中心、莫拉克風災重建部落等；視導部隊訓練，如「漢光 29 號」演習實彈射擊操演、國軍海巡署護漁操演、「漢光 32 號」演習電腦兵推等。

（6）專訪與記者會：包括接受國內外媒體專訪，如中視「唱旺新臺灣」節目、美國《華盛頓郵報》、日本《每日新聞社》等；主持或出席記者會，如召開記者會說明我國年金制度改革第一階段方案、向登太平島中外媒體記者致詞等。

（7）兩岸關係談話：如出席「海峽兩岸服務貿易協議」金融宣導說明會、「海峽兩岸共同打擊犯罪及司法互助協議」簽署 6 週年回顧與展望成果展、兩岸互動與交流歷史時光迴廊展覽、兩岸《中華大辭典》新書發表記者會等活動致詞。

（8）其他：包括出席喜宴致詞，如林義傑婚宴、張景為婚宴、國軍官兵聯合婚禮等；拜訪耆老賢能，如余光中、詹德森、王攀元等；追思致祭，如出席澎湖空難與高雄氣爆事件祈福法會、忠烈殉職情報人員祭祀典禮、小桃阿嬤（鄭陳桃）追思會等。

（三）網站資料：包括 2008 年 5 月 20 日至 2016 年 5 月 19 日總統任內之總統府全球資訊網站資料，及 1993 年 1 月 1 日至 2016 年 5 月 19 日總統府新聞稿。

1. 新聞與活動：包括新聞稿、每日活動行程、影音頻道、網路相

簿、國賓訪華軍禮歡迎、國宴、大使呈遞到任國書、總統府月會、授勳典禮、春秋祭典、總統府音樂會等。

2. 出訪專輯：包括率團訪問瓜地馬拉及薩爾瓦多等國、出席中南美洲友邦總統就職典禮、出席方濟各教宗就職大典、訪問非洲友邦，以及訪問馬紹爾群島共和國、吐瓦魯、帛琉共和國等 12 次出訪紀實。

3. 一般專輯：包括中華民國第十二、十三任總統副總統就職、建國 100 年國慶、建國 100 年聯合授勳典禮、人權談話、光復節談話、莫拉克風災重建有功人員暨團體表揚活動等專輯。

4. 公報與法令：包括各期總統府公報、總統府相關法令查詢、政府公開資訊、陽光法案等。

5. 總統相關資料：包括傳略、大事年表、執政報告、總統札記、言論選集等。

6. 其他：包括中華民國簡介及總統府簡介等。

二、照片

馬英九總統文物照片為其八年任期內各項活動之留影，均為數位檔，共計 261,276 張，茲依任期及主題條列重要內容如次。

（一）第十二任總統時期（2008 年 5 月 20 日至 2012 年 5 月 19 日）

（1）主持典禮集會：包括國家慶典，如中華民國開國紀念典禮暨元旦團拜等；宣誓典禮，如行政院院長暨各部會首長就職宣誓等；晉任布達及授勳典禮，如陸海空軍將官晉任布達暨授階典禮、贈勳旅日棒球名將王貞治等；揭牌典禮，如國定古蹟霧峰林宅將軍府揭牌典禮等；畢業典禮，如主持三軍五校院聯合畢業典禮等；追思活動，如主持八二三戰役國軍陣亡將士公祭暨獻花典禮、中樞紀念革命先烈暨春（秋）祭忠烈殉職人員典禮等。

（2）出席各式活動：包括國家慶典，如中華民國第十二任總統副總統宣誓就職典禮、中華民國建國 100 年跨年慶典等；揭幕與揭牌典

禮，如總統副總統文物館揭幕儀式、蔣渭水演藝廳揭牌典禮等；授旗典禮，如為世界童軍大露營我國代表團授旗等；頒獎典禮，如「總統教育獎」、「國家文藝獎」、「亞洲民主人權獎」等；表揚大會，如公務人員傑出貢獻獎表揚大會、全國扶幼表揚暨感謝大會等；展覽活動，如經國先生百年誕辰紀念特展、霧峰林家與臺灣新文化運動特展等；討論會與座談會，如「二二八事件新史料」發表座談會、「12 年國民基本教育政策」座談會等；校慶與畢業典禮，如出席紅葉國小畢業典禮暨紅葉少棒擊敗日本和歌山隊 40 週年慶、「建中百十載・紅樓新世紀」——建中紅樓 100 週年暨創校 110 週年校慶等；路跑活動，如「愛與和平」——永續樂活路跑、國道 5 號全國馬拉松路跑活動；民俗文化活動，如法鼓山除夕聞鐘聲祈福法會、平溪國際天燈節、大甲媽祖遶境進香上轎典禮等；動土典禮，如桃園國際機場第一航廈改善工程開工動土典禮、金門大橋工程開工動土典禮等；落成啟用典禮，如張學良故居開館啟用儀式系列活動、小林社區落成典禮等；通車典禮，如國道 6 號南投段通車典禮、臺北捷運蘆洲線完工通車典禮等；紀念活動，如二二八事件追思紀念會、白色恐怖政治受難者紀念追思儀式、蔣渭水先生逝世 77 週年追思紀念會、八二三戰役 50 週年紀念大會等。

（3）接見各界人士：包括外國元首，如布吉納法索共和國總統龔保雷伉儷、諾魯共和國史蒂芬總統伉儷等；外國政要，如美國聯邦眾議院外交委員會主席柏曼、英國國會「臺英國會小組」共同主席溫特頓、聖文森副總理兼外交部長史垂克等；國內外各界優秀代表及傑出人士，如諾貝爾物理獎得主丁肇中博士、國際管理大師大前研一博士、旅日圍棋名人林海峰夫婦、「國家公益獎」歷屆得獎人代表等。

（4）接待款宴賓客：包括以國宴款待外國元首，如瓜地馬拉共和國柯隆總統暨贈勳儀式、帛琉共和國總統陶瑞賓伉儷等；其他如與日本慶賀團及國會議員團共進午餐、宴請歷任外交部長等。

（5）視察訪視校閱：包括視察工程建設，如臺北鐵路地下化南港專案工程、「愛臺 12 建設」相關工程等；訪視地方民情，如拜訪好茶

部落災後安置中心、與臺籍慰安婦阿嬤暨家屬茶敘、關懷原住民部落觀光產業等；視導部隊訓練，如巡視海軍陸戰隊烏坵指揮部、視導「聯勇97-11 號」期末鑑測實彈操演等。

（6）專訪與記者會：包括接受國內外媒體專訪，如日本《讀賣新聞》、美國《時代雜誌》、德國《南德日報》、中央社等；主持或出席記者會，如國民年金啟動記者會、蔣故總統經國先生百年誕辰紀念活動記者會、悠遊卡十年有成暨小額消費上市記者會等。

（7）兩岸關係活動：包括主持記者會，如「總統報告：兩岸經濟協議」記者會、「兩岸和平協議」記者會等；接見相關人士，如海基會協商代表團、大陸臺商總會幹部及臺商代等表；出席相關活動，如兩岸經濟合作協議（ECFA）座談會及電視辯論會、「ECFA 時代新情勢高峰會」開幕式暨「兩岸及區域和平研究發展中心」揭牌儀式等。

（8）出國參訪：包括參加就職典禮，如參加巴拉圭總統當選人盧戈、多明尼加總統費南德斯、薩爾瓦多總統傅內斯等人之就職典禮；簽署公報，如簽署臺貝雙邊協定及聯合中外媒體記者會、與瓜地馬拉總統柯隆簽署聯合聲明等；會晤重要人士，如過境洛杉磯時美國在臺協會理事主席薄瑞光登機歡迎、與傑出華裔科技界人士座談等；參加各式活動，如贈勳予西庫瓦總理以及主持該國總統府太陽能供電示範系統揭碑儀式、出席海地賑災物資捐贈儀式、參訪世界展望會史瓦濟蘭分會及稻米捐贈儀式、視察駐吉里巴斯技術團水產養殖站、參觀諾魯學童營養午餐並與學童共進午餐等。

（9）其他：包括出席婚禮，如第五屆南科集團結婚儀式、中華民國建國 100 年聯合婚禮等；訪視耆老賢能，如人瑞陳蔡蔥、「總統教育獎」得主王香等；追思致祭，如出席黃友棣、廖風德、吳舜文、趙耀東、孔德成、王永慶、葉石濤、聖嚴法師等人之追思告別會。

（二）第十三任總統時期（2012 年 5 月 20 日至 2016 年 5 月 19 日）

（1）主持典禮集會：包括國家慶典，如中華民國開國紀念典禮暨

元旦團拜等；宣誓典禮，如行政院院長暨各部會首長就職宣誓等；主持晉任布達及授勳典禮，如國軍高階重要幹部晉任授階暨授勳典禮、頒贈美國在臺協會臺北辦事處處長司徒文「大綬景星勳章」、國際知名導演李安、雲門舞集創辦人暨藝術總監林懷民「一等景星勳章」等；揭牌典禮，如總統府「中山廳」、「渭水廳」、「銘傳廳」及「經國廳」命名揭牌典禮等；畢業典禮，如三軍五校院聯合畢業典禮等；追思活動，如八二三戰役追思活動——太武山忠烈祠公祭與和平園區敲鐘祈福、中樞紀念革命先烈暨春（秋）祭忠烈殉職人員典禮等。

（2）出席各式活動：包括國家慶典，如中華民國第十三任總統副總統宣誓就職典禮暨慶祝大會、慶祝國慶大會暨酒會等；揭幕與揭牌典禮，如空軍官校航教館揭幕典禮、行政院文化部等部會之揭牌暨部長布達典禮等；授旗典禮，如為第三十屆倫敦奧林匹克運動會及第十七屆仁川亞洲運動會等我國代表團授旗等；頒獎典禮，如十大經典魅力漁港、莫拉克災後 3 週年記者會暨民間貢獻獎頒獎典禮等；表揚大會，如第五屆兒童守護天使表揚活動、「師鐸獎」、「教育奉獻獎」及資深教師表揚大會等；展覽活動，如「飛閱臺灣」：空拍環境影像展、國際口足畫藝世界特展等；討論會與座談會，如「戰爭的歷史與記憶：抗戰勝利七十週年」國際學術研討會、「經貿自由化對我國產業影響」座談會等；校慶與畢業典禮，如臺北教育大學 120 週年校慶、中央警察大學畢業典禮等；路跑活動，如長庚紀念醫院永慶盃路跑活動、「泰瑞法克斯」慈善路跑活動等；民俗文化活動，如大成至聖先師孔子誕辰釋奠典禮、國定佛誕節等；動土典禮，如北部流行音樂中心動土典禮、經國七海文化園區動土典禮等；落成啟用典禮，如「臺灣民主基金會」新大樓落成典禮、臺灣桃園國際機場第一航廈改善工程落成典禮等；通車典禮，如國道 1 號五股至中壢路段全線通車典禮、花東鐵路電氣化通車典禮等；紀念活動，如中樞春（秋）祭忠烈殉職人員典禮、臺灣議會之父：林獻堂先生仙逝 60 週年紀念活動、霧社抗日事件 85 週年追思紀念活動等。

（3）接見各界人士：包括外國元首，如馬紹爾群島共和國總統羅

亞克、巴拉圭共和國總統佛朗哥、吉里巴斯共和國總統湯安諾等；外國政要，如多明尼加外交部次長畢加多、美國國務院國際信息局局長麥考爾、俄羅斯 APEC 特使歐魏國等；國內外各界優秀代表及傑出人士，如國際財經投資大師吉姆羅傑斯、諾貝爾經濟學獎得主席姆斯博士等。

（4）接待款宴賓客：包括以國宴款待外國元首，如馬紹爾群島共和國總統羅亞克伉儷、史瓦濟蘭國王恩史瓦帝三世等；其他如資政江丙坤、國策顧問郝明義等。

（5）視察訪視校閱：包括視察工程建設，如花東鐵路電氣化工程、臺灣桃園國際機場聯外捷運系統工程等；訪視地方民情，如訪視蘇莉颱風農損情形、訪視「高雄氣爆罹難者家屬自救會」及「竹東里受災戶自救會」等；視導部隊訓練，如視導陸軍裝甲 584 旅「聯勇 101-4 號」操演、出席「空軍 EC-225 型機成軍典禮」及視導「翔鷗操演」等。

（6）專訪與記者會：包括接受國內外媒體專訪，如路透社、日本放送協會（NHK）電視臺、中央社、TVBS、《亞洲週刊》、彭博新聞社等；主持或出席記者會，如第一屆「總統創新獎」啟動記者會、總統就職 6 週年演說及中外記者會、「南海議題」國際記者會等。

（7）兩岸關係活動：主持記者會，如「兩岸服務貿易協議」中外記者會、「馬習會」兩岸領導人會面中外記者會等；接見相關人士，如「兩岸經貿文化論壇」我方代表團、「海峽兩岸公共事務協會」代表等；出席相關活動，如「海峽兩岸服務貿易協議」金融宣導說明會、「兩岸關係回顧與展望」國際研討會等。

（8）出國參訪：包括參加就職典禮，如參加教宗方濟各就職大典並晉見教宗、參加巴拉圭新任總統卡提斯及副總統阿法拉與宏國新任總統葉南德茲等之就職典禮；簽署公報，如與聖露西亞、巴拉圭等國簽署聯合公報；會晤重要人士，如接見夏威夷州長阿伯克龍比、與美國聯邦議員早餐餐敘等；參加各式活動，如參觀紐約世貿中心遺址 911 國家紀念博物館、參觀巴拿馬運河觀花水閘、出席海地 Food for poor 海地營

運總部贈米儀式等。

（9）其他：包括出席婚禮，如小林二村結婚典禮、國軍官兵聯合婚禮、苗栗客家桐花婚禮等；訪視耆老賢能，如拜訪百歲人瑞暨全國最老碩士趙慕鶴、林洋港、沈君山、證嚴法師等；追思致祭，如出席單國璽、王同義、辜濂松、王永在、蔡萬才、漢寶德、惟覺老和尚、小桃阿嬤（鄭陳桃）之公祭或追思告別會等。

三、視聽資料

馬英九總統文物視聽資料為其八年任期內各項活動之留影，其重要內容與照片相同，惟以錄影帶、光碟及數位影音等載體呈現，此處不予贅述。

四、器物

馬英九總統文物中之器物可分為勳獎與證書 、刀槍與彈藥、飲食、服飾、住居用品、貨幣與交通、教育娛樂與休閒、應用藝術、藝術等 9 類，共計 6,044 件。

陳誠副總統文物

壹、小傳

陳誠，字辭修，別號石叟，浙江青田人。生於西元 1898 年 1 月 4 日，卒於 1965 年 3 月 5 日，享年 68 歲。先生 22 歲投身軍旅，而立之年出任國民革命軍第二十一師師長，其後歷任國民革命軍總司令部警衛司令、第十一師師長、第十八軍軍長、集團軍總司令、武漢衛戍總司令、戰區司令長官、湖北省政府主席、軍政部部長、參謀總長、東北行轅主任等職務，曾經參與東征、北伐、平亂、剿共、抗日、戡亂諸役。來臺後擔任臺灣省政府主席、兩任行政院院長、兩任副總統等要職，著手推行幣制改革、軍隊整編、土地改革等重要措施，對國家安全和社會穩定有相當大的貢獻。

先生一生身處歷史變局，雖在戎馬倥傯之際，對資料的蒐集和保存頗為留意，特設「石叟資料室」，整理其治軍從政所蒐集之珍貴資料，1963、1964 年更親自口述平生經歷，彙編而成《石叟叢書》暨總目共 73 冊。1965 年先生積勞病逝，哲嗣陳履安先生商請原編輯等續編叢書 12 冊，合前編共為 85 冊。《石叟叢書》為反映歷史變遷、紀錄國家發展的珍貴資料，更為研究先生及民國史的重要史料。

貳、移轉及整理

2003 年 12 月 3 日，國史館與陳履安先生就《石叟叢書》及相關文

物移轉事宜達成共識。2004 年 5 月 3 日，雙方簽訂編印《石叟叢書》等相關事宜備忘錄，此後，國史館積極進行陳誠副總統文物點收工作，先後進行 18 次，共動員 82 人次進行清點，至 2005 年 3 月 9 日完成所有文物點交手續；並於 3 月 5 日，陳誠副總統逝世 40 周年，舉行「陳副總統辭修先生文物捐贈暨《石叟叢書》線上啟用發表會」，會上，陳履安先生代表家屬正式捐贈陳誠副總統文物予國史館，成為 2004 年 1 月 20 日「總統副總統文物管理條例」公布實施以來，首批進入國史館典藏的總統副總統文物。

《陳誠副總統文物》區分為 3 大類，一為包括《石叟叢書》及「石叟資料室」所蒐藏的相關文件史料約 7 千 7 百餘冊（件），二為照片 1 萬 7 千 6 百餘張，三為包括軍服、刀槍、印信、勳章等器物共約 4 百餘件。

本全宗史料已全部完成初步整理，計：文件 1,980 卷、照片及底片 353 卷、圖書 3,804 冊、視聽 70 件、器物 492 件。其中文件檔案已完成細部整編，共建置 21,599 筆目錄資料，掃描 25 萬 4 千餘頁影像圖檔。

參、內容

文件檔案年代起自 1897 年止於 1989 年，分為石叟叢書、書函、專著與講詞、行誼、政務、外交與國際事務、軍事國防、臺灣省政府、湖北省政府、國民黨黨務、邊政資料等 11 個副系列分類。

一、石叟叢書

分為總目、文電、言論、專著、計畫、傳記、語錄、雜著、附存、續編等 10 個副副系列分類。

（一）總目：石叟叢書總目錄。

（二）文電：收錄陳誠呈蔣中正函電、簽呈及報告，陳誠與各界往

來書函、電文以及致僚屬手令、條示等。

（三）言論：收錄1928年起陳誠任國民革命軍總司令部警衛司令，至1963年任副總統兼行政院長時之講詞。

（四）專著：收錄抵禦外侮與復興民族，抗戰方略，總裁革命之理論與實踐，法令不能推行之研究，臺灣土地改革紀要。

（五）計畫：收錄國防建設計畫，新湖北建設計畫大綱，國家建設計畫大綱，大武漢建設計畫大綱，軍事委員會陸軍整理計畫，軍事委員會抗戰軍人及其家屬撫卹救助計畫。

（六）傳記：收錄陳辭修先生言行紀要，從政回憶—我與湖北、臺政一年、四年行政院長之回憶，從軍回憶—北伐、平亂、剿匪、抗戰。

石叟叢書封面

（七）語錄：收錄湖北省政府委員會議主席指示摘鈔，臺灣省政府委員會議主席指示摘鈔，行政院院會院長指示摘鈔，革命實踐研究院各期組座談會主任指示摘鈔，客座談話，隨感錄。

（八）雜著：收錄書告20篇、論著14篇，均係就其職責所發告勉所屬及軍民之詞，以及與所任職務有關的論述；雜文28篇，多為序跋及哀悼文字。

（九）附存：收錄蔣中正手書諭令及陳誠手稿影本，各方友好函電、建議及報告，及與陳誠有關之報章剪集。

（十）續編：收錄石叟文集，石叟言論集，副總裁中常會指示彙編，行政院院會院長指示摘鈔，行政院施政報告，加速經濟發展計畫，八七水災，軍事會談重要發言摘鈔，反攻大陸準備工作督導委員會會議指示摘鈔，舊日記剿匪作戰有關問題之摘要類鈔，石叟筆記，談話錄，

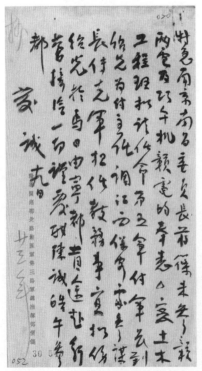

致夫人譚祥家書

致蔣中正電

訪美、越、菲專輯，友聲集，輿情集。

二、書函

分為家書、函電與函件、手稿等3個副副系列分類。

（一）家書：前20卷為陳誠與夫人譚祥30餘年的往來信函，第21至28卷，多為1960至1963年間陳誠致陳履碚、陳幸、陳平等子女及女婿余傳韜的書信。

（二）函電與函件：內容可分為簽呈、函電、建議3類，時間涵蓋1929至1963年。包括陳誠上蔣中正的簽呈、函電、建議，陳誠的重要電稿、函稿及文電。

（三）手稿：內容包括陳誠隨手所記行程表、工作提示等紙條，演講致詞的手稿，收錄於石叟叢書續集的函稿、簽呈、筆記、手令、電稿等原稿，蔣中正的函稿及手令。

三、專著與講詞

分為講詞言論訓詞政論、專著、其他等3個副副系列分類。

（一）講詞言論訓詞政論：包括除了依時間編排收錄的言論集、訓詞

集、政論集、言行錄外，尚有其他主題性的講詞輯錄。

（二）專著：包括中日戰爭之始末與教訓，如何實施耕者有其田，青年的責任與國家的前途，軍事要覽，湖北省政府施政要旨，湖北教育—三民主義的文化建設與我們的責任。

（三）其他：收錄屬於他人的講詞或專著，包括東南亞地方自治，胡適講稿，中國古代兵學思想，孔孟治兵語錄，戚繼光先生語錄，中國戰時資源問題，日德意三國之農民運動，共黨威迫利誘下的中國大陸農村，社會革命與農民運動，對華北敵偽的觀察，Taiwan die Insel der Freiheit und der Hoffnung（臺灣—自由希望的寶島），The Vital Problem of China（中國存亡問題），民初及開國文獻等。

四、行誼

分為傳略、大事記與日誌、行誼剪輯、陳誠追思剪輯、譚祥追思剪輯、其他等 6 個副副系列分類。

（一）傳略：包括青田文史資料—陳誠專輯，集忠誠勇拙於一身—陳誠傳，陳誠畫傳，陳誠詳歷影本，China and the Chinese － Chen Cheng（中國與中國人—陳誠傳略）。

（二）大事記與日誌：包括湖北省政府大事記，臺政紀要，1956 至 1964 年副總統任內日誌。

（三）行誼剪輯：包括 60 壽誕各方賀詞集，參謀總長任內時期言行，行誼剪輯，治鄂政績紀念文，陳誠剪報集，就任副總統前後新聞彙輯，榮登揆席各方賀辭，膺選第 3 任副總統剪報專輯，有關陳誠輿論剪報集，萬里新聞—陳誠行誼剪輯。

（四）陳誠追思剪輯：包括陳誠紀念集、紀念文集、紀念文集選粹、逝世三週年紀念冊、逝世十週年忌辰剪報、殯葬典禮程序，黃朝琴懷念陳誠文，各報章雜誌悼念陳誠追思剪輯，海外人士悼念陳誠追思剪輯，海外僑報對陳誠逝世言論反應輯要。

（五）譚祥追思剪輯：包括譚祥紀念集，悼念譚祥追思剪輯。

（六）其他：包括陳誠夫婦與甘迺迪、詹森合影，出席典禮會議文件彙輯，健康檢查報告書，陳誠剪影，題詞彙存，結婚證書、禮節單等。

五、政務

分為行政院、行政院設計委員會、行政院美援運用委員會、行政院僑務委員會、光復大陸設計研究委員會、東北行轅、其他等 7 個副副系列分類。

（一）行政院：包括施政方針，施政計畫綱要暨草案，施政報告暨資料，立法院口頭施政報告，中央行政改革建議案，中央行政機關組織權責問題調查報告，第二、三期臺灣經濟建設四年計畫等。

（二）行政院設計委員會：包括工作總報告，會議資料彙輯，會議重要參考文件等。

（三）行政院美援運用委員會：包括中美合作經援概要，有關資料附件彙輯，會議議程，紀錄彙輯。

（四）行政院僑務委員會：包括僑務統計，僑務統計要覽，僑務概況，僑情資料彙編。

（五）光復大陸設計研究委員會：包括陳誠對光復大陸設計研究委員會各項問題之指示，光復大陸設計研究委員會各區組等研擬工作表解，光復大陸設計研究委員會方案處理表解，大陸光復後國家建設總方案分區建設方案草案等。

（六）東北行轅：包括陳誠兼東北行轅主任資料附件。

（七）其他：包括政治會議工作報告，中央公務人員生活必需品配給概況，制憲提案，甘肅省民政報告等。

六、外交與國際事務

分為外交事務、國際參考資料、國際輿論、其他等 4 個副副系列分類。

（一）外交事務：包括雅爾達會議秘密文件，陳誠訪美剪報、紀實，美國總統艾森豪訪華資料，陳誠與美國軍援調查團談話要點，中華民國與美利堅合眾國間共同防禦條約暨有關資料彙編，中美外交關於共黨問題資料彙輯，中華民國與日本國間和平條約，日本對各國賠償問題，中蘇問題重要資料彙輯等。

（二）國際參考資料：包括麥克阿瑟免職事件之研究，中美兩國在亞洲區域合作反共計畫資料彙編，中美關係資料彙編，日內瓦會議情報、參考資料，我與中東各國外交資料彙編，國際外交資料彙編，國際問題研究資料，國際問題參考資料，國際裁軍談判之概況，國聯調查團報告書，聯合國與臺灣問題等。

（三）國際輿論：包括斯坦因與毛澤東、朱德會見記，中美週報，北大西洋公約資料剪報，外國報紙關於臺灣之報導，英美報紙對於麥克阿瑟訪臺後之臆測，美國特使魏德邁來華之分析抉要，美國對華政策輿論輯要等。

（四）其他：包括麥克阿瑟向美國國會報告辭，多哥共和國孟奧大勳章證書。

七、軍事國防

分為對日作戰、剿匪戡亂、軍事訓練、整軍建軍、軍事政策與制度、參考資料與研究調查、其他等 7 個副副系列分類。

（一）對日作戰：包括有關抗戰準備及其實施全般性，林蔚抗戰日記節錄，陳誠答覆關於抗戰之問題，上海抗戰中日文宣傳資料，淞滬戰役陣中日記，淞滬戰役戰況副電集，淞滬戰役部署情形，武漢會戰戰鬥詳報，中日戰爭上海戰役回憶錄，中日戰爭武漢會戰回憶錄，中原之戰

剪報集，南寧會戰經過，桂南作戰經驗與教訓，賓陽戰役經過，反攻南寧戰役經過，外籍記者團訪問湘北勝利戰蹟特輯，抗戰末期美援抗戰軍事損失及接收日本賠償資料，抗戰期中敵偽情報，抗戰叢刊，武漢衛戍總司令任內防守武漢，第一、六、九戰區司令長官任內資料，遠征軍司令長官任內資料，南昌附近會戰經過，永修南昌間作戰經過，粵北戰役經過概況，長沙會戰經過，鄂西會戰回憶錄，1944 年第一戰區軍事概述，處理日本投降文件彙編，抗戰三年自我之檢討等。

（二）剿匪戡亂：包括國民革命軍討逆軍第十八軍援贛經過概略，第三路軍贛南剿匪作戰經過概要，贛粵閩湘鄂北路剿匪軍第三路軍五次進剿戰史，蛟湖戰役回憶錄，宜昌行轅剿匪經過紀實，剿匪軍第一路晉西剿匪作戰紀要，晉陝綏寧四省邊區剿匪總指揮任內資料，晉陝綏寧四省邊區剿匪經過，共軍關於進攻堅固陣地的戰鬥指示，共黨之電文與行為綜合表，收復華北及建軍與整編各項意見彙輯，參謀總長兼東北行轅主任任內軍事資料，國防部作戰會報紀錄，處置共黨問題意見彙輯，湖北省綏靖會議記事錄，剿匪戰略戰術的總檢討，戡亂時期重要軍事統計，對戡亂軍事之總評及訓示等。

（三）軍事訓練：包括各國軍備概況，軍事委員會軍官訓練團將官研究班訓練大綱，軍事委員會戰時工作幹部訓練團訓練綱要，廬山軍官訓練團教育長任內資料，峨嵋軍官訓練團教育長任內資料，峨嵋訓練集選輯，中央訓練團教育長副團長任內資料，1937 年廬山暑期訓練團第二期各組受訓人員職務統計表，廬山暑期訓練團有關文件彙編，國軍軍事訓練及國防諸準備實施方案等。

（四）整軍建軍：包括陸軍整理處整軍經過紀要，全國軍事整理草案各項方案目錄，東南區軍費預算資料，整軍紀要，軍政部長、參謀總長任內有關整軍圖表，整軍參考資料。

（五）軍事政策與制度：包括南岳政工會議決議案，軍事委員會政治部設計草案彙編，軍事委員會政治部籌備草案，政治部長任內各屬人員工作報告，軍委會聯合業務會議紀錄，軍政部長任內補給資料，參謀

總長任內參謀會報紀錄，軍政部長任內工作計畫施政大綱，軍政部長任內軍事復員計畫，軍政部長任內軍政部組織，參謀總長任內參謀會報紀錄，參謀總長任內部務會報紀錄，對於建國工作之研究，戰時編餘官兵復員官兵榮軍安置及退役制度資料等。

（六）參考資料與研究調查：包括人才調查資料，空軍年鑑，軍事統計月報，中央陸軍軍官學校史稿，日軍島嶼守備部隊戰鬥教令，世界戰史資料，抗戰時期經濟參考資料，抗戰勝利後國內政治問題概觀，國民革命六大戰史輯要，剿匪戰史等。

（七）其他：包括徐中齊策反年達輪案，軍歌歌詞。

八、臺灣省政府

分為工作報告、會議與紀錄、法規與政策、臺灣省政紀要、土地改革、八七水災、石門水庫、其他等 8 個副副系列分類。

（一）工作報告：包括軍工協建臺北地區防洪治標計畫工程概況，實施耕者有其田前後承領耕地農戶收益負擔比較調查表，臺灣省政府工作考成報告，臺灣省政府施政報告，臺灣省農業組織調查報告書，臺灣省糧食政策推行情形之說明等。

（二）會議與紀錄：包括臺灣省 1949、1950 年度行政會議特輯，臺灣省政府委員會第 82 至 127 次會議紀錄，臺灣省政府委員會主席指示彙輯、指示備忘錄，臺灣省糧食座談會紀錄及有關參考資料等。

（三）法規與政策：包括臺灣省政府 1949 年度施政方針，1950 年度施政方針草案，調整省區方案草案。

（四）臺灣省政紀要：包括機構調整概況，徵兵概述，合作事業與合作農場，實行三七五減租，穩定物價，對外貿易，防洪與灌溉，糧食增產，公地放租，交通建設，地方自治，勞工保險，臺灣水泥、煤炭、林業、肥料、紡織、茶葉、糖業及鐵路等。

（五）土地改革：包括土地改革之理論與實際，土地改革資料彙

編，土地法，土地問題與土地行政，放領公地扶植自耕農手冊，都市平均地權法令彙編，實施耕者有其田條例暨施行細則，臺灣土地改革之檢討改進方案，臺灣省三七五減租考察報告，臺灣省辦理公地放領地籍歸戶限田計畫工作概況等。

（六）八七水災：包括八七水災報告書，災區重建工作實施狀況檢討表，災區重建計畫、計畫綱要，災區重建工作報告，救濟暨重建工作報告書，災區重建工作有關規定彙編，災區住宅重建初步工作報告書。

（七）石門水庫：包括石門水庫建設委員會全體委員會議及常務委員會議紀錄，水庫工程定案計畫報告，水庫工程計畫，水庫建設委員會報請備案資料彙編，石門水庫建設誌。

（八）其他：包括陳誠視察農村報導，今日之臺灣，資源委員會在臺灣各生產事業單位概況，臺灣省地方自治協會獻旗代表名單，臺灣省首屆民選縣市長紀念冊，蘇俄之農業政策等。

九、湖北省政府

分為工作報告、會議與紀錄、法規與政策、省政資料、教育文化、其他等 6 個副副系列分類。

（一）工作報告：包括湖北省政府工作，施政報告，湖北省政府業務檢討參考資料，湖北各縣視察督導報告提要，湖北省政府收復失地後工作綱要，湖北省財政報告書，湖北省辦理農田水利有關重要文電彙輯，湖北省糧政資料等。

（二）會議與紀錄：包括全國第三次內政會議提案，湖北省行政會議決議案，湖北省政府委員會主席指示備忘錄，湖北省政府委員會會議議案全文彙輯，湖北省政府委員會談話會議案全文彙輯，湖北省 1941 年度黨政軍工作總檢討暨行政會議大會彙編，湖北省政府委員會議事錄等。

（三）法規與政策：包括湖北省政府行政計畫，施政計畫及報告，

施政計畫草案，大武漢市建設計畫草案、計畫大綱草案，新湖北建設計畫大綱、計畫大綱草案，湖北省縣各級組織法規彙編，武漢及收復區各縣緊急善後工作要點，湖北省自治財政法令彙編，湖北省平定物價紀實，湖北省物價管制之實施與平定物價辦法，湖北省憑物證物交換與分配法令彙編，湖北省平價物品供應處法令彙編等。

（四）省政資料：包括新湖北建設紀要，湖北省建設資料彙輯，湖北各縣徵收實物二五減租新縣制實施情況彙編，湖北省政資料彙輯，湖北省政資料彙輯續編，湖北省政府業務檢討參考資料，湖北省鹽政有關重要文電彙輯，湖北省管制物價重要文電彙輯，鄂東鄂北問題有關重要文電彙輯，湖北省調整省縣級機構有關重要文電彙輯，湖北省普通考試有關重要文電彙輯，湖北省政府改革公文格式有關文電彙輯，天祜垸案。

（五）教育文化：包括新湖北教育紀實，計畫教育概論，計畫教育叢書稿，湖北省中等教育資料彙編，湖北省立教育學院及國立湖北師範學院一覽，湖北省立聯合中等以上學校相關統計，湖北省立聯合中等以上學校高工分校及農學院概況彙輯，湖北省各中等學校教職員暑期教學討論會重要文電彙輯等。

（六）其他：包括湖北省年鑑，湖北省政府大事紀，湖北省政府職員錄，湖北省臨時參議員候選人名單。

十、國民黨黨務

分為工作報告、會議紀錄、其他等 3 個副副系列分類。

（一）工作報告：包括對全國代表大會、中央委員會全體會議施政報告、五院工作報告、黨務報告，戰時黨政三年計畫大綱草案，黨務工作會議資料彙編，中國國民黨對於共產黨應取之方針與態度，三民主義青年團團章草案，中央訓練委員會資料彙編，中央訓練團黨政訓練班相關資料等。

（二）會議紀錄：包括中央政策委員會、中央改造委員會、行政院從政黨員政治小組、中央委員會常務委員會、五中全會、全國代表大會等會議日程、會議紀錄暨參考資料、決議案彙編。

（三）其他：包括革命實踐研究院國家建設研究班第三期同學錄，光復大陸政治行動綱領空投傳單等。

十一、邊政資料

分為總類、蒙藏、東北（偽滿）、其他等 4 個副副系列分類。

（一）總類：包括邊政資料彙編，邊疆政治參考資料，邊疆資料彙輯，東北及內蒙現況研究週報。

（二）蒙藏：包括中俄間有關蒙古大事記，內蒙匪情概況續編，外蒙古 40 年來之政治動態，外蒙資料彙編，蒙古呼倫貝爾地方畜牧經營概況，蒙古盟旗制的意義和沿革，西藏大事記，西藏現勢，西藏與中印邊界問題，藏胞反共抗暴運動之研析，蒙藏工作應有之認識，蒙藏參考資料等。

（三）東北（偽滿）：包括東北土地總檢討，東北工礦、水利、交通、郵政、電業、教育概況，東北涉外大事記，偽滿現狀，偽滿內政、司法、金融、財政、教育文化總檢討，偽滿商業概況。

（四）其他：國民參政會川康建設視察團報告書。

謝東閔副總統文物

壹、小傳

　　謝東閔，原名謝進喜。1908 年 1 月 25 日生於臺中廳北斗支廳二八水區二八水庄（今彰化縣二水鄉光化村），卒於 2001 年 4 月 8 日。二水公學校畢業後，1921 年考入臺灣公立臺中高等普通學校（1922 年易名臺中州立臺中第一中學校），1925 年離臺，由日本長崎轉赴上海，1927 年考入以法科聞名的東吳大學法律系，1928 年轉入廣州中山大學政治系二年級，1931 年畢業後在校擔任日文講師並從事日文譯著。1936 年入廣東省軍事訓練委員會任少校秘書，1939 年前往香港郵政總局郵電檢查處工作，1942 年應聘為《廣西日報》電訊室主任。1943 年前往漳州任中國國民黨直屬臺灣黨部執行委員兼宣傳科長、執行委員。

　　1945 年返臺擔任高雄州接管委員會主任委員，翌年出任第一任官派高雄縣長，歷任臺灣省行政長官公署民政處副處長、臺灣省政府教育廳副廳長兼臺灣省合作金庫理事長、臺灣省立師範學院院長、臺灣新生報業公司董事長、中國青年反共救國團副主任、中國國民黨中央委員會副秘書長、臺灣省政府委員及秘書長、臺灣省議會副議長及議長、中華民國出席聯合國大會第二十六屆常會全權代表。1972 年任臺灣省政府主席，是首位臺籍出身的省主席。1976 年 10 月 10 日省主席任內，遭反國民黨人士王幸男以炸彈郵包炸斷左手。1978 年當選中華民國第六任副總統，亦為第一位臺籍副總統，1984 年副總統卸任後，先後由總統蔣經國、李登輝聘為總統府資政。

先生於省主席任上致力推動消滅貧窮和增加財富的小康計畫,具體做法包括補助救濟、輔導生產就業、推廣家庭副業、職業訓練、協助興修住宅、指導節制生育、倡導開發山坡地、推行家庭副業、實施農漁牧綜合經營、推廣公共造產等。先生除留心政治,也熱衷教育,於教育廳時期曾提出設立體育、藝術和家政三所專科學校的建議,並獲得政府的採納設立了體專和藝專,家專的建議雖遭擱置,先生並未因此放棄,1958 年創辦了全國第一所家政學校——私立實踐家政專科學校,實現初衷。

貳、移轉及整理

臺灣省行政長官公署令派謝東閔為高雄州接管委員會主任委員

《謝東閔副總統文物》包括文件、照片、器物、視聽 4 大類,主要來源係家屬捐贈。2005 年 3 月 26 日先生逝世 4 週年,實踐大學 47 周年校慶舉辦「謝副總統東閔追思暨新書發表會」,國史館館長張炎憲與家屬代表謝孟雄校長於會上簽立「謝東閔副總統文物捐贈契約書」,完成文物捐贈程序,正式移交國史館典藏。

本全宗史料已全部完成初步整理,分為文件、照片、器物三類,視聽資

料目前僅有 DVD 光碟 1 片「布衣歸返——謝東閔」。文件類有 214 餘卷（內含自本館個人及其他全宗移入）；照片編為 219 卷，建置 9,659 筆目錄資料，掃描 21,912 張影像；器物類有 86 件。

參、內容

一、文件檔案

現有 214 卷，以公職生涯階段分，大致有以下內容：

（一）臺灣省政府主席：主席日程表、省政輿情資料剪輯、新聞報導、新聞專輯、施政報告、「小康計畫」等。

（二）副總統：任副總統活動輯、接界外賓記錄簿等。

（三）卸任副總統：日程表、行事曆、接見外賓記錄簿等。

（四）證書及個人文件：謝東閔個人資料、謝東閔經歷冊；學歷證明文件；成績單；副總統當選證書；總統、行政院、中國國民黨等各單位所發證書、聘書、聘函；戶籍資料；親筆簡歷、健康檢查報告、總統褒揚令等。

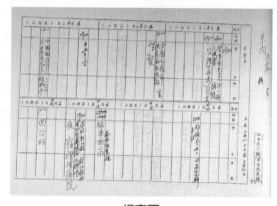

行事曆

（五）文集、剪報：謝主席文集、謝東閔年譜、報紙著作、生平事蹟剪報、逝世剪報資料、翁俊明先生的一生演講稿等。

二、照片檔案

照片檔案已完成細部整編，目錄 9,659 筆。經內涵分析後，分為「主題」和「時期」二個副系列。「主題」項下再分為居家生活、巡遊、參觀、典禮集會、接待外賓、出訪日本及勳獎等 7 個副副系列；「時期」項下再分早期、臺灣省政府、臺灣省議會、臺灣省政府主席、副總統、總統府資政、追思及其他等 8 個副副系列。整體而言，照片檔案，涵蓋早年時期至逝世追思，但時間主要集中於 1970 至 1980 年代前半。茲分項列舉如下：

（一）主題

1. 居家生活：包括謝東閔先生家譜，與祖母謝石扇、父謝在祺、母謝黃樣留影，畢業於中山大學時留影，夫人潘影清家居獨照，夫人新婚後的留影，謝孟雄、謝大元、謝大立、謝大成及謝式冰手足合影，與家人於二水設宴的留影，省政府教育廳副廳長任內於第 7 屆全國運動會時遊杭州西湖、南京中山陵，退輔會主委蔣經國為長子證婚，與弟謝敏初與弟媳楊惠昭留影，與妹謝淑女、謝淑盆、謝月烘三人合影，謝式冰與林高德訂婚，親侄謝越寧攜眷返臺省親，與孫女謝文心、謝文宜合影，省政府秘書長任內偕母親於二水家中接待省主席嚴家淦，教育廳副廳長、合作金庫理事長、省議會副議長、總統府資政等任內獨影，與夫人及吳伯雄、林澄枝等人於壽宴合影，與夫人及畫家張大千合影，省政府主席任內與原住民合影，任總統府資政與謝敏初及許水德、蘇南成、瞿韶華、趙守博、高育仁、高清愿、許遠東夫婦等於壽宴合影，任總統府資政與長子謝孟雄、長媳林澄枝合影等。

2. 巡遊：包括省議會議長任內與國防部長蔣經國訪問日本，接受首相佐藤榮作設宴招待，與蔣經國訪問金門參觀砲擊演習，與蔣經國、馬紀壯於軍人節與省政府主席黃杰、參謀總長黎玉璽合影，陪同行政院長蔣經國及黃杰視察曾文水庫導水隧道工程，省主席任內巡視阿里山與玉山林區管理處，陪同蔣經國視察通霄精鹽廠、彰化田尾鄉打廉村苗圃、

臺中港及安平港工程，副總統任內巡視金門，總統府資政任內巡視阿里山，臺灣省第 7 屆縣市長暨夫人中部之旅，彰化二水石友會天然奇石展覽，中正紀念圖書館開館揭幕，頒贈石景宜及謝環濃匾額暨石先生珍藏華夏名家書畫展覽揭幕等。

3. 參觀：包括臺中一中新建校舍落成典禮剪綵，訪問臺北市議會，巡視 64 年暑期青年自強活動大專學生山地建設研習情形，蒞臨國立復興戲劇實驗學校觀賞學生演出，參觀小人國園區模型，巡視臺北國際農產及食品工業展，75 年度社區媽媽教室活動示範觀摩會，參觀鹿港民俗文物館，聯邦銀行開幕酒會，出席再興中學校長朱秀榮畫展，主持第 7 屆全國童子軍大露營等。

4. 典禮集會：包括參加雙十國慶留影，世界昭倫宗親第 2 屆懇親大會致詞，第 28 屆亞太影展開幕典禮，第 4 屆吳尊賢愛心獎贈獎典禮等。

5. 接待外賓：包括軍禮歡迎薩爾瓦多執政團副主席古蒂耶雷斯將軍，與省政府主席陳大慶迎接剛果總統莫布杜訪華，偕行政院長孫運璿款宴哥斯大黎加第一副總統費特，陪同哥斯大黎加第一副總統參觀實踐家專，與經濟部長趙耀東等於舉行第 7 屆中哥經濟技術合作會議的留影等。

6. 出訪日本：包括訪問日本時接受亞東關係協會會長馬紀壯歡迎，訪問日本文化女子大學餐會致詞，與學務部長荻村昭典茶敘，與翁倩玉欣賞表演，校長大沼淳致贈禮品並簽署締結姊妹校文件，與亞東關係協會會長等舉行會議等。

7. 勳獎：包括總統蔣經國親頒一等卿雲勳章，與國安會秘書長沈昌煥合影，贈勳後與國民黨秘書長蔣彥士、總統府秘書長馬紀壯舉杯道賀，與長子謝孟雄及長媳林澄枝等合影。

（二）時期

1. 早期：包括謝東閔全家福，謝東閔個人的學士照、畢業照、半身

照，於重慶國民黨七中全會與李萬居合影，官派高雄縣長任內出席曹公祠重建完工典禮，出席國語推行講習班畢業，任合作金庫理事長出席基隆支庫開幕典禮，出席華南銀行董監事會議等。

2. 臺灣省政府：包括教育廳副廳長任內與廳長許恪士合影，出席光復節國語演講比賽大會，陪同教育部長朱家驊巡視臺中農學院，出席第 2 屆全省運動大會，偕臺灣省第二區行政督察團蒞澎湖視察，出席學校衛生護士講習班第 1 期結業典禮，與子女合影於陽明山公園，省政府秘書長任內陪同省主席嚴家淦校閱臺灣省警察學校，參加新莊後村圳灌溉改善工程等。

3. 臺灣省議會：包括任省議員時與夫人晉見總統蔣中正及夫人宋美齡，競選第 3 屆臨時省議會議員高票當選，參加世界自由民主聯盟會議，與旅日棒球明星王貞治合影，與省政府主席陳大慶及新聞處長周天固合影，省議會副議長任上與國防部長蔣經國視察中橫公路天祥段，出席印度國際童子軍會議，參觀成功嶺大專學生軍訓，當選省議會議長宣誓就職，主持彰雲大橋開工典禮，隨蔣經國訪日，率省議員赴金門勞軍，參加彰化社頭文聖宮入火安香典禮，參加中日合作策進委員會，菲律賓蘇洛省長桑古拉拜會，與金龍少棒隊謝國城及郭源治合影，參加亞洲聯盟第 2 屆年會，與臺北市議長林挺生合影於聯合國代表席，參加世界教師組織聯合會，參加謝氏宗親會新會所落成，參加救國團慶祝蔣中正華誕，訪問左營海軍官校，與駐義大利大使沈昌煥合影於羅馬，參加實踐家專畢業旅行等。

4. 臺灣省政府主席：包括觀賞中華少年管弦樂團演奏會，勘查基隆八堵交流道山崩，邀美國駐華大使安克志參觀義美牧場及澄清湖，社區發展十年計畫推行研討會，接待前越南總統阮文紹，主持抗日英雄莫那魯道遺骸安葬典禮，行政院長蔣經國探望手傷情形，臺中縣長陳孟鈴陪同巡視石岡水壩興建工程，主持曾文水庫蓄水儀式，陸軍官校建校 50 週年校慶典禮，物價調整對全省民眾廣播，主持臺灣區第 1 屆運動會，中興新村接見美國專欄作家柯克，陪同甘比亞總統賈瓦拉夫婦觀賞原住

民歌舞,視察澎湖水產試驗所及馬公漁港,陪同總統嚴家淦巡視中興新村,北迴鐵路南端工程通車典禮,小康計畫座談會,各級學校加強社會教育推行全民精神建設工作研討會,接受中華民國第六任副總統當選證書,省議會作施政總報告,接待第 20 屆亞洲電影節代表,在大眾食堂與民眾共進午餐,聽取基督教兒童基金會簡報,投票選舉暨視察投票情形等。

　5. 副總統:包括接見瓜地馬拉農業部長貝多莫、日本參議員福井勇、巴拿馬駐華大使謝南洛、哥斯大黎加副總統阿法羅、秘魯副總統阿爾華留影,主持清華及交通大學梅竹錦標賽開賽典禮,關渡大橋鋼樑安裝工程,出席國民大會第 7 次大會開會典禮,蒞臨沙烏地阿拉伯青年訪華研習團開幕典禮,與哥斯大黎加第一副總統費特、第 10 屆傑出女青年鄧麗君合影,巡視中國醫藥學院附設醫院、榮民總醫院臺中分院、林家花園整建工程,視察馬祖東引發電廠、澎湖縣政府、金門古寧頭戰史館興建工程,參觀中華民國建國 70 年國慶特展,參加國民黨建黨 90 週年紀念大會,宴請哥斯大黎加第一副總統阿特曼伉儷,偕家人掃墓祭祖,訪問高雄市長楊金虎、彰化縣長黃石城,省主席林洋港陪同巡視中興新村,美國聯合大學教授訪問團呈送榮譽證書等。

　6. 總統府資政:包括主持實踐設計管理學院高雄校區成立揭幕式,渡海三家收藏展揭幕式,小人國中華民國總統府落成暨雙十國慶閱兵大典啟動典禮的留影,陳慧坤九十回顧展開幕酒會,聯合報創辦人王惕吾八十壽宴,董氏基金會促進社會健康表揚大會,應邀中央圖書館輿圖室啟用典禮,中國電視公司南港新廈落成啟用典禮,林家花園古蹟整修落成典禮,臺灣省議會成立 40 週年慶祝酒會,接待總統李登輝及國民黨秘書長許水德來訪等。

　7. 追思:故前副總統謝東閔先生追思紀念專輯,包括追思紀念之悼祭民眾,總統陳水扁、副總統呂秀蓮、前總統李登輝、前副總統李元簇行禮弔唁,國民黨主席連戰講述故謝前副總統行誼,長子謝孟雄與長媳林澄枝於追思紀念會場留影等。

省政輿情資料剪輯

8. 其他：包括謝東閔先生不同時期拍攝之半身照，臺中縣政府執行加速農村建設及小康計畫成果專輯，南北高速公路部分工程及路況專冊，高雄港竣工通航儀式紀念專輯，韓國建國大學頒授名譽政治學博士學位典禮專輯，關渡大橋興建暨通車專輯，接待賓客參觀二水家政中心留影，出席第9屆亞盟大會與國民大會秘書長谷正綱合影，總統蔣經國頒授一等大綬卿雲勳章，總統陳水扁頒發總統府資政聘書及褒揚令，參加臺灣電視公司五燈獎節目錄影致詞等。

上開文件及照片檔案，部分收入於 2004 年國史館出版之《謝東閔先生全集》第一至三輯。

三、器物

數量為 86 件，除一件螺鈿長方漆盒為國立故宮博物院移交外，其餘為家屬捐贈。

（一）勳獎與證書類：卿雲勳章、中華民國截肢扶助協會第 1 屆名譽理事長聘書紀念牌、中華民國截肢扶助協會感謝紀念牌、大韓民國建國大學校名譽政治學博士祝賀紀念盤、臺灣省議會成立三十五週年紀念

牌等。

（二）服飾類：藍色絲質長袍、老花眼鏡、摺扇、黑色絨布學士帽、草編休閒男帽等。

（三）教育、娛樂與休閒（含健康及醫療類）：花草彩繪拆信刀、方形石硯台、青花龍紋筆山、白底粉彩花草印泥盒、梅花銅幣鎮山、各式毛筆、不求人、不銹鋼手杖、義肢（左手）等。

（四）應用藝術類：粉彩孔雀牡丹瓶、就職紀念紹興酒瓶、排灣族古代傳承之青銅匕首、捲草紋盤、螺鈿長方漆盒等。

李元簇副總統文物

壹、小傳

　　李元簇（1923-2017），字肇東，生於湖南平江，中國國民黨黨員。中央政治大學法政系、政治大學高等科畢業，1958年留學西德波昂大學，1963年獲波昂大學法學博士，歷任政府官職及教職，曾任報紙媒體之記者與社論主筆，1990年至1996年間任中華民國第八任副總統。

　　1946年自中央政治學校（今國立政治大學）法政系畢業後，考取高等司法官，前往蘭州及迪化（今烏魯木齊市）任地方法院推事，後升任高等法院推事，並同時身兼《掃蕩報》及《青島日報》駐蘭州記者。1949年政府遷臺，李元簇擔任臺灣省保安司令部及臺北衛戍司令部軍法處處長，1963年獲取法學博士回臺，曾任《中央日報》社論主筆。

　　李元簇有豐富的政治歷練，1969年任國防部法規司司長，1971年「國防部組織法」制定公布後，法規司改制為法制司，續任司長。1972年任行政院顧問兼法規委員會主任委員，再兼任行政院研究發展考核委員會委員。1977年任教育部部長並兼任行政院政務委員，1978年任司法行政部部長並兼任中國青年反共救國團主任，1978年任司法行政部部長，並為行政院政務委員。1980年，政府為健全司法制度，實施審檢分隸，將原隸屬於司法行政部的高等法院以下各級法院改隸司法院，司法行政部則改制為法務部，李元簇成為首任部長。1984年任總統府國策顧問，1988年任總統府秘書長，1990年3月21日經國民大會選舉為中華民國第八任副總統，同年5月20日就任，是最後一位經由國民

大會選舉產生的副總統，至 1996 年卸任。擔任副總統任內，奉總統李登輝之命推動修憲工作，擔任執政黨憲政改革策劃小組總召集人，與國民大會代表分批座談並溝通協調，協助完成憲改工程。1991 年獲總統頒授一等卿雲勳章，表彰其對國家社會之貢獻。1993 年任國民黨副主席，1996 年任總統府資政，1997 年任國立故宮博物院指導委員會主任委員。

　　在政壇之外，亦致力投身教育。1968 年起長期於國立政治大學任教，先後兼任法律研究所、邊政研究所及三民主義研究所所長。1973 年至 1977 年擔任國立政治大學校長，任內致力提升教學研究水準及行政效率，廣為延攬師資，增加購書經費，增設三民主義研究所、歷史研究所、企業管理研究所博士班，納編國際關係研究中心，擴充社會科學資料中心，新建中正圖書館，加強國際學術合作與交流，多所建樹。

貳、移轉及整理

　　國史館現藏之《李元簇副總統文物》分為底片及器物，底片部分為 2003 年 6 月 25 日由總統府機要室移入 12 卷，器物部分係於 2006 年 2 月 24 日移轉，其經過為：第八任卸任副總統辦公室依據 2004 年 1 月 20 日公布施行之「總統副總統管理條例」，於 2006 年 2 月移轉李元簇副總統文物 16 項予國史館，內容為李元簇出訪外交行程獲頒之勳獎與受贈之工藝品等，皆具有歷史、文化與藝術等方面之典藏價值。

參、內容

　　《李元簇副總統文物》可分為底片及器物兩類，茲分述如下：

一、底片

國史館典藏之李元簇副總統底片共 12 卷，624 件，目前尚未數位化，內容涵蓋了李元簇擔任副總統時期的公開拜會活動及家庭生活留影。茲分類敘述如下：

（一）接待來訪貴賓

1. 接待各國元首

（1）參訪行程：陪同各國元首進行參訪，包括陪同巴拉圭總統羅德里格斯伉儷至參觀空軍清泉港基地、空軍航發中心、中區職訓中心、科學博物館等，陪同哥斯大黎加共和國總統喀德戎閣下伉儷參觀中區職業訓練中心、科學博物館、清泉港空軍基地，陪同宏國總統參觀科學園區，陪同尼加拉瓜總統查莫洛及夫人參觀楠梓加工區、參觀中鋼、中船、畜產試驗所，陪同瓜地馬拉總統塞拉諾南下參觀畜產試驗所、楠梓加工區等。

（2）迎送及歡宴：接待各國元首來訪，包括：吐魯瓦總督劉賓納閣下、巴拿馬共國副總統福特夫婦、宏都拉斯副總統艾南德斯閣下暨夫人、哥斯達黎加共和國總統喀德戎閣下伉儷、多明尼加副總統莫拉雷斯、格瑞納達總督史恭爵士、瓜地馬拉副總統艾斯比納閣下、貝里斯總督高登夫人閣下、聖文森總督傑克爵士、玻利維亞副總統歐西奧閣下夫婦、瓜地馬拉副總統艾斯比納閣下、多明尼克總理查爾斯、美國前副總統奎爾、格瑞納達總督伯瑪閣下、諾魯總統杜維友果閣下伉儷、尼日共和國總統烏斯曼暨夫人、瓜地馬拉總統戴雷昂暨夫人、布吉納法索總統龔保雷閣下、巴拿馬總統巴亞達雷斯、哥斯大黎加副總統歐雷亞慕諾夫婦、宏都拉斯總統候補人阿梅勒、中非總統巴達塞等。

2. 接待各界人士

宴請各界人士，如韓國成均館大學教授、鄧權昌大使及陸以正大使夫婦、國民黨籍增額國代、中美洲訪問團部分工作人員、五院正副院長及秘書長等。

（二）接見及拜訪

1. 國內外政要

接見外國政要如美國在臺協會理事主席白樂崎、多明尼加駐華大使莫拉雷斯、宏都拉斯外交部次長古耶夫婦及參事莫利娜、宏都拉斯大使巴拉韓納、尼加拉瓜大使查莫羅、幾內亞比索大使席梅多、宏都拉斯天然資源部長努菲歐、美國在臺辦事處處長魯樂山、美國在臺協會臺北辦事處處長貝霖、宏都拉斯駐華大使烏瑪納、新加坡國防部長楊林豐、美國參議員傑佛茲、巴拿馬駐華大使葉祿生、哥斯大黎加駐華大使高立輝、美國參議員穆考斯基、新加坡駐華代表陳祝強、尼加拉瓜大使巴拉雷斯、多明尼加大使達爾剛、瓜利馬拉駐華大使馬塔、哥斯大黎加駐華大使呂愛蓮、韓國駐華大使朴魯榮、哥斯大黎加駐華大使高黎輝、宏都拉斯駐華大使烏瑪納、尼加拉瓜大使巴拉雷斯、多明尼加大使達爾剛、多明尼加國會議長亞里斯迪等，接見我駐外大使及代表如駐韓國大使金樹基、駐東加大使歐陽橫、駐哥倫比亞代表林磐石、駐教廷大使黃秀、駐波蘭代表吳慶堂、新加坡代表蔡崇語、駐史瓦濟蘭大使劉恩第、駐宏國大使黃傳禮、駐教廷大使吳祖禹、駐烏拉圭代表陳明德、駐菲代表劉伯倫、駐加拿大代表王肇元、駐宏都拉斯大使黃傳禮；接見及拜訪國內政要如國民大會代表孟堅、資政蔡鴻文、立法委員曾芙美等。

2. 其他團體及個人

接見團體及個人如美國印第安那州博爾大學校長渥森夫婦、1989年諾貝爾物理學獎得主鮑爾教授夫婦、韓國小仙女藝術團、韓國民主平和統一諮問會議首席副議長閔寬植、日本交流協會臺北事務所所長梁井新一先生、德國鴻博基金會秘書長懷佛、泰國海南會館工商考察團團長潘子明、韓國私立大學法人聯合會會長柳濟然、菲律賓華僑李永年、美國泰瑞普利公司董事長謝衣、華美協進社王碚、瑞台貿易協會總裁何斯禮、中華民國旅美退伍軍人協會、吳小燕小姐、方典成先生、茅國權博士、倪摶九顧問及其公子、中研院院士顧毓琇夫婦、瑞士銀行家沈恩、哥倫比亞大學教育學院長丁盼等。

（三）出席贈勳及簽署聯合公報

如瓜地馬拉副總統艾斯比納閣下授勳，總統贈勳瓜地馬拉總統戴雷昂、吉納法索總統龔保雷閣下贈勳典禮，與尼加拉瓜、瓜地馬拉、布吉納法索、史瓦濟蘭等國簽屬聯合公報等。

（四）出國訪問

擔任副總統任內曾於 1991 年 8 月、1994 年 8 月至 9 月、1996 年 1 月及 2 月，四次代表總統出訪中美洲友邦如哥斯大黎加、宏都拉斯、尼加拉瓜、巴拿馬、瓜地馬拉、海地、薩爾瓦多等國，本館典藏其中三次之照片紀錄，分述如下：

1.1994 年 8-9 月：過境洛杉磯及邁阿密，訪問巴拿馬，並會晤巴拿馬、尼加拉瓜、哥斯大黎加等國元首，留下詳細行程照片紀錄，包括：搭機啟程、抵洛杉磯、會見親友、接見王之英、赴邁阿密、赴巴拿馬、中巴空中運輸協定簽約儀式觀禮、抵巴拿馬大飯店、參觀巴拿馬運河、參加中華總會公宴、會晤巴雅達雷斯總統當選人、接受巴拿馬《新聞報》專訪、接受巴拿馬第 13 號電台專訪、參觀中巴文化中心及中山學校、午宴旅巴僑領與駐巴工作人員、會晤尼加拉瓜總統查莫洛夫人、晉見恩達拉總統伉儷、會晤哥斯達黎加總統費蓋雷斯、出席巴亞達雷斯總統就職典禮、視察巴拿馬大使館、出席巴亞達雷斯總統伉儷歡迎各國特使團酒會、參加巴亞達雷斯總統伉儷晚宴、接見隨團採訪記者及巴拿馬僑報記者、赴舊金山、過境邁阿密、搭機返國、抵桃園中正國際機場等。

2.1996 年 1 月：過境洛杉磯，訪問瓜地馬拉，會晤瓜地馬拉、宏都拉斯、薩爾瓦多、哥斯大黎加、巴拿馬等國元首，留下行程紀錄如：起程前往瓜地馬拉訪問、抵達洛杉磯國際機場、抵達比佛利希爾頓飯店、抵達岳父家、大使歡迎晚宴、離開洛杉磯、抵瓜京國際機場、歐大使歡迎晚宴、拜會瓜國總統戴雷昂、拜會瓜國副總統赫布魯哲、視察大使館、視察農技團並聽取簡報、午宴旅瓜僑領及駐瓜工作人員、拜會宏

都拉斯總統雷伊納、拜會薩爾瓦多總統賈德隆、出席瓜國總統暨夫人酒
會、拜會哥斯大黎加總統費蓋雷斯、拜會尼加拉瓜總統查莫洛夫人、拜
會巴拿馬總統巴亞達雷斯、參加瓜國總統就職典禮、乘專機抵北碇機
場、參觀 Takai 國家公園瑪雅文化遺跡、參觀農技團、拜會瓜國總統阿
爾蘇、拜會瓜國副總統佛羅雷斯、華僑公寓、接見隨團記者、早餐、抵
洛杉機、離洛杉機返國、返回臺北、返台記者會等。

　　3. 1996 年 2 月：過境舊金山、洛杉機，訪問海地及薩爾瓦多會晤兩
國元首及政要，留下行程記錄照片包括：搭機離華、抵舊金山、福臨門
餐廳用餐、行館午餐、離舊金山、抵邁阿密、抵海京國際機場、宴請特
使團記者、駐館同仁及華僑、參觀先賢祠、視察大使館、參加慶祝總統
就職鋼琴演奏會、李南興大使歡迎晚宴、與亞里斯第德總統共進早餐、
代表總統贈勳亞里斯第德總統及夫人、宴請海地政要、拜會浦雷華總統
當選人、拜會魏萊總理、參加浦雷華總統就職演說、工商鉅子孟福律斯
昆仲私宅晚餐、參觀酒堡、離海地、抵薩京國際機場、沈仁標大使晚
宴、拜會賈德隆總統、參加玻哥爾副總統歡迎午宴、拜會國會議長莎爾
蓋洛、拜會墨西哥電視台專訪、接見薩國外長龔薩雷斯、答謝晚宴、蘭
花展、參觀古蹟、午宴旅薩僑領、駐館同仁、特使團及新聞記者、參觀
台商成衣廠、接受薩《紀事報》專訪、接受薩《今日報》專訪、旅薩華
僑公宴、招待隨團記者早餐並介紹專訪、機場歡送、拜訪岳父、岳父壽
宴、返抵國門、記者會。

（五）參加典禮

　　1. 宣誓就職典禮及贈勳典禮：參加中華民國第八任總統副總統宣誓
就職典禮，並留下多項照片紀錄，如與總統、家屬、親友、部屬合影，
國民大會代表授予總統副總統印信、本國文武官員觀賀、外賓致賀、國
宴前中外官員觀見、總統府一級主管合影、宣誓就職典禮國宴等留影、
參加第九任總統副總統就職典禮、獲總統頒授一等卿雲勳章等。

　　2. 其他典禮及大會：蒞臨於典禮及大會或致詞，包括：會計師公會

第八任總統副總統就職典禮留影
（左為總統李登輝，右為副總統李元
簇）

慶祝79年度第33屆會計會師節大會、中央研究院第十九次院士會議、中華民國專欄作家協會會員大會、慶祝第38屆華僑節暨華僑救國聯合總會第9屆第二次全體會議開幕典禮、泰安服務所、臺灣省各界慶祝臺灣光復45周年紀念大會、臺灣省慶祝臺灣光復45周年酒會、中華民國消費者文教基金會成立10周年慶祝大會、中國工商專科學校慶祝創校25周年校慶、全國好人好事表揚大會八德獎頒獎典禮、政治大學傳播學院教學大樓啟用典禮、第一屆太平洋邊緣地區大學校長會議、世界亞洲太平洋反共聯盟中華民國總會第35及36次會員代表大會、嘉新獎學金設立30周年暨嘉新著作獎頒獎典禮致詞並頒獎、中國民國教育學術團體聯合年會致詞、中國憲法學會79年會員大會致詞、中國工程師學會慶祝80周年工程師節暨頒獎典禮、世華金融聯誼會開幕典禮、傑出工商婦女頒獎典禮、中華民國建國80周年學術討論會、陳果夫基金會頒獎、聯合報40周年慶、師鐸獎頒獎典禮、金慈獎頒獎典禮、吳舜文新聞獎等。

　　3.謁陵及追悼會：包括赴慈湖謁陵、代表總統祭拜王惕吾先生、悼前駐日代表蔣孝武、主持前總統嚴家淦迎靈及奉安典禮、參加資政俞大維告別式等。

（六）巡視、參觀及旅遊

　　如巡視彰化師範大學，參觀臺中市立文化中心中正百齡書畫會聯

展、王雙寬陶瓷展、臺灣電視公司、王壽媛義風畫會聯展等，觀賞我愛紅娘歌劇，亦有數次與行政院長郝柏村及司法院長林洋港登山健行聯誼之合影。

（七）與友人及僚屬合影及居家生活

總統府秘書長率總統府一級單位正副主管拜會祝壽、參加榮實警衛室春節餐會、永安寓所布置、伉儷青少年時期留影、李家大屋在大陸舊址照片翻拍、長孫滿月宴、宴請親友、出院、全家合影等。

二、器物

本館典藏之李元簇副總統器物類文物共 16 件，包括勳獎及證書、市鑰及縣鑰、器物、繪畫及木雕四類：

（一）勳獎及證書：宏都拉斯聖哲華衍金質大十字勳章及證書、多明尼加杜亞德‧桑傑士‧梅亞士大十字金質勳章及證書、瓜地馬拉國鳥大十字勳章及證書、尼加拉瓜聖哈信社戰役‧竇樂里斯將軍大十字勳章及證書、一等卿雲勳章證明書等。

（二）市鑰及縣鑰：美國佛羅里達州珊瑚閣市鑰、美國佛羅里達州戴德縣鑰、尼加拉瓜馬納瓜市鑰及證書、宏都拉斯德古西加巴市鑰及證書等。

（三）器物：「桃實千年 人壽無邊」茶具組。

（四）繪畫及木雕：瓜地馬拉木雕畫〈馬雅獻祭〉及油畫〈洗滌〉、薩爾瓦多油畫〈河邊洗衣的婦人〉、哥斯大黎加印彩畫〈少女與熱帶水果〉及油畫〈村舍〉與〈牛〉等。

連戰副總統文物

壹、小傳

連戰，字永平，臺灣臺南人。1936 年 8 月 27 日出生於陝西省西安市，祖籍漳州府馬崎社。

臺灣大學政治系畢業。芝加哥大學國際公法與外交碩士、政治學博士。1968 年回國，歷任臺大政治系客座教授、臺大政治系教授兼系主任、臺大政治研究所所長。1970 年當選十大傑出青年。1975 年擔任駐薩爾瓦多大使，三年後回國，歷任國民黨中央委員會青年工作會主任、國民黨中央委員會副秘書長、國民黨中央常務委員、行政院青年輔導委員會主任委員、交通部長、行政院副院長、外交部長。1990 年任臺灣省主席。

1993 年 2 月出任行政院院長，是最後一位經立法院行使同意權任命的行政院長，任內開辦全民健保，在外交上促成李登輝總統訪問美國；8 月獲任中國國民黨副主席。1996 年與李登輝當選第九屆總統副總統，為中華民國歷史上首位民選副總統，並兼任行政院院長。2000 年參選第十屆總統失敗後，獲推為中國國民黨主席。2004 年再度參選總統失敗。

貳、移轉及整理

目前本館典藏有關連戰副總統的史料文物計有兩種，一為屬於史料

的連戰先生活動底片輯，二為屬於器物之勳章。

　　2003 年 6 月 25 日，總統府機要室將連戰副總統參與各種活動的底片轉移給本館。經整理後名為「連戰先生活動底片輯」，共計 82 卷 3,236 筆，已細部整編者為 3,154 筆。

　　2007 年 7 月 20 日，國史館在第九任卸任副總統辦公室會議室辦理移轉副總統連戰文物。目前國史館典藏連戰副總統器物類文物有勳章 5 件。

參、內容

一、底片

　　館藏連戰先生活動底片輯，全宗系列中，已細部整編部分為 3,154 筆，分五個時期：（一）1996 年 5 月至 1997 年 9 月，共 77 筆。（二）1997 年 9 月至 1997 年 12 月，共 212 筆。（三）1998 年 1 月至 1998 年 12 月，共 1,215 筆。（四）1999 年 1 月至 1999 年 12 月，共 1,542 筆。（五）2000 年 1 月至 2000 年 5 月，共 108 筆。

　　這五個時期的活動照片底片內容，較重要者，為接見、拜會或宴請來華外賓、率團出國訪問。其他為參加或主持各種官方及民間會議、會議致詞、視察各單位、主持開幕及落成典禮、接受專訪、拜訪或宴請官方及民間人士、參訪各公司或大學、接見官方及民間機構代表、參加競選活動、參加民間各項活動，如廟會祈福、校慶、頒獎、酒會、茶會、紀念大會、餐敘等。茲分期舉其較重要者如下：

（一）第一時期── 1996 年 5 月至 1997 年 9 月

　　1. 接見外賓：如馬拉共和國副總統馬賴維（J.C.malewezi）、宏都拉斯共和國副總統羅培斯（Walter Lopez Reyes）、索羅門群島費立普（Danny Philip）等。

2. 接見新任駐各國大使或代表：如駐哥斯大黎加共和國大使毛高文、駐新加坡林基正代表、駐幾內亞比索共和國大使翁廷龍、駐馬來西亞代表左紀國等。

3. 參加各項活動：如蒞臨第二屆國際工程會議致詞、主持國家發展會議籌備委員主席團會議、臺灣史前文化博物館動土典禮等。

（二）第二時期── 1997 年 9 月至 1997 年 12 月

1. 會晤外賓：如日本眾議員安倍晉三、美國在臺協會理事主席白樂崎（Natale H. Bellocchi）、幾內亞比索共和國駐華大使桂達（Adelino Mano Queta）、多明尼加共和國副總統裴迪代司（Jaime David Fernandez Mirabal）並接受贈勳、宏都拉斯共和國副總統羅培斯（Walter Lopez Reyes）、多明聖克里斯多福總督佘培勳（Cuthbert M. Sebastian）等。

2. 接見駐各國大使或代表：如駐加勒比海五國大使徐啟明、駐韓國代表林尊賢、駐捷克共和國代表謝新平、駐英國代表鄭文華等。

3. 參加各項活動：如為各地縣市長、立法委員候選人競選總部成立大會或拜票，為宜蘭縣長候選人廖風德拜票、參加十大傑出青年表揚大會等。

4. 接受媒體專訪：如 CNN、《亞洲週刊》、《中央通訊社》等。

（三）第三時期── 1998 年 1 月至 1998 年 12 月

1. 會晤外賓：如薩爾瓦多共和國副總統波爾哥（Enrique Borgo Bustamante）、查德共和國駐華大使塔哈（Salim Abderaman Taha）、宏都拉斯共和國駐華大使杜瓏（argarita Duron de Galvez）、哥斯大黎共和國駐華大使呂愛蓮（Elena Wachong de Storer）。拜會史瓦濟蘭王國國王恩史瓦帝三世（Mswati III）等。

2. 接見國內官員：如駐越南代表胡家麒、駐德國代表金樹基、駐賴比瑞亞共和國大使張北齊、駐智利共和國代表王飛、駐塞內加爾共和國代表杜筑生、駐荷蘭代表顧崇廉、駐哥倫比亞共和國代表林盤石、駐南非共和國代表杜稜、駐安哥拉共和國大使酆邰、臺北市長候選人馬英

九、駐教廷大使代戴瑞明等。

　　3.率團赴中南美洲四國展開賑災愛心之旅。

　　4.參加各項會議及活動：如「第一屆臺灣與歷史文化研討會」、「兩岸政治談判學術研討會」、紀念西螺大橋通車四十五週年大橋婚禮活動、第一屆青年國是會議開幕典禮、八十七年國慶晚會、八十七年臺灣區運動會開幕典禮等。

　　5.拜訪各縣市里鄉鎮長、市長、議員、立法委員、國大代表、國策顧問、國民黨第十五全黨代表、校長。拜訪、接見天主教樞機主教單國璽等。

　　6.接受媒體專訪：如東森電視台、除夕談話錄影、《民生報》、《自由時報》、《美國之音》、「國際瞭望」節目等。

（四）第四時期—— 1999 年 1 月至 1999 年 12 月

　　1.會晤外賓：如以軍禮及國宴歡迎馬紹爾群島共和國總統卡布亞（Imata Kabua）暨夫人、巴拿馬共和國第二副總統菲力普魏希（Felipe A. Virzi）並贈勳、前美國總統卡特（Jimmy Carter）夫婦、哥斯大黎加共和國總統羅德里格司（Miguel Angel Rodriguez）伉儷。接見薩爾瓦多共和國副總統當選人金達尼亞（Carlos Quintanilla Schmidt）、俄羅斯聯邦喀爾瑪克共和國總統伊律諾夫（Kirsan Nikolayevich Ilyumzhinov）等。

　　2.接見本國官員：如新任駐葡萄牙共和國代表王允昌、駐哥斯大黎加共和國大使毛高文、駐厄瓜多爾共和國大使吳慶堂、駐馬拉威共和國大使陳錫燦、駐墨西哥代表劉佳豐等。

　　3.接受美國伊利諾大學授予政治學榮譽博士學位、俄國聖彼得堡大學頒贈榮譽博士學位。

　　4.拜訪國民黨第十五次全國大會代表、國大代表、立法委員、議員、倪文亞、孫運璿、謝東閔、陳立夫、林洋港。探視吳大猷、倪文亞、黃信介。慰問九二一大地震埔里等地受災民眾。

5. 參加各項活動：如主持科學工業園區竹南基地開工動土典禮。參加臺北捷運新店線全線完工通車典禮、第二高速公路後續計畫九如林邊段開工典禮、東西向快速彰濱臺中線彰濱快官段開工典禮、臺北捷運板南線龍山寺至市政府通車典禮、連蕭臺南縣競選總部成立大會等等。

6. 接受《中央日報》專訪。

（五）第五時期——2000 年 1 月至 2000 年 5 月

1. 會晤外賓：如馬其頓共和國副總理圖普考夫斯基（Vasil Tupurkovski）、美國在臺協會臺北辦事處處長薄瑞光（Raymond F. Burghardt）

2. 參加各縣市連蕭競選總部成立大會。登記參選中華民國第十屆總統選舉。

3. 接受媒體專訪：《紐約時報》、《天下雜誌》。

二、勳章

（一）哥倫比亞共和國贈送「特等民主勳章」（Republic of Columbia Order of the Democracy Degree great Extraordinary），分別為大綬、勳章、襟表、勳釦。（贈勳時間不詳）

（二）宏都拉斯共和國贈「聖華哲衍金質大十字勳章」（Orden José Cecilio del Valle），1996 年 7 月 17 致贈，分別為大綬、勳章、襟表。

宏都拉斯共和國贈「聖華哲衍金質大十字勳章」

（三）尼加拉瓜共和國贈送勳章，於 1997 年 8 月 7 日致贈，分別為大綬、勳章、勳釦。

（四）多明尼加共和國贈哥倫布大十字金質勳章（Order of Christopher Columbus），於 1997 年 11 月 18 日由多明尼加共和國副

中正勳章

總統斐迪代司（Jaime David Fernandez Mirabal）致贈，分別為大綬、勳章、襟表、勳釦，以表彰連副總統對促進兩國邦誼所作的貢獻。

　　（五）總統府致贈中正勳章（Order of Chiang Chung-cheng with Grand Cordon），2000 年 5 月 16 日贈勳，分別為大綬、勳章、襟表、勳釦、勳鈕，以表彰擔任副總統時，輔弼元戎，襄贊中樞有功。

呂秀蓮副總統文物

壹、小傳

呂秀蓮，1944 年 6 月 6 日生於桃園郡桃園街（今桃園市桃園區永樂街），先後畢業於北一女中、國立臺灣大學法律系，1969 年榮獲臺大李氏獎學金赴美留學，1970 年獲伊利諾大學比較法學碩士（LLM）學位。

1971-1974 年，返臺任職於行政院法規委員會，歷任行政院諮議、專員兼科長，並開始大力推行新女性主義。1977 年 9 月第二次赴美深造，到哈佛大學就讀法學研究所課程。1978 年取得第二個法學碩士學位，因為知悉臺美斷交在即，在考慮個人生涯與國家發展後，決定放棄在哈佛大學繼續攻讀博士學位的機會，回到臺灣投身基層選舉，參選桃園縣國大代表。1979 年投身黨外運動，擔任《美麗島》雜誌社副社長與「黨外候選人聯誼會」秘書一職。同年 12 月 10 日，參與高雄美麗島事件，當晚於現場發表 20 分鐘即席演說。後因此遭以「暴力叛亂」罪名起訴，求處 12 年有期徒刑，實際入獄服刑 5 年餘（1979-1985）。

1985 年，因甲狀腺癌復發獲保外就醫，並在翌年獲准離臺，赴美進一步就醫，並得以重返哈佛大學擔任研究員。之後利用其比較熟知外交事宜的優勢，經常參與國際會議，曾主辦世界婦女高峰會議，及推動「臺灣加入聯合國運動」。1992 年當選第二屆立法委員。1996 年 11 月，由於時任桃園縣長劉邦友遭人槍殺，民進黨徵召呂秀蓮回鄉參選，1997 年 3 月 15 日當選桃園縣長。同年 11 月連任桃園縣長。

2000 年，呂秀蓮與陳水扁搭檔，代表民進黨參選總統大選，完成政黨輪替，當選成為中華民國第一位女性副總統，並於 5 月 20 日就任。任內致力推展「柔性外交」，喚起國際對臺灣的注目與關懷，並擔任總統府人權諮詢小組的總召集人，致力人權工作，曾於 2001 年底獲頒「世界和平獎」。2004 年，陳水扁與呂秀蓮連任中華民國第 11 任總統、副總統。

貳、移轉及整理

國史館典藏之《呂秀蓮副總統文物》，係於 2004 年 12 月起至 2013 年 12 月止，分批自總統府公共事務室、總統府機要室、總統府第三局、行政院新聞局、行政院海岸巡防署、海軍司令部、國家中山科學研究院、國立海洋生物博物館、臺北縣立十三行博物館、臺北縣立鶯歌陶瓷博物館、高雄應用科技大學等機關移轉至館，先後共進行二十餘次點收工作。另應本館展覽需要，請呂副總統捐贈包括宣誓就職副總統所穿著之套裝等 12 件器物。

參、內容

《呂秀蓮副總統文物》可區分為文件、照片、視聽資料、器物等 4 大類。

一、文件

文件部分包括證書、信函、賀卡、決議文、表揚狀、歡迎詞等資料，茲分述如次：

（一）證書：如美國眾議員 Grace F. Napolitano 於 2001 年 1 月 15 日表彰呂秀蓮副總統致力於中美貿易及友好關係之證書、美國眾議員 Ed Royce 於 2002 年 1 月 15 日歡迎呂秀蓮副總統訪問南加州並表

揚傑出貢獻之證書、美國眾議員 Hilda L. Solis 於 2003 年 8 月 9 日表揚呂秀蓮副總統對社會傑出貢獻之證書、巴拿馬市市長納瓦諾（Juan Carlos Navarro Q. Alcalde）於 2003 年 8 月 12 日致贈之巴拿馬市榮譽貴賓證書、瓜地馬拉國安地瓜市呈贈之 Universidad Tecnologica de El Salvador 榮譽教授證書、El Honorable Concejo Municipal de la Antigua Guatemala,Eepartamento de Sacatepequez 榮譽貴賓證書、巴拉圭亞松森市長於 2007 年 7 月 8 日致贈之 Municipalidad de Asuncion 榮譽證書、巴拉圭 Alto Parana 省 Gustavo Carpozo 省長於 2007 年 7 月 8 日致贈之 Republica del Paraguay Gobernacion del Alto Parana 榮譽證書等，以上均由總統府移來。

（二）信函：如美國眾議員 Gary G. Miller 於 2002 年 1 月 15 日歡迎呂秀連副總統訪美所致贈之信函、美國加州副州長 Cruz M. Bustamante 於 2004 年 6 月 8 日會見呂秀蓮副總統並籲請持續支持加州經濟發展協會、加州之友協會之信函、美國眾議員 Christopher Cox 於 2003 年 8 月 11 日呂秀蓮副總統訪問橘郡時致贈之信函、哥斯大黎加祝賀兩國邦誼 60 週年之信函等，皆由皆總統府移來。

（三）賀卡：賀卡部分皆由總統府機要室移來，有各界致贈呂秀蓮副總統之賀卡冊（第一冊、第二冊），共計 99 件。呂秀蓮副總統賀卡冊（第三冊）係 2002 年、2003 年、2004 年、2007 年、2008 年呂秀蓮副總統致贈各界之新年賀卡，共 6 件。

（四）決議文、表揚狀、歡迎詞：如美國加州副州長布斯達曼特呈贈呂秀蓮副總統決議文、帛琉國會於 2004 年 5 月 31 日致贈之為祝賀陳水扁總統及呂秀蓮副總統競選連任決議案、美國德州休士頓 Harris County 呈贈之表揚狀、美國德州休士頓呈贈之表揚狀、美國國會眾議員德州第十八選區呈贈之表揚狀、歐司迪教授（Dr. Stephen Ohlander）於 2006 年 12 月 23 日在臺灣心會 2006 年年會之獻詩、巴拉圭亞松森市長於 2007 年 7 月 8 日致贈呂秀蓮副總統歡迎詞等，皆由總統府移轉本館。

二、照片

　　《呂秀蓮副總統文物》之照片為八年任期內各項活動之留影，底片部分有呂秀蓮副總統活動輯（2000 年 5 月至 2003 年 7 月），數位相片則有呂秀蓮副總統數位照片（2003 年 7 月至 2008 年 5 月），以及呂秀蓮副總統參訪臺北縣立十三行博物館（內含 59 張數位照片，臺北縣立十三行博物館移來）、參訪臺北縣立鶯歌陶瓷博物館（內含 3 張數位照片，臺北縣立鶯歌陶瓷博物館移來）、巡視詢政院海岸巡防署（內含 34 張數位照片，行政院海岸巡防署移來）、巡視屏東縣（內含 26 張數位照片，屏東縣政府移來）、參訪國立海洋生物博物館（內含 5 張數位照片，國立海洋生物博物館移來）、參訪高雄應用科技大學（內含 67 張數位照片，國立高雄應用科技大學移來）、出席田單艦（第八艦）交艦典禮（內含 1 張數位照片，國防部軍備局中山科學研究院移來）。其中 2003 年 7-12 月之呂秀蓮副總統數位照片已整編至件，主要內容有：

　　（一）授獎：如總統陳水扁頒贈宏都拉斯共和國副總統羅培士（Armida Villela de López Contreras）「特種大綬景星勳章」暨羅培士副總統頒贈副總統呂秀蓮「聖哲華衍金質大十字勳章」、副總統呂秀蓮接受美國伊利諾大學法學院所頒發的「二〇〇三年卓越成就校友獎」等。

　　（二）出國參訪：如啟程展開蓮華專案─民主太平洋之旅、參訪亞利桑納紀念館、參訪密蘇里艦、參加旅居夏威夷僑胞歡迎餐會、參訪恐龍灣、與臺灣觀光旅館業者所組的夏威夷觀光事業考察團餐敘並座談、參訪波里尼西亞文化中心、觀賞紐西蘭文化表演、參加波里尼西亞文化中心的歡迎餐會、觀賞南太平洋民族傳統歌舞表演、洛杉磯僑界以晚宴款待副總統呂秀蓮一行、參訪雷根總統圖書館、參訪爾灣市（City of Irvine）市政府、參訪美國高科技廠商博通（Broadcom）並聽取該公司總裁兼執行長羅斯（Allan E. Lanny Ross）的簡報、接受國際媒體專訪、參觀巴拿馬運河觀花（Miraflores）水閘、參觀巴拿馬民俗文化村、遊覽阿瑪鐸（Amador）長堤、遊艇碼頭觀光風景區、接受巴

拿馬副總統巴山（Dominador Kaiser Bazan）贈勳、晉見巴拿馬總統莫絲柯索、參訪巴拿馬外交部整建大樓、與巴拿馬副總統巴山共同主持中華民國資助巴國內政部大樓整建揭碑儀式、接見旅巴各界僑領及駐巴國技術團人員、外交替代役男及海外志工團成員、參加中華民國駐巴拿馬大使館所辦的歡迎餐會、與巴拿馬傑出婦女早餐敘、參觀中巴文化中心、參訪 SOS 兒童村、拜會巴拿馬立法議會議長、於巴拿馬科技大學專題演講、辭別巴拿馬副總統巴山等、晉見巴拉圭總統鞏薩雷斯、巴拉圭總統鞏薩雷斯及副總統呂秀蓮共同主持中華民國捐贈貧民住宅揭幕典禮、拜會巴拉圭國會並發表演說、參加巴拉圭國會歡迎酒會、向亞松森大學師生發表演說、參加巴拉圭新任總統杜華德（Óscar Nicanor Duarte Frutos）與副總統賈司迪優尼（Luis Alberto Castiglioni）的就職典禮、接受阿根近臺僑雜誌總編輯王昌鈴專訪、率特使團向巴拉圭新任總統杜華德致敬、參觀中華民國技術團為慶賀巴拉圭新任總統杜華德就職之蘭花展、至巴京大教堂祈福、與巴拉圭副總統賈司迪優尼簽署聯合聲明、參加巴拉圭總統杜華德伉儷所辦的午宴、參加巴拉圭全體華僑公宴、召開國際媒體記者會、拜訪巴拉圭前第一夫人岡薩雷斯、受禮兵致敬及僑胞歡送、參加西雅圖各界所辦的歡迎餐會、參加跨國企業座談會、參觀 Odyssey Maritime Discovery Center 博物館、鳥瞰西雅圖港務局的相關設施、參訪微軟公司、完成蓮華專案—民主太平洋之旅返國記者會、參加中南美洲元首高峰會歡迎酒會、召開民主太平洋之旅國內外記者會等。

（三）接待、款待外賓：如接見西班牙參議院衛生委員會主席羅蓓絲（Rosa Lopez Garnica）、參眾議院女權混合委員會主席聖巴杜美洛（Maria Isabel San Baldomero）、與科技界女性菁英座談、接見美國傳統基金會會長佛訥（Edwin J. Feulner）、接見美國企業研究院資深研究員李潔明（James Lilley）大使、接見 2003 年夏季世界特殊奧運奧林匹克運動會代表團、接見代表檀香山市長前來致意的該市經濟發展室主任孟德士（Manuel Menendez）、接見美國聯邦眾議院國際關係委員會亞

太小組召集人李奇（James A. Leach）、接見美國地區越棉寮僑團代表回國訪問團、接見 1999 年諾貝爾經濟獎得主孟岱爾（Robert Mundell）、接見義大利眾議院外交委員會主席賽爾瓦（Gustavo Selva）暨國會議員訪問團、會晤宏都拉斯副總統羅培士（Armida Villela de Lopez Contreras）夫人、接見尼加拉瓜副總統里索（Jose Rizo Castellon）、接見參加第一屆民主太平洋大會貴賓 NGO 人權團體南西等人、接見駐洛杉磯辦事處處長魏武煉、以午宴款待甘比亞共和國總統賈梅、陪同甘比亞共和國總統賈梅參訪統一公司中壢廠、陪同甘比亞共和國總統賈梅參訪弘勝牧場、陪同甘比亞共和國總統賈梅參訪福田農場、宴請馬拉威共和國總統莫魯士（Bakili Muluzi）伉儷及代表團、陪同馬拉威共和國總統莫魯士參觀青山養雞場、陪同馬拉威共和國總統莫魯士參觀桃園大圳更新改善及綠美化成果、陪同馬拉威共和國總統莫魯士參觀八德蔬菜班網室蔬果栽培情形、接見希臘國會議員訪華團、接見美國在臺協會（AIT）理事主席夏馨（Therese Shaheen）、接見 DHL 全球董事長兼執行長德肯（Uwe Doerken）、接見「SKIF 第八屆世界空手道錦標賽」代表隊、接見巴拉圭記者訪問團、接見 2000 年諾貝爾化學獎得主 Alan MacDiarmid 博士、接見美國馬里蘭大學校長莫特（C. D. Mote, Jr.）、接見澳大利亞女性國會議員訪問團、接見臺美生物科技協會（Taiwan-America Biotech Association）訪問團、接見日本律師訪問團、接見日本東京名古屋地區臺灣之友會訪問團、接見巴拉圭教育暨文化部部長歐維菈（Blanca Ovelar de Duarte）、接見美國亞洲基金會會長傅勒（William Fuller）、陪同巴拿馬共和國副總統巴山及尼加拉瓜共和國副總統里索（Rizo Castellon）參觀廣輝電子股份有限公司、鈺德科技公司、泰山職業訓練中心等。

（四）出席記者會：出席 92 年記者節慶祝會、蘆洲大囍市火災後雙胞胎遺子募款記者會、召開「第一屆民主太平洋大會」會前記者會、參加歡迎美國內華達州議會訪華記者會暨籌備內華達州經貿交流協會宣布會、參加美商博通公司宣布在臺灣成立「網路系統單晶片（Network

SoC）研發中心記者會、主持「生命傳奇」記者會、參加「消除對婦女的暴力國際日」記者會、參加「第六屆太平洋海洋科技及工程國際研討會」、主持「人生列車—牽手向前走」記者會、歲末與府線記者茶會等。

（五）接受專訪：接受美聯社專訪、接受八大電視李四端節目專訪錄影、接受卡達「半島電視台（Al Jazeera Channel）」駐香港特派員哈蒂瑪（Dima Khatib）專訪等。

（六）演講：副總統呂秀蓮應邀回母校北一女中專題演講「美夢少女的未來」、參加國際扶輪社 3510 地區高雄市各社聯合例會並發表演講、參加宜蘭縣商人節暨金商獎表揚大會及發表演講、應邀以「臺灣向前走」為題向社區大學學員及婦女界幹部發表演講、臺南縣 2003 醫師節慶祝大會頒獎暨演講、蒞臨臺南市各商業同業公會歷屆理事長商務發展協會所辦餐會演講、蒞臨臺南市挺扁後援會演講、應邀在歐洲商會成立十五週年午餐會演講、應邀至國立臺北大學演講「非常人的非常未來」、至高雄應用科技大學專題演講、對高雄市文化界演講等。

（七）座談：如邀集國內服裝設計菁英研商推動「臺灣衫」的相關事宜、與臺南市婦女界代表座談、與南投縣建築師、醫師、會計師、律師近百人座談餐敘、參觀龍潭大池管理中心並與地方人士座談、與新竹縣觀光休閒業者座談、參觀關西鎮農會仙草加工廠並與新竹縣農會幹部座談、參加「副總統談 HiHi 人生──副總統網路會客室」與網友對談、參加南區「人生列車活動──苦甘人生壇」座談會、參加人生列車南區座談餐會、與臺中縣中小企業（機械業、化工業、糕餅業）舉行「根留臺灣」座談會、參加 2003 年亞太智慧型運輸系統論壇、與平鎮市民座談、與樹林地方鄉親聯誼等。

（八）視察、參訪：如視察內政部警政署偷渡客臨時收容所、行政院海巡署、參訪高雄南六企業股份有限公司、參訪高雄三芳化學公司、參訪高雄加圖實業股份有限公司、參觀遠翔空運倉儲公司、參觀丹琳蠟像製造公司、參觀新埔鎮花卉產銷班第三班（多肉植物園）、參加國際

原住民產業博覽會、參加雲林農特產水果品選大會、參加大埤鄉休閒農漁園開園暨酸菜節活動、參加中部地區農特產特賣會、參訪瑪利亞文教基金會、參訪基督教門諾會附設林森松柏中心、參訪曉明女中生命教育中心、參觀慈濟醫學中心、重回二十四年前被羈押的景美看守所、參訪高雄市無障礙之家、參訪長青中心、參訪臺北市立療養院、訪視中壢果菜市場、訪視新民市場、萬利市場、訪視署立桃園醫院、訪視桃園南門市場、訪視臺灣電力公司桃園區營業處、訪視桃園市公所、訪視國立林口體育學院、訪視林口長庚醫院等、參觀新埔鎮柿餅產銷班第一班並聽取簡報。

（九）至各地參觀：如參訪新屋村九斗休閒農場、參訪吳厝楊家莊、參訪萬大蓮花園、參訪國立傳統藝術中心、參觀堀江商場、參訪東西文化中心、至永順宮參拜、訪視高雄六合夜市、參訪高雄蓮池潭萬年季活動、訪視士林夜市、訪視中興新村、訪視臺中逢甲夜市、參訪中壢市新明夜市、參訪台南武聖夜市、參訪臺南鄭仔寮花園夜市、參訪國家臺灣文學館、參加彰化縣三級古蹟二林鎮仁和宮入火安座大典、參訪微風廣場、至太和街三山國王廟參拜、參觀雲林縣菊花產銷班、至下崙福安宮參拜、至楂梧調天府參拜、至下崙普安宮參拜、參訪豐原市廟東夜市、訪視花蓮縣石藝大街、參訪竹林山觀音寺、至福隆宮參拜等。

（十）參與各項活動，如參加北社二週年慶餐會及全國社團支持公民投票誓師大會、參加中樞秋祭忠烈殉職人員典禮、參加「月夜愈美麗‧賞月嬉遊記」— 2003 總統府前中秋晚會、參加「第一屆民主太平洋大會」歡迎晚宴、參加第一屆民主太平洋大會分組討論「民主發展」主題、設宴款待參加第一屆民主太平洋大會與會貴賓、參加第一屆民主太平洋大會分組討論「海洋發展」主題、參加民主太平洋之夜、參加第一屆民主太平洋大會綜合報告、參加第一屆民主太平洋大會總結及決議、參加第一屆民主太平洋大會東西南分組討論、宴請第一屆民主太平洋大會西太平洋貴賓、參加第一屆民主太平洋大會圓桌論壇、參加第一屆民主太平洋大會閉幕典禮、出席第一屆民主太平洋大會閉幕記者會、

參加在臺灣巴拉圭國會議員聯誼會成立大會、發起「哈拉」運動－「拉丁情‧臺灣意」運動、參加中華民國婦女聯合會雙十國慶聯誼茶會、出席「世界臺灣商會聯合總會第九屆年會」暨「亞洲臺灣商會聯合總會第十屆年會」聯合閉幕典禮、參加「慶祝中華民國九十二年雙十國慶四海同心聯歡大會」、為「臺灣民俗映象─臺灣童玩」代表團巡迴展演授旗、參加「臺灣資訊儲存技術協會」成立大會、參加全民計程車十週年餐會、參加2003 國際 SPA 大會及開展儀式、參加試管寶寶親子園遊會萬人活動、參加「陽光助學‧百年樹人」慈善音樂會、出席民進黨立法委員晚宴、參加「1025 高雄公投大遊行」聖火點燃儀式、陪同總統參加2003 年麻里巴狩獵季活動、應邀參加由北美臺灣工程師協會、臺灣產業科技推動協會共同舉辦的「臺美科技菁英暨交流晚會」、參加「1025 全民公投‧催生新憲」晚會、參加桃園縣長青會九十二年度會員趣味運動大會、參加竹圍彩虹橋通車典禮、參加2003 年南方學術論壇活動、出席高雄國立科學工藝博物館所主辦的紀念萊特兄弟發明飛機一百週年「飛行者一號」模型開工活動、參加協天廟200 週年武聖大典、參加桃園縣新屋國小100 年校慶、參加髓緣之友協會20 週年慶、參加「健康新觀念、防 SARS 總動員」四地連線晚會、參加全國奉祀開臺聖王廟宇聯合慶典活動、出席「二〇〇三南投溫泉季」開鑼活動、參加「海洋送愛」慈善晚會暨臺北海洋館八週年慶、參加臺灣大學創校七十五年暨改制五十八週年校慶慶祝餐會、參加「臺東心‧釋迦情」系列活動、參加「我們的歌─本土音樂晚會」、參加祈福謝平安晚會點燈、參加普賢慈海家園奠基大典、參加全民健康博覽會─萬人齊練太極拳金氏紀錄大挑戰活動、在臺中市正式啟動「人生列車─牽手向前走」活動、參加「艋舺姑娘要出嫁─艋舺服飾嘉年華」活動、參加南台科技大學三十四週年校慶慶祝大會、參加臺南縣水蓮會成立大會、參加高雄市水蓮會成立大會、參加彰化水蓮會、挺扁婦女後援會成立大會、參加「人權逗陣行」博覽會、參加「關懷愛滋‧從心認識」活動、參加東區「人生列車活動─苦甘人生壇，牽手向前走」座談會、參加臺北市立第

一女子高級中學校慶慶祝活動、參加北一女中百年校慶晚宴、出席「桃園縣大園鄉水蓮分會成立」、出席「桃園縣蘆竹鄉水蓮分會成立大會」、呂秀蓮出席「桃園縣新屋鄉水蓮分會成立大會」、參加國家建築金獎－第四屆建築金獅獎暨第一屆建築金象獎頒獎典禮、參加臺灣化學科技產業協進會成立大會及化學科技產業與奈米材料高峰論壇展及成果發表展、在總統府舉辦二十五年前所著「臺灣：過去與未來」老書重印發表會、參加「南臺灣愛情護照發表會」、參加「2003 全國商店優良店長暨傑出服務店長表揚大會」、參加北區「人生列車‧牽手向前走」系列活動、參加「2003 癸末年歲末感恩文化饗宴」活動、參加臺灣衣 Party、參加中華企業經理人 40 週年慶暨第 21 屆國家十大傑出經理人頒獎及對談典禮、出席臺中縣競選總部募款餐會、參加陽明藝術嘉年華活動、參加「真假副總統─非常對話」活動、出席「水蓮會桃園縣總會」成立大會、參加李重耀一甲子建築生涯感恩茶會、參加臺北市挺扁後援會成立大會、參加造船產業政策研討會、參加第三屆 EMBA 暨高階進修教育博會、參加第 3 屆婚姻節慶祝大會、參加彰化國際青年商會年會、參加嘉義縣競選總部成立晚會、參加臺北市環南綜合市場自治會自強同樂晚會、參加「許願淚─讓愛起飛‧天佑臺灣」活動、參加臺北縣金屬門窗商業同業公會五週年慶典、與民眾共同觀賞影片「驚爆十三天」、參加桃園縣桃園市龍安觀光夜市跨年聯歡晚會、參加「相信臺灣‧夢想起飛」總統府跨年晚會、參加「如花似玉畫愛心」建國假日商場聯合造勢活動、參加中央廣播電台七十五週年台慶暨改制五週年慶祝大會、參加由內政部主辦的「九十二年重陽聯歡活動─阿公阿嬤咱ㄟ寶‧相偕來去總統府」活動、參加 2003 國際 SPA 大會及開展儀式、參觀「從空中看地球：空中攝影藝術特展」、參加屏東科技大學校慶、參觀 2003 臺北國際電腦展、觀賞日本飛行船劇團表演等。

三、視聽資料

　　《呂秀蓮副總統文物》之視聽資料為呂秀蓮副總統八年任期內各項活動之留影，多由總統府公共事務室移來，其中已數位轉存 112 DVD 者有：自 2013 年 4 月至 2018 年 5 月之呂秀蓮副總統活動錄影專輯，以及「民主太平洋大會」資料帶、民主太平洋聯盟成立大會（臺北圓山飯店）、第二屆民主太平洋大會開幕致詞及閉幕典禮暨記者會、出席哈佛大學校友座談會（呂馬會）、DPU 西太平洋區域視訊會議、DPU 印尼禽流感國際研討會視訊致詞、蓮華專案—「民主太平洋之旅」、蓮薩專案—「人權科技之旅」、蓮春專案—「前進中美洲·臺灣 GoGoGo」、蓮波專案—「副總統率團訪問帛琉共和國」、安邦專案、蓮太專案、「世界之女」新書發表會、參加由美國「外交關係協會」主辦之視訊會議等。

　　錄影帶內容皆轉存自總統府公共事務室影帶，由 Betacam 錄影帶轉錄，其內容與上述 DVD 相同，故不予贅述。此外，尚收有呂秀蓮副總統於 2000 年柔性外交期間獲贈馬林巴木琴演奏專輯 Musica de Marimba 兩卷。

四、器物

　　呂秀蓮副總統文物中之器物可分為勳獎與證書、服飾、家具、體育用品、應用藝術（含陶瓷、玻璃、金工、織品、木竹、玉石、皮革與毛皮）、藝術（水彩、雕塑、油畫、版畫、水墨）等六大類，共 368 件。

（一）勳獎與證書類

　　1. 勳章：如薩爾瓦多奴隸解放者荷西·席梅翁·加拿斯項鍊勳章及證書、瓜地馬拉國會主權大項鍊勳章、多明尼加開國元勳大十字金質勳章、大十字國鳥勳章、銀質大十字國家勳章、莫拉桑銀質大十字勳章、卓越勳章、魯賓達利歐大十字級勳章、特種大十字國家功績勳章、聖哲華衍金質大十字勳章、法蘭西斯科·莫拉桑勳章、阿瑪鐸大十字級勳章

（Manuel Amador Guerrero en el Grado de Gran Cruz）等。

2. 獎牌及紀念品：如聖薩爾瓦多市致贈市鑰紀念牌、聖薩爾瓦多市榮譽市民證書、檀香山市紀念木盤、薩爾瓦多科技大學玻璃紀念座、薩爾瓦多總統紀念瓷盤、薩爾瓦多復興崗校友會玻璃紀念牌、花鳥紀念瓷盤、中美洲經濟整合銀行紀念金幣、宏都拉斯天使谷市市鑰、瓜地馬拉馬雅人型紋紀念盤、瓜地馬拉北碇省佛羅倫斯市鑰紀念牌、瓜地馬拉市市鑰、瓜地馬拉社區之家感謝紀念牌、教宗真福若望‧保祿二世第二次訪問瓜地馬拉紀念幣、教宗真福若望‧保祿二世第二次訪問瓜地馬拉紀念聖牌、瓜地馬拉中文學校感謝牌、中巴紀念刺繡圓盤、薩爾瓦多外交部感謝狀、瓜地馬拉聖卡洛斯大學榮譽紀念章、美國國會人權連線人權獎牌、美國加利福尼亞州聖塔克拉拉縣表揚決議文、薩爾瓦多外交部新建樓房奠基典禮紀念鐵鏟、美國佛羅里達州羅德岱堡市鑰、美國佛羅里達州珊瑚閣市鑰、美國佛羅里達州邁阿密戴德縣鑰、薩爾瓦多中華民國小學感謝狀、金質總統府建築立面圖、墨西哥參議院紀念盒、索羅門歡迎呂秀蓮副總統紀念牌、紀念幣等。

3. 證書：如瓜地馬拉聖卡洛斯大學榮譽博士學位證書、薩爾瓦多荷西‧馬第亞斯‧雷爾卡多博士大學榮譽博士證書、巴拿馬科技大學榮譽證書、巴拉圭亞松森大學榮譽哲學博士學位證書、巴拉圭亞松森大學榮譽哲學博士學位文件、巴拉圭亞松森大學榮譽哲學博士學位紀念章、中美洲科技大學榮譽博士證書等。

4. 其他：如美國眾議院議長藍托斯「向呂副總統致敬」發言紀錄、美國佛羅里達州邁阿密—戴德縣尊貴訪客證書、瓜地馬拉國會主權大項鍊勳章會議紀錄等。

（二）服飾

1. 衣褲：如白色短袖長上衣、尼加拉瓜傳統服飾、黑底紅花金線斜格紋無袖旗袍、綠底黑薄紗三角紋無袖旗袍、米色毛衣外套、紅底滾邊對襟長衣、米色套裝、淺粉紅套裝、水蓮套裝、水蓮裝—荷葉領長風

衣、淺藍色套裝、民主太平洋聯盟會衫等。

　　2. 配件：如黑色公事包、香奈兒菱紋黑色手提包、淺綠色眼鏡布、ESCAPE 手錶、科學技術暨發展榮譽博士金質別針等。

　　3. 化妝與首飾：如項鍊、手鍊、瓜地馬拉馬雅圖騰及國鳥銀飾組、哥斯大黎加蛙型瓦卡胸針、哥斯大黎加老鷹瓦卡項鍊、瓜地馬拉首飾組等。

　　4. 其他：如薩爾瓦多荷西‧馬第亞斯‧雷爾卡多博士大學博士袍、耳塞、麻製手提袋、麻製手提袋等。

（三）家具，即呂秀蓮副總統辦公椅。

（四）體育用品，即木製球與球棒組。

（五）應用藝術

　　1. 陶瓷：如少女頭像陶盤、地平線上的太陽、鄉村景物彩繪陶盤、花鳥陶瓷掛飾、禽鳥陶瓷掛飾、薩爾瓦多教堂建築大瓷盤、哥斯大黎加美州豹雙耳三足陶瓶、哥斯大黎加查羅特加馬雅人彩繪陶瓶、瓜地馬拉新生兒家庭人偶陶藝品、女子側臉彩繪陶盤、瑪拉威議會紀念盤。

　　2. 玻璃：如壽如意、波西米亞水晶缽。

　　3. 金工：如巴拿馬瓦卡蛙形湯匙組、拆信刀、瓜地馬拉馬雅人型紋飾品盒、美國德州牛仔鐵鞋、馬蹄鐵、瓜地馬拉馬雅人型紋紀念盤、置物盒、天馬塚金冠等。

　　4. 織品：如藍色長巾、餐巾組、織品、米色餐墊、藍色繡花桌巾、餐墊組、餐巾組、巴拉圭盆花刺繡裱框、巴拉圭繡花長桌桌巾、巴拉圭繡花長桌餐巾組、巴拉圭繡花圓桌桌巾、巴拉圭繡花圓桌餐巾組、巴拉圭彩色繡花桌巾、瓜地馬拉人物鳥獸刺繡拼布壁飾、瓜地馬拉花織布、薩爾瓦多藍染長巾、琉球紅型染、橋上風景刺繡、泰雅族織布等。

　　5. 木竹：如筆筒、收納盒、名片盒、金剛鸚鵡與彩虹巨嘴鳥彩繪木盒組、木雕拆信刀、貝里斯國花木盤掛飾、乾燥花裝飾木盒、中美

洲經濟整合銀行會員國旗幟擺飾、薩爾瓦多房舍單耳壺型木雕、薩爾瓦多房舍單耳壺型木雕、瓜地馬拉長辮少女與花朵木盒、哥斯大黎加彩繪牛車、瓜地馬拉人物風景手繪木盒、瓜地馬拉木板畫、海龜木雕（帛琉 TEBANG 傳說）、女人木雕、木製鑲貝盆、靜物木雕、邵族靈鳥、馬紹爾草編圓形掛飾、馬紹爾群島竹編地圖、馬紹爾草編提籃、馬紹爾草編置物籃、馬紹爾草編藝品、馬紹爾藝品—花、馬紹爾星形草編藝品、馬紹爾草編魚形藝品、馬紹爾草編置物盒、諾魯地圖擺飾、諾魯彩繪地圖擺飾、索羅門木缽、草編藝品、關島木雕、木船模型、木盤、人體木雕、木雕掛飾、木桌組、木椅組、馬卡巴嗨國際文化觀光季紀念木雕等。

6. 玉石：如帕卡爾頭像石雕、水晶碗、人形石雕。

7. 皮革與毛皮：即皮製資料夾。

8. 其他：如粉紅風鈴木、薩爾瓦多鄉村生活彩繪木托盤、薩爾瓦多鄉村風光彩繪木盒組、薩爾瓦多市井小販水果陶製擺飾組、哥國小人偶組、呂秀蓮副總統 Q 版漫畫肖像、非洲婦女、呂秀蓮副總統肖像、呂副總統秀蓮女士、阿肯色的旅行者。

呂秀蓮副總統肖像

（六）藝術

1. 水彩：繪畫主題為「鄉村房舍」、「岸邊」。

2. 油畫：繪畫主題為「薩爾瓦多火球節油畫木盤」、「薩爾瓦多鄉村婦人頂物」、「薩爾瓦多鄉村村民運物」、「瓜地馬拉馬雅神殿畫圓盤」、「瓜地馬拉教堂頂畫圓盤」、「瓜地馬拉奇奇卡斯德南哥市集婦女花水果」、「山丘前農舍牛車」、「教堂前廣場活動」、「仁慈的柯佈蕾」、「房舍前兩位婦人」、「鄉間小路與村民」、「巴拉圭與中華民國國旗」、「鳥

與魚」、「鄉村農收圖」、「房舍街景」、「市集」、「祖尼爾」、「風景」、「鳥」、「向日葵」。

　　3.版畫：即「晝日之後裔」。

　　4.水墨：即「六十似芙蓉出水，二甲如桃花初開」水蓮畫。

　　5.雕塑：即「和平的獻禮」、貝里斯木雕藝術品，以及 2 件雕刻木箱。

（七）自然科學藝品：即貝里斯壓花掛飾。

蕭萬長副總統文物

壹、小傳

　　蕭萬長，1939 年生於嘉義市北社尾，嘉義中學畢，國立政治大學外交系學士、外交研究所碩士，服務公職期間曾赴美國喬治城大學領導者研習班研究，並獲美國艾森豪獎學金赴美短期進修。公職生涯從基層做起，高考、外交特考及格後，1963 年入外交部，歷任駐吉隆坡總領事館領事、亞太司科長；1971 年我國退出聯合國，認為應以經貿實力拓展外交空間，於次年轉入國貿局，歷任國貿局副局長、局長，力行國際化、自由化開放政策，在臺美斷交前夕爭取保留互享最惠國待遇、加速臺灣重返關稅暨貿易總協定（General Agreement on Tariffs and Trade，世界貿易組織 World Trade Organization 前身）、開放兩岸轉口貿易等，並培育經貿談判及駐外商務人才、建立進出口簽審貿易業務的制度化。

　　1990 年起歷任經濟部長、政務委員兼行政院經濟建設委員會主任委員、政務委員兼行政院大陸委員會主任委員等職，歷經核四電廠、中油五輕、臺塑六輕、高速鐵路工程等重大投資案溝通協調，致力於確保整體投資環境健全發展；為順應臺灣經濟結構轉型，推出發展臺灣成為亞太營運中心計畫、兩岸關係以經貿為主軸等政策構想。1995 年當選第三屆立法委員，1997 年被總統李登輝提名出任行政院長，以平穩匯率股市、振興房市等措施，引領臺灣度過亞洲金融風暴。2000 年卸任閣揆後倡議兩岸共同市場，2001-2008 年出任兩岸共同市場基金會

主席,爭取加入博鰲亞洲論壇、2008 年 4 月與中共領導人胡錦濤舉行會談,提出海基海協兩會恢復協商、陸客來臺以及兩岸直航等建議。2000-2005 年出任中國國民黨副主席、2002-2007 年出任中華經濟研究院董事長、2003-2004 年出任總統經濟顧問小組召集人。

　　2008 年與馬英九共同當選第十二任總統、副總統,隨即面臨全球金融海嘯,主持總統府財經諮詢小組會議,由行政院執行「三挺政策」等刺激景氣措施,促進臺灣經濟復甦,並對推動愛臺十二項建設、發展六大新興產業及十大重點服務業等提供建言。為進一步使兩岸經濟制度化、正常化,參與「兩岸經濟合作架構協議」(Economic Cooperation Framework Agreement, ECFA)協商談判,並建議設立自由經濟示範區,倡導與美國簽訂「自由貿易協定」(Free Trade Agreement, FTA)、加入「泛太平洋夥伴協定」(Trans-Pacific Partnership Agreement, TPP)。副總統任內並出任總統府人權諮詢委員會召集人、中華民國建國一百年慶祝活動籌備委員會主任委員等。2012 年卸任副總統後,三度以領袖代表身分出席亞洲太平洋經濟合作會議(Asia-Pacific Economic Cooperation, APEC)、五度參與博鰲論壇。2013 年成立兩岸企業家峰會,擔任理事長,以做為推動兩岸企業合作和進行兩岸經貿策略對話的新平台。

貳、移轉及整理

　　《蕭萬長副總統文物》包括數位照片、視聽及器物 3 大類:數位照片係總統府機要室於 2012 年移轉,共計光碟 24 片含 3 萬 8 千餘張影像圖檔;視聽資料係總統府公共事務室於 2009 至 2014 年分次移轉,包括副總統活動新聞活動影帶計 Betacam IMX 影帶 151 卷、拷貝用外接式硬碟 1 件,以及副總統活動輯要計 DVD 光碟 5 片、VCD 光碟 1 片;器物係總統府第三局於 2012 年移轉 55 件、2013 年移轉 214 件,另有總統府機要室移轉名章 1 枚。2014 年應本館展覽需要,蕭前副總統捐贈

其宣誓就任第十二任副總統時穿著之西裝 1 套。本全宗史料已完成初步整理，數位照片共編為 24 卷，視聽資料共編為 158 卷，器物類共 271 件。

參、內容

一、數位照片

為第 12 任副總統任內所攝，檔案涵蓋時間起自 2008 年 5 月 20 日至 2012 年 5 月 19 日為止。所收入 24 卷內容依工作性質與行程類別，可區分為經貿事務、外交及兩岸事務、出訪友邦、人權事務、民生及教育事務、建國一百年慶祝活動、媒體專訪、居家生活等主題，顯見其經貿與外交特長，以及對人權、民生、教育等事務的關注。內容擇要如下。

（一）經貿事務：1. 主持總統府財經諮詢小組歷次會議；2. 出席財經會議、說明會、論壇及座談：包括中華民國工商協進會會員大會、全國商業發展會議、全國中小企業發展會議、臺日科技高峰論壇、新興市場採購夥伴大會、華人企業領袖高峰會、世界臺灣商會聯合總會年會、蕭萬長企業精英講座、臺灣競爭力論壇、半導體高峰論壇、文化創意產業圓桌論壇、臺灣生技醫療產業發展論壇、智慧型機器人與系統國際會議等，與中科園區廠商、機械產業界、動畫科技產業等座談；3. 訪視中華民國對外貿易發展協會、工業技術研究院、屏東生物科技園區，參訪民間產業包括半導體電子、精密機械、造船、酒廠、養殖漁業等；4. 接見重要財經人士及組織代表：包括美臺商業協會（US-Taiwan Business Council）主席伍佛維茲（Paul D. Wolfwitz）、日本科學技術振興機構理事長北澤宏一、岩崎集團社長岩崎芳太郎、渣打銀行集團顧問高德年爵士（Sir Anthony C. Galsworthy）、新加坡星展銀行主席許文輝、來臺參加全球招商大會外商高階代表、歐洲復興開發銀行訪華團、香港上海匯

豐銀行訪華團、經濟部產業科技發展獎得獎企業等。

（二）外交及兩岸事務：1. 接待來訪外國正副元首，包括甘比亞總統賈梅（Yahya Jammeh），巴拿馬總統馬丁內利（Ricardo Martinelli），帛琉總統陶瑞賓（Johnson Toribiong），瓜地馬拉副總統艾斯巴達（Rafael Espada），巴拉圭副總統佛朗哥（Federico Franco），多明尼加副總統阿布爾格爾格（Rafael Alburquerque），宏都拉斯總統職務指定人兼總統府部長柏紀妍（María Antonieta de Bográn）等；2. 接見國外政府官員及民意代表，包括新加坡內閣資政李光耀，聖露西亞總理金恩（Stephenson King），多明尼加總統府部長畢納（César Pina Toribio），瓜地馬拉經濟部長莫拉雷斯（Ruben Morales Monroy），尼加拉瓜總統經濟顧問亞瑟（Bayardo Arce Castano），美國在臺協會理事主席薄瑞光（Raymond F. Burghardt）及臺北辦事處前後任處長楊甦棣（Stephen M. Young）、司徒文（William Stanton），歐洲經貿辦事處處長李篤（Guy Ledoux），日本交流協會會長大橋光夫、臺北事務所歷任代表池田維等，菲律賓宿霧省省長加西亞（Gwendolyn Garcia），匈牙利國會外交委員會主席聶梅（Zsolt Nemeth），美國民主黨全國委員會、德國國會社民黨國會議員、以色列國會議員等訪華團；3. 接見已卸任外國正副元首及官員，如美國前總統柯林頓（William J. Clinton），菲律賓前總統羅慕斯（Fidel V. Ramos），美國前駐聯合國常任代表波頓（John Bolton），美國前勞工部長趙小蘭，德國前聯邦總理府不管部部長巴爾（Egon Bahr），泰國前外交部長葛賽（Krasae Chanawongse）等；4. 接見來訪國外政黨、智庫等重要人士，如挪威進步黨主席顏姍（Siv Jensen），土耳其正義發展黨副主席兼秘書長沙興（Idris Naim Sahin），美國傳統基金會會長佛訥（Edwin Feulner），韓國首爾國際事務論壇會長金達中等；5. 陪同總統接見海基會協商代表團、博鰲亞洲論壇我方代表團，出席 ECFA 協商進度產業說明會、海峽兩岸臺灣優良農產品洽商大會、兩岸和平創富論壇等兩岸相關事務。

（三）出訪友邦：副總統任內以特使身分率團二次出訪友邦：1.

2008 年 9 月率團訪問史瓦濟蘭王國：參加史國獨立四十週年暨史王恩史瓦帝三世（King Mswati III）四十歲華誕雙慶活動，並訪視駐史國農技團、與旅居非南臺商及僑胞代表座談、參訪南緯紡織公司、接受英國《每日電訊報》南部非洲分社專訪、接受史國《觀察家報》、史國電視台及史國廣播電台專訪等；2. 2011 年 5 月率團訪問巴拉圭、巴拿馬：過境美國洛杉磯，美國在臺協會理事主席薄瑞光於機上迎接；參加巴拉圭獨立二百週年慶典活動，並晉見總統盧戈（Fernando Lugo）；晉見巴拿馬總統馬丁內利，接受巴京市長瓦雅里諾（Bosco Vallarino）呈獻市鑰，參觀巴拿馬運河觀花水閘，並見證兩國外長簽署兩國政府間「互免外交、公務、領事及特別護照簽證協定」等。

蕭萬長先生訪視中華民國駐史瓦濟蘭農技團

（四）人權事務：1. 主持總統府人權諮詢委員會會議；2. 出席中央及地方人權紀念儀式：包括國家人權博物館籌備處揭牌典禮、嘉義市二二八國家紀念公園移交儀式暨開園啟用活動、戒嚴時期政治受難者紀念音樂會等；3. 出席人權相關研討活動：包括國際人權公約研討會、亞洲民主大會、法律扶助國際論壇等；4. 接見人權組織代表：包括兩公約施行監督聯盟、國際青少年人權協會會長薛德華茲（Mary Shuttleworth）等；5. 出席「人權・未來」記者會，會中發表「公民與政治權利國際公約」與「經濟社會文化權利國際公約」國家人權報告。

（五）民生及教育事務：1. 災害防救：包括視察中央災害應變中心，勘察高雄縣大甲鄉、大社鄉、旗山鎮、美濃鎮等地災情，出席八八

重建區農業振興活動等；2. 生態環保：接見聯合國跨政府氣候變遷委員會副主席凡伊巴瑟雷（Jean-Pascal van Ypersele）、推動環境保護有功績優團體及個人，出席「健康低碳樂生活，全民一起活動」宣傳記者會、「全球氣候變遷下的臺灣」國際研討會等；3. 醫療衛生：參加世界愛滋病日宣導活動，出席防疫專家諮詢會議、SNQ 國家品質標章授證、臺灣醫療品質促進聯盟成立大會、亞洲微創手術中心週年慶暨微創手術與技術論壇等；4. 教育發展：視察國立高雄餐旅學院、屏東科技大學等，接見美國國家科學院副院長雷文（Peter H. Raven）、美國麻省理工學院訪問團，出席教育部「校長領導暨教學卓越獎」頒獎典禮、「亞洲物理奧林匹亞競賽」開幕典禮等；5. 體育公益：巡視世運會主場館，接見世界少年棒球大會理事長王貞治、高爾夫球名將曾雅妮等，出席全國中等學校運動會開幕典禮、全國扶助表揚季感謝大會、全國孝行獎頒獎典禮等。

（六）建國一百年慶祝活動：包括主持中華民國建國一百年慶祝活動籌備委員會全體委員會議，出席中華民國建國一百年基金會成立揭碑儀式暨記者會、建國一百年行銷宣導座談會、建國一百年跨年慶典、建國一百年中樞春祭典禮、建國一百年中樞暨全民植樹活動、新聞局《百年風華》專書新書發表會、全國祖孫嘉年華活動開幕式，與國際青年週百國 Homestay 接待家庭及國際青年個別合影等。

（七）媒體專訪：包括與總統府記者聯誼會成員面對面對談、與國內媒體府線記者茶敘、就職週年中文記者會、嘉義市國慶煙火記者會等；接受中央社國際新聞部、日本千葉電視台、讀賣新聞臺北支局長源一秀、中天電視、中華電視、中央廣播電台、天下雜誌等專訪；錄製治國週記、警廣公益廣播節目聲帶、聯合報影音專題等；出席中央社政府資訊頻道上線暨全球中央雜誌創刊酒會、「數位媒體中心」揭牌儀式等。

（八）居家生活：春節期間返鄉向鄉親拜年，赴嘉義市保安宮、城隍廟、地藏王庵等處參拜並發放紅包，蕭家家族春節餐敘、蕭宅祭祖，

拜訪黃敏惠市長，慰勉嘉義機場官兵、中部地區警界人士、特勤工作人員及駕駛等，拜訪嘉義縣中埔鄉溪水村友人，副總統伉儷及全家合影，府內親子日與同仁親友合影等。

二、視聽資料

為第 12 任副總統任內所攝，檔案涵蓋時間起自 2008 年 5 月 20 日至 2012 年 5 月 19 日為止。所收入 158 卷新聞活動影帶及活動輯要，內容可區分為府內活動、國內活動、國外活動：

（一）府內活動：記錄副總統任內於府內所舉行各項重要活動，包括：主持總統府人權諮詢委員會委員會議，主持產業領域國策顧問座談會，主持大法官被提名人介紹記者會，主持總統府秘書長、國安會秘書長交接典禮，接見來訪外國正副元首、國內外政府官員及各界人士等。

（二）國內活動：記錄副總統任內參與中央與地方各項重要活動，包括：出席「中華民國建國一百年慶祝活動籌備委員會」委員會議，勘察八八風災高雄縣各地災情，與南臺灣產業界座談關心地方產業與經濟發展，與澎湖地方首長暨中小企業主座談，「微笑老蕭與民有約」下鄉宣導列車走訪臺南、高雄、金門等縣市，發表「後 ECFA 時代臺灣經濟之展望」專題演說，拜訪李前總統登輝等。

（三）國外活動：記錄副總統任內二次出訪，包括：以特使身分於 2008 年 9 月率團訪問史瓦濟蘭王國，2011 年 5 月率團訪問巴拉圭及巴拿馬，並過境美國洛杉磯及紐約。

三、器物

器物來源為副總統任內國內外各界呈贈文物，包括甘比亞總統賈梅致贈科拉琴及非洲野生動物染織品、海地總統蒲雷華（Rene Preval）致贈油畫《雲海上的風景》、吉里巴斯總統湯安諾（Anote Tong）致贈魚筌、馬紹爾群島總統湯敏彥（Litokwa Tomeing）致贈草編藝品、帛琉

共和國副總統兼財政部長馬瑞爾（Kerai Mariur）致贈鋤頭、日本山梨縣知事橫內正明致贈壓花掛飾、菲律賓馬卡迪市市長畢乃（Jejomar C. Binay）致贈百雅尼漢（Bayanihan）民族舞蹈團紀念牌、挪威進步黨主席顏妽致贈錫缽、回教朝觀代表團團長朱雲清致贈短刀、「蕭萬長印」芙蓉石名章等。

吳敦義副總統文物

壹、小傳

　　吳敦義，1948 年生於南投草屯，先後畢業於臺中一中、國立臺灣大學歷史學系。大學畢業後，曾任《中國時報》記者，1973 年獲中國國民黨推薦參選，當選第二屆臺北市議員，並連任一屆。1981 年底，在臺北市議員任內，被國民黨徵召，返鄉參選南投縣長，當選並連任。1990 年 6 月，擔任官派高雄市長，並於 1994 年第一屆民選高雄市長選戰中成功連任。2002 年再度返鄉參選，擔任第五至第七屆南投縣選區立法委員。2009 年 9 月擔任行政院長，2012 年 2 月卸任，為馬英九總統任內任期最長之行政院長。2012 年 5 月，就任中華民國第十三任副總統，2016 年 5 月卸任。

　　在南投縣長任內，成立「馬上辦理中心」、「縣民時間」、「道路橋樑立即修護中心」，樹立廉能與傾聽民意作風，解決公共工程不良問題，並開拓中潭公路、埔霧公路等南投縣主要交通幹道，同時，在就職日及任滿日主動公布財產，接受縣民考核。在高雄市長任內，為解決空氣品質與環境問題，終止壽山、半屏山、駱駝山採礦合約，並建置污水主次幹管及雨水下水道；為解決垃圾掩埋問題，推動興建高雄中區與南區焚化爐，並訂定「青山計畫」，針對原西青埔垃圾掩埋場進行整地復育工作，規劃成立高雄都會公園。在行政院長任內，以災後重建與國土保育、防治 H1N1 新型流感、振興經濟促進就業、推動兩岸與外交關係，以及持續照顧弱勢等五大重點為施政方針。

貳、移轉及整理

國史館典藏之《吳敦義副總統文物》，係自 2012 年開始，分批自總統府移轉入館，先後共進行 8 次點收工作。

《吳敦義副總統文物》可區分為數位文件、數位照片、視聽資料、器物等 4 大類，其中數位文件為網站資料，即「總統府全球資訊網」馬英九總統任內網站資料之一部分；數位照片有 45,295 張；視聽資料有數位影音檔 1,415 則；器物有禮品、名章等 444 件。

在數位化方面，《吳敦義副總統文物》之文件、照片與視聽資料均為數位檔案，不需再進行數位化工作。在編目方面，目前尚未進行細部編目工作。

參、內容

一、文件

文件部分為網站資料，為吳敦義副總統於 2012 年 5 月至 2016 年 5 月任期中見諸於「總統府全球資訊網」之活動紀錄，其重要內容如次。

1. 出訪專輯：包括率團訪問多明尼加、貝里斯以及赴教廷出席故教宗若望廿三世及若望保祿二世封聖大典等 2 次出訪紀實。

2. 總統府人權諮詢委員會相關訊息。

3. 個人相關資料：包括傳略、大事年表、特寫等。

二、照片

吳敦義副總統文物照片為其四年任期內各項活動之留影，均為數位檔，茲依主題條列重要內容如次。

（一）主持典禮集會：包括主持會議，如總統府人權諮詢委員會會議、第五屆監察委員審薦小組會議等；主持交接典禮，如總統府新、卸任秘書長、國安會卸、新任秘書長、監察院第五屆院長、行政院卸、新任院長等交接典禮之監交；其他如總統府記者聯誼會、第十二屆考試院院長、副院長暨考試委員被提名人介紹記者會、司法院大法官被提名人介紹記者會等。

吳敦義副總統

　　（二）出席各式活動：包括國家慶典，如中華民國第十三任總統副總統宣誓就職典禮暨慶祝大會、元旦升旗典禮、國慶大會與酒會等；宣誓與交接典禮，如新任行政院政務首長、副首長宣誓典禮、考試院第十二屆院長、副院長、考試委員暨政務人員宣誓典禮等；開幕典禮，如臺北國際觀光博覽會、臺北國際發明暨技術交易展、臺北國際機器人與自動化工業展、臺北國際光電週暨臺灣平面顯示器展、南投世界茶業博覽會、南投花卉嘉年華——踏雪尋梅、臺北溫泉季、國家新創獎、屏東萬丹國際紅豆節等；揭牌儀式，如為中華民國全國漁會、八八風災救災英雄紀念碑、亞蔬新種原庫、霧峰南天宮阿罩霧媽祖文化節等揭牌或揭碑；授旗典禮，如為我國參加首爾第七屆亞太聽障運動會、第二十七屆喀山世界大學運動會、第六屆天津東亞運動會、仁川亞洲帕拉運動會、夏季世界特殊奧林匹克運動會等代表團授旗；頒獎典禮，如永信李天德醫藥科技獎、科技100強、政府服務品質獎、臺灣服務業大評鑑、天使獎、國家磐石關懷獎章、全國技能競賽、教育部教學卓越獎、十大傑出青年、國家建築金獎、身心障礙楷模金鷹獎、《遠見雜誌》企業社會責任獎、南丁格爾獎、十大傑出企業金峰獎、金師獎全國教育楷模、第一屆國家金璽獎等；表揚大會，如模範家庭、跨越一百‧平安幸福101——三代同堂楷模、公務人員傑出貢獻獎、全國好人好事代表、五一勞動節模範勞工、世界紅十字日暨志工表

揚、弘揚母愛音樂晚會暨慈悲楷模、全國孝行獎、莫拉克風災重建有功
人員暨團體等；展覽活動，如出席「丹青不知年」──柯耀東八十書畫
展、「瞬間的永恆」──普立茲新聞攝影獎 70 年大展、米開朗基羅：文
藝復興巨匠再現特展、林惺嶽「臺灣風土的魅力」畫展、「自在・從心
所欲」──李轂摩書畫創作展、「看見・臺灣」──林磐聳的藝術與設
計、程雪亞水墨創作展、「閩臺三傑」──余承堯、沈耀初、鄭善禧書
畫展、「世紀水墨」──黃光男畫展、「世紀交通」──運輸重要檔案
展、國父孫中山先生逝世 90 週年紀念特展、林獻堂先生與霧峰林家特
展等展覽之開幕儀式；討論會與座談會，如全國反毒學術研討會、臺灣
生技醫療產業政策總體檢論壇、臺灣創投高峰論壇、亞太生產力與永續
成長國際研討會、亞洲農業資訊科技國際研討會暨世界農業資訊科技國
際研討會、亞洲 NGO 援助與發展研討會、「世界的下一個十年」──
吉姆羅傑斯論壇、高等教育品質保證國際網路國際研討會、永續臺灣看
見重建──莫拉克颱風災後重建經驗傳承綜合座談會等；畢業典禮，如
義守大學、高雄師範大學、中央警察大學、佛光大學及高雄餐旅大學多
功能活動中心落成暨畢業典禮等；體育活動，如為第二屆奧運小桂冠親
子路跑賽鳴槍、為世界棒球經典賽臺中首輪賽開幕致詞與開球，及出席
日月潭國際萬人泳渡、國際無車日萬人健走、臺塑企業運動大會、全國
大專院校運動會、行政院南服中心大手牽小手快樂健步走萬人健行、全
國身心障礙國民運動會、第一屆世界盃 21U 棒球錦標賽等開幕儀式；
民俗文化活動，如南投集集佛陀舍利世界和平塔鎮國寺世界念佛救地球
法會、臺北指南宮慶祝孚佑帝君成道大典暨三獻大禮、新竹縣義民文化
祭祈福祭典暨開幕儀式、省城隍祀典大三獻祭典祝壽禮、大甲鎮瀾宮媽
祖起駕典禮、佛誕節浴佛慶典祈福大會、法鼓山除夕聞鐘聲祈福法會、
宜蘭頭城中元搶孤、臺北母娘文化季──祈天護國佑民大法會米龍點睛
儀式及至中臺禪寺等寺廟祈福參拜及發送福袋等；動土及動工典禮，如
高鐵雲林、彰化站動工典禮、機場捷運 A7 站合宜住宅聯合開工動土典
禮、高雄港客運專區──港埠旅運中心新建工程動土典禮、南投縣仁愛

之家希望城堡（兒童館）新建工程開工動土典禮等；落成啟用典禮，如國家實驗研究院「海研五號」啟用典禮、新竹縣生命線協會慶祝 35 週年暨新會館落成啟用感恩餐會、南投縣北投國小校舍重建暨蔡福全教育紀念館落成啟用典禮、國際獅子會 E2 區獅子愛心農場啟用揭碑暨植樹活動、蘇澳區漁會漁民節慶祝大會暨漁具倉庫落成啟用典禮、南投仁愛之家附設希望城堡大樓落成典禮等；通車典禮，如臺 65 線快速公路全線通車典禮、新北環河快速道路永和區轄段通車典禮、苗栗縣大安溪卓蘭至三義連絡道路新闢工程全線通車典禮、屏東縣臺 24 線霧臺谷川大橋復建工程通車典禮、斜張大橋通車典禮等；紀念追思活動，如巫永福先生百歲冥誕紀念活動、八田與一技師逝世 71 週年追思紀念會、中樞秋祭忠烈殉職人員典禮、慶祝抗日戰爭勝利暨臺灣光復 70 週年紀念大會、林獻堂逝世 60 週年文藝紀念音樂會等。

（三）接見各界人士：包括會晤外國正副元首，如瓜地馬拉前總統席瑞索、海地共和國總統馬德立伉儷、巴拉圭共和國總統卡提斯、布吉納法索總統龔保雷伉儷、吉里巴斯共和國副總統歐泰瑪等；接見外國政要，如印尼貿易部長兼投資協調委員會主席吉達、加拿大聯邦眾議員韓德博、日本眾議員田中和德、「法國國民議會友臺小組」副主席賈卡、貝里斯外交部長艾林頓伉儷、波蘭眾議院副議長萬德利赫、英國國會上議院議員道布斯勳爵、美國密蘇里州州長尼克森伉儷、多明尼加參議院副議長黎莎朵、巴拉圭共和國亞松森市長沙馬涅戈伉儷、丹麥國會歐洲事務委員會主席韓笙、多明尼加共和國最高法院院長荷爾曼伉儷、新加坡國防部長黃永宏、美國聯邦參議院外交委員會主席孟南德茲等；接見國內外各界優秀代表及傑出人士，如首爾亞太聽障運動會得獎選手、教練及領隊、諾貝爾化學獎得主尤娜特、諾貝爾經濟獎得主沙金特、全國十大傑出教師「弘道獎」當選人、第八屆「國家人力創新獎」得獎代表、「第十五屆莫斯科阿基米德國際發明展」暨「2012 義大利國際發明展」金牌獎得獎者、2012 年世界室內（外）及亞洲室內拔河錦標賽我國代表隊、2013 年我國國際運動賽事表現優異運動選手等。

（四）接待款宴賓客：包括外國副元首，如瓜地馬拉共和國副總統芭爾德蒂、甘比亞副總統賈沙迪、宏都拉斯共和國副總統艾蕾拉暨夫婿、薩爾瓦多副總統歐帝茲、宏都拉斯副總統阿瓦雷茲伉儷等；其他如中央研究院院士、總統府資政顧問等。

（五）視察訪視校閱：包括視察工程建設，如視察太魯閣國家公園管理處落石防護、蘇拉風災和中部落復建、蘇花公路改善計畫、莫拉克風災重建、興建金門大橋等工程，及勘察臺東縣太麻里溪堤防與道路復建工程、環島鐵路系統提升計畫——南太麻里溪橋改建工程等；訪視地方民情，如拜訪南投縣渡船遊艇商業同業公會、訪視財團法人北部臺灣基督教長老教會東部中會附設臺東長青老人養護中心、拜訪瑪家農場永久屋禮那里部落、探視「高雄氣爆事件」國軍高雄 802 總醫院受傷病患、拜訪長治「百合部落」、訪視莫拉克風災重建展示館等；視導部隊訓練，如出席「漢光 31 號」演習國防戰力展示、出席「國軍三項基本體能競賽」開幕典禮等。

（六）專訪與記者會：包括接受國內外媒體專訪，如《亞洲週刊》等；出席記者會，如「世界海洋日」、南北極地風光博覽會、南投「火車好多節」、永慶慈善基金會「人間」公益影展、「世界自殺防治日」、「攜手同心 e 起反毒」全國反毒聯合記者會、法律扶助基金會「建立原住民被告強制辯護制度與加強原住民法律扶助」、「童‧理心」——兒童人權海報展等。

（七）兩岸關係活動：包括接見相關人士，如海峽兩岸商務發展基金會董事長張平沼、中華兩岸企業發展協進會幹部、中華兩岸農特產及經貿觀光協會、海峽兩岸公共事務協會代表等；出席相關活動，如臺灣海峽兩岸文教經貿宗教交流協會成立大會、「黃金十年兩岸關係的展望」學術研討會、青年學生大陸政策研習營開幕式、中華兩岸連鎖經營協會會員大會、中華民國旅行商業同業公會「兩岸服務貿易協議」內容說明會、《旺報》兩岸創富論壇、兩岸連鎖品牌服務業發展與轉型高峰論壇、大陸臺商秋節座談聯誼暨晚宴、「兩岸企業重建研討會」開幕典

禮、ECFA 服務貿易協議商機論壇、海基會 25 週年回顧與前瞻論壇，以及應陸委會安排「服貿協議」廟口開講等。

（八）出國參訪：包括參加就職典禮，如多明尼加新任總統梅迪納暨副總統瑪格麗特就職典禮，以及參加教廷先教宗封聖大典等；會晤重要人士，如美國 AIT 理事主席薄瑞光、日本交流協會前所長今井正、多明尼加總統費南德斯、海地總統馬德立、瓜地馬拉外長卡巴耶羅斯、貝里斯總理巴洛、馬爾他騎士團馬哲立總理兼外長等；參加各式活動，如參訪美國 911 國家紀念公園、參訪「無畏號」海、空暨太空博物館、參訪多明尼加職訓局並主持雙邊合作計畫職訓設備啟用典禮、參觀阿頓哈馬雅古蹟、至貝里斯中央農場視察臺貝技術合作成果、參觀貝里斯博物館、視察駐教廷大使館、參觀教宗夏宮岡道爾夫堡、參觀聖保多祿大教堂等。

（九）其他：包括出席婚禮，如苗栗客家桐花婚禮等；訪視耆老賢能，如探視單國璽樞機主教、拜訪華泰電子創辦人杜俊元博士、燈籠大師吳敦厚、鹿港金雕大師鄭應諧、「薪傳獎」得主錫雕大師陳萬能等；追思致祭，如出席單國璽、林洋港、李泰祥、黃俊英、張豐緒、莊倍源等人及高雄氣爆事件與復興航空事故罹難者之追思告別會。

三、視聽資料

《吳敦義副總統文物》之視聽資料為其四年任期內各項活動之留影，其重要內容與照片相同，惟以錄影帶、光碟及數位影音等載體呈現，此處不予贅述。

四、器物

《吳敦義副總統文物》中之器物，除名章外，可分為勳獎與證書、刀槍與彈藥、飲食、服飾、住居用品、貨幣與交通、教育娛樂與休閒、應用藝術、藝術等 9 類，共計 444 件。

個人、團體史料

張繼史料

壹、小傳

　　張繼（1882-1947），字溥泉，河北滄州人。幼入私塾讀書，16 歲隨父張以南前往保定蓮池書院學習，師從桐城派大師吳汝綸，深受儒學薰陶。18 歲留學日本，於早稻田大學學習政治經濟，開始受革命思想薰習，並結識章炳麟、黃興、孫中山等革命派人士。1905 年加入同盟會，任《民報》編輯兼發行人。1908 年赴法國，與李煜瀛等人在巴黎一起創辦《新世紀》等刊物，宣傳無政府主義。辛亥革命爆發後返國。

　　民國成立後，同盟會正式改組為國民黨，先生獲選為交際部主任，負責黨內聯絡及吸收黨員等工作。1913 年 4 月國會成立，當選為第一任參議院議長。不久因宋教仁遇刺事件，國民黨人為袁世凱驅逐，赴九江參加討袁，失敗後追隨孫中山流亡日本，參與建立中華革命黨。袁世凱死後，國會復會，先生在北京組織憲政商榷會，後改為益友社。孫中山發動護法運動時，任廣州軍政府駐日代表，後又赴歐美爭取華僑支持。1920 年回國後，先後任廣東軍政府顧問、國民黨北方執行部部長、國民黨廣州特設辦事處幹事長。

　　先生一度支持孫中山的聯俄容共政策，且於 1924 年 1 月在中國國民黨第一次全國代表大會當選為第一屆中央監察委員。卻於 6 月，和謝持、鄧澤如等聯名提出「彈劾共產黨案」，為此受孫中山斥責，避走上海。孫中山去世後，鄒魯、謝持等在北京西山召開中國國民黨一屆四中全會，先生雖因病並未參加，但簽名表示支持；為此受中國國民黨第二

次全國代表大會書面警告。其後又出席了西山會議派的中國國民黨第二次全國代表大會。1927 年寧漢滬三方合組特別委員會，被推為委員。又與居正代表特別委員會赴漢，促進寧漢合作。並同何應欽赴奉化，勸蔣中正再起。復北上大連，轉赴日本，勸日本朝野助我北伐。

北伐統一後，先生任南京國民政府司法院副院長兼北平政治分會主席。後又任中國國民黨中央監察委員、國民政府委員及蒙藏委員會委員。1931 年春，視察國民黨北方黨務。5 月，聞寧粵分歧加劇，粵方對中樞頗有微言，赴粵調停，後並向蔣中正提出讓胡漢民外遊之主張。國民會議開會，擔任主席團主席，通過訓政時期約法。7 月，與吳鐵城電粵釋嫌，團結剿共。

1932 年一二八事變起，國民政府遷洛陽辦公，先生任西京籌備委員會委員長。1933 年 2 月，任中國國民黨華北辦事處主任。1937 年兼任國民黨中央黨史史料編纂委員會主任委員、中央監察委員會常務委員、國民政府委員等職，除監察業務外，又究心於史料文物之保存。抗戰軍興，取道南昌、長沙入川，督運開國史料，保藏於重慶。1939 年兼任中蘇文化協會四川分會會長。1940 年任國史館籌備委員會主任委員。1945 年，中國國民黨六全大會開會，當選連任中央監察委員。1946 年 6 月還都籌備國史館；冬，出席國民大會，任主席團主席。憲政開始，任憲政實施促進委員會副會長。1947 年 1 月，任國史館館長。12 月 15 日以肝膽宿疾猝發，溘然長逝。享年 66 歲。

妻崔震華（1886-1971），字哲雲，天津北洋女子師範學堂畢業，亦參與辛亥革命，與秋瑾、徐宗漢並稱為「革命三女傑」，歷任制憲國民大會代表、國民參政會參政員、監察院監察委員等職。

貳、移轉及整理

自民國建立以來，國史編纂機構屢經籌組，惟以時局不穩，或旋立旋輟，或附設在其他機構之中，無法顯現具體績效，直到 1947 年才得

在南京正式開館，張繼出任館長，內部組織與人員齊備，確定國史館職能為中華民國史編纂。雖然在任僅短短一年，即因病逝世，但奠定國史館基礎之功，及與國史館關係之密切，實無庸置疑。

1957 年國史館在臺復館後，對歷任館長史料之蒐集不餘遺力。張繼史料經過初步徵集，1975 年 1 月移轉第一批，包括事略、墓表、年譜、照片冊及紀念文章及報導等資料。1978 年 10 月，收入夫人崔震華傳略一篇。2014 年 8 月，前總統府資政胡為真又捐贈一批，包括信函、證書、文稿原件等，共計 21 卷。這些史料原係張繼之侄、武壇國術推廣中心創辦人劉雲樵所保管，劉過世前，轉交胡為真代為處理，最後由胡為真捐贈國史館，不僅豐富了館藏，且極具意義。

參、內容

《張繼史料》包含張繼與夫人崔震華兩人的史料，其中張繼史料年代起自 1911 年辛亥革命至 1947 年張繼逝世止，崔震華史料亦始自其參加革命，至 1971 年監察委員任內逝世為止。此全宗可分為文件類、照片類、證件聘書類、圖書類及雜件類 5 大項；茲分述如下：

一、文件類

1992 年之前，本館已陸續徵集到張繼部分史料，包括張繼先生事略、墓表、年譜（抄搞）、張繼個人照片、墨蹟（影本）、相簿等，又保存一份在張繼逝世二週年，1949 年 12 月 15 日《掃蕩報》出刊的一張全版張溥泉先生逝世二週年紀念特刊，裡面收有吳敬恆、丁惟汾、林尹、鄒魯等紀念性文章，和陳誠、閻錫山、于右任等題詞。另加上李猷所撰，發表於《中華文化復興月刊》14 卷第 10 期的〈張溥泉先生及其遺詩〉一文，成為張繼全宗的基本史料。

至於胡為真所捐贈之文件，內容更為豐富，包括張繼手跡簡目、

1943 年先烈紀念日張繼廣播詞稿、挽陳去病詩四首、「不寐」詩一首、1946 年張繼刊於雲南《展望月刊》之「無題」詩一首、「消夏」詩四首、抄寫陸游詩十七首拍紙簿、抄寫宋代林鉞撰〈漢雋序〉、明末清初文人顏元文章篇目與解題（共五頁）、其他抄錄古人詩句等紙九張、寄存襃城圖書目錄（共十頁）。

由於張繼出生士紳之家，祖父張文紳、父張以南及伯父張以功俱為文士，自幼接受父祖輩的儒家式教育，在胡為真所捐贈的史料中，有部分張以南、張以功資料或張繼對父祖輩的紀念性文章，如張以南撰有〈先考先妣及先繼妣行略〉，張繼本人亦有〈祭祖父母父母及前母〉一文。在父親張以南逝世後，張繼亦親自撰寫、再請章炳麟加以修改的〈先府君哀述〉，亦請章炳麟另撰〈張化臣先生傳〉，來紀念父親。

有一部分的文件為張繼父親張以南與師友之文件，如張以南予其師保定蓮池書院山長張裕釗法書數紙與編印書稿詩文稿計價資料、胡培系與許達善致張裕釗小箋。有一些抄件，如《中國日報》主筆陳春生撰「讀總理為楊衢雲死事致謝纘泰函感言」、張介眉（張澍）先生遺稿目錄、疑似吳敬恆致張靜江、張繼等人信件、抄汪精衛在刑部大獄供詞、抄章炳麟致陳炯明函等文件。

也保存相當數量的張繼父子與親友間之信函，如張繼致父親及母親的信件、祖父張文紳予伯父張以功及父張以南家書以及張以南所作壽序等文章，張以南致師友書信（收信者：中魯、紱臣、韶甫、弼臣、世臣、汝陳、彭秋、緘古、辟畺、雲門等人）及師友致張以南信件（來信者：王景澧、吳汝綸等人）、親戚為悼唁張以南去世致張繼函、父張以南予張繼信件及明信片、伯父張以功與父張以南往來信件、張以功妻蘇氏致張以南信件等。

張繼之妻崔震華一生事功亦相當可觀。她於 1971 年 3 月 9 日在監察委員任內逝世，本館亦徵得徐整珊撰〈張溥泉夫人崔監察委員震華女士傳略〉一文。另外在胡為真所捐贈的史料當中，也有部分崔震華文件，如崔震華革命勳績及傳略、黨員證書、國民大會代表席次證及出席

證、報刊關於崔震華當選中國國民黨六全大會監察委員感言及原稿、「中央監察委員分赴收復區各地視察暫行辦法」、崔震華演講稿、呈蔣中正有關北平學校缺煤事、呈李宗仁有關宏仁職業學校校地事、「知識婦女下鄉去」之廣播詞稿、有關當選監察委員證書公函、推選崔震華為監察院副院長文宣、崔震華赴香港出入境許可與聯絡人資料、各方致崔震華信件（來信者：楊振法、章炳麟妻湯國梨、黃侃之妻黃樸、虛雲和尚、黃稈荃、安懷音、李治中、張忠建等）、崔震華皈依牒、八十壽誕各方電報與賀函等。

　　張繼與崔震華育有一子張琨和兩女張瑛與張琳。1945 年 2 月，成都發生一青年被棄屍於荒野命案，死者即為張繼之子張琨，因張繼對張琨死因懷疑，要求徹查，成為喧騰一時的一宗命案，在胡為真捐贈史料中，有張琨法國中學教育學士學位證書、張繼予張琨信件、張琨命案剪報兩則以及張繼為張琨之事致賴景瑚信件等。史料中亦保存有張繼與妻崔震華予長女張瑛信件、張繼與崔震華為張瑛留學法國事致方太太信件、張繼與崔震華往來信件、次女張琳致崔震華信件、某人為張繼夫婦

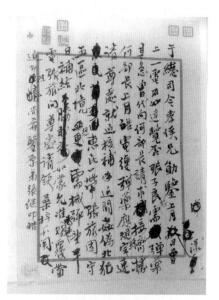

同遊昆明賦贈之詩（作者不詳，應作於 1946 年）等。

　　身為黨國要員，全宗保存了一部分張繼與其他黨國要員的重要信函與文件，值得進一步研究，如致吳鐵城函、致于學忠函、中國國民黨中央執行委員員會調查統計局有關中共召開七全代表大會通報、為癸卯學社紀念碑撰文往來函件及碑文等。另外，任桐、馬衡、黎翔鳳、霍濟光、歐陽竟無、陳誠、黃如璋、李耀鼎、許世英、屈映光、黃國樑、林耕宇等各方人士均曾致

張繼致于學忠函

函張繼，由這些信函，或可觀其人際網絡。

　　全宗亦存有張繼有關故宮訟案發表之談話，因為 1932 年 8 月，擔任全國文物管理委員會主席並兼故宮博物院副院長的張繼，與夫人崔震華聯手控告故宮博物院院長易培基與擔任秘書長——易培基的女婿李宗侗盜賣故宮文物，引發轟動的「故宮盜寶案」，雙方的訟案交鋒不斷，並成為時人關注的焦點。

張繼等提案改國史籌備委員會為
國史館

　　而有關國史館的籌設，張繼史料有一份籌備委員會總幹事朱希祖呈主任委員張繼之「增進效率原則」文件。對充實國史館圖書文獻方面，亦曾徵詢圖書文獻前輩、山東圖書館館長兼國史館籌備委員會總幹事王獻唐提供國史館擬購書目的推薦書單及張繼交下購書收據清單，又有一份皮箱及樟木箱所裝書籍清單、南京國史館陵園小築館長室書籍登記冊及雜物登記表等資料。另有一份國民政府委員及隨從官吏生活補助費清單等。

二、照片類

　　《張繼史料》之照片有 4 卷，一為 1947 年任中國國民黨中央監察委員、國民黨黨史會第二屆會長及國史館館長時之照片；一為 1905 年日本東京成立同盟會時擔任司法部判事兼民報發行人及軍政府孫大元帥委派之駐日外交代表；一為墨蹟影本，是張繼於 1931 年書「有完整之歷史，乃有完整之國運，前人之功業愈表彰，後人之德力愈發揚。克強

先生上總理書。」

　　另一卷是一本裝訂及整理得十分完好的相片冊，有張繼家族成員照片，如張繼不同年紀照片多幀、先人先世遺像、夫人崔震華獨照、崔震華 1946 年 2 月至太原宣慰播音攝影、兒子張琨、女兒張瑛、張琳照片等。亦有張繼與家人之合影，如 1939 年張繼全家合影、張繼與崔震華合影、1941 年張繼與崔震華於華清池合影、1946 年張繼夫婦與長女張瑛及外孫合影、1947 年張繼與親友於南京中山陵合影等。

　　照片集裡保有數量不少張繼個人於各地參訪活動的照片，尤具史料價值，如 1939 年組成中央北路慰勞團接受第五戰區各機構歡迎大會、1940 年與中央派遣留學同志合影、1945 年參觀蔡家坡紡織廠及各地遊訪照片、1946 年中國新聞專科學校全體師生歡迎董事長張繼蒞校照片、赴青島宣慰照片、參加國立西南聯合大學結業典禮、參加河北平津國民大會代表聯歡紀念照片、1946 年於北平民國大學所攝照片、在國民黨黨史史料編纂委員會中與羅家倫及李文範之合照、於國民政府委員會改組成立之照片等。

　　照片集有一批與歷史事件相關的照片，如 1932 年擔任西京籌備委員會委員長，張繼就任後開始著力於西北建設，照片集收有隴海鐵路咸同段及寶天段工程兩組照片，咸同段是隴海支線，為抗戰時期為開採同官煤礦，而鋪築之鐵路輕便支線，建於 1939 年 4 月，完成於 1942 年，對於抗戰時期隴海沿線工礦企業之供煤貢獻很大。寶天段為隴海西段寶雞至天水的鐵路，1939 年設寶天段工程處辦理修築事宜，值抗戰物資與人力兩缺之時，沿路又多石方，需建築隧道，工程十分艱鉅，仍能於 1945 年完工通車，實屬不易。兩組工程照片有沿途地形地勢、築路實況、所經之各地勝蹟等，對照後來的開發與史蹟的破壞，這些被留存下來的影像紀錄彌足珍貴。

　　除了兩卷西北鐵路建設工程，因與張繼任職西京籌備委員會職務相關，而被保存下來之外，照片集亦翻拍一張孫中山致黃宗仰信件、1933 年故宮博物院文物遺失案文電、明朝史可法墨跡、九江國民黨歡迎孫中

山等照片。

三、證件聘書類

　　在證件聘書部分，張繼史料在影印件部分有國民大會代表名條與國民政府特別出入證、國民大會代表領費憑證、乘車證及其他選任狀聘書等。在實物方面有 1912 年張繼與崔震華之結婚證書、1936 年張繼之中國國民黨黨員證書、1946 年 12 月 18 日張繼任國史館館長特任狀、1947 年 4 月 18 日張繼為國民政府委員選任狀、同年 10 月 2 日任抗戰遺族學校名譽董事聘書、11 月 22 日張繼為國民大會籌備委員會委員兼副主任委員特派狀等。

四、圖書類

　　張繼史料有一部分圖書，如張繼抄存父親張以南文章一冊（線裝，封面內有張繼手跡「父書子繼敬識」及「張繼印信」、「溥泉」印文二方）、襄城存書目錄一冊（線裝本）、謝氏出售書目及雜鈔（線裝本）、房地產清冊一本（布面線裝）、張繼等提「改國史館籌備委員會為國史館案」一本（含「國史館組織條例草案」）、滄州張氏家譜稿本（不全）、族居記、吳毓麟編著「中國革命史料集（總目）」、黃克強先生生平事蹟及年表等。

五、雜件類

　　張繼史料較特別的是有一批關於地產地契或文書資料，如南京淮海路中國鹽業公司房地產平面圖（應為國史館館址）、曹士澂及周一夔為南京厚載巷租房事致張繼信件、南京陵園小築傢具清單、國史館向陵園小築借用鐵床等物啟、國父陵園管理委員會開立租金及收到陵園新村領地證收據、陵園新村地段圖、張繼與崔震華家族財產資料：李貴賣地契

與顧久成租地契、祭田七段與其他田產清單、張繼友人孫尚容致崔震華
有關佃租收入及購地等費用清單、任萍致崔震華有關保管產業事宜函、
周少石與溫良儒為楊虎城賣與張繼西安市房地事致崔震華函與合同、北
京市內慈慧殿壹號等房地產三處清單、硬木家具器具等清單一冊、張瑛
書寫存放銀行保險箱財物備忘一紙、匯款與張瑛等人記錄、木器書籍清
冊、第一號房庫存儲登記表（中英文本）等。

汪兆銘史料

壹、小傳

　　汪兆銘，1883 年生於廣東佛山，字季新，筆名精衛，時人多以「汪精衛」稱呼。早年受西方民主思想影響，日本法政大學畢業後，追隨孫文獻身於革命，參與籌設南洋各地同盟會分會，因謀炸攝政王載灃被捕入獄，是中國國民黨創黨元老之一，不論是文采還是人品深受時人所肯定，因此頗得孫文倚重。民國成立後他實踐了「革命成功後，一不作官，二不作議員，功成身退」的諾言，偕其妻陳璧君留學法國，後來因為國內政局的發展，又使他捲入權力紛爭之中。以他個人在黨內的資歷和威望，不但經常被推舉擔任反蔣中正陣營的領袖，也因為他的政治地位崇高，長年出任黨政要職，包括廣州國民政府常務委員會主席兼軍事委員會主席、武漢國民政府常務委員，1931 年聯合反蔣各派組成廣東國民政府，九一八事變後與蔣合組政府，出任行政院院長、國防最高會議副主席、中國國民黨副總裁等。1937 年中日全面戰爭爆發初期原持抗日立場，後來放棄對抗想法轉而與日本政府合作，1938 年 12 月於越南河內通電主張中止抗戰，1940 年 3 月在南京另組親日之國民政府，並擔任南京國民政府主席、行政院院長、軍事委員會委員長、清鄉委員會委員長、中央政治委員會最高國防會議主席等要職。1944 年 11 月 10 日，病逝於日本名古屋，遺體運回南京中山陵安葬。著有《汪精衛詩存》、《汪精衛文選》、《汪兆銘全集》（日文版）等。

貳、移轉及整理

　　《汪兆銘史料》原來是由法務部調查局負責保管，存放於新店的青溪園區，2005 年 6 月調查局同意將該批史料移轉國史館典藏，7 月 20 日國史館派員至青溪園區點收史料進館，計有文件 59 冊、照片 30 冊。8 月 22 日在調查局中華大樓舉辦史料交接典禮，順利完成移轉程序。

　　國史館於接收該批史料後隨即展開數位化作業，至 2007 年 11 月全部完成，計有：文件史料共編為 59 卷，建置 3,459 筆目錄資料，掃描 5 千 5 百餘頁影像圖檔；照片史料共編為 30 卷，建置 987 筆目錄資料，掃描 1 千餘張影像圖檔。

參、內容

一、文件

　　文件史料年代起自 1925 年至 1944 年，主要為汪兆銘與各方的往來電文及函件，經內涵分析後歸納為「函電與函件」一個副系列層級。內容依政權更迭可分為廣州國民政府時期、武漢及廣東國民政府時期、國民政府時期、附日時期等 4 項，簡述如次。

　　（一）廣州國民政府時期：包括〈民國 14 年汪精衛與國內外要人往返函電〉1 卷、〈抗戰前汪精衛與黨方首要往返函電〉1 卷等。含廖仲愷函陳璧君「加拉罕有二十三日來粵消息，據彼中人所述，渠抵粵後與先生往還搓商之件甚多，旅館嫌不秘密」，古應芬電「東路軍以餉絀遲遲未進，使沈鴻英殘部進陷連縣，而南路退守恩平瑟縮不前，恐今後步驟愈亂，為患不止」，軍事委員會訂期召開第一次全體委員會議，曾醒電「中央及地方黨部聯席會議通過並電促汪主席銷假復職」，鮑羅廷電「黨意及蔣已公認先生即返之必要，請即返粵，坐飛機到莫斯科，快車到海參威，並將代備專船」等。

（二）武漢及廣東國民政府時期：包括〈汪精衛投敵前與政府首要函電〉2卷、〈汪精衛與財政機關之各項往返函電〉1卷、〈民國16年全國各黨部促汪精衛銷假視事函電〉1卷、〈民國16年各軍事首長與汪精衛之函電〉2卷、〈抗戰前汪精衛與黨方首要往返函電〉1卷、〈抗戰前汪精衛與國軍首要往返函電〉1卷、〈譚延闓、龐炳勳、吳化文、陶希聖、孫科致汪精衛函件〉1卷、〈清黨時期與汪精衛有關資料、周佛海著回憶與前瞻手稿、陳公博與墨索里尼及齊諾爾等談話紀錄〉1卷等。含蔡元培等電「寧漢同志自動覺悟各示退讓，望一致討伐北虜及帝國主義，中國前途實利賴之」，何鍵電「寧方似對我軍疑慮，要求勿再前進，現我軍已進至舒城三河鎮豐樂河，並分途續進」，溫福田函「目前武漢鹽荒已達極點，雖由米源缺乏，販商屯積居奇，而榷運局內上下員司，因緣為奸，抽簽掛鹽，實為主因」，譚延闓電「政府遷寧，武漢財政宜有人負責，維持漢口總商會」，張篤倫電「奉命入川晤各軍長，傳述中央決策，均表擁護，現正徵集各方同志意見，共籌安定川局辦法，近期即呈」，梁壽愷電「寧漢合作革命之力量統一，敬願共同北伐，消滅奉魯餘孽，完成國民革命」，胡宗鐸、葉琪電「接滬電，蔣調蔣蔡兩師南旋，並擬以賀耀組易何鍵，陳濟棠及何鍵頗自危，陳電請馮祝萬回粵，將另有活動，湘粵仍積極節進，當大可為」等。

（三）國民政府時期：包括〈有關塘沽協定河北玉田縣宮越案之函電〉1卷、〈汪精衛與財政機關之各項往返函電〉1卷、〈國際各有關方面致汪精衛函電〉1卷、〈清黨時期與汪精衛有關資料、周佛海著回憶與前瞻手稿、陳公博與墨索里尼及齊諾爾等談話紀錄〉1卷、〈抗戰前汪精衛與各方首要往返函電〉1卷、〈抗戰前汪精衛與黨方首要往返函電〉1卷、〈抗戰初期國府首要與汪精衛往返函電〉1卷、〈民國27年汪精衛與本黨（指中國國民黨）有關之各項函電〉2卷、〈汪精衛致總裁函電〉1卷、〈總裁致汪精衛等函電〉1卷、〈汪精衛投敵前與政府首要函電（2）〉1卷等。含郭泰祺函「英、美對承認滿洲國問題之真實態度，及蘇俄欲加入國聯之動機」，塘沽停戰協定，黃郛電「玉田日商宮

越被害事件，經設法緩和，苦心應付，彼始肯暫停緊急行動，而採用外交方式向于學忠提出解決條件五項」，蔣作賓電「日本朝野極願與中國提攜，惟具體方案尚未擬定，綜合列舉多數之主張，惟有先行聯絡感情，相機進行」，電蔣中正「詢知閩變案脅從者如有忠誠表示，當可從寬處置，菲僑許友超事，如尊意可從寬大，乞電示知」，蔣中正電「對所擬經濟建設提案處理辦法完全贊同，並請加邀財政部長參加審查」，陳公博與墨索里尼、齊諾爾談話紀錄，蔣中正電「對於宣戰問題，此時應切實研究，彼我之利害關係，今我沿海各口既全被封鎖，故我對於海外交通不再有所顧慮。若我宣戰，則美國必實行中立法，可斷絕敵人鋼鐵煤油之來源，實於敵有害也」等。

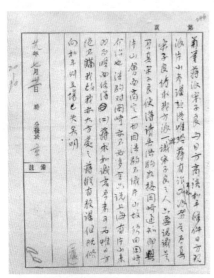

汪兆銘電陳璧君據報蔣中正派宋子良與日方商談和平條件，日方惟恐有詐，請求我方派人確認。

（四）附日時期：包括〈民國28、29、30年各方致汪精衛函電〉1卷、〈汪精衛組偽政府時各方之函電〉1卷、〈民國29年各方致汪精衛函電〉2卷、〈民國29年汪精衛與陳耀祖等函〉1卷、〈民國30年汪精衛與各偽機關首長往返函電〉2卷、〈民國30、31年各地與汪精衛往返函電〉1卷、〈民國31年汪精衛與各偽省市長往返函電〉1卷、〈民國31年汪精衛與廣州各偽機關往返函電〉2卷、〈民國31年汪精衛與廣州等地往返函電〉2卷、〈民國31年汪精衛與偽政府各省市長往返函電〉1卷、〈民國31年汪精衛與周佛海函電〉1卷、〈民國31年汪精衛與楊偽主席（湖北省政府主席楊揆一）函電〉1卷、〈民國31年各方為「清鄉工作」致汪精衛之函電〉2卷、〈民國31年各地舉行慶祝會致汪精衛賀電〉1卷、〈民國32年汪精

衛與廣州各方往返函電〉2 卷、〈民國 32 年汪精衛與各方函電〉1 卷、〈民國 32 年汪精衛與各偽省市長函電〉2 卷、〈民國 32 年汪精衛致周佛海函電〉1 卷、〈民國 33 年汪精衛與各地往返函電〉1 卷、〈汪精衛與陳公博往返函電〉1 卷、〈汪精衛與李士群往返函電〉1 卷、〈汪精衛與偽徐、蔡大使（徐良、蔡培）往返函電〉1 卷、〈陳公博致汪精衛函電〉2 卷、〈周佛海致汪精衛函件〉8 卷、〈譚延闓、龐炳勳、吳化文、陶希聖、孫科致汪精衛函件〉1 卷、〈國際各有關方面致汪精衛函電〉1 卷、〈日人近衛文麿等致汪精衛函〉1 卷等。含電張羣「艷電係明電，公開提議，公諸同志及國人而喚起注意，何由寧抗戰到亡亦不接受此等和平條件？離渝殊痛，無意更遠行」，王克敏電「前月聞公由河內到滬，勇氣不減當年，來教所示已得綱領，彼時如有所命，當無條件遵行」，近衛文麿函「拜讀手教並與高宗武晤談，詳悉先生種種苦心，此次事變誠屬遺憾，我人仍須秉正義努力，以期轉禍為福，盼先生為東洋永遠和平幸福而益加珍攝」，江正源電「自鈞座揭示和平旗幟後，即率前藍衣社社員百餘人一體脫社，另組興亞協進社，從事建設新中國工作」，坂垣征四郎函「此次為建設東亞新秩序，決然奮起，敬表感激，特派影佐砲兵大佐為代表，請不必保留與之傾談」，周佛海函「據影佐謂，近衛日前所開對美提出之條件，純係根據渠個人與先生之私交，千萬請守秘密」，徐良電「據日方意：須使教廷與重慶斷絕往來，然後幹旋承認國府」，電蔡培「昨已發表收買紗布條例，與泰國交換使節關鍵在日本，請與重光葵一商」，電陳耀祖「已通過財政部處理指定人資產辦法，即係對付英、美凍結資金，粵省可依此原則處理，其細節可與日方協商進行彙報中央」，電王揖唐「日本將天津英租界行政權交還我國，定二十八日典禮，特派褚民誼主持，並先赴北平奉商一切」，電楊揆一「此次與重光葵、畑俊六談後，由兩方總參謀長成立文字諒解，於國旗、軍旗之外另採他法以為識別，並注意與當地軍事當局隨時訂定更換，以免渝方摹倣」，電陳公博「青木大臣談話要點：施行經濟政策固須得民眾諒解，但上海民眾因環境醞釀，向來看不起政府，故須於求諒

解之外，尚有堅決方針，不屈不撓」，陳春圃電陳璧君等「驚悉先生逝世，萬分哀痛，心緒煩亂，已極不知何詞，奉慰伏乞節哀保重」等。

二、照片

照片史料年代起自 1938 年至 1945 年，大部分是汪政府從事各種活動之留影，可分為「出訪與接待」、「會議與典禮」、「視察與校閱」、「清鄉」等 4 個副系列層級。內容擇要如下。

（一）出訪與接待：包括率團訪問日本及滿洲國，拜訪日本首相東條英機及書記官長星野直樹，宴請滿洲國專使張景惠，東京民眾於道旁歡迎訪日，拜訪日本黑龍會首領頭山滿，日本駐汪政府大使本多熊太郎設宴招待，訪問滿洲國皇帝溥儀，滿洲國國務總理大臣張景惠、日本關東軍司令官梅津美治郎設宴招待，參觀滿洲國貴眾兩院議事室，檢閱滿洲國衛士團，代主席陳公博赴日謁日皇，滿洲國答禮使節團國務總理大臣張景惠訪財政部長周佛海，中、日、滿共同宣言週年與日軍總司令畑俊六合影，日本軍事顧問松井太久郎來華，外交部長褚民誼招待軸心國使節，歡迎印度獨立黨主席鮑斯（Subhas Chandra Bose）來訪，歡迎日本總理大臣東條英機來訪等。

（二）會議與典禮：包括在新民會聯合協議會演講，於蘇淮特別區行政公署成立週年大會訓話，立法院長陳公博於中日同盟條約簽訂一週年紀念會致詞，汪兆銘在全國經濟委員會訓話，宣傳部長林柏生於中央社三週年致詞，主持孫中山遺臟奉安典禮，日本答訪使節團平沼騏一郎等謁中山陵，中央委員公祭黃花岡烈士，汪政府慶祝還都週年紀念，於中日基本關係條約締約三週年記者招待會上講話，就任軍事委員會委員長，慶祝雙十國慶講話，出席和平反共建國運動諸先烈殉國紀念發表演講，接受日皇頒贈同光大勳章，交還上海法租界、天津義租界協定簽訂儀式，與谷正之簽訂日本國與汪政府同盟條約，褚民誼與日本簽訂日本在華臣民課稅條約等。

　（三）視察與校閱：包括視察滿洲國軍隊之敬禮式及機械化部隊，滿洲國軍隊戰鬥及軍備訓練，日本關東軍司令官山田乙三視察滿洲國壯丁體格檢查，滿洲國車輛工廠青年工作情形，周佛海參觀滿洲國飛機製造廠，滿洲國瀋陽製造防寒靴廠，對英美宣戰廣州街頭人民觀看南京電訊告示牌情形，宣傳部長林柏生在首都中日民眾決戰大會演說，參觀大東亞戰爭博覽會，上海慶祝收回租界遊行大會，天安門前汪政府軍隊分列行進，張景惠在南京檢閱汪政府軍隊，慶祝還都五週年紀念首都青少年大檢閱，溥儀參觀國民學校製飛機模型，滿洲國學生參加勤勞總動員奉告式，華北政務委員會新舊任委員長汪蔭泰、王克敏交接，湖北省長楊揆一視察農村，廣東省政府成立週年紀念閱兵等。

　（四）清鄉：包括偕清鄉委員會秘書長李士群等赴木瀆、蘇州、鎮江等地視察清鄉，聽取李士群、袁殊等報告清鄉工作，接受清鄉工作人員鑄贈銅像，視察清鄉向民眾訓話，與日本軍方商討聯合清鄉，招待記者發表清鄉，校閱清鄉軍，清鄉會議各院會首長聆聽訓詞等。

汪兆銘訪問滿洲國於歡迎大會檢閱學生隊伍

閻錫山史料

壹、小傳

　　閻錫山，字伯川，山西五臺人，生於西元 1883 年。幼入私塾，1901 年考入太原武備學堂。1904 年公費留學日本，入東京振武學堂。1905 年 7 月加入同盟會，為鐵血丈夫團成員。1907 年入日本陸軍士官學校。1909 年畢業返國，任山西陸軍第二標教練官，翌年升任標統，於辛亥革命時，被舉為山西都督。1912 至 1916 年，袁世凱時期，閻錫山督理山西軍務，民政則在袁世凱心腹金永手中，故對袁世凱多方妥協與恭順。及 1917 年，閻錫山任山西都督兼省長，確實掌握山西實權，至 1927 年，閻錫山持「保境安民，不問外事」政策，周旋於北洋皖、直、奉各派軍閥之間。1927 年 6 月，響應國民革命軍北伐，出任國民革命軍北方總司令。1928 年 1 月就任國民革命軍第三集團軍總司令，6 月收復北平、天津，促成全國統一。北伐完成後，1929 年出任太原政治分會主席、平津衛戍總司令、國民政府委員、內政部長等職，惟於 1930 年，疑懼國民政府將削弱其兵權，聯合馮玉祥、李宗仁、汪兆銘等人，反抗國民政府，被推舉為中華民國陸海軍總司令，於 5 月掀起中原大戰，造成損傷慘重的內戰。11 月戰敗逃亡大連。1931 年 8 月潛返山西，高唱「自強救國」；次月，九一八事變爆發。1932 年 2 月，國民政府以日軍侵華，任命為太原綏靖主任，總管山西、綏遠兩省軍政，提出「守土抗戰」口號。1935 年 12 月任軍事委員會副委員長，是時中共由江西逃抵陝北，閻錫山認必禍及山西，全力實施防共教育，組訓

民眾，並於 1936 年 3 至 5 月，在中央協助下，擊退來犯共軍。是年日本侵華日亟，內蒙首當其衝，閻錫山成立「犧牲救國同盟會」，號召青年，參加抗日工作。1936 年 11 月，日軍煽動內蒙德王偽軍侵犯綏東，閻錫山依中央指示，由傅作義率軍，一舉攻克百靈廟，擊潰偽軍，振奮抗日民心。惟「犧牲救國同盟會」其後為共黨份子所滲透，於 1939 年釀成「犧盟之變」。

1937 年 7 月，中日戰爭爆發，閻錫山出任第二戰區司令長官兼山西省政府主席，舉晉綏兵力，牽制日軍南下，與日軍交戰於山西省平型關、忻口、太原等地，時中共紅軍受編為第八路軍（旋改為第十八集團軍），歸閻錫山指揮。惟共軍入晉後，執行其獨立自主作戰，拒奉命令，最後竟襲擊國軍，就地坐大，閻錫山處此日、共兩面夾擊之中，於 1940 年退守晉西南山地。

1945 年 8 月，日本無條件投降，第二戰區撤銷，閻錫山擔任太原綏靖公署主任兼山西省政府主席，繼續掌握山西軍政大權。1946 年 6 月，國共內戰爆發，閻錫山部先後遭到共軍賀龍、聶榮臻、陳賡、王震、徐向前等部打擊，最後只掌控太原及大同兩座孤城。1949 年 4 月，太原在慘烈攻防戰中失陷。6 月 13 日，閻錫山於廣州就任行政院長兼國防部長，將中華民國政府由廣州播遷重慶、成都。年底，大陸撤守，再將政府遷徙臺灣。1950 年 3 月，蔣中正復任總統職，閻錫山轉任總統府資政，卜居陽明山，埋首著述，於 1960 年 5 月 23 日病逝，享年 78 歲。

貳、移轉及整理

閻錫山檔案係閻錫山來臺後，將其掌理山西軍政之相關電文及文獻資料，交由秘書朱點、方聞及原馥庭等人加以整理。閻氏逝世後，國家安全局商得保管人原馥庭同意，悉數移由該局保管。嗣因保管時間過久，原件蟲蝕風化情形嚴重，且為使該項資料能有效保管運用，國家安

全局呈請總統府准移送國史館為修史參考運用。1971 年 9 月 6 日，國家安全局函請國史館派員接洽點收該批檔案。時國史館館長黃季陸特別重視，批示：「限一周內完成。」並派員積極點收，計有要電 3 箱、原電 5 箱、外電 11 箱、謄本 4 箱、雜件 4 箱，共計 27 箱。國史館已完成初步整理，計有 1,733 卷，建置 105,958 筆目錄資料，並縮攝成微捲104 捲。

參、內容

《閻錫山史料》就其內容而言，主要可分為要電錄存、各方往來電文、日記及其他等 4 類，主要內容如下：

一、要電錄存

全名為「閻伯川先生要電錄存」，時間自 1912 至 1939 年。要電錄存為閻錫山與各方政治人物或部屬人員的往來電文，由其秘書依時間先後順序及歷史事件發展脈絡，編輯成冊，從電文中可瞭解閻錫山一生的發展及其所經歷的時代。其中包括：

（一）1912 至 1916 年袁世凱執政時期，含二次革命前維護黨國暨外蒙邊釁，袁世凱稱帝等案。

（二）1917 至 1926 年北洋軍閥時期，含參加歐戰，討伐張勳復辟，巴黎和會與五四運動，護法戰役，直皖戰爭與陝鄂諸役，直奉戰爭，黎元洪復職與曹錕賄選，討伐曹錕賄選，反奉戰役，張吳聯軍與國民軍戰役等案。

（三）1926 至 1928 年國民革命軍北伐時期，含北伐軍奠定贛鄂進克浙閩寧滬，北伐清黨始末與國府遷寧，吳佩孚部解體與奉軍入豫，奉張組安國軍政府，會師北伐西北軍東進，北方黨政軍之運用與連絡，軍事部署，晉北鏖戰，津浦線出擊，五三事件，攻取京保，接收京津，華

北善後，東北易幟，膠東靖亂等案。

（四）1929 至 1937 年 6 月，全國統一後內政、外交的艱困時期，含北伐後中央政局，編遣實錄，三全會議及蒙藏事務，晉冀察綏黨政，兩湖事變，粵桂事變，中東路事件，處理馮玉祥西北軍軍事—馮氏興戎、斡旋和平、馮部再變，解決唐生智叛變，討論黨國大事—序幕、黨是國是、軍事、總司令就職、軍務、軍情、軍需軍實軍醫、黨務、政治、外交、財政、終結，寧粵分合，棉麥借款及閩省事變，兩廣事變，中日交涉，冀察事件，華北偽自治政府，察省事變，解決孫殿英部，內蒙自治，綏遠抗戰，整理晉綏軍政，晉軍抗日，晉軍剿共，西安事變等案。

（五）1937 年 7 月至 1939 年 9 月，全面抗日戰爭時期，含全面抗戰事變開始至平津陷落，南口會戰暨張垣失陷，察北暨綏遠戰役，晉北戰役，平型關暨忻口會戰，娘子關暨太原戰役，策應津浦作戰分路出擊太原，日軍犯晉南戰役，展開游擊戰重創日軍，策應魯南會戰進行反攻，日軍反攻晉南各戰役，反掃蕩戰役等案。

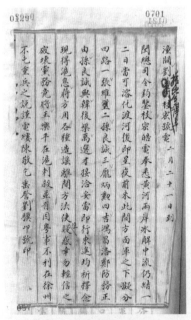

要電錄存—討論黨國大事案—劉驥致閻錫山電

二、各方往來電文

主要收錄閻錫山與當時各派系或各政治人物、軍人間的往來電文，以及閻錫山所截錄各派系、軍人、政治人物間往來電文，可區分為：

（一）各方往來電文原案及錄存：包括 1917 年，1919 至 1926 年，1929 至 1937 年電文原件，以及由原件翻譯抄錄的電文錄存。此批檔案，

由電文發、受文者觀之，大致而言，1931 年以前收錄的大多為閻錫山與各方往來電文；1931 年以後，大多為各派系及軍人、政治人物間往來電文。

（二）馮方及宋哲元部往來電文錄存：收錄馮玉祥領導的西北軍於 1929 年 3 月至 1930 年 11 月與其部屬及各方往來電文，及宋哲元領導西北軍（第二十九軍）於 1930 年 10 月至 1931 年 10 月與部屬及各方往來電文錄存。

（三）蔣方往來電文錄存：收錄蔣中正及其部屬於 1929 年 3 月至 1931 年 12 月與各方往來電文錄存。

（四）四川各部往來電文錄存：收錄四川各派系之間及與各方於 1931 年 1 月至 12 月往來電文錄存。

（五）石友三部往來電文錄存：收錄石友三部於 1929 年 12 月至 1931 年 7 月與各方往來電文錄存。

（六）雜派往來電文錄存：收錄包括奉系、雲南、貴州、四川、陝西、甘肅及各通訊社，以及當時的各小派系、政治人物、軍人之間，於 1929 年 3 月至 1931 年 12 月間往來電文錄存。

各方往來電文錄存—蔣方往來電文—何成濬致蔣中正電

三、日記

全名為「閻伯川先生日記」，抄錄自閻錫山於 1931 年 2 月 17 日至 1944 年 12 月 27 日的日記。主要記載其個人道德修養、感想及治理山西相關政策，和一般日記記載每日事物有別。2011 年，北京社會科學

文獻出版社曾出版由山西省地方志辦公室與山西省政協文史資料委員會
編之《閻錫山日記》。據該書〈出版說明〉謂：日記係由其秘書謄抄兩
份，一份隨閻錫山帶至臺灣，一份留在太原。留在太原之日記，即已出
版之《閻錫山日記》。經比對，兩者截止時間有些許出入，《閻錫山日
記》止於 1944 年 12 月 27 日，國史館典藏之「閻伯川先生日記」則止
於 1950 年 3 月 23 日。再者，兩者內容於 1939 年 3 月 16 日以前可謂完
全相同，1940 年以後則略有差異，「閻伯川先生日記」於 1941 年 7 月
20 日結束後，至 1946 年 2 月 17 日始恢復記載；《閻錫山日記》則保存
有 1942 至 1944 年之記載。

四、其他

　　包括各方 1937 年往來電文登錄簿，閻伯川先生訓話集，閻錫山先
生遺存文件，閻錫山密呈總裁稿件，雜牌軍隊人名表等。

胡宗南史料

壹、小傳

　　陸軍一級上將胡宗南（1896-1962），黃埔陸軍軍官學校第一期畢業，親歷東征、北伐、安內、抗戰、剿共、保臺諸役，是國軍建軍史上的關鍵人物，1930 至 1940 年代間，胡宗南親率國軍精銳駐守中國西北地區，是政府相當倚重的軍事力量，時人稱之為「西北王」。抗日戰爭結束，戡亂戰事繼起，胡宗南率軍攻克共產黨延安根據地，一度大振國軍士氣。然而，隨後國軍戰局逆轉，胡部亦難支持，在 1950 年春損耗於川、康一帶，堅守大陸據點至最後一刻。政府遷臺之初，江浙沿海仍有多股反共武力活動，美國頗欲加以運用，牽制中共政權。1951 年 9 月至 1953 年 7 月，胡宗南化名「秦東昌」，遠赴大陳列島，出任江浙反共救國軍總指揮兼浙江省政府主席，期間整訓反共武力、屢次突擊共軍據點。其後轉任澎湖防衛司令官，支援八二三戰役，1962 年 2 月病逝臺北。同年 3 月 13 日蔣中正總統令，除追晉陸軍一級上將，並予明令褒揚，以彰勳績。

　　自漢代司馬遷《史記》採行紀傳體的體例後，即確立以人物為歷史書寫的主旋律，重視人物典範的傳統，也反映在中華民國自建國以來，沿續歷代褒揚制度，依據現行「褒揚條例」第 6 條：「受明令褒揚人其生平事蹟得宣付國史館」。國史館並有義務徵集及典藏被褒揚人物的史料，目前已建置超過 1 萬人受褒揚人物的史料專檔，提供社會各界參研，也是研究近代歷史人物的一大寶庫。

貳、移轉及整理

　　2015 年適逢抗戰勝利 70 週年，胡為真資政公開捐贈珍藏超過半世紀，包括胡宗南將軍的日記、文稿、函電、證書、文物等史料予國史館，其中最重要的文件係記錄超過二十年的胡宗南日記，透過這批珍貴的檔案史料，不僅能看到胡宗南在歷史長河中的身影，更是一頁歷經戰火摧折，卻又百折不撓的民國史詩篇章。國史館審編處同仁經過半年的史料整編及數位掃描，於同年底完成全部史料的數位化作業，並將全宗名定名為《胡宗南史料》，全宗號為 149，其下分為 1 個系列、5 個副系列，隨即於同年底正式對外公開上線。以往人物史料均典藏於新店館區的檔案庫房，使用者必須舟車勞頓，遠赴新店館區調閱原檔，隨著史料數位化的新趨勢，透過數位化的傳輸流通，不但能提供利用者更佳的查詢、閱覽及多元應用，更能達到永久典藏之目標。

**民國 41 年胡宗南將軍在大陳前哨
訓勉反共救國軍**

參、內容

　　《胡宗南史料》在整理編目時，即依據案卷主題與內容特色，將其區分為 5 個副系列，各具有不同的史料價值。01 類為日記，關於胡宗南日記的史料價值，該日記的時間起自 1941 年，迄於 1961 年，橫跨其一生中最重要的軍旅生涯，凡有關軍事部署、人事布局、親友談話、重要函電等，均有詳細摘錄，不僅留下第一手的歷史珍貴紀錄，亦可見其

治軍之嚴謹及治事之勤。02 類則為文稿、講詞、訓詞、剪報、會議發言稿及會議紀錄等，基本上為胡宗南生平各類文件之手寫原稿，甚具史料價值，可與國史館藏的其他檔案如「蔣中正總統文物」，相互參照比對，不難從中發掘出許多重要的研究課題。03 類為胡宗南的個人專著，包括歷年來在中央陸軍軍官學校第七分校的講詞及訓話詞等。04 類為其個人與蔣中正等黨政軍要人的往來函電及信件。05 為文獻文物類，包括勳獎章、獎狀、證書及褒揚令等。

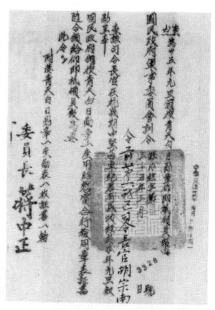

蔣中正令頒發胡宗南青天白日勳章

戴笠史料

壹、小傳

　　戴笠，原名徵蘭，譜名春風，字雨農，浙江江山人，生於 1897 年，父親戴冠英，為螟蛉養子，母親藍月喜，出身保安鄉望族。戴笠四歲失怙，母親守節撫孤，戴笠雖有嚴母管教，但行事易衝動，在三十歲之前，求學和工作並不順暢。

　　1926 年，國民革命軍誓師北伐，戴笠報考黃埔軍校，先以原名應考失利，第二次改以戴立之名投考，取三十而立之義，仍不中，第三次以戴笠之名考入黃埔軍校第六期。1927 年 7 月，戴笠跟隨國民革命軍總司令部參謀胡靖安，在胡氏主持的密查組工作，蒐集各地軍政情報，襄助北伐，自此與情報工作結緣。1932 年 2 月，戴笠以黃埔六期肄業身分出掌三民主義力行社特務處，帶領部屬負責偵查日本的侵略行動及國內外各種反政府的活動。同年 9 月，特務處改隸軍事委員會調查統計局第二處。1938 年 8 月，國民政府為因應抗戰，擴編情報組織，戴笠所屬的第二處升格為軍事委員會調查統計局，即日後習稱的軍統局。戴笠雖領軍統局副局長銜，但負實際領導責任，帶領部屬從事蒐集日軍、偽軍情報且進行研判，報告戰況和國軍情形，執行特殊任務，暗殺附日政權政要，並肩負經濟檢查與爭取作戰物資等，以利國民政府對日持久作戰。工作時戴笠經常使用化名，常見有余龍、江漢清、金水、冬等。宋子文見戴笠署名冬，故稱其為冬先生，自稱夏先生。

　　1943 年 7 月 1 日，戴笠出任「中美特種技術合作所」（Sino-

American Cooperative Organization）主任，善用這個戰時中美合作的情報機構，除了人員得到專業訓練外，也讓轄下的忠義救國軍獲得完整的美式軍事訓練和裝備，成為情報戰場上的武裝部隊，並在淪陷區參與實戰。

軍統局隨著抗戰情勢快速擴張，成為龐大組織，抗戰勝利後還兼負肅奸工作；由於成員良莠不齊，時有貪污之聞，令該局飽受抨擊。1946 年 3 月 17 日，戴笠搭乘專機飛往南京，因座機在南京近郊墜機而罹難，身後晉為一級中將。

貳、移轉及整理

2010 年在各界籌備慶祝中華民國建國一百年之際，國防部軍事情報局希望在回顧建國的歷程中，能為其前身軍統局的情報工作及其重要領導人戴笠找尋歷史定位，故由該局前局長張戡平將軍主動邀請本館商議合作研究及出版事宜。歷經雙方研討後確定合作方式，將目標訂為抗戰時期的軍統局作為，透過歷史研究，還原情報工作在民國史上的面貌，軍事情報局特命名為「薪傳專案」。為了此次專案，國防部軍事情報局應本館要求解密相關檔案，其中之一即為該局整理的「戴公遺墨」，共計 59 卷，交由本館數位複製，於專案結束後，將原檔歸還該局。

國防部軍事情報局所典藏的「戴公遺墨」，其實是在該局典藏的檔案中，遇有戴笠的親筆文件，如戴笠對部屬的指示，或是在部屬簽文寫下的批示，或是給蔣中正的報告，或是函電友人等，即從原案卷中抽出，再依匯整人員對文件性質的判斷，劃分十五類，集結而成。此舉本出於統整的善意，但疏忽了各文件在原案卷中的脈絡和屬性，在抽離、重整的情況下，倘如該文件未標明時間，運用時即產生年代不明的困擾。

執行「薪傳專案」期間，本館就軍事情報局解密的檔案，整理六個專題，並收錄本館典藏的《蔣中正總統文物》補其不足，以《戴笠先生

與抗戰史料彙編》為名，於 2011 至 2012 年出版軍情戰報、經濟作戰、忠義救國軍、中美合作所的成立、中美合作所的業務，以及軍統局隸屬機構六冊，便利學界和社會大眾運用。2012 年 4 月起，本館將這個全宗改稱《戴笠史料》，提供外界應用數位圖檔；2016 年 2 月起，在本館網站提供線上閱覽服務。

參、內容

該全宗依照國防部軍事情報局原有分類，區分為 15 個系列。由於情報工作錯綜複雜，千絲萬縷，而戴笠交辦的項目廣泛，不一而足，實難用單一類目涵括文件內容的性質。譬如軍統局對汪兆銘政權高層人士的調查和刺殺工作，戴笠的指示主要在行動類，但也存在情報類和一般指示類；又如軍統局在租界內的活動，相關檔案分布於軍事、情報、行動、人事、經理、總務、一般指示和其它等類。是以此全宗的分類，僅是標示文件大致內容的歸類。所幸這個全宗的編目方式是逐件摘由，可以彌補系列之不足。

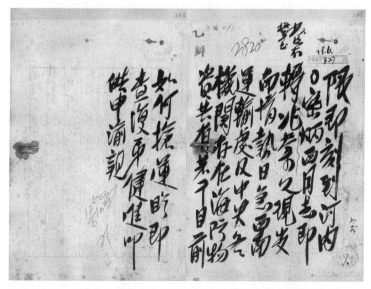

戴笠電轉谷兆棻查復西南運輸處及中央存海防物資數量及搶運方式

一、政治

有關戴笠指示部屬進行政治行動或向蔣中正報告事項，如戴笠指示在兩廣事變中的策動事宜，與處理海琛海圻兩艦歸順中央的善後問題，以及向蔣中正報告四川省主席人選等，共計 2 卷。

二、經濟

有關物資的搶購、搶運，解決運送過程的交通障礙，物資的管理、儲存和轉運，以及利用物價與金融進行經濟作戰等，共計 2 卷。

三、軍事

有關監視日軍的調防及行動並做出研判，報告國軍的動態、軍紀和戰況，以及指示別動隊作戰等，共計 4 卷。

四、情報

有關情報資料的蒐集和分析，吸收人員進行情報任務，以及對淪陷區進行各種資料的紀錄和統計等指示，共計 5 卷。

五、組織

有關戴笠對軍統局人員的要求，如登記人事考績、武器領用、行動費用的支付，建立內勤人員的管理機制和督察制度等，共計 5 卷。

六、行動

有關戴笠叮囑情報人員安置線民、對汪偽政權重要人士進行布哨、監視、收買、誘捕、暗殺任務，以及報告暗殺經過等，共計 5 卷。

七、訓練

有關訓練班的設立、招考、訓練課程、教員聘任等業務，如特警訓練班、中美特種技術合作所開設的各種訓練班，以及派員赴美進修等指示，共計 3 卷。

八、司法

有關戴笠對部屬不法行為的調查或處置，向蔣中正報告處理經過，以及針對訓練班發生衝突或是苛扣受訓人員生活費等事端進行調查等，共計 3 卷。

九、電訊

有關戴笠對無線電材的購料、付款、儲存、轉運和使用，電台設置、搬遷和應用，以及對各地電台通訊情形等指示，共計 1 卷。

十、人事

有關戴笠裁示發給部屬或受訓人員工作獎金、生活津貼或補助，對受訓結業學員的分發或派用，向上級推薦幹員，以及檢討內部人員工作態度等，共計 7 卷。

十一、經理

有關發給情報人員服裝費、旅費、特別費、津貼等，各哨站的房舍費用支付，向銀行借款或准許部屬借貸家用，訓練班的撥款與墊款，以及槍械子彈武器的分發與應用等，共計 4 卷。

十二、總務

　　有關戴笠邀約朋友餐敘、犒賞部屬，中美特種技術合作所期間慶祝耶誕節和準備禮品，指示採辦物品和支付、修繕訓練所建築、裁製冬衣或便衣、武器和藥品的分發、物資的搶購和搶運等，共計 6 卷。

十三、一般指示

　　有關戴笠交辦部屬各種指示，包含對軍統局內部人員、對平行單位如侍從室、對合作單位如美國海軍部與戰略局的互動，以及依據蔣中正的命令做出的交辦指示等，共計 5 卷。

十四、西安事變

　　有關戴笠在西安事變爆發後立即赴陝北以來的指示，事變結束後奉命監視張學良，以及向宋子文報告張學良的近況等，共計 2 卷。

十五、其他

　　有關戴笠向部屬說明行蹤、邀部屬會晤，或向蔣中正為人請命等，此系列含有多件戴笠與駐美武官、亦即中美合作所在美方聯絡人蕭勃函電，共計 5 卷。

許常惠史料

壹、小傳

許常惠（1929-2001 年），作曲家、音樂教育者，生於彰化和美，幼時經常觀賞歌仔戲演出，1939 年赴日本東京並就讀小學及中學，1940 年隨日本交響樂團小提琴手松田三郎學習小提琴，開始接觸西洋古典音樂。1946 年返臺就讀臺中一中，期間曾於溫仁和、李金土及甘長波門下學習小提琴。1949 年進入省立師範學院（今臺灣師範大學）音樂系就讀，隨戴粹倫學習小提琴、隨蕭而化及張錦鴻學習理論作曲。1954 年進入臺灣省立交響樂團，擔任第二小提琴手。

同年，許常惠考取公費赴法國法蘭克福學院，主修小提琴，師事德李昂庫（Colette de Lioucount）。1956 年，許常惠轉入巴黎大學音樂研究所，師事夏野（Jacques Chailley）學習音樂史，夏野勉勵其研究中國音樂史；並追隨岳禮維（Andre Jolivier）學習作曲，岳禮維主張「民族性的音樂也是最世界性的音樂」，並鼓勵他以西洋音樂技術為基礎發揚中國傳統精神。課餘之時，許常惠到巴黎高等音樂學院旁聽梅湘（Olivier Messiaen）的樂曲分析課程。1958 年通過考試，取得巴黎大學文學院音樂學研究所音樂史高級研究班文憑。

1959 年，許常惠創作獨唱曲《昨自海上來》，獲得義大利現代音樂學會甄選比賽的入選獎。同年回到母校師大音樂系任教，且先後於國立藝專、中國文化學院、東吳大學、實踐家專音樂系擔任兼任教授。1961 年，陸續發起組織「製樂小集」、「新樂初奏」、「中國現代音樂研究會」

等音樂團體，積極提倡現代音樂之創作。

　　1966 年，許常惠與作曲家史惟亮共同發起「民歌採集運動」，開始臺灣民俗音樂的田野調查，進行採集、整理和研究工作，蒐集近 3 千首臺灣山地與平地原住民歌謠。1967 年，創立「中國民族音樂研究中心」，1979 年成立中華民俗藝術基金會，1991 年創立中國民族音樂學會，1980 年擔任國立臺灣師範大學音樂研究所教授，2000 年自師大退休。

貳、移轉及整理

　　2001 年 1 月 1 日凌晨，許常惠驟然別世，1 月 17 日總統陳水扁特頒褒揚令以表彰其在臺灣音樂發展史上之卓越成就，國史館即依據褒揚令，發函家屬及相關單位採集其生平事蹟資料。6 月 1 日，許夫人李致慧女士由東吳大學音樂學系張己任教授等人陪同參觀國史館，同意將許常惠留下的音樂史料捐贈國史館，以獲得妥慎之管理與典藏應用。9 月 6 日，臺北市聯勤信義俱樂部舉行「許常惠教授史料捐贈典禮」以感念家屬慨贈史料，與會人士包括總統陳水扁、行政院文建會主任委員陳郁秀及國立臺北藝術大學校長邱坤良等近百人。此後，國史館積極進行採集作業，先後至許常惠位於北市新生南路與北投的住處整理清點史料，至 2002 年 4 月 26 日將移轉到館之各類史料清點、歸架、編製移轉目錄清冊竣事。至此，所有之大宗史料已圓滿移轉入館，惟因史料極為豐碩，直至 2007 年 7 月止陸續仍有勳獎章、證書及照片等史料移轉進館。同時視史料之保存狀況，安排實施燻蒸作業，並積極展開編目建檔、數位化及相關應用作業，已完成初步整理及細部整編等作業及提供線上查詢檢索。

參、內容

　　國史館現藏《許常惠史料》有 5,083 卷，其中 49 卷已完成數位化。就檔案性質可分為文件、照片、視聽、圖書、器物幾類，文件包含報導資料、手稿、證書與聘書、其他等類，照片包含田野調查、音樂會與學術會議、留學生活、受勳獲獎、家居旅遊等類。以下進行內容說明：

一、文件

（一）手稿

1. 文字手稿

　　內容多為專論，諸如「許常惠先生文字手稿（一）」卷中〈二十世紀臺灣音樂文化的傳統與變相〉、「許常惠先生文字手稿（二）」卷中〈從民歌採集到現代音樂的創作—我為什麼要採集民歌？〉等專文，而部分文字則是其創作作品的解說，例如「許常惠先生文字手稿（三）」卷中〈女冠子〉樂曲分析、〈鄉愁三調—小提琴、大提琴與鋼琴〉樂曲解說等。

2. 樂譜手稿

　　包括〈賦格三章：有一天在夜李娜家〉、〈葬花吟〉、〈桃花開〉、〈白蛇傳〉、〈竇娥冤〉、〈閩南話兒童合唱曲〉、許常惠改編姜白石詞曲：〈隔溪梅令〉、〈杏花天影〉、〈鄉愁三調〉、〈鋼琴及小提琴奏鳴曲〉、〈兵車行〉、兩首室內樂的詩：〈八月二十日夜〉與〈翠雛同賞庭桂〉、〈昨自海上來〉、清唱曲：〈白萩〉、詩五首：〈沉重的敲音〉、〈蘆葦〉、〈落葉〉、〈晬〉、〈流浪者〉、〈中國慶典序曲－錦繡乾坤〉；南胡清奏曲三首：〈抽刀斷水水更流〉、〈Allegro〉、〈村舞〉、鋼琴與國樂團的協奏曲：〈百家春〉、兒童歌曲集：〈月夜〉、〈是花兒的都歸花兒〉、〈小螞蟻〉〈學數數兒〉、〈催眠歌〉、〈農家忙〉等。

（二）報導資料

　　包含參與各項音樂活動、國際會議與獲得殊榮的剪報資料，以及刊載於雜誌專訪或專文等內容，例如「民國 56-68 年許常惠先生報導資料」卷中民歌採集隊相關報導紀錄、「民國 81-85 年許常惠先生報導資料」卷中獲頒法國國家級榮譽勳章相關報導等珍貴資料。

（三）信函

　　包含學生、友人或機構致先生信函，例如法國在臺協會邀請函、法國在臺協會主任雷歐致許教授之法文信函等。

（四）證書與聘書

　　於各基金會、協會、學校等機構之聘書與聘函，例如教育部國家文藝基金會管理委員聘書、中華民國作曲家協會聘書、香港民族音樂學會榮譽會士證書、中華民國作曲家協會聘書、臺北法國文化科技中心聘書、臺灣省交響樂團聘書、中華民族文化促進會榮譽證書、韓國國際文化協會名譽會員証、中華文化復興運動總會當選證書、國家文藝獎特別貢獻獎、中國古琴名琴國際鑑賞研討會聘書、中國藝術研究院音樂研究所榮譽證書、音樂家許常惠總統褒揚令、教育部民族藝術藝師審議委員會委員聘函、教育部藝術教育委員會委員聘函、內政部著作權爭議調解委員聘函、聘教育部中正文化中心管理諮詢顧問委員會委員聘函、教育部國家文藝基金管理委員聘函、教育部學術審議委員聘函等，以及各時期就讀學校之畢業證書、榮譽獲獎證明等證件。

（五）會議手冊與節目單

　　包括個人創作作品發表會、他人演出教授的作品演奏會、演唱會等文宣品，例如「民國 49-57 年作品發表會節目手冊」卷中之製樂小集作品發表會節目單、鄧昌國與藤田梓聯合音樂會節目單等，以及參與各大音樂會議之議程手冊。

二、照片

　　包含留學生活、受勳獲獎、音樂會與學術會議、家居旅遊、田野調查活動紀錄等主題，其中為了保存臺灣民族音樂而進行的「臺灣地區民族音樂採集」，是相關田野調查所留下的珍貴影像，是非常仔細的踏查，足跡遍及臺灣各鄉鎮。

　　其中彰化縣民俗曲藝田野調查是最大規模的採集，訪談各宮廟寺院、鼓陣藝團，例如：彰化市梨春園、白雲寺、八卦禪寺、必應祠、善化佛堂、慈濟寺、曇花佛堂、集樂軒、南瑤宮）、元清觀、孔廟、城隍廟、開化寺、朝陽宮、植梨園、潮州大鑼鼓、法主廟大鼓陣、萬興宮大鼓陣、聖安宮梨芳園、福州同鄉會聽月樓十音社、東山學苑、朝天堂、和美鎮善德堂、成樂軒、義英勤習堂、集樂軒、集樂社、和樂軒、盛和天掌中劇團、順樂天樂團、慶樂軒、線西鄉鳳英國術館、老人會、鹿港鎮老人會、鳳山寺、雅正齋、合心絃、龍山寺聚英社、鹿港民俗館、鹿港鎮民俗館、集英堂、長安宮、新祖宮、金門館，伸港鄉福安宮老人會、新錦珠劇團、順安宮、新和興遊藝團、頂鳳園、玉玲瓏牽亡歌劇團、金玉燕牽亡歌劇團、鹿港鎮民俗館、集英堂、長安宮、新祖宮、金門館，伸港鄉福安宮老人會、新錦珠劇團、順安宮、新和興遊藝團、頂鳳園、玉玲瓏牽亡歌劇團、金玉燕牽亡歌劇團等。

　　另外，亦曾至東部的花蓮卓溪鄉、臺東延平鄉、臺東豐谷里、臺東卑南鄉、臺東太麻里鄉、蘭嶼鄉椰油村、朗島村，南部的嘉義吳鳳鄉、臺南市振聲社、臺南縣善化鎮牽亡陣、屏東里港鄉、高雄縣茄萣鄉新錦福傀儡劇團、美濃鄉客家廣興堂，北部的宜蘭南澳泰雅族、新竹縣五峰鄉大隘村等地進行採集。也包括民間劇場、民間樂團與樂人的田野訪查，如國光歌劇團，彰化縣線西鄉老人會車鼓陣、公背婆、牛犁陣、桃花過渡、臺北靈安社、文化大學地方戲劇研究社臺北吳韻集、臺南市南聲社、張善洪、蕭湘、廖瓊枝、賴碧霞、天籟雅集鼓書團團長章翠鳳、張天玉、陳冠華、鹿港聚英社王昆山、屏東縣恆春鎮陳達等。

三、視聽

　　包括深入臺灣各鄉鎮所採集之傳統音樂與原住民音樂，如恆春半島民歌紀實—60年代歷史錄音思想起、90年代田野錄音思想起、牛尾絆、五孔小調；鄒族祭歌試聽帶、鄒族祭歌試聽帶、曹族、阿美族、卑南族、雅美族民謠、雅美族有關祖先歷史傳統歌、賽夏族矮靈祭、馬蘭郭英男之歌等。以及演講與會議用之範例音樂、創作作品演出等錄音以及蒐藏之出版品等，是極有價值的視聽史料。

四、圖書

　　圖書方面的典藏極豐，除了中外文的各類音樂書籍之外，也包括了廣泛的藝術文化領域書籍，可以分為以下幾類：

（一）個人著作

　　包括許常惠的音樂創作、音樂著作、翻譯作品等，音樂創作如舞劇《嫦娥奔月》、《桃花開》、《白蛇傳》，樂曲《中國慶典序曲：錦繡乾坤》、《白沙灣》、《臺灣民歌組曲》等，音樂著作如《尋找中國音樂的泉源》、《中國新音樂史話》、《中國音樂往那裏去》、《臺灣音樂史初稿》、《西洋音樂研究》、《巴黎樂誌》、《杜步西研究》、《聞樂零墨》、《民族音樂學導論》、《多采多姿的民俗音樂（一）～（三）》、《民族音樂論述稿（一）～（四）》，翻譯作品如郭克朗（Charles Koechlim）之作品《對位法》及斯特拉溫斯基（Igor Stravinsky）著作《音樂七講》之中譯等。

樂曲〈桃花開〉手稿 OP.31

（二）藏書

　　許常惠的藏書廣及藝術領域的各個面向，以音樂為大宗，亦包括了其他各類藝術：

　　1. 音樂類

　　（1）辭典及年鑑：包含音樂及表演藝術，辭典類如《中國音樂辭典》、《中國音樂辭典續編》《外國音樂辭典》、《現代音樂欣賞辭典》、《中外名曲旋律辭典》、《二十世紀外國音樂家辭典》、《牛津簡明音樂辭典》、《中國少數民族藝術辭典》、《中外通俗歌曲鑒賞辭典》、*Encyclopedie Permanente Japon* 等；年鑑類如《中國音樂年鑑》（1988-1997）、《中華民國藝術表演年鑑》（1996、1999）、（1990~1997）、《中華民國作曲家年鑑》（1994、1997）等。

　　（2）樂理：包括各類樂器及人聲，例如《中華樂學通論：第一編樂史》、《中華樂學通論：第二編　樂律》、《中華樂學通論：第三編　樂器》、《中華樂學通論：第四編　樂譜》、《我的音樂語言的技巧》、《大鼓三論》、《美聲法與藝術的歌唱》、《美聲法與藝術的歌唱》、《民族管弦樂法》、《作曲技法探索》等。

　　（3）樂譜：包含各類樂譜，如《江定仙作品集》（聲樂曲、鋼琴

曲、管弦樂曲）、《林事理二聲創意曲集》（鋼琴獨奏曲）、《蕭淑嫻作品集》、《李叔同—弘一法師歌曲全集》、《白鷺鷥藝術歌曲集》、《聲樂教學曲選—中國作品》、*Sonata for Two Pianos and Percussion*、*6 Pieces pour Piano* 等。

（4）音樂史：如《魏晉音樂史》《中國北朝音樂歷史研究》、《臺中縣音樂發展史》、《音樂史論述稿》、《唐代音樂の歷史研究》、《西夏遷金音樂史稿》、《中國音樂簡史》、《中國古代音樂史簡編》、《中國音樂史略（增訂本）》、《中國音樂美學史》、《中國新音樂史論》（上）（下）、《琴史初編》、*Histoires pour Piano*、*The Development of Western Music 19th-20th*、*The Development of Western Music Pre-classical Romantic*、*The Development of Western Music Ancient Medieval Renaissance Baroque* 等。

（5）音樂家傳記及研究：如《史惟亮研究》、《江文也生平與作品研究》、《張昊研究》、《蕭友梅傳》、《回憶普羅柯菲耶夫》、*Inédits sur Claude Debussy* 等。

（6）研究論文及調查報告：如《論臺灣作曲家音樂創作中的傳統文化洗禮—以郭芝苑、許常惠、馬水龍的作品為例》、《臺灣近代鋼琴作品之演變與分析研究（1945-1990）》、*The Dynamics of A Musical Tradition: Contextual Adaptions in the Music of Taiwanese*、《齊而品與江文也的相遇二人鋼琴作品（1934-36）的比較研究》、《中國音樂文化與民謠；中國近現代美育論文選（1840-1949）》、《中國新音樂史論集》、《中國新音樂史論集：1920-1945》、《中國新音樂史論集：1946-1976》、《中國新音樂史論集：回顧與反思》、《奧利維亞·梅湘：早年生平及其音樂與人格特質》、《貝加馬斯克組曲之詮釋》；亦有傳統及民族音樂如《福建南音初探》、《臺灣北部客家民謠之民族音樂學研究》、《鹿港南管研究報告》、《試探歌仔戲唱腔與南管音樂之淵源》、《臺灣歌仔學術研討會論文集》、《第二屆原住民音樂世界研討會童謠篇論文集》、《「平埔族群的區域研究」學術研討會》、《民族音樂研究第二輯 中

國音樂與亞洲音樂研討會論文集》、《民族音樂研究第三輯 江文也研討會論文集》、《民族音樂研究第六輯 亞洲音樂 以中國、印度為主題》、《第三十四屆亞洲及北非研究國際學術會議音樂研討會論文集》、《民族音樂研究第七輯 中國聲樂研討會論文集》、《從歌仔到歌仔戲：以七字調曲牌體系為中心》、《福建古老劇種《莆仙戲》音樂之探究》、《蘇州彈詞音樂研究》、《漢唐大曲研究》、《北曲中可增減曲牌的研究》、《董西廂曲樂之研究》等。

2. 其他各類藝術

包含漆器、皮影戲、壁畫、刺繡、魁儡戲、漢人傳統服飾等臺灣傳統藝術、現代藝術家之專書等。

五、器物

包含獲獎勳章、獎狀及獎章，如法國騎士勳章、中華民國景星勳章、中華民國著作權人協會紀念獎、臺灣省音樂協進會音樂獎章、中華民國文化獎章；感謝牌：如臺灣省政府民政廳感謝牌，以及其他收藏，如俞大綱墨寶。

軍情局（抗戰時期數位檔）

壹、沿革

軍事情報局隸屬於國防部參謀本部，專責國內外情報蒐集研整及戰略預警等任務。軍事情報局的歷史，最早可追溯自 1928 年 1 月，戴笠以國民革命軍總司令部聯絡參謀的身分，受命成立「國民革命軍總司令部密查組」，專司北伐前線軍事情報之調查蒐集。九一八事變後，國家處境內憂外患交迫，1932 年 4 月 1 日戴笠在蔣中正的指示下，於密查組的基礎上，擴大成立「特務處」，主要負責偵查日本在華行動及國內外各種反政府的情資。同年 9 月，特務處改隸軍事委員會調查統計局第二處，經費始有固定來源。1935 年南昌行營調查課併入特務處，人員編制與組織規模獲得進一步擴編。1938 年 8 月，正式升格為軍事委員會調查統計局，一般習稱為軍統局，軍統局最輝煌的階段是在抗戰時期，戰時的主要任務為蒐集日、偽、共軍的動向、國內軍政情報，剷除汪政權重要人士，進行經濟檢查、物資爭取，以及與外國情報合作等。軍統局第一任局長是賀耀組，但實際業務由副局長戴笠領導。抗戰勝利後軍委會結束，軍統局在 1946 年 8 月改組為國防部保密局，1955 年 3 月再改組為國防部情報局；1985 年，原負責大陸敵後工作的國防部特種情報室合併至國防部情報局，並更名為國防部軍事情報局。

貳、移轉及整理

　　基於工作性質的特殊性及業務所需，情報機構的行動向屬政府的最高機密，此種現象舉世皆然。是以在軍統局檔案尚未公開前，學界難窺究竟，只能仰賴軍統局人員的口述歷史、回憶錄及文史資料，權充研究材料，學術研究向不多見。2010 年當中華民國各界籌備慶祝建國一百年之際，國防部軍事情報局希望在回顧建國百年的歷程中，能為情報工作的發展及其重要領導人戴笠尋找歷史定位，故軍情局前局長張戡平將軍主動邀請國史館商議合作研究及出版事宜。經研討後雙方訂立合作計畫，以「薪傳專案」為名，將目標訂為抗戰時期的軍統局作為，透過歷史研究，還原情報工作在民國史上的面貌。為了此次專案，國防部軍事情報局應國史館要求解密相關檔案，交由國史館進行檔案複製及修護作業，並在 2011 年底完成全部數位化工作後，檔案原件全部歸還予軍情局，雙方各執一套數位檔案典藏備存及開放運用。

　　國史館將該批情報檔案，依性質分別命名為「戴笠史料」及「軍情局」檔案，軍統局作為國民政府在抗戰時期設置的重要情報機關之一，主要任務為蒐集日、偽、共軍的動向、國內軍政情報、經濟檢查、物資爭取，以及與外國情報合作等。過去的研究成果雖然不少，但能利用政府檔案或直接的一手原始史料進行研究實不多見，其中「軍情局」檔案，數量雖不算多，卻是截至目前為止，極少數公開的情報組織核心檔案，在史料價值上具有無可取代的唯一性。「戴笠史料」及「軍情局」檔案自 2012 年 4 月 1 日起正式對外界開放應用，相信這批檔案的公開，必能在一定程度上揭開情報工作的神祕面紗，也讓這段不為人知的過往，成為歷史研究的重要課題。

參、內容

　　依據國史館檔案整編的編目原則，「軍情局」檔案依檔案性質屬於

機關檔案，故以卷為編目單位，在國史館檔案史料的層級架構下，則被歸類在「專藏史料」項下。「軍情局」檔案全宗號為 148，共計 147卷，嚴格說來，該全宗應該稱為「軍統局」檔案，因為其中並沒有任何軍事情報局時期的案卷；依據案卷主題與內容特色，可分為以下 5 大類別：

一、軍統局組織沿革

大陸時期軍統局的組織演變，經歷特務處、軍統局到保密局的三個階段，關於前後數次國民政府情報組織改組的決策與執行過程，該全宗項下第 1 卷即為「特務處組織工作開展」，包括戴笠對特務處情報工作的構想與規畫，該處最初的人員編制、組織架構及預算經費等，都有完整的紀錄；抗戰八年間，軍統局勢力急遽擴大，在抗戰結束時，據內部資料所載，軍統局基本幹部約 4 萬人以上，

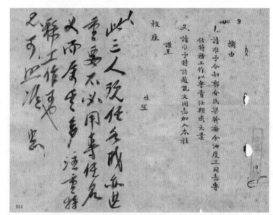

特務組織暨工作開展案

一般人員含所屬游擊武力約 9 萬人，在戰時一元化軍政體制下，軍統局成員有如脫韁野馬，以各種方式侵蝕各軍政部門的職掌功能，已成尾大不掉之勢；抗戰勝利後，在內外壓力下，軍統局將業務一分為三，其中局本部主體改組為保密局，對於這一段歷史，過去受限於檔案史料的闕

如，始終諱莫如深，在「軍統局改組保密局案」卷中，詳細紀錄了這次改組的過程，也為 1949 年中央政府遷臺後特工組織的再造與重整，埋下伏筆。

二、軍情局的情報工作報告

「軍情局」檔案全宗內，最難能可貴的，是保留了許多軍統局人員在執行情報任務時的工作檢討及業務報告，包括新四軍事件後，如何說服被俘共軍自新的成效檢討報告；以及抗戰勝利前夕，配合國軍的反攻東南沿海計畫，以閩浙地區為主成立軍統局的東南特區，大量吸收情報人員的工作計畫。這些情報人員的工作報告，涵蓋的範圍五花八門，試以〈王蒲臣工作案〉為例，主要是關於 1949 年前後軍統局北平站站長王蒲臣的秘密報告，這卷檔案長期以來，一直是保存在王蒲臣私人手上，保密局局本部根本不知道有這批檔案的存在，箇中原因牽涉到錯縱複雜的情報人員的聯繫作業與執行方式，王蒲臣在 1980 年代中期，事隔近四十年後，主動繳回軍情局，這卷檔案的意外出土，本身就是一起值得深究的傳奇。

三、軍統局附屬組織的活動

該全宗內另一個特色為收藏了許多軍統局外圍機構的檔案，第一類為抗戰時期的運輸機構，軍統局之所以能在抗戰中成長茁壯，與其掌握戰時的國際與國內交通運輸有著莫大的關係。抗戰爆發時，國民政府已有長期作戰的決心。為徵集民間資源與收購國外物資以符戰爭需求，國民政府竭力維持國內外交通的暢達，確保軍需運送的途徑，藉此達成持久戰的功效。戴笠深諳戰時物資運輸、存放及管理的重要性，與軍統局同仁謀畫組織改造之道，提倡整合各交通檢查機構，強化物資運送與貨運檢查功能。1940 年 4 月，抗戰情勢艱鉅，物資運輸事繁，軍事委員會設立運輸統制局，統籌戰時運輸事宜。1943 年 1 月，軍事委員會

裁撤運統局，改組為水陸交通統一檢查處，直隸軍事委員會，仍以戴笠為處長，行統一檢查任務，查驗往來商旅。1945 年，軍事委員會水陸交通統一檢查處、交通警備司令部與財政部緝私署稅警團，三者整併為交通巡察處，職掌取締非法查驗、護衛交通安全，檢查軍事運輸等全國交通治安任務權責。在〈統一檢查機構調整案〉等案卷中，詳細記載了抗戰時期軍統局隸屬機構的編制建置、組織整併與人事安排，包括運統局監察處暨所屬公路機構的調整、有關運統局暨所屬公路機構的組織通則、編制員額與預算計畫，水陸交通統一檢查機構的改組，運統局監察處與憲兵司令部的權責劃分，運統局監察處的整併，對交通檢查任務的改善建議，商定統一水陸客運貨運的組織編制與活動範圍等。以及交警機構的整併：為求交通檢查任務事權統一，戴笠建議水陸交通統一檢查處等三機關的撤併改編辦法，報告交通巡察處的接收概況、編組情形與運作過程。

　　第二類為戰時軍統局轄下的武力部隊，包括忠義救國軍、別働軍及交警總隊。以〈忠義救國軍組織案〉為例，忠義救國軍的前身係淞滬會戰期間成立的蘇浙行動委員會別動隊，戴笠兼任總指揮。這支部隊一直在東南敵後與日偽軍周旋對抗，抗戰勝利時，忠義救國軍奉命於京滬杭地區協助受降工作。1946 年 1 月忠義救國軍與軍委會交通巡察總隊及中美合作所的教導營併編為交通警察總隊。就性質而言，屬於抗戰期間的一支敵後游擊部隊，同時也是一支情報工作部隊。忠義救國軍一詞如戴笠所言，含有民間武力組合的意義，所以戴笠曾向蔣中正建議由忠義救國軍總指揮兼任別働軍總指揮，可知這兩支部隊的性質極為相似，也都歸軍統局管轄，均是對日軍進行游擊戰鬥，以協助國軍作戰，並都曾接受中美合作所的訓練與補足，由於得到美方的協助，其裝備與戰力幾乎不遜於正式部隊，也是國軍在淪陷區中的一支抗戰中堅。

四、中美合作所

太平洋戰爭爆發後，美國為蒐集日軍動態與氣象資料等情報，有意與國民政府合作，翌年派海軍上校梅樂斯（Milton E. Miles）來華與軍統局洽商中美合作事宜。經雙方多次協商合作項目、範圍，於 1942年底確定合作內容、組織編制和預算，請美方人員攜回草案確認。後美國政府商定美方簽約代表為海軍部部長諾克斯（Frank Knox）、戰略局（The Office of Strategic Services, OSS）局長鄧諾文（Wi l l iam Donovan）和梅樂斯三人，而中國方面代表則是國民政府外交部長宋子文、軍統局副局長戴笠、駐美大使館副武官蕭勃等三人，雙方在 1943年 4 月簽署合作協定，並依據協定在同年七月一日成立「中美特種技術合作所（Sino-American Cooperative Organization, SACO），一般簡稱「中美合作所」，中方負責提供情報、氣象等資訊，美方負責人員訓練、資料的蒐集與分析，同時也協助訓練軍統局所屬的忠義救國軍和別動隊，並提供槍枝彈藥，在敵後進行游擊戰或破壞交通，軍統局人員則協助並維護美國工作人員。該全宗內有關中美合作所的案卷共計 21卷。

五、情報機構內部期刊

從抗戰時期開始，軍統局就曾發行若干內部刊物，在這次移轉的「軍統局」檔案中，也一併附有 1950-60 年代軍情局的內部期刊《健行月刊》及《家風月刊》，其中內容有不少早期情報人員的工作報告及回憶資料，尤其《健行月刊》及《家風月刊》並未對外公開，除軍情局圖書館外，國家圖書館及國內各級圖書館顯有收藏，對於研究民國時期軍統局的歷史，具有極高的史料價值。

臺北市茶商業同業公會史料

壹、沿革

　　依據同業組合臺灣茶商公會編輯之《組合沿革史》，臺北市茶商業同業公會成立於 1889（清光緒 15）年，名為「茶郊永和興」，為目前臺灣史上最早的同業公會；據云係臺灣巡撫劉銘傳為防止不肖業者以唐山茶假冒臺灣茶或以粗劣茶魚目混珠來博取厚利，下令業者組成此團體，以維護臺灣茶的聲譽。

　　此後公會因應法令的更迭而歷經多次改組更名，分別為臺灣在 1895（光緒 21）年被清廷割予日本後，於 1897（明治 30）年被臺灣總督府下令改組為「臺灣茶商公會」；次年根據「臺灣茶業取締規則」改組為「臺北茶商公會」；1915（大正 4）年 4 月，依據「臺灣重要物產同業組合法」重新設立為「同業組合臺北茶商公會」；1937（昭和 12）年 3 月，因組合範圍包括新竹州，成員擴大而改組為「同業組合臺灣茶商公會」；1944（昭和 19）年 7 月，因應臺灣總督府撤銷「臺灣重要物產同業組合法」，名稱刪去同業組合四字，改為「臺灣茶商公會」；1945（民國 34）年，日本戰敗離臺，同年 12 月，依據「中華民國人民團體組織法」改組為「臺灣省茶葉商業同業公會」；1949 年 2 月，由於人民團體組織法規定省級同業公會應以縣市級同業公會為會員，而非公司行號，奉命更改為縣市級同業公會，由省公會內臺北市會員改組為「臺北市茶商業同業公會」，繼承原省公會之財產與會務。

貳、移轉及整理

　　自從臺灣於清末開港後，茶業貿易在外銷產業即占有極重要地位。雖然臺灣茶產業由早期的外銷導向，至 1990 年代起逐漸改為內銷市場，但茶業市場仍持續蓬勃發展。國史館鑒於茶業貿易在近代臺灣產業史上的重要地位，故於 2006 年左右接洽臺北市茶商業同業公會，經該公會理事長王端鎧徵得理事會同意，商借該會自日治時期至今之檔案予本館進行整理與數位化作業。該全宗檔案於 2007 年 1 月與 3 月分兩批入館，建置目錄資料 972 卷，掃描 102,472 頁數位圖檔。

　　國史館整理該批全宗檔案時，曾經構思依據該公會沿革訂立層級架構，但因部分文件有使用舊組織名稱，以及同一卷史料交疊不同時期的文件，故而採取文件內容性質作分類，區分為法規、文書、會籍管理、人事、會計財務、業務、會議、其他等共 8 個系列，其中部分類別則再依文件種類進行細分。檔案目錄內容以卷為著錄單位，摘錄該卷文件篇幅較多或重要性的事件，其中部分案卷公文有使用舊稱的情形，因此公會名稱以該件檔案時間之正確名稱著錄，而非案內公文表記之名稱。全宗檔案的時間涵蓋自 1918 年至 1998 年，包含組織法令規章、與內政部、經濟部等各機關往來文書、會員清冊、工作日誌、財務資料、收出貨業務、會議紀錄等，在臺灣茶業發展史上極具參考價值。

參、內容

　　《臺北市茶商業同業公會史料》依內容分為 8 系列，內容為：

一、法規

　　主要為公會各時期之組織規程、章程、規則、綱要等法令與規章，包含有同業組合臺北茶商公會庶務規程、同業組合臺灣茶商公會大東亞

茶葉協會設立宗旨書、原料花種植公司設立宗旨書、同業組合臺灣茶商公會香花價格查定委員會規程等。

二、文書

文書系列內容多元，舉凡各個機關與茶公會往來的文書，其他商業會與茶公會往來的函件，會員往來文件，及收發文簿等，下包含 2 個副系列，一為收發簿，一為書函。

（一）收發簿：包含 1940（昭和 15）年度同業組合臺灣茶商公會文書收發件名簿，1943（昭和 18）年同業組合臺灣茶商公會郵票收發簿等。

（二）書函：包含與公家機關如內政部、經濟部、商品檢驗局、國際貿易局等來往文件；與民間單位如大阪商船株式會社、臺北市商業會來往文件等；還有與會員來往文件等。

三、會籍管理

包含會員名簿與申請書 2 個副系列。

（一）會員名簿：內容有同業組合臺北茶商公會會員名簿、臺灣區茶輸出業同業公會會員名簿等。

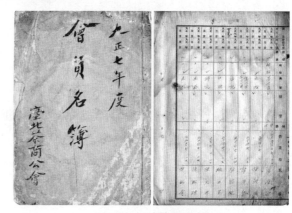

大正七年度會員名簿

（二）申請書：包含會員加入申請書、退會申請書、變更名義或地址申請書等，如同業組合臺灣茶商公會組合員加入申請書、茶製造廠機械設備變更申請書等。

四、人事

包含人事管理資料、選舉、日誌等副系列。

（一）人事管理資料：包含一般勞動者資料、下級事務員資料、人事相關文件、出差簿、勤務命令簿等。

（二）選舉：包含同業組合臺灣茶商公會代議員選舉相關文件、同業組合臺灣茶商公會代議員補缺選舉相關文件、同業組合臺灣茶商公會檢選高層幹部相關文件、臺灣茶商公會理監事選舉相關文件等。

（三）日誌：包含工作日記、當值日誌等。

五、會計財務

包含永和興公司付款通知單、同業組合臺北茶商公會收支傳票與收據、臺灣省茶葉商業同業公會收支傳票與輸移出申告書、臺灣區茶輸出業同業公會會計歲入歲出決算報告表等卷。

六、業務

包括收、出貨報告、輸入許可相關文件、臺灣茶輸移出申告數量表、包種茶輸移出申告數量日計及月計表、紅茶輸出至各地數量調查表、綠茶產銷相關文件等。

七、會議

關於會議相關的文件，分為會議紀錄、開會通知、大會手冊等 3 個副系列。

（一）會議紀錄：主要內容有同業組合臺北茶商公會評議員會議事錄、臺灣茶商公會評議員會議事錄、臺灣區茶輸出業同業公會會員大會會議紀錄等。

（二）開會通知：主要內容有永和興公司解散清算會議通知等文

件、同業組合臺北茶商公會開會通知書、同業組合臺灣茶商公會評議員開會通知書等。

（三）大會手冊：主要內容有臺灣區茶輸出業同業公會會員代表大會手冊、臺灣區製茶工業同業公會會員代表大會手冊等。

八、其他

與茶公會業務沒有直接關連的雜卷，例如亞盟中國總會會費徵信錄、國民儲蓄組合相關書類等。